47개의 경계로 본 세계사

A HISTORY OF THE WORLD
IN 47 BORDERS

Copyright © 2024 by John Elledge
All rights reserved
Korean translation copyright © 2025 by Book21 Publishing Group
Korean translation rights arranged with Headline Publishing Group Limited
through EYA Co.,Ltd

이 책의 한국어판 저작권은 EYA Co.,Ltd를 통한
Headline Publishing Group Limited사와의 독점 계약으로
(주)북이십일이 소유합니다.
저작권법에 의하여 한국 내에서 보호를 받는 저작물이므로
무단전재 및 복제를 금합니다.

국경선은 어떻게
삶과 운명, 정치와 경제를 결정짓는가

47개의 경계로 본 세계사

A History of the World in 47 Borders

존 엘리지 지음 | 이영래, 김이재 옮김

21세기북스

추천사 | 이 책에 쏟아진 찬사

세계사를 바라보는 새로운 시각! 이 책을 읽고 나면 눈앞의 지도가 인간의 야망과 역사가 얽힌 하나의 작품으로 보일 것이다.

— 빌 브라이슨, 《거의 모든 것의 역사》 저자

국경선이 어떻게 삶과 운명, 정치와 경제를 결정짓는지를 탁월하게 풀어낸 책. 이제 지도를 바라보는 시선이 완전히 달라질 것이다.

— 스티븐 부시, 〈파이낸셜 타임스〉 칼럼니스트

유쾌하고 흥미로운 이야기가 가득한 이 책은 그야말로 '지식 덕후들의 경계 없는 파라다이스'다! 존 엘리지는 복잡한 세계의 이면을 들여다보고 재미있는 대화처럼 풀어내는 특별한 재능을 가졌다.

— 마리나 하이드, 〈가디언〉 칼럼니스트

우리가 사는 현재와 인간의 연약함, 그리고 끈질긴 의지를 꿰뚫는 통찰을 제공하는 책이다. 역사는 똑같이 반복되지 않지만, 예상치 못한 방식으로 펼쳐지는 모든 과정을 생생하게 보여주며, 책을 펼칠 때부터 덮을 때까지 눈을 뗄 수 없게 만든다.

— 미란다 소여, 저널리스트

현대사회가 그토록 집착하는 '국경'에 대한 모든 것을 알려준다.

— 톰 홀랜드, 《도미니언》 저자

정치인과 권력자는 여전히 교실의 지도뿐만 아니라 권력의 중심에서도 자신들의 선을 그으려 한다. 이 책은 그러한 역사를 탐구하며 우리가 알고 있다고 착각했던 이야기부터 역사광조차 처음 들어봤을 흥미로운 이야기로 가득하다.

— 패트릭 맥과이어, 〈타임스〉 칼럼니스트

모든 국경은 인위적으로 만들어진 것이고, 모든 국가는 인간의 작품이다. 저자는 세계를 지금 모습으로 만든 위대하고 충격적이며 종종 황당하기까지 한 인류의 결정을 유머러스하게 보여준다.

— 도리언 린스키, 작가·저널리스트·문화평론가

존 엘리지는 따뜻하면서도 유머러스하고, 동시에 날카로운 정치적 감각을 지녔다. 이 책은 복잡함을 유쾌하게 해부하며, 우리가 미처 알지 못했던 세계를 보여준다.

— 필 틴라인, 작가·다큐멘터리 제작자

머리말   경계로 표현된 역동적인 역사

우리가 최초로 기록된 인공적인 국제 경계선을 알게 된 가장 큰 이유는 그 국경이 사라졌기 때문이다.

물론 이것이 최초의 경계선은 아닐 것이다. 지도가 생기면서 경계가 만들어졌고, 그전에도 우리 조상들은 강 이쪽이 우리 부족 땅이고 저 너머에 '다른 부족'이 살고 있다는 사실은 명확히 인식했을 것이다. 우리가 어느 정도 확실하게 알 수 있는 국경의 첫 사례는 기원전 4,000년 동안 나일강 유역을 나눈 경계다. 이 경계의 북쪽에는 저지대 삼각주에 위치한 하下이집트가 있었고, 남쪽에는 더 좁아진 나일강에 지형이 점점 고지대로 변한 오늘날의 나세르호 방향으로 이어지는 상上이집트가 자리했다. 이들을 가르는 경계선은 오늘날 카이로 남쪽, 대략 북위 30도 부근에 있었을 것으로 추정된다.

하지만 기원전 3100년경, 경계선이 사라졌다. 메네스Menes라는 이름으로 알려진(실제로는 나르메르였을 가능성이 크다) 왕은 두 왕국을 통일하여 이집트의 첫 파라오가 되었다. 이 과정에서 세계 최초이자 가장 오래 지속되는 국가 정체성이 형성됐다. 이후 수 세기 동안 이집트 통치자들은 왕권을 상징하는 예복과 휘장에 두 왕국을 나타내는 요소들을 결합했고, 스스로를 '두 땅의 지배자'라 칭했다.

여기서 우리는 몇 가지 점에 주목해야 한다.

첫째, 경계와 국경, 즉 '우리'와 '그들'을 나누는 구분은 인류 역사 전반에 걸쳐 존재해왔다. 둘째, 이러한 경계는 종종 실제 지리적 요소에서 비롯되었지만, 경계선이 정치적 정체성을 형성한 것인지, 아니면 정치적 정체성이 경계선을 형성한 것인지는 명확하지 않을 때가 많다. 셋째, 물리적으로 사라진 경계선이라 해도 그 의미는 오랫동안 사람들의 감정에 남아 있을 수 있다. 무엇보다 이 이야기의 가장 중요한 교훈은 시간과 지리적 관점이 충분히 멀어지면, 거의 모든 경계선이 당혹스러울 정도로 무의미해질 수도 있다는 사실이다.

자, 여기 집에서도 쉽게 할 수 있는 게임이 있다. 포털 검색창에 '세계지도'라는 단어를 입력해보라. 검색 결과에 3차원의 공간을 2차원에 표시하는 투영법이 다른 몇 개의 지도가 등장할 수도 있고, 눈이 피로할 정도로 현란하고 다양한 색상의 지도가 나올 수도 있다. 그러나 검색된 모든 지도는 기본적으로 동일한 유형일 가능성이 높다. 검색 엔진은 사용자가 '세계지도'를 요청할 때 사실상 세계 정치 지도, 즉 국가 간 경계를 표시하고 각국을 서로 다른 색으로 구분한 지도를 원한다고 가정하기 때문이다.

이러한 가정은 우리가 자란 문화 속에 너무도 깊이 뿌리박혀 있어서 그것이 가정이라는 사실조차 쉽게 깨닫지 못할 수도 있다. 물론 어디까지나 가정일 뿐이다. 이론적으로 우리는 국가 간의 경계선이 아니라, 강과 산맥과 같은 자연 지리적 특징에 더 관심을 가질 수도 있다. 혹은 정치적 지배권이 아니라 실제로 사람들이 어디에 거주하는지, 즉 도시 지도나 인구 밀집도를 나타내는 지도에 더 주목할 수도 있다. 하지만 검색 엔진은 우리가 가장 알고 싶어 하는 것이 '국가'라고 불리는 지어낸 실체라고 가정한다. 검색 엔진이 그렇게 단정하는 것은 우리의 뇌도 그렇게 생각할 가능성이 높기 때문이다.

하지만 우리의 조상들이 세계를 바라보는 방식은 반드시 이와 같지는 않았을 것이다. 만약 과거에도 훌륭한 지도 제작 기술이나 인터넷 검색 엔진이 존재했다면 '세계지도'는 지금과는 전혀 다른 모습이었을 것이다. 구체적인 경계와 그 경계의 의미에 대해 본격적으로 이야기하기 전에, 먼저 우리가 탐색할 영역에 대한 하나의 지형도를 살펴보자.

우리가 국가로 인식할 수 있는 가장 초기의 정치적 실체, 혹은 적어도 기록으로 남아 있는 가장 초기의 실체(이 둘이 반드시 동일한 것은 아니다)는 기원전 4,000년 즈음에 등장했다. 이 지역은 흔히 '비옥한 초승달 지대'로 알려져 있으며, 나일강 계곡에서 시작해 티그리스강과 유프라테스강이 합류하여 페르시아만으로 흘러드는 지역에 걸쳐 있다. 곧 다른 강 유역에서도 문명이 등장하기 시작했다. 예를 들어 파키스탄 인더스 계곡을 중심으로 번영한 인더스문명, 그리고 황허강 유역에서 성장한 중국 초기 왕조들이 있다.

이 지역의 통치자들은 자신들의 영토가 어디까지인지에 대한 인식은 있었을 테지만, 그들의 권력이 미치는 주변부는 오늘날과 같은 명확한 국경선이라기보다는 점진적으로 영향력이 약해지는 흐릿한 경계에 가까웠을 것이다. 즉, 그들의 지배권은 특정 지점에서 갑자기 끝나는 것이 아니라 점차적으로 희미해지는 방식이었다. 게다가 당시 세계에서 국경 너머에 존재하는 것은 오늘날 우리가 생각하는 경쟁국이라기보다는 정치적 통제가 미치지 않는 무인 지대였을 가능성이 크다. 이 지역은 유목민들의 거주지였을 뿐만 아니라, 아마도 인간의 생명을 위협할 수 있는 온갖 위험 요소들로 가득 차 있었을 것이다. 당시 세계에는 현재와 같은 개념의 국가 경계선을 설정하기에 충분한 인구조차 존재하지 않았다. 우리가 최초로 확인할 수 있는 국경선이 앞서 언급한 상이집트와 하이집트 간의 경계선이라는 점도 우연이 아닐 것이다. 나일강 계곡은 세계에서 몇 안 되는 비옥하고 번영한 지역이었으며, 서로 경쟁하는 두 국가가 존재할 만큼 충분히 인구가 밀집된 지역이었다.

바다처럼 광활한 땅 위에 국가들이 섬처럼 존재하는 이런 상황은 거의 인류 역사 내내 지속됐을 것이다. 고대의 대제국들은 가능한 한 산, 강과 같은 자연 지물을 경계로 삼는 것을 선호했다. 만약 그들이 인공적인 경계를 만든다면, 그것은 오늘날과 같은 국가 간의 명확한 국경을 의미하는 것이 아니라 질서와 혼돈의 경계를 나타내는 것에 가까웠을 것이다. 예를 들어 하드리아누스 방벽이나 만리장성과 같은 구조물은 단순히 국가 간의 경계를 표시하기보다는 통제의 도구로 기능했다. 이는 국가의 지배력을 물리적으로 시각화하고, 인간과 자연을 아우르는 지배의 상징이었다.

미국 역사학자 존 미어스는 2001년 그의 저서에서 한나라는 만리장성을 "명확하고 연속적인 경계선이라기보다는 대략적인 국경을 설정하고 사람과 물자의 이동을 제한하는 일종의 검역선"으로 여겼다고 설명했다. 반면, 500년 뒤 유라시아의 반대편 로마제국에서는 전체 민족 단위로 제국 내부로 들어와 '동맹국'이라는 형태로 정착하는 일이 벌어졌다. 즉, 이들은 정복당한 영토가 아니라 로마의 보호를 받는 자치적 정치 단위였다. 이러한 사례를 보더라도, 당시 강력한 힘을 보유한 제국들이 설정한 국경 개념은 오늘날 우리에게 익숙한 '엄격한 국가 경계' 개념보다 훨씬 느슨한 형태였다.

국민국가, 즉 정치적 경계와 민족적·언어적 경계에 맞추어 세계를 조직하는 개념은 우리가 상상하는 것보다 더 늦게 등장했다. 우리가 살고 있는 세계는 여전히 서유럽의 두 나라, 영국과 프랑스가 형성해놓은 구조 속에 놓여 있으며, 이 두 국가는 비교적 일찍 통합되었다(각각 천 년 이상의 역사를 가지고 있다). 이러한 배경과 함께 '서기 1000년의 유럽'과 같은 현대적인 형식의 지도가 사람들에게 중세 유럽이 오늘날과 크게 다르지 않은 국가 체계를 갖추고 있었을 거라는 잘못된 인식을 심어주기도 했다. 그러나 근대 초까지도 '국가'라는 개념은 상당히 모호했다. 농노화되거나 노예 상태가 아닌 이상 사람들은 자유롭게 이동할 수 있었으며, 도시와 영토는 정복, 평화 조약, 또는 혼인 동맹을 통해 귀족 가문들 사이에서 끊임없이 거래되었다. 영국과 프랑스조차 그 경계들은 우리가 가정하는 것보다 훨씬 더 오랫동안 모호한 상태를 유지했다. 심지어 두 나라의 국경도 현대적인 개념으로 고정되기까지는 상당히 오랜 시간이 걸렸다. 예를 들어 훗날 영국의 주요 도시인 맨체스터와 리버풀이 속해 있는 랭커셔 지역은 중세 영국 토지 대장인 〈둠즈데이 북〉에 나오지 않으며, 이탈리아 역사에서 손꼽히는 인물 중 한 명인 주세페 가리발디가 태어난 니차는 오늘날 프랑스의 니스로 더 잘 알려져 있다.

하지만 1500년을 전후해서 역동적인 몇 세기 동안, 사람들이 세상을 바라보는 인식을 근본적으로 바꾸어놓은 몇 가지 사건이 일어났다. 먼저, 도구의 발전과 인쇄술의 향상 덕분에 지도 제작 기술이 비약적으로 향상되었다. 지도는 자기 가문의 소유라고 믿는 땅의 지배권을 선언하는 데 유용한 수단이었으며, 정치 지도자들이 자신의 권력이 미치는 공간을 더 구체적으로 파악할 수 있게 해주었다.

또 다른 변화는 적어도 유럽인들이 국가를 인식하는 방식에서 일어났다. 이는 부분적으로 봉건적 관계보다 중앙집권적 행정에 기반한 정부 형태로의 전환 때문이었을 수도 있고, 여기에 종교개혁도 한몫했을 것이다. 어느 시점부터 유럽 대륙 대부분이 '기독교 세계'라고 불리는 모호하고 어쩌면 실재하지 않는 개념의 지배 아래 있다는 인식이, 독립된 주권 국가들로 이루어진 세계라는 개념으로 대체되었다. 이러한 변화가 1648년 체결된 베스트팔렌조약(10장 참조)에 기인했다는 주장도 있지만, 이는 모두가 '알고 있던' 역사적 상식이 실제로는 전혀 사실이 아닐 수도 있다는 사례라고도 볼 수 있다. 해당 조약에서는 주권과 관련한 조항을 거의 찾아볼 수 없기 때문이다.

어쨌든 1700년 무렵부터 지도에서 다른 어떤 형태의 경계선보다 국경이 더 굵게 표시되기 시작했다. 어느 국가에 속한 영토인지 그 경계를 표시하는 것은 가장 중요한 일이 되었다. 동시에 유럽의 강대국들은 기존의 비국가적 변방 지역을 점령하며 흡수해 나갔다. 이제 국가는 가장 중요한 개념이 되었으며, 세계의 모든 지역은 특정한 국가의 일부가 되었고, 국가는 단순한 정치적 단위가 아니라 문화적 정체성의 근원이 되었다.

이러한 변화는 유럽의 팽창과 제국주의를 통해 비교적 짧은 시간 안에 전 세계적인 기준이 되었다. 19세기 초, 토머스 제퍼슨이 재임하던 시기의 미국은 단순한 지도상의 구획만을 근거로 주 경계를 설정하고 정착민들에게 땅을 분배했다. 19세기 말이 되면 유럽 열강들은 같은 방식으로 아프리카 대륙 전체를 분할했다. 당시 영국 총리였던 로드 솔즈베리는 이러한 상황을 냉소적인 영국식 유머로 표현하면서도 이 과정을 중단할 의사가 전혀 없었음을 명확히 드러냈다. "우리는 백인이 아직 한 번도 발을 딛어보지 않은 지역에 선을 긋는 작업을 해왔다. 우리는 서로에게 산과 강, 호수를 할당했다. 그 과정에서 단 하나의 작은 장애물이 있었는데, 바로 우리가 정확히 어디에 산과 강, 호수가 있는지 전혀 몰랐다는 점이다."

이와 같은 방식의 영토 분할은 불과 몇 세기 전만 해도 무의미한 개념이었을 것이다. 어떻게 지도만을 이용해 세계를 나눌 수 있단 말인가?

결국 제국들은 붕괴했지만(물론 중국, 러시아, 미국 같은 몇몇 국가는 여전히 건재하지만), 제국들이 지도 위에 그어놓은 선들은 사라지지 않았다. 그 결과 오늘날 우리가 사용하는 지도는 광활한 지구의 땅을 약 193개의 독립된 단위로 나누었다. 이들 국가 중 대다수는 200년도 채 되지 않은 역사를 가지고 있다. 게다가 이러한 지도들은 이 경계선이 명확하고 불변하는 것이며, 지구를 구분하는 유일한 방법이라는 강력한 암시를 내포하고 있다.

　해안선의 길이를 정확하고 논란의 여지 없이 측정하는 것은 불가능하다. 더 확대해서 보면 더욱 정밀한 측정이 가능하며, 멀리서 보면 보이지 않던 세부 사항까지 포함할 수 있다. 같은 논리로, 단어의 수에 제한이 없더라도 특정 경계선의 역사를 지리적 특징 등 모든 요소를 포함하여 기술하는 것은 불가능할 것이다. 따라서 모든 내용을 압축하고 요약할 필요가 있다. 그러므로 여기에서 다루는 내용은 결정적인 기록이 아니라, 내가 가장 흥미롭다고 생각한 부분들을 중심으로 한 해석이 대부분이다. 내가 흥미롭게 여겼다면 독자도 마찬가지일 것이라는 믿음으로 말이다.

　이런 이유로 나는 책으로 묶을 이야기들을 선별해야 했다. 책 제목에는 조금 미안하지만, 이 책은 세계사 전체를 아우르지는 않는다. 수 세기 동안 지속된 역사는 물론이고, 아예 다루지 못한 문명도 있다. 이러한 공백은 책을 만드는 과정에서 불가피한 시간적·공간적 제약을 반영하기도 하며, 중복을 피하려는 의도도 있다. 하지만 더 솔직히 고백하자면 이는 '나'라는 인간의 한계를 반영하는 것이기도 하다. 나는 영국인, 영국 시민, 유럽인, 서구인, 백인이라는 정체성을 가지고 있으며, 이러한 배경이 내 시각에 영향을 미쳤다. 나는 나 자신의 편향성을 극복하려고 노력했지만, 세상의 많은 문제가 나와 비슷한 외모를 가진 사람들이 만들어낸 결과라는 사실을 겸허히 인정하려 한다. 그럼에도 이 책은 결국 나의 시각에서 쓰인 역사이며, 나의 편견이 반영된 결과다. 만약 내가 당신이 관심을 가진 특정한 국경이나 문명을 빠뜨렸다면, 그저 사과드릴 수밖에 없다. 그리고 이 책을 친구들과 가족들에게 선물하여 후속작이 나올 가능성을 높이는 것으로 그 실수를 바로잡을 기회를 만들어주기를 바랄 뿐이다.

또한 미리 분명히 해두어야 할 것은, 이 책이 과거에서 현재까지 단순하고 직선적인 역사 서술이 아니라는 점이다. 그렇게 하려면 각 경계를 계속해서 넘나들어야 하는데, 이는 지나치게 혼란스럽고 답답한 방식이 될 것이다. 이 책에서 다루는 이야기 중 많은 것들은 너무 오랜 시간에 걸쳐 전개되었기 때문이다. 실제로 이 책에 실린 대부분의 글들은 역사적 내용뿐만 아니라 현 세계의 상황에 대한 논평도 포함한다.

그럼에도 이 책의 1장 '역사'는 거의 연대기 순이다. 여기에서는 고대 세계에서 20세기에 이르기까지 역사적으로 중요한 경계들을 다룬다. 그중 일부는 경계라는 개념을 설명하는 데 중요한 역할을 하기에 선택했고, 일부는 우리가 살아가는 현대 세계를 형성하는 데 중요한 역할을 했기에 포함했다.

2부 '유산'에서는 현재까지도 세계에 영향을 미치고 있는 국경을 이야기한다. 이러한 국경들은 잠재적인 군사적 충돌 지점이 되거나, 그보다는 덜 위협적인 외교 정책의 딜레마가 되거나, 혹은 단순히 지도상에서 이상하고 혼란스러운 경계가 된다는 점에서 흥미롭다.

마지막으로 3부 '외부 효과'에서는 땅 위의 통제권을 나누는 문제와는 다른 유형의 경계, 즉 날짜와 시간대 사이의 시간적 경계, 바다나 상공의 경계, 끝으로 우주의 경계를 살핀다. 이 책이 먼 과거에서 출발하는 것처럼, 마지막은 미래를 조망하며 끝을 맺는다.

앞으로 전개될 내용을 설명하는 김에 용어와 관련된 몇 가지를 덧

붙이고자 한다. 먼저, 엄밀히 말하면 '경계boundary'와 '국경border' 사이에는 미묘한 차이가 있다. 더럼대학교 IBRU 국경연구센터 소장 필립 스타인버그에 따르면 "경계란 두 국가의 영토가 만나는, 두께가 전혀 없는 선"이며, 국경은 한 국가에서 다른 국가로 넘어가기 위해 통과해야 하는 선이다. 전자는 분할을 의미하고, 후자는 연결을 의미한다. 이러한 이유로 공항 내부, 즉 물리적 경계에서 수백 킬로미터 떨어진 곳에서도 "국경을 곧 넘게 됩니다."라는 표지판을 볼 수 있는 것이다. 이는 주목할 만한 구분이지만, 앞으로 이어질 내용에서는 이 차이를 엄격히 구분하지 않고 두 단어를 거의 같은 의미로 사용할 것이다.

마찬가지로 '중동Middle East'이라는 용어에도 분명히 문제가 있다. 특정 시간, 장소, 태도에 뿌리를 둔 유럽의 세계관을 전제로 하기 때문이다. 잠깐만 생각해도 미국 동부의 큰 부분을 '중서부'라고 부르는 것만큼이나 불합리하다는 것을 간파할 수 있다. 현재 우리가 중동이라고 부르는 지역, 즉 한때 오스만제국이 점령했던 지중해 동부 지역 대부분이 한때 '근동Near East'이라고 불렸던 지역이라는 점도 문제를 더 복잡하게 한다. '서아시아' '남서아시아' 남서아시아와 북아프리카를 뜻하는 '스와나SWANA, Southwest Asia and North Africa'와 같은 덜 편향된 용어를 사용하는 것도 고민했다. '아시아'는 원래 지금의 튀르키예를 가리키는 용어였음에도 오늘날 그 지역을 그렇게 부르면 일반 독자들에게 혼란을 불러일으킬 것이다. 무엇보다 중요한 것은 명확성이다. 그래서 국경과 경계의 구분과 마찬가지로, 이 문제도 무시하고 일반적으로 통용되는 용어를 사용하기로 했다. 그러나 이러한 명칭도 '내가 좋아서 쓰는 건 아니'라는 사실만은 전하고 싶다.

마지막으로 이 책의 제목 자체에 오해의 소지가 있다는 점은 미리 인정해야겠다. 이 책은 각각 47개의 '경계'에 대해 이야기하려 했지만, 한번에 여러 경계를 다루기도 했다. 인류가 지도 위에 그어놓은 선은 무수히 많다. 그렇다고 해서 이 책에서 다루는 국경도 그만큼 많을 필요는 없을 것이다.

우리는 모두 세계지도나 적어도 우리가 속한 지역의 지도에 익숙하다. 우리는 우리 영역이 끝나고 다른 무언가가 시작되는 지점을 너무도 당연하다고 생각하기에, 그것을 나누는 선들이 마치 산맥, 강, 해안선처럼 지리적으로 자연스러운 요소라고 여기기 쉽다. 하지만 현실은 그렇지 않다. 이러한 경계는 물리적 실체라기보다 관념적인 것이다. 동물이나 외계인의 시각에서 보면 이 선들은 보이지도 않을 것이다. 더군다나 만들어진 경계가 사라질 수도 있다. 한때 이 선들이 존재하지 않았던 시기가 있었으니, 언젠가는 다시 사라질 수도 있는 것이다.

어떤 경계도 필연적이거나 영원하지 않다. 경계는 자의적이며 우연적인 결과물이고, 많은 경우 단 한 번의 전쟁이나 조약, 혹은 지친 유럽인 몇 명의 결정이 달랐다면 전혀 다른 모습이 되었을 수도 있다. 어떤 경계는 일시적으로 존재했다가 사라지며, 어떤 것은 수 세기 동안 유지된다. 어떤 것은 우스꽝스럽고, 어떤 것은 터무니없으며, 또 어떤 것은 수백만 명의 목숨을 앗아갔다.

이런 경계들의 이야기를 통해 우리는 인간의 허영심과 어리석음을 엿볼 수 있으며, 한 시대에는 당연하고 영구적이라고 여겨지던 것이 다른 시대에는 얼마나 무작위적이고 어처구니없는 것으로 보일 수 있는지를 깨닫게 된다. 이 역사들은 단기적인 권력 정치나 개인의 자존심 때문에 내려진 결정이 수십 년, 심지어 수 세기에 걸쳐 얼마나 현실적인 영향을 미칠 수 있는지를 보여준다. 그리고 이를 살펴보기에 더없이 적절한 출발점으로 지금부터 5,000년 전, 카이로 남쪽에서 인류 역사상 최초의 국경이 실제로 어떤 의미를 지녔는지 고찰하는 것에서 시작하고자 한다.

추천사 — 이 책에 쏟아진 찬사 · 004
머리말 — 경계로 표현된 역동적인 역사 · 006

Part 1 유 산

1. 이집트 통일 왕국 · 024
2. 만리장성, 통합의 역할을 하는 국경 · 030
3. 아시아 대륙과 선을 그은 유럽 · 039
4. 로마식 경계와 주변부의 힘 · 046
5. 샤를마뉴의 유산 · 055
6. 영국의 국경 · 065
7. 봉건제, 후작, 변경백, 그리고 변경 영주 · 075
8. 칭기즈칸의 개방 국경 정책 · 081
9. 에스파냐 vs. 포르투갈 · 088
10. 신성, 로마 그리고 제국 · 096
11. 영국과 아일랜드, 지도 제작 식민주의의 발명 · 105
12. 억울한 메이슨딕슨선 · 114
13. 나폴레옹 황제의 지방 정부 개혁 · 124
14. 미국의 멕시코 침공 · 132
15. 슐레스비히홀슈타인 문제 · 138
16. 그 어떤 백인도 밟은 적 없는 곳 · 146

차례

17 수단-우간다 국경 위원회 • 153
18 유럽 민족주의와 대오스트리아 연합국 • 160
19 영국과 프랑스가 만든 모래 위의 선 • 170
20 얼스터의 분할 • 178
21 인도의 분할 • 184
22 철의 장막과 베를린 분단 • 196

Part 2   역 사

23 칼리닌그라드와 동독 그리고 서러시아 · 206
24 비르 타윌의 기묘한 사례 · 214
25 한반도 분단, 1945년부터 현재까지 · 220
26 남중국해를 둘러싼 영유권 분쟁 · 229
27 이스라엘과 팔레스타인 사이의 불확실한 국경 · 238
28 네덜란드와 벨기에 사이의 샴쌍둥이 마을 · 249
29 미국-캐나다 국경, 직선이 불러온 난제 · 256
30 스위스가 아닌 몇몇 장소 · 265
32 소국에 대한 몇 가지 단상 · 273
32 도시의 경계 · 280
33 디트로이트의 저주 · 288
34 워싱턴을 둘러싼 정사각형 · 296
35 땅속의 경계 · 304
36 리히텐슈타인의 우발적인 침공 · 314
37 구글 지도 전쟁 · 321
38 지도 제작자의 딜레마 · 327

Part 3 외 부 효 과

39 본초자오선의 간략한 역사 • 334
40 시간대에 관한 몇 가지 단상 • 344
41 국제날짜변경선의 짤막한 역사 • 353
42 해양의 경계와 해양법 • 361
43 내륙국에 관한 몇 가지 이야기 • 370
44 남극의 영유권 분쟁 • 375
45 다르면서 더 크고, 더 음악적인 유럽 • 385
46 공중의 경계 • 392
47 최후의 개척지 • 398

맺음말 ― 2023년 이후의 무수한 국경 위기 • 406
옮긴이의 말 ― 경계가 있어도 역사는 흐른다 • 412

역사

- ✓ 국경의 발명
- ✓ 제국의 흥망성쇠
- ✓ 국가의 출현
- ✓ 세계를 망친 유럽

1
이집트 통일 왕국

세계 최초의 경계를 보여주다

선사시대에서 역사시대로의 전환은 무언가가 처음으로 발생한 순간이 아니라, 단지 사람들이 그것을 기록하기 시작한 순간을 의미할 뿐이다. 따라서 최초의 국경이 어디에 등장했는지를 확실히 말하는 것은 불가능하다. '우리'와 '그들'을 구분하려는 충동은, 그것을 기록하여 21세기까지 남길 필요성을 느끼기 훨씬 이전부터 존재했을 가능성이 크기 때문이다.

사실 초기 도시국가나 부족, 혹은 어떤 형태로든 집단적 정체성을 가진 무리는 현대적 의미의 경계 없이도 잘 지냈을 것이다. 이는 당시 세계가 현대의 기준으로 보면 거의 비어 있었기 때문이다. 그들은 자신들의 통제권이 미치는 땅의 경계를 어느 정도 인식하고 있었을 테지만, 그 경계가 다른 부족의 영토를 표시하는 명확한 선이라기보다는 누구의 통제도 받지 않는 중간 지대(무인 지대)였을 가능성이 크다. 만약 그 시대의 누군가가 지도를 발명했다면 지도는 오늘날처럼 나라들이 다닥다닥 붙어 있는 모습이 아니라 우주나 바다와 같은 형태였을 것이다. 혼돈의 바다에 질서 있게 흩어져 있는 섬의 모습처럼 말이다.

이러한 상황이 변하기 시작한 최초의 지역 중 하나가 북동아프리카였다. 선사시대에 이 지역은 유목 생활을 하며 먹이를 찾아 이동하는 수렵채집민들의 터전으로, 그들은 아마도 소 떼를 이끌고 다녔을 것이다. 그러나 기원전 8000년경, 자연적인 기후 변화로 인해 땅이 점점 건조해지면서 이 유목민들은 수 세대에 걸쳐 나일강 주변의 비옥한 토지에 정착하여 농경을 시작했다. 하지만 이러한 농경지가 차지하는 면적은 거대한 사막에 비하면 매우 협소했다. 정착 생활이 이루어지면서 상대적으로 적은 공간에 많은 인구가 밀집해서 살았다.

그러므로 연대기적으로 살펴볼 때, 기원전 4000년경 우리가 현대적인 국제 국경과 유사한 개념을 처음으로 발견할 수 있는 곳은 아마도 나일강 유역일 것이다. 그 경계선 북쪽에는 하이집트가 있었다. 이곳은 삼각주 지역으로 비교적 넓고 비옥했으며, 홍수가 자주 발생하는 땅이었다. 반면 남쪽에는 상이집트가 있었는데, 이곳은 훨씬 높은 지대로 이루어진 계곡 지역이었으며, 비옥한 땅이 좁게 형성되어 있어 모든 정착지가 강변을 따라 밀집해 있었다. 동지중해 및 그 섬과 연안 제국의 경계가 될 만한 어떤 선을 긋는다면(선처럼 정연한 어떤 것이 있었다면) 전통적으로 북위 30도 부근으로 추정된다. 이 두 왕국은 서로 다른 관습과 방언을 가졌으며, 아마도 지리적 위치에 따른 정치적·전략적 이해관계도 달랐을 것이다. 북쪽은 지중해와 레반트 지역을 향했고, 남쪽은 누비아와 아프리카 내륙으로 눈을 돌렸다. 그리고 그들 스스로 분열된 국가로 인식했을 이유도 없다. '이집트'라는 개념은 나중에 등장한 것이기 때문이다.

이 시대에 관해 알려진 것은 거의 없다. 그렇다면 이 시점에 경계가 존재했다는 것은 어떻게 알고 있는 것일까? 기원전 3000년경 누군가가 그 경계를 없앴기 때문이다. 상이집트의 왕 메네스는 북쪽을 정복하고 새롭게 통합된 왕국을 다스리기 위해 멤피스에 새로운 수도를 건설했다. 그는 최초의 파라오가 되었으며, 이후 수천 년 동안 존속할 국가를 창조했다. 그 뒤로 수 세기에 걸쳐 이집트 통치자들은 자신들이 두 왕국을 다스리는 군주임을 나타내는 상징을 사용했다. 그들은 '골풀sedge과 벌bee의 왕'(각각 상이집트와 하이집트를 상징하는 문양)이라는 칭호를 사용했고, '두 땅의 통합자'라는 호칭을 자처했다. 심지어 왕관도 상이집트의 흰 왕관과 하이집트의 붉은 왕관을 결합한 이중 왕관을 착용했다. 고대 이집트인들이 공유했던 국가관의 핵심은 한때는 두 개의 왕국이었지만 자비로운 통치자 덕분에 하나의 왕국으로 통일되었다는 사실이었다.

물론 소크라테스보다도 더 아득히 먼 과거의 일을 정확히 파악하는 것은 매우 어렵다. 또한 상이집트보다 하이집트에 대한 정보가 훨씬 적은데, 이는 하이집트의 토양이 상대적으로 습기가 많아 유물들이 더 쉽게 부패했기 때문이다. 게다가 이집트 역사는 워낙 길어서 페르시아와 알렉산더대왕의 정복과 같이 우리가 흔히 '고대사'라고 부를 만한 사건들조차 일반적으로 말하는 '후기 시대'에 속해 있다는 사실이다. 따라서 이 이야기에 불확실성과 의문이 생기는 것은 그리 놀라운 일이 아니다.

고대 이집트 연구 학자 토비 윌킨슨은 자신의 책 《고대 이집트의 흥망성쇠The Rise and Fall of Ancient Egypt》에서 최근 발견된 연구 결과를 인용하며, 기원전 3100년경 통일되기 직전까지 존속했던 두 왕국이 실제로는 상이집트 깊숙한 내륙에 자리한 두 도시 테니Tjeni와 네켄Nekhen을 기반으로 하고 있었다고 지적한다. 그는 이집트가 혼란기에 다시 분열될 때, 그 경계는 나일 계곡이 갑자기 좁아지는 지점에 해당하는 아시우트에 있었다고 추정하는데, 이곳은 티니와 네켄보다 북쪽이긴 하지만 전통적으로 상정된 경계선보다 무려 320여 킬로미터나 남쪽에 위치한다. 정치·지리적 현실은 유동적이고 복잡해서 전통적인 이야기에 나오는 것처럼 일관되고 깔끔한 경계로 나타나지는 않는다는 것을 보여주는 사례다.

게다가 가장 난처한 것은 메네스가 실제로 존재하지 않았을 가능성도 있다는 점이다. 그의 이름은 고고학 기록에서 거의 등장하지 않으며, 이에 따라 학계에서는 그를 티니를 기반으로 한 왕인 나르메르와 동일 인물로 보는 것이 일반적인 견해가 되었다. 나르메르는 확실히 실존했던 인물이라는 점에서 메네스보다 유리하다(게다가 파라오들은 종종 여러 개의 이름을 가졌기 때문에 상황을 더욱 복잡하게 만든다).

한 이집트 학자가 "세계 최초의 역사적 기록"이라고 평한 나르메르 팔레트의 한쪽 면에는 나르메르왕이 상이집트의 높은 흰 왕관을 쓰고 적을 내려치는 장면이, 다른 쪽 면에는 그가 하이집트의 낮고 평평한 붉은 왕관을 쓰고 기분 좋게 개선하는 모습이 등장한다. 이는 우리가 보고 있는 것이 정복과 통일의 기록이라는 것을 알려준다. 그러나 이 팔레트가 실제 역사적 사건을 묘사한 것인지, 아니면 '늑대에게 길러졌다가 형제를 죽이고 로마를 세웠다'는 류의 신화적 창세기에 더 가까운 것인지에 대해서는 논란이 이어지고 있다.

고고학적 증거에 따르면, 이집트 남부의 한 왕국이 점진적으로 세력을 확장하여 먼저 주변 지역을 장악하고 이후 북쪽에까지 영향력을 넓혀간 것은 사실이다. 그러나 두 개의 명확한 왕국이 특정한 순간에 하나로 합쳐졌다고 단언할 수 있는 증거는 부족하며, 이를 단 한 명의 왕이 이루어냈다고 확신하기도 어렵다.

그렇다면 이런 경계가 역사적 기록에까지 등장하는 이유는 무엇일까? 초기 파라오들이 실제로 무엇을 했는지는 거의 알 수 없지만, 우리가 가진 증거들(무덤, 기념비, 왕 목록 등)을 보면, 그들이 자신을 어떻게 보이길 원했는지는 비교적 잘 파악할 수 있다. 그리고 이집트 파라오들이 자신을 통일된 국가의 화신으로 자리매김하는 것이 중요했다는 점은 그들이 남긴 다양한 상징들, 이중 왕관(그 두 부분 모두 실제로는 상이집트에서 유래했을 가능성이 있음)과 '두 왕국을 다스리는 군주'와 같은 칭호들에서 분명히 드러난다. 파라오 중 한 명인 제르Djer는 '두 땅을 순례하다'라고 불리는 일종의 왕국 순회 행사를 진행한 것으로 알려져 있다. 이는 그의 존재 자체를 통해 광대한 왕국을 결속하려는 시도였다.

5,000년이 지난 지금, 이집트는 페르시아부터 영국에 이르기까지 수많은 외세의 점령을 겪고도 여전히 단일한 국가로 남아 있다. 따라서 오늘날 이 나라가 다시 분열될 수도 있다는 걱정은 기우일 수 있다. 하지만 고대에는 이와 같은 우려가 매우 현실적인 문제였다. 구왕국Old Kingdom, 중왕국Middle Kingdom, 신왕국New Kingdom 사이의 '중간기

Intermediate Periods' 동안, 이집트는 실제로 여러 번 분열되었으며, 때때로 서로 다른 왕조가 각기 다른 수도에서 동시에 통치하기도 했다. 따라서 '두 왕국을 다스리는 군주'라는 칭호는 단순한 수사가 아니라, 파라오의 권위가 국가를 하나로 유지할 만큼 강력한 힘에서 비롯되었음을 반영한 것이었다. 결국 상이집트와 하이집트 사이에 실제로 물리적인 경계선이 있었는지의 여부보다는 그러한 경계를 없앨 만큼 강력한 통치자가 있었느냐가 중요할 수 있다.

고대 이집트를 떠나 기원전 1000년대의 비교적 최근 역사로 넘어가기 전에 한 가지 더 이야기할 것이 있다. 기원전 27세기 제3왕조의 첫 번째 왕 조세르 시대에는 이집트가 '노메스nomes'로 불리는 지방행정 구역으로 나뉘어 있었다. 각 노메스는 '노마치nomarch'라는 지방 장관이 통치했는데, 이들은 봉건제에 기반한 권력을 행사한 세습 군주였던 것으로 보인다. 이집트 왕국의 전성기에는 총 42개의 노메스가 존재했으며, 이러한 행정구역 체계는 640년 이슬람 세력의 이집트 정복기까지 지속됐다.

다시 정리하면 노메스는 3,200년 이상 지속된 지방행정 단위였다. 영국의 카운티county나 미국의 주state 체계의 역사와 비교하면 어마어마한 세월이 아닌가! ○

2
만리장성, 통합의 역할을 하는 국경

기원전 221년부터 중원의 경계를 표시하다

"만리장성에 대해 모두가 알고 있는 상식은 틀렸다."라는 말이 있다. 한때 만리장성이 우주에서도 보인다는 속설은 거짓이라는 주장이 우세했다. 그런데 '이제' 더 이상 그런 주장이 옳다고만 할 수는 없게 되었다. 우주에서 실제로 만리장성이 보일 수 있다는 것이 밝혀졌기 때문이다. 만리장성은 매우 길지만 폭은 몇 미터에 불과하고 주변의 지형과 비슷한 색을 띠기에 저궤도에서는 보기 힘들 수도 있다. 그러니 만리장성을 보고 싶다면 중국에 직접 가는 것이 가장 좋은 방법이다.

어쨌든 만리장성의 규모가 상상을 초월할 정도로 방대한 것은 사실이다. 약 5만 킬로미터에 이르는 길이는 해당 위도에서 지구를 한 바퀴 돌고도 절반을 더 갈 수 있는 거리다. 그럼에도 이 어마어마한 건축물이 중국 밖으로 나와 있지 않은 이유는 만리장성이 직선으로 이어진 것이 아니라 복잡한 네트워크 형태로 이루어져 있기 때문이며, 단일한 장벽이 아니라 나란히 늘어선 성벽들과 나뉘어 갈라진 성벽들이 얽혀 있는 구조이기 때문이다. 이 장벽들은 중국 북부를 거미줄처럼 가로지르며, 서쪽 끝의 옥문관부터 동쪽의 한반도 국경 인근까지 이어진다. 이 모든 성벽이 남아 있는 것은 아니며, 현재 남아 있는 성벽의 총 길이는 약 2만 1,000킬로미터로 추정된다. 그래도 여전히 엄청난 규모의 성벽이다.

이러한 성벽이 왜 필요했으며, 그것이 어떻게 중국 통일의 상징이 되었는지를 설명하기 위해서는 한 걸음 물러서서 보다 근본적인 질문을 던질 필요가 있다. 애초에 왜 경계를 만들기 시작한 것일까?

석기시대는 약 250만 년 동안으로, 이는 전체 인류 역사 중 약 99.8퍼센트를 차지한다. 그 시기에 우리 인류의 압도적 다수를 차지한 것은 수렵채집인이었다. 즉, 작은 부족 단위로 이동하며 살아갔고 외부인과 마주치는 일은 드물었으며 식량은 사냥과 채집을 통해 얻었다. 신석기 혁명 또는 농업혁명으로 알려진 사건 속에서 누군가(아마도 많은 누군가)가 농경을 발명한 것이다.

그런데 이상하게도, 사람들이 왜 농사를 시작했는지는 여전히 풀리지 않은 수수께끼다. 19세기 영국 휘그당원처럼 농사를 인간 발전을 향한 거침없는 진전으로 보았던 것일까? 그러나 농사에는 더 많은 노동력이 들어간 반면 농사로 얻을 수 있는 수확은 더 적었다는 증거가 수두룩하다. 즉, 농경의 시작은 어떻게 정의하더라도 인류에게 일어난 그 어떤 일보다 중요하지만 한편으로는 명백히 자멸적인 일이기도 하다는 뜻이다. 인류학자들은 우리 조상들이 이런 자멸적인 행위를 하게 된 다양한 이유를 제시했다. 기후 변화, 단기적 이점이 장기적 문제를 가리는 현상, 엘리트 계층의 이익이 대중의 어려움을 압도한 결과 등이 그 예다. 또 다른 가능성은 단순한 인구 문제다. 농경을 통해 동일한 면적에서 더 많은 사람을 부양할 수 있었고, 그 결과 농경을 선택한 집단이 결국 지배적인 위치를 차지하게 되었다는 것이다. 하지만 노동은 증가했고, 불평등은 심화되었으며, 정착 생활이 가능해지면서 출산율이 높아졌고, 결국 가부장제가 등장했다. 삶은 더욱 힘들어졌지만, 적어도 인구는 증가했다.

어쨌든 농경은 정착을 의미했고, 이는 인간과 물리적 환경의 관계에 큰 변화를 초래했다. 우선 농경은 더 많은 소유를 의미했다. 무언가를 등에 짊어지고 다닐 걱정 없이 무언가를 '소유'할 수 있게 된 것이다. 또한 비옥한 농지를 통제하는 것이 어느 집단이 번영할 것인지를 결정하는 중요한 요인이 되었다. 과거에는 작은 집단이 광대한 지역을 이동하며 살아갔지만, 이제는 훨씬 더 큰 집단이 비교적 작은 지역에 집중적으로 거주하게 되었다.

그러나 한 집단이 특정한 땅을 차지하면 다른 집단은 그 땅을 이용할 수 없게 된다. 자연히 땅을 지배하는 집단은 가진 땅을 방어해야 했고, 땅을 갖지 못한 집단은 땅을 가진 집단을 공격해야 했다. 본질적으로 이는 인류 역사의 시작점이 되었다. 농업과 정착 생활은 인간 문명을 형성하는 사회 조직, 계층, 갈등의 연쇄반응이 시작된 지점임이 분명하다.

이집트, 메소포타미아, 인더스 등 가장 초기의 문명들이 모두 강 유역에서 시작됐다는 사실은 결코 우연이 아니다. 이 지역들은 토지가 비옥하고 계절 또한 예측하기 쉬웠기 때문이다. 그러나 우리는 이들 문명의 생활과 정치에 관해 사실상 아는 것이 없다고 해도 과언이 아니다. 메네스/나르메르의 이야기처럼, 문서로 기록된 역사가 존재하지 않았기 때문에 우리는 주로 고고학과 인류학에 의존할 수밖에 없다. 잘 알려진 역사를 통해 보면 이러한 지역들은 때때로 통일된 제국과 같은 모습을 띠기도 했는데, 이때 가장 중요한 경계는 문명과 야만의 경계를 흐릿하게 구분하는 모호한 선이었다. 그러나 또 다른 시기에는 다수의 국가가 영토와 패권을 두고 경쟁하며, 왕조와 도시 간의 권력이 빈번하게 이동하는 양상을 보이기도 했다. 안정과 번영의 시기가 지속되면 문명의 영역이 확장됐지만, 그러한 시대는 끝나기 마련이었고, 그 결과 다양한 도시와 국가가 충돌하게 되었다.

이런 형태는 고대 중국에서도 반복된 것으로 보인다. 가장 초기 왕조들은 현대 중국의 크기에 비하면 아주 작은 영토를 다스렸으나, 당시 기준으로 보면 여전히 방대한 규모였다. 그러나 이집트와 마찬가지로, 이 제국들은 주기적으로 분열을 겪었다. 그래서 기원전 첫 밀레니엄이 몇 세기 남지 않은 시점에, 중국의 세 번째이자 가장 오래 지속된 왕조인 주周나라는 여전히 이론상으로는 기원전 11세기 중반부터 그들이 지배해온 제국의 정점에 있었으나, 실질적으로는 이미 기원전 8세기 초반부터 중심부에서 소수의 지역 권력으로 실제 권력이 분산되기 시작했다. 기원전 5세기에는 황제가 마지못해 이러한 소국의 독립을 인정했고, 기원전 3세기에는 황제가 거의 명목상의 존재로 전락하면서 그의 인정조차 무의미해졌다. 기원전 5세기부터 3세기까지를 이르는 '전국戰國시대'라는 명칭은 이 시기가 어떠했는지 조금이나마 짐작해볼 수 있게 한다.

중국인들이 처음으로 성벽을 쌓기 시작한 것이 바로 이때였다.

기원전 7세기까지 거슬러 올라가면, 주나라의 속국인 초楚나라는 지금의 후베이성 지역에 위치한 수도를 보호하기 위해 장방형 구조를 가진 성벽을 쌓기 시작한다. 그 북쪽에 있던 제齊나라는 강둑, 넘을 수 없는 산, 그리고 흙과 돌을 쌓아 올려 만든 구조물로 그들의 경계를 보호했다. 중산은 조趙나라와 진秦나라의 위협에서 벗어나기 위해 성벽을 쌓았다. 위魏나라는 두 개의 성벽을 지었는데, 하나는 수도를 보호하기 위해, 또 하나는 서쪽의 유목 민족과 진나라를 방어하기 위함이었다. 아마도 여기에 발끈했을 진나라는 또 다른 유목 민족들에게서 자국을 보호하기 위해 새로이 성벽을 쌓아 올렸다.

그렇게 성벽 쌓기는 계속됐다(더 많은 왕국과 훨씬 더 많은 성벽이 있지만, 맛보기로는 이 정도면 충분할 듯하다). 이들 성벽은 방어 수단이었지만 영토를 표시하는 방법이기도 했다. 이를 통해 지방의 소국들은 말 그대로 땅에 자신의 흔적을 남기고, 그들이 바로 옆 왕국만큼 강력하다는 것을 세상에 알리고자 했음을 알 수 있다.

이러한 상황은 기원전 221년 막을 내렸다. 당시 막강한 권력을 자랑하던 진나라의 시황제始皇帝는 제나라를 완전히 병합하여 중국을 통일한 뒤, 진 왕조가 '만세萬世' 동안 이어질 것이라고 세상에 천명했다. 하지만 이는 지나치게 낙관적인 전망이었다. 시황제 사후 불과 4년 만인 기원전 207년, 그의 제국은 붕괴했다. 중국은 진나라 멸망 후 짧은 내전을 거쳐 한漢나라로 또 한 번 통일 국가를 이루었다. 한나라는 약 400여 년간 명맥을 유지하며 중국사를 통틀어 가장 강대한 국가로 자리매김했다. 그럼에도 시황제는 중국 최초의 진정한 황제로 역사에 남게 되었다. 그는 이전까지 서로 대립하던 여러 국가를 단일한 정

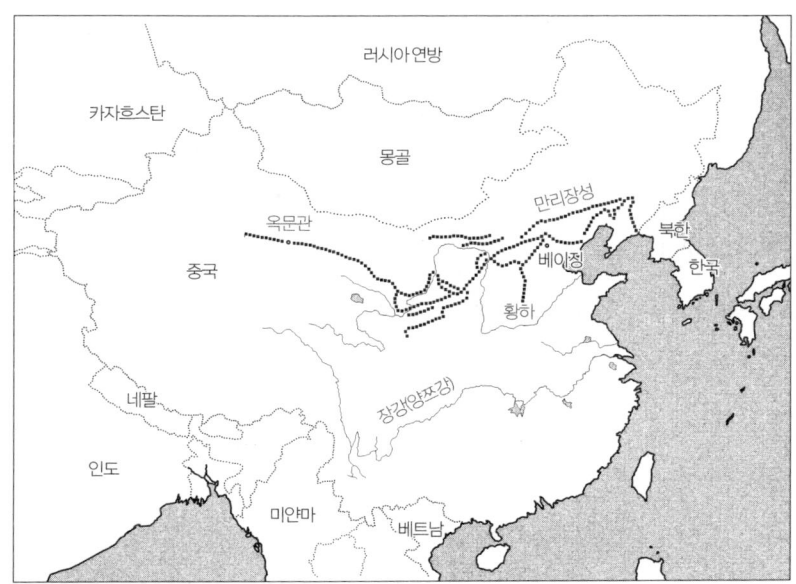
만리장성을 현재 지도 위에 겹쳐 놓은 모습. 모든 지선이 표시된 것은 아니다.

체성을 가진 하나의 민족으로 통합하기 위한 야심찬 정책들을 펼쳤기 때문이다. 시황제는 원활한 소통을 위해 중국의 다양한 문자 체계를 단일한 서체로 통일하고, 도량형을 표준화했으며, 심지어 수레 차축의 폭까지 규격화하여 교통과 통신을 개선했다. '친Chin'이라고 발음되는 진이라는 나라가 역사에 이름을 남긴 것은 결코 우연이 아니다.

하지만 이 최초의 황제는 폭군으로 기억된다. 이러한 다양한 계획 중에는 백성의 등골을 빼는 혹독한 토목사업이 포함되었기 때문이다. 진나라는 세금의 한 형태로 강제 동원된 엄청난 무급 노동자들을 이용해 새로운 도로, 운하, 요새를 지었다. 또한, 기존의 여러 성벽을 하나의 방어 체계로 연결하는 작업도 시작했는데, 이는 북방의 야만족 침입을 방어하기 위한 목적도 있었지만, 동시에 새롭게 통일된 국가의 상징이기도 했다. 당시 문헌에서는 이러한 강제 노동이 젊은 남자들과 그들을 떠나보낸 가족들에게 끼친 가혹한 영향을 비판하는 내용이 자주 등장한다. 그러나 좋든 싫든, 중국은 마침내 자신만의 장벽을 가지게 되었다.

이 초기 구조물들은 우리가 이해하는 성벽이라기보다는 흙으로 쌓아 올린 둑과 유사한 형태였다. 현지에서 쉽게 구할 수 있는 재료, 《내셔널지오그래픽》의 표현을 빌리자면 "고비사막의 붉은 야자수 잎, 타림분지의 야생 포플러 줄기, 간쑤성의 갈대" 등을 사용하여 다져진 토성에 가까웠다. 그러나 오늘날 남아 있는 만리장성의 대부분은 훨씬 후대에 건설된 것이다. 아마도 지금까지 이 글을 읽으며 머릿속에 떠올렸을 이미지, 다시 말해 산등성이를 따라 지평선까지 뻗어 있는, 벽돌을 쌓아 올린 크고 회색빛을 띠는 뱀 같은 성벽은 거의 명나라 때 축조된 장성일 것이다.

성벽은 명백히 방어를 목적으로 지어지는데, 1368년부터 중국을 통치한 명나라로서는 (지금의 서구인들에게 로마제국 때만큼이나 먼) 과거의 체제를 부활시켜 이전 세기 몽골의 침략과 같은 일이 다시는 일어나지 않게 하려고 선택한 의식적인 방어였다. 사막에서 바다까지 약 7,240킬로미터에 이르는 장성은 단순한 성벽이 아니었다. 그것은 문, 마구간, 망루, 요새 등을 포함하는 거대한 군사 방어 체계였으며, '북방을 진압하는 전망대' 또는 (개인적으로 내가 가장 좋아하는 명칭인) '염소 같은 오랑캐를 진압하는 전망대'와 같은 거창한 이름으로 불린 구조물이었다.

이 방어 체계는 효과를 발휘했지만, 중국 역사의 거대한 흐름 속에서는 그리 오래 지속되지 못했다. 명나라가 쇠퇴하기 시작하자 국가는 더 이상 방어선을 유지할 충분한 병력을 배치하거나 남아 있는 수비대에 적절한 보급을 제공할 수 없었다. 성벽의 힘은 그것이 보호하는 국가에서 나온다는 것이 드러났다. 17세기 만주족이 침략했을 때 만리장성은 그들을 막기에 역부족이었다. 그러나 그것이 성벽의 무용함을 뜻하는 것은 아니었다. 만주족이 세운 중국의 마지막 왕조였던 청나라는 이 성벽을 중국 문화의 영향력이 원래 중국 영토가 아닌 동북 지역으로 퍼지는 것을 차단하고 만주족의 정체성을 지키는 데 유용하게 활용했다.

이 모든 이야기를 통해 만리장성에 관련된 매우 중요한 사실을 알 수 있다. 만리장성의 목적과 의미가 수 세기에 걸쳐 급격하게 변화해 왔다는 것이다. 어떤 것이든 2,000년이 넘는 시간 동안 불변 없이 존재한다는 것은 불가능하므로 이런 변화가 그리 놀라운 것은 아니다. 만리장성의 전신들은 중국에 분열을 가져왔고 진나라의 성벽은 중국의 통일에 기여했다. 몇 세기 동안 제국은 중국 문명과 외부의 혼란스러운 세계 사이의 경계를 상징하게 된 장벽 뒤로 물러나 있었다. 또 몇 세기 동안은 성벽을 중심지에서 지방으로의 이동과 교역을 가능하게 하고 감시하는 소통의 동맥으로 기능하게 했다. 또 몇 세기 동안은 잊히고 방치되어 무너져내렸다.

또한 만리장성은 관광 자원이기도 하다. 과거 폐쇄적이던 때의 중국은 성벽 뒤에 몸을 숨겼지만, 세계에 문을 열기 시작한 후부터 이 역사적인 성벽의 아름다움은 관광객들의 주요한 볼거리가 되었다.

명나라 멸망 이후 외부인들의 관광 코스에서 빠질 수 없는 명소가 된 것이다. 중국인들도 전국 각지에서 버스를 타고 와 베이징에서 가장 가까운 성벽을 구경하곤 한다. 한때 부유한 유럽인들이 유럽 대륙 순방을 한 것처럼, 오늘날에는 부유한 중국인들이 만리장성을 찾는 것이다.

    이처럼 만리장성은 그들이 보호하는 하나의 통일된 중국을 상징하는 역할은 여전하지만, 영원히 그 뒤에 숨어 있을 수는 없다. 성벽을 뚫은 것은 몽골과 만주족만이 아니었다. 19세기 유럽인들은 중국 항구에 군함을 대고 중국에 침입했다. 수천 년 전 초나라, 제나라, 그리고 17세기 명나라가 깨달았듯이, 외부인을 영원히 막아주는 국경은 없다. ○

3
아시아 대륙과 선을 그은 유럽

그리스인과 교회는 어떻게 대륙을 발명했을까?

도시마다 대중교통 시스템의 규모와 범위는 서로 다르다. 뉴욕 지하철은 도시의 북쪽 경계를 넘지 않기에 인접한 웨스트체스터 카운티 교외에 사는 주민들은 다른 교통수단을 찾아야 한다. 파리 지하철은 도시의 마지막 성벽 자취를 따라 형성된 외곽순환도로 너머로 단지 몇 개의 노선만 확장할 수 있었다. 런던 지하철은 북부와 서부 교외 지역으로는 다양한 노선이 발달했지만, 남동쪽 교외 지역은 예외다.

이스탄불 지하철은 이 모든 것들을 가뿐히 뛰어넘는다. 여덟 개 노선 중 여섯 개 노선이 유럽에 자리하지만, 두 개 노선은 여전히 도시 경계 내에 있으면서 아시아에 위치한다. 두 지역은 76.6킬로미터 길이의 마르마라이Marmaray 철도 노선으로 연결되는데, 마르마라이라는 이름은 마르마라해와 튀르키예어로 '철도'를 의미하는 'ray'를 결합한 이름에서 유래했다. 따라서 이스탄불에 가면 말 그대로 대륙 간 통근 열차를 탈 수 있다.

하지만 이 통근 열차는 그 이름을 처음 들었을 때만큼 인상적이지가 않다. 사실 시르케지에서 위스퀴다르까지 한 정거장, 단 3킬로미터만 이동해도 대륙이 바뀌며, 마르마라이는 13.5킬로미터의 터널을 지나지만 유럽을 아시아에서 분리하는 보스포루스해협 아래 구간은 터널의 약 1.8킬로미터에 불과하기 때문이다. 마르마라이 대부분이 지하에 있는 것은 뉴욕 지하철이나 파리 지하철과 같은 이유다. 지하철 개통을 위해 이스탄불의 기존 건물을 철거하는 것이 너무 부담스러웠기 때문이다. 이 좁은 보스포루스를 자세히 들여다볼수록, 해협 양쪽의 땅을 근본적으로 다른 대륙으로 간주하는 것이 얼마나 터무니없는지를 깨닫게 된다.

물론 지구상에는 여러 대륙이 맞닿아 있는 지점이 존재하며, 시나이반도나 파나마지협 또한 대륙 간 경계로 설정된 것이 다소 임의적이라고 볼 수도 있다. 그러나 이러한 지역들은 명확히 두 개의 거대한 대륙을 가르는 좁은 지형이다. 반면, 유럽과 아시아의 경계는 멀리서 보아도 별로 타당성이 없어 보인다. 이스탄불 남쪽에서는 마르마라해와 다르다넬스해협을 경계로 삼는데, 다르다넬스해협의 가장 좁은 지점은 겨우 1.2킬로미터에 불과하다. 북쪽으로는 흑해를 거쳐 캅카스산맥, 카스피해, 우랄산맥을 따라 유럽과 아시아의 경계가 설정된다. 물론 모두 인상적인 지형지물이지만 내가 확실히 말할 수 있는 바는 다음과 같다.

ⓐ 산맥으로 대륙을 나누는 것은 일반적이지 않다. 북아메리카는 로키산맥이나 애팔래치아산맥으로 나뉘지 않는다.

ⓑ 카스피해와 우랄산맥 사이에는 실제로 경계가 어디를 지나야 하는지 명확하지 않은 공백이 존재한다. 우랄강과 엠바강이 경계로 언급되지만, 결국 이는 단순한 선택의 문제다.
ⓒ 세계지도를 보면 분명히 알 수 있듯이, 유럽과 아시아는 북아메리카와 남아메리카처럼 분리된 대륙이 아니라 단일한 대륙이며, 단지 인위적인 선이 그어져 있을 뿐이다.

아시아와 유럽의 구분이 자의적이긴 하지만, 매우 오래된 개념이기도 하다. 에게해를 기준으로 양쪽 땅이 근본적으로 다르다는 개념은 고대 그리스인들에게서 시작됐다. 가장 초기의 지리학 서적 중 하나인 《세계 일주 여행 Journey Round the World》은 기원전 5세기 초 고대 그리스 역사가 헤카타이오스가 썼는데, 지중해를 시계 방향으로 탐사하는 형식으로 구성됐다. 1권은 '유럽'(지브롤터해협에서 지금의 그리스까지), 2권은 '아시아'(튀르키예에서 모로코까지)를 다루고 있다. 이후 이 두 개의 대륙 체계는 '리비아'(아프리카)와 나일강을 경계로 하는 세 개의 대륙 체계로 발전했다.

고대 그리스 세계의 중심지는 에게해의 서쪽에 위치한 아티카와 펠로폰네소스, 그리고 동쪽의 소아시아 서부 해안이었다는 점에 주목할 필요가 있다. 결국 고대 그리스인에게 어떤 장소가 그리스와 어떤 관계를 맺고 있는지는 아마도 가장 유용한 정보였을 것이다. 기원전 5세기는 에게해 동쪽을 지배하던 페르시아제국과 서쪽에 위치한 그리스 도시국가들 사이에 갈등이 있던 시기이기도 했다. 그리스의 국가적 신화는 또 다른 시대적 위기에 놓였는데, 그것은 동쪽의 강대

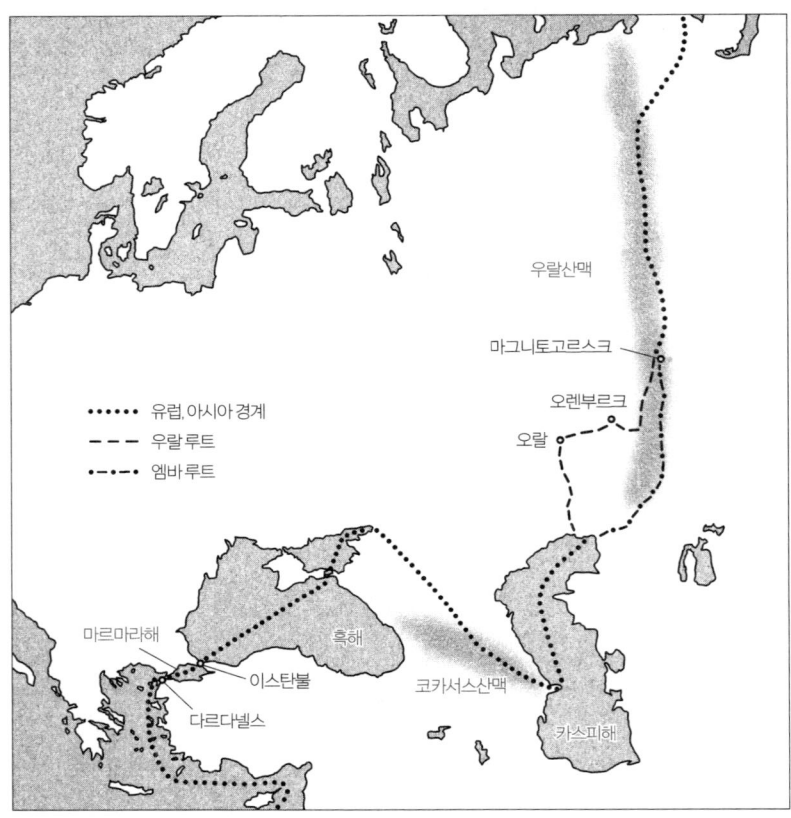

유럽, 아시아 경계의 기묘하고 구불구불한 경로. 카스피해 북쪽의 경로가 우랄강으로 이어진다는 주장과 엠바강으로 이어진다는 주장이 엇갈리고 있다.

국 트로이와의 전쟁이었다. 이러한 역사적 맥락 또한 동서 구분에 대한 갑작스러운 열정을 부추겼을 가능성이 있다. 그러나 당시에도 이러한 구분이 터무니없다고 생각한 사람들이 있었다. 기원전 5세기가 끝나기도 전에, 역사가이자 지리학자인 헤로도토스는 세상에 존재하는 세 개의 대륙을 나누고 이름을 붙인 사람이 누구인지 알 수 없으며, 모든 사람이 그 경계가 정확히 어디인지 매우 혼란스럽다고 기록했다. 이는 결코 우연이 아닐지도 모른다. 그는 오늘날 튀르키예의 보드룸에 해당하는 할리카르나소스 출신이었으며, 그의 도시 지도자들은 전쟁에서 페르시아 편에 서기도 했기 때문이다.

그 후 약 천 년 동안 마케도니아와 로마제국을 비롯한 여러 제국이 유럽, 아시아, 아프리카 일부 지역을 정복하며 세계를 지배했다. 서기 2세기에는 하나의 국가가 오늘날 영국의 칼라일에서 쿠웨이트까지 뻗어 있었으며, 그 국가에는 '아프리카'와 '아시아'라는 이름을 가진 속주들이 존재했지만, 이들은 우리가 현재 그러한 명칭을 부여하는 대륙 전체가 아니라 지중해 연안과 서부 소아시아의 일부 지역에 불과했다. 따라서 기원전 500년경의 그리스 세계관에 기반한 이러한 자의적인 지리적 구분이 지속될 이유는 희박했다.

그러나 결과적으로 이 개념은 살아남았다. 이는 로마인의 사고방식에 남아 있던 그리스의 영향력 때문일 수도 있고, 서로마제국이 붕괴한 이후에도 천 년 가까이 존속한 동로마제국에서 그리스 문화가 계속해서 우위를 차지했기 때문일 수도 있다. 혹은 종교적 요인이 작용했을 수도 있다. 서기 200년경에는 그리스와 시리아 사이가, 그리스와 프랑스 사이의 차이보다 크지 않았다. 그러나 몇 세기 후 이슬람 정복이 일어나면서 그리스 동쪽과 남쪽 지역은 기독교 세계와 매우 다른 곳이 되었다. 당시 사람들은 스스로를 '유럽인'이라고 생각하지 않았지만, '기독교 세계'의 일부라는 인식은 매우 강했다.

9세기에 한 시인은 프랑크왕국의 지도자였던 샤를마뉴를 '유럽의 아버지'라고 묘사했다. 이는 광대한 영토를 통치했던 그에게 어울리는 찬사로 적절한 명칭을 찾고자 했던 노력 가운데 하나였다. 시간이 지나면서, 고전 고대에 대한 지식이 유행하게 되었고, 기독교 세력이 스페인을 탈환하려 했으며, 오스만제국이 점점 유럽의 중심부에 다가오면서 세계를 기독교적이고 문명화된 유럽과 불길한 이교도 아시아인들의 영역으로 구분하는 개념이 점점 더 매력적으로 보이기 시작했다.

이러한 접근 방식은 고대인들의 사고방식과는 전혀 다른 것이었다. 고대 그리스인들은 지리적 이유뿐만 아니라 정치적 이유로 세계를 세 부분으로 나누었을 수 있다. 하지만 당시 그들은 북쪽에 어떤 세계가 존재하는지 잘 몰랐기 때문에, 유럽과 아시아 사이에 근본적인 물리적 경계가 존재한다고 믿는 것이 가능했을 것이다. 반면, 르네상스 시대의 유럽인들은 유럽과 아시아가 하나의 단일한 대륙을 형성하고 있다는 사실을 알고 있었다. 정치적으로 형성된 다소 인위적인 구분은 이후 러시아가 자신들을 진정한 유럽인으로 간주해야 하는지를 고민하게 만든 여러 요인 중 하나였을 것이다.

이러한 구분은 시간이 흐른다고 해서 더욱 타당해지지는 않았다. 제국주의 시대에 접어들면서 러시아를 가로지르는 경계선의 경로에 대한 합의는 여러 차례 변경되었으며, 이는 근본적으로 발견해야 할 실체적 기준이 없었다는 사실을 시사한다. 20세기 중반에 이르러 판구조론이 점차 학계에 자리 잡고 있었으며, 과학자들은 대륙(아프리카, 남극, 오스트레일리아, 북아메리카, 남아메리카)이 각각 고유한 지각판을 가지고 있음을 발견했다. 그러나 유럽은 유라시아 판의 서쪽 일부에 불과했으며, 만약 아시아에서 독립된 대륙으로 인정받을 만한 지역이 있다면 그것은 아라비아반도와 인도 아대륙이었다.

그러나 이러한 지역들은 결코 독립된 대륙으로 인정받지 못했다. 유럽인의 후손들이 주도한 세계에서 유럽이 하나의 독립된 대륙이라는 개념은 너무도 명백하게 인위적인 개념임에도 유지되었다. 또한, 그리스어를 사용하는 키프로스는 지리적으로 아시아에 가깝고 북부에는 튀르키예어를 사용하는 분리된 지역이 존재함에도 여전히 유럽 국가로 간주되었다.

앞서 언급한 것처럼 고대 그리스는 유럽과 아시아의 경계에 걸쳐 있었다. 그러나 내가 언급하지 않은 사실은 현대 그리스 또한 그러했다는 점이다. 20세기까지도 약 120만 명의 그리스 정교도들이 소아시아, 동부 트라키아, 그리고 다른 이슬람이 주류를 이루는 지역에 거주하고 있었으며, 현대 그리스에는 40만 명의 무슬림들이 살고 있다. 그러나 1923년 두 집단은 강제로 이주해야 했으며, 이 과정에서 100만 명 이상의 난민이 발생하는 합법적 인종 분리가 이루어졌다. 역사적으로 기독교 유럽과 동쪽의 이슬람 아시아 세계 사이에 단순한 구분선이 존재했던 적은 없었다. 그러나 1차 세계대전 이후의 혼란은 그러한 경계를 인위적으로 만들어낼 핑계를 제공했다.

참고로 이스탄불이 유럽과 아시아의 경계를 가로지르는 유일한 도시는 아니다. 만약 이러한 도시를 여행하고 싶다면, 러시아의 오렌부르크와 마그니토고르스크, 그리고 카자흐스탄의 오랄 등을 방문할 수 있다. 이들 도시는 모두 우랄강을 가로지르고 있으며, 이스탄불과는 달리 걸어서 유럽과 아시아를 오갈 수 있다. 결국 이 모든 경계 설정은 인종과는 무관하게 근본적으로 터무니없는 개념이라는 사실을 알 수 있다. ○

4
로마식 경계와 주변부의 힘

로마의 확장, 국가의 개념을 정의하다

세베루스 알렉산데르는 자신이 이루어야 할 것이 많다고 느꼈음이 분명하다. 그의 이름 중 하나는 그의 대고모의 남편이자 3세기 초 로마를 지배한 왕조를 창시한 셉티미우스 세베루스에서 따온 것이었으며, 다른 하나는 역사상 가장 위대한 정복자로, 500년 전 작은 마케도니아 왕국의 지배 아래 그리스에서 인도까지의 광대한 영토를 통합한 인물에서 유래했다. 게다가 그는 단 13세의 나이에 황제 자리에 올랐다. 사춘기 소년에게는 감당하기 힘든 시기였다. 혼란스럽고 불안정한 제국을 다스려야 했으며 그의 즉위를 위해 사촌이 살해되었다는 사실도 잘 알고 있었다.

그의 통치는 순조롭지 못했다. 젊은 알렉산데르는 로마에서 실권을 행사하는 진정한 권력자인 그의 어머니와 할머니의 꼭두각시로 알려졌고, 이는 여성의 권력을 달가워하지 않는 로마인들에게 적절하지 않은 모습으로 비쳤다. 로마는 무법천지로 변했다고 전해지며, 황제의 친위대조차 황제 바로 앞에서 자신들의 지도자를 살해했다. 또한 서기 229년의 집정관 중 한 명이었던 역사가 카시우스 디오는 같은 운명을 피하기 위해 재임하는 상당 시간을 도시 밖에서 보냈다.

그러나 알렉산데르가 직면한 가장 큰 문제는 외교 정책이었다. 황제의 미숙함에 대한 불만이 있었지만, 로마군은 메소포타미아로 쳐들어온 페르시아군을 물리쳤다. 어찌 되었든, 로마의 반격 작전은 특히 황제가 직접 지휘한 부분에서 재앙에 가까웠으나, 페르시아군이 결국 이를 감내할 가치가 없다고 판단하고 철수했다. 그러나 얼마 지나지 않아 라인강과 다뉴브강 국경을 넘어 야만족 부족들이 침입하기 시작했다. 이미 군대는 지쳐 있었고 병력은 부족했기 때문에, 시간을 벌기 위해 알렉산데르는 게르만족에게 뇌물을 주어 철수시키려 했다. 그러나 이는 군대가 받아들이기에는 너무나도 어려운 조건이었다. 피와 철로 제국의 국경을 방어하기는커녕 적들에게 돈을 주어 물러나게 하려 하다니, 게다가 여성의 조언을 받아서?

결국 군대는 그를 살해했고, 나아가 그의 어머니까지도 살해했다. 그 후 자신들의 사령관을 황제로 옹립했는데, 그가 바로 막시미누스 트락스('트라키아인')였다. 그는 한때 양치기였고, 이후 군에서 훈장을 받은 장교로 로마의 지배 계층 출신이 아닌 최초의 황제가 되었다. 이제야 비로소 로마를 외적의 위협에서 방어하는 병사들의 필요를 진정으로 이해할 수 있는 인물이 즉위한 것이었다. 그는 결국 그들 중 한 사람이었으니까!

그러나 실망스러운 3년이 흐른 후, 군대는 그마저도 살해했다. 그리고 이러한 일은 앞으로도 계속 반복되었다. 다음 반세기 동안, 공동 황제, 반란 황제, 찬탈자를 포함해 로마제국은 최소한 26명의 황제를 맞이하게 된다. 이는 로마의 첫 220년 동안의 황제 수와 맞먹는 숫자로, 그 시기에는 서기 69년의 '네 명의 황제의 해'와 서기 193년의 '다섯 명의 황제의 해' 같은 불안정한 시기도 포함되어 있었다.

우리가 '3세기의 위기'라고 부르는 시기에 제국이 붕괴하고 분열된 이유는 여러 가지였다. 페르시아의 재흥, 중앙아시아에서 발생한 어떤 미지의 위기가 촉발한 대규모 이주 압력, 셉티미우스 세베루스가 시행한 화폐 가치 절하로 인한 경제 위기와 인플레이션 등이 있었다. 그러나 중요한 요인 중 하나는 세베루스 알렉산데르가 암살된 이후 군대의 기강이 무너진 것이었다. 특히 라인강과 다뉴브강 국경에 주둔한 사령관들은 자신들이 제국의 실권을 쥐고 있음을 깨달았다. 이 위기는 궁극적으로 제국이 자신들의 국경을 방어해야 하는 필요에서 비롯된 것이었다.

로마 영토의 점진적이고 끊임없는 확장은 국가 역사에서 가장 중요한 흐름 중 하나였다. 초기 수 세기 동안 로마는 자국을 둘러싼 좁은 배후지만을 지배했으며, 한때 북쪽의 에트루리아 국가에 의해 지배되기도 했다. 그러나 기원전 4세기 중반, 대략 세베루스 알렉산데르의 이름을 물려받은 더 위대한 알렉산더가 동방에서 활약하던 시기, 로마는 일련의 전쟁을 치르면서 점진적으로 이탈리아반도 대부분을 정복하고 흡수했다. 이후 카르타고를 무찌르고 서부 지중해의 지배 세력이 되었으며, 그리스를 집어삼키고, 스페인을 장악한 후, 갈리아, 아프리카, 이집트, 심지어 멀고 춥고 매력적이지 않은 섬인 브리타니아까지 확장했다. 500여 년 동안 성장한 로마는 당시 알려진 세계의 대부분을 차지하게 되었다.

그러나 세베루스 알렉산데르가 황제로 즉위하기 약 100년 전, 이러한 팽창이 멈추었다. 서기 117년에 즉위한 하드리아누스 황제는 제국이 지나치게 확장됐다고 우려했고, 이미 로마의 통제 아래 있는 영토를 공고히 하기 위해 멀리 떨어진 정복지 일부에서 철수하기 시작했다. 그는 또한 기존의 유동적인 제국의 경계를 좀 더 명확하고 고정된 국경으로 전환하려고 조치했다.

이러한 국경 중 최소한 하나는 쉽게 떠올릴 수 있을 것이다. 그 이유는 여전히 황제의 이름을 그대로 유지하고 있기 때문이다. 하드리아누스 방벽은 영국 북부를 따라 약 120킬로미터에 걸쳐 뻗어 있었으며, 불안정하지만 확고히 로마의 지배를 받고 있던 남쪽의 브리타니아 속주와 북쪽의 야만적인 칼레도니아를 분리했다. 수 세기 전 중국에서 건설된 성벽들과 마찬가지로, 이 방벽도 외부인의 침입을 완전히 막는 것이 아니라 일종의 경보 장치 역할을 하도록 설계됐을 가능성이 높다. 성벽과 요새망을 통해 적의 침입을 지연시키고 초기 경고 체계를 제공하는 기능을 했다. 더 나아가 반항적인 지역에서 로마의 권위를 과시하는 선언적 의미를 지녔으며, 나아가 제국 내외의 상품 이동을 통제하고 세금을 부과하는 경제적 기능까지 수행했을 것이다.

이 성벽은 로마 권력의 한계를 나타내는 가장 극적인 사례 중 하나였지만, 유일한 사례는 아니었다. 제국에서 가장 길고 방어가 철저한 국경은 라인강과 다뉴브강을 잇는 '리메스 게르마니쿠스'였다. 이 독일 국경은 570킬로미터 이상 뻗어 있었으며, 최소 60개의 요새와

900개의 감시탑으로 구성되었다. 이는 단순히 로마와 게르만족을 분리하는 장벽이 아니라, 무역을 통제하고 주변부를 감시하는 역할도 수행했다. 그러나 라인강과 다뉴브강 사이를 연결하는 300킬로미터 구간에는 여전히 철저히 방어된 방벽이 존재했다.

그 밖의 지역에서는 로마의 국경이 강, 바다, 사막과 같은 자연적 장애물과 맞닿아 있었다. 특히 사하라사막이 그러했다. 그 너머에는 속국, 관리가 필요한 야만 부족, 혹은 인간이 거주하기 어려운 지역이 존재했다. 그러나 동쪽의 메소포타미아에서는 로마가 페르시아와 직접 맞닿아 있었는데, 이곳은 제국이 비슷한 규모의 국가와 접경했던 유일한 지역이었다.

카이사르가 양자로 삼은 후계자, 훗날 아우구스투스로 알려진 옥타비아누스는 수 차례의 내전을 승리로 이끌어 마지막까지 살아남았고 결국 로마의 초대 황제가 되었다. 그리하여 그는 군 개혁을 단행하여 군대의 급여를 사령관이 아닌 황실 국고에서 지급하도록 보장했다. 또한 제국의 핵심부인 이탈리아와 그리스 지역은 원로원이 총독을 임명하고 거의 방어가 필요 없는 원로원 속주로, 변방 지역은 황제가 직접 총독을 임명하는 군사화된 황실 속주로 구분했다. 이렇게 함으로써 잠재적으로 문제가 될 수 있는 병사들을 황제에게 충성하도록 만들고, 동시에 그들을 로마에서 멀리 떨어뜨렸다. 이 체제는 상당히 효과적이었으며, 250년 이상 유지됐으니 어떤 정치 체제로 보든 꽤 성공적이었다. 하지만 결국 이 체제 자체가 붕괴의 씨앗을 내포하고 있었다. 우선 유지 비용이 막대했으며, 그 비용은 주로 정복과 약탈을 통해 충당했다. 따라서 하드리아누스가 제국의 규모가 충분하다고 판단하고 확장을 멈춘 결정은 역설적으로 그러한 규모의 제국을 유지하는 것을 더 어렵게 만들었다. 또한 군대를 정복과 영광을 위한 기계에서 단순한 국경 방어대로 전환하는 것은 군 복무의 매력을 감소시켰고, 점점 더 많은 병사가 로마 시민이 아닌 야만족 출신으로 충원되었다. 물론 후대의 일부 귀족적인 로마인들이 주장하듯이, 이로 인해 군대의 효율성이 저하되거나 충성심이 약화되었을 가능성은 낮다. 그러나 이는 로마제국이 반드시 로마 중심일 필요는 없다는 개념이 자리 잡을 여지를 제공했을 것이다.

그리고 무엇보다 중요한 것은, 제국이 흔들리기 시작했을 때 이에 도전할 수 있는 세력들이 제국의 중심이 아니라 라인강과 다뉴브강 국경 등 변방에 위치했으며, 게다가 로마에서는 군 복무가 점점 인기가 없어졌기 때문에 그들 중 실제로 로마인은 거의 없었다는 점이다. 그 결과 수십 년 동안 지속된 3세기의 위기가 발생했으며, 이 시기에 황제들은 병사들에게 막대한 보상을 약속한 후 즉위했지만, 약속을 지키지 못하면 곧바로 폐위되고 살해당했다. 일부 '병영 황제'들은 자신의 아들을 후계자로 지정하여 정식 계승 체계를 확립하려 했지만, 이는 결국 황제가 암살될 때 그의 아들 또한 함께 살해되는 결과로 이어졌다.

가장 짧은 재위 기간을 기록한 황제 중에는 발비누스와 푸피에누스 공동 황제가 있었다. 238년, 즉 '여섯 황제의 해'라는 혼란 속에서 이들은 단 99일 동안 재위했다. 이는 그들의 전임자인 불운한 부자父子 황제 고르디아누스 1세와 고르디아누스 2세가 단 22일 만에 몰락한 것보다는 길었지만, 이들은 14주 동안 끊임없이 다투었으며 서로 상대가 자신을 몰락시키려 한다고 의심했다. 결국 또다시 말다툼을 벌이던 중 근위병들에 의해 잔인하게 살해당했다.

이후 제국은 더욱 붕괴하기 시작했다. 3세기의 위기가 수십 년간 지속되며 끝날 기미를 보이지 않던 서기 260년경, 한 장군 포스투무스는 군대가 약탈한 전리품 일부를 황실 국고에 반납하라는 명령에 불만을 품은 병사들의 지지를 받아 자신을 새로운 갈리아 제국의 황제로 선언했다. 그의 제국은 갈리아와 게르마니아에서 시작하여 나중에는 브리타니아와 히스파니아까지 포함하게 되었다. 10년 후, 제국의 반대편에서는 팔미라의 여왕 제노비아가 시리아, 아라비아, 이집트 속주를 장악했다. 이들 반란 세력은 로마제국을 전복시키면서도 기존의 행정 체계를 상당 부분 유지했다. 이는 독립을 추구했다기보다는 로마가 더 이상 제공할 수 없는 질서를 회복하려는 시도였을 수도 있다.

로마가 정확히 언제 멸망했는지에 대한 논쟁은 있지만, 그 시점을 3세기까지 앞당겨 주장한 사람은 없다. 그러나 제국을 안정시키는 일은 한 사람의 힘으로 해결할 수 없었으며, 붕괴하는 데 걸린 시간만큼이나 복구하는 데도 오랜 시간이 걸렸다. 274년 황제 아우렐리아누스는 군대를 철저히 통제하고 두 개의 분리된 제국을 격파함으로써 어느 정도 질서를 회복하는 데 성공했다. 하지만 '세계의 회복자'라는 칭호를 얻을 정도로 그의 냉혹한 명성이 결국 그의 죽음을 초래한 것일지도 모른다. 그의 한 비서가 황제에게 거짓말을 한 것이 들통나자, 그는 자신의 목숨을 구하기 위해 황제가 여러 관리들을 처형하려 한다는 위조문서를 만들었다. 결과적으로 황제가 먼저 제거됐다.

그로부터 10년 후, 황제 디오클레티아누스는 또다시 군 개혁을 단행하여 국경 방어대를 약화하는 대신, 필요에 따라 이동할 수 있는 기동군을 배치했다. 또한 비非로마 출신 병사들을 멀리 떨어진 속주로 보내 국경 사령관들의 힘을 약화시켰으며, 이로 인해 그들이 황제로 선포될 가능성도 줄어들었다. 그러나 이것이 끝은 아니었다. 디오클레티아누스가 305년에 퇴위한 후 또다시 내전이 벌어졌고, 324년 콘스탄티누스의 승리로 마무리되었다. 그러나 디오클레티아누스가 자연사할 수 있었다는 사실만 보더라도 그의 개혁이 얼마나 큰 영향을 미쳤는지 짐작할 수 있다.

디오클레티아누스가 정한 또 다른 경계들은 더욱 오래 지속되는 유산을 남겼다. 그의 가장 중요한 개혁 중 하나는 '사두 정치'로, 제국을 동서로 나눈 후 다시 각각을 둘로 나누는 체제였다. 이 네 개 구역 중 두 개는 '아우구스투스'라 불리는 상급 황제가, 나머지 두 개는 '카이사르'라 불리는 후계자가 통치하도록 했다. 이들은 엄밀한 국가라기보다는 권력의 영향권을 의미하는 것이었으나, 이 체제는 황제 계승 문제를 해결하고 제국이 한 명의 통치자로는 감당할 수 없을 정도로 거대해졌다는 현실을 반영하려는 시도였다. 그러나 이 체제가 분쟁을 예방하는 데 얼마나 효과적이었는지는 이후의 역사가 말해준다. 디오클레티아누스가 퇴위한 후 벌어진 내전은 '사두 정치 내전'이라는 이름으로 불릴 정도였다. 그럼에도 이 네 구역 체제는 결국 '총독령'이라는 새로운 지역 권력 기반으로 남게 되었다. 더욱 중요한 점은, 라틴어를 사용하는 서방 제국과 그리스어를 사용하는 동방 제국이라는 개념이 사라지지 않았다는 것이다. 395년 최후의 통합 황제

테오도시우스 1세가 사망한 후, 제국은 영구적으로 분리되었다.

위기의 원인은 완전히 사라지지 않았다. 야만족들은 여전히 리메스 게르마니쿠스를 넘어 제국 내로 들어오려 했으며, 처음에는 제국 밖의 혼란을 피해 망명을 요청했다가 이후에는 경비 병력으로 고용되었다. 그러다가 결국 476년, 로마의 마지막 서방 황제 로물루스 아우구스툴루스(로마의 창건자 로물루스와 제국의 창립자 아우구스투스의 이름을 딴 소년 황제)는 지나가던 게르만족 군벌에게 폐위되었고, 보다 강력한 동방 황제에게 제위를 넘겨주었다.

그러나 '로마'라는 이름을 가진 제국은 여전히 살아남았다. 콘스탄티누스 대제가 게르만과 동방 국경 사이의 중간 지점에 세우고 자신의 이름을 붙인 새로운 수도 '콘스탄티노플'에서 거의 천 년 동안 지속됐다. 그러나 그 제국은 거의 로마시 자체를 포함하지 않았다.

그보다 더 후대인 1054년, 로마의 가장 지속적인 유산 중 하나였던 교회마저 '대분열'을 겪으며 두 개로 나뉘었다. 그 결과 서방은 라틴어를 사용하는 가톨릭 세계가, 동방은 그리스어를 사용하는 정교회 세계가 되었으며, 이 구분은 오늘날까지도 어느 정도 유지되고 있다. 결국 로마의 유산은 여전히 그 국경에 의해 정의되고 있다. ○

5
샤를마뉴의 유산

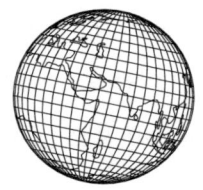

843년 베르됭조약으로 제국을 나누다

서기 800년 크리스마스, 교황 레오 3세는 프랑크왕국의 왕 샤를마뉴를 로마에서 황제로 즉위시켰다. 서방 제국이 붕괴한 지 300년 이상이 지난 뒤, 한때 이탈리아와 갈리아였던 지역을 차지한 수많은 국가가 혼란 속에서 끊임없이 변화를 거듭하다가 마침내 다시 서방 제국으로 돌아온 것이다.

그러나 불과 반세기가 채 지나기도 전에, 샤를마뉴의 후손들은 그의 제국을 세 개로 나누었고, 그것만으로도 충분히 혼란했지만, 곧바로 이 조각 중 하나를 더 작은 부분으로 쪼개기 시작했다. '로마제국'이라는 이름을 지닌 어떤 존재가 서방에서 거의 천 년 동안 지속됐으며, 이는 실제로 고대 로마제국이 서방에서 유지된 기간보다도 길었다. 그러나 결코 원래의 로마제국과 같은 영토나 권력을 가지지 못했으며, 종종 로마 자체와는 무관하기도 했다. 그럼에도 샤를마뉴 제국의 유산과 그의 영토가 분할된 방식은 천 년이 지난 후에도 유럽에 영향을 미쳤다. 어떤 관점에서는 오늘날까지도 지도에 영향을 미치고 있다고 볼 수 있다.

'유럽의 아버지'라고 불리는 샤를마뉴에 대해 알아야 할 몇 가지 중요한 점이 있다. 우선 그의 이름은 실제로 샤를마뉴가 아니었다. 이는 샤를 르 마뉴, 즉 '위대한 샤를'이라는 칭호에서 유래한 것이며, 그의 어머니가 부를 때 사용한 이름은 아니었다. 라인강 양쪽에서 작성된 통치자 명단(이 주제는 이후 다시 다루게 될 것이다)에서 그는 '샤를 1세'로 기록되기도 한다. 그리고 놀랍게도 그는 코끼리를 애완동물로 키웠다. 아불 아바스라는 이름의 이 코끼리는 당시 바그다드에서 세력을 확장하던 아바스 칼리프에서 보낸 선물이었다고 전해진다. 그리고 그가 인도코끼리였는지 아프리카코끼리였는지를 두고 오랜 학문적 논쟁이 벌어지기도 했다.

그러나 우리의 목적에서 샤를마뉴에 대해 가장 중요한 점은 그의 통치 정당성이 완전하지 않았다는 것이다. 우선 그는 서자였을 가능성이 있다. 또한 그는 프랑크왕국 전체가 아니라 그 절반만을 상속받았다. 프랑크왕국은 로마제국이 붕괴한 후 라인강을 중심으로 형성된 야만족 국가였으며, 현재 프랑스 대부분과 독일 남부 지역에 해당하는 핵심 영토는 그의 동생인 카를로만에게 남겨졌다. 그러나 771년 카를로만은 매우 적절한 시점, 다시 말해 성인이 되기도 전에 사망했다.

그러나 가장 큰 문제는 샤를마뉴가 찬탈자의 가문 출신이라는 점이었다. 그의 할아버지 샤를 마르텔은 그의 이름의 유래가 된 인물로, 프랑크왕국을 다스리던 메로빙거 왕조의 궁재宮宰, 즉 실질적인 왕국의 행정 수반이었다. 그러나 메로빙거 왕들은 이미 한동안 실권을 잃고 상징적인 존재로 전락했으며, 샤를 마르텔이 모든 전투에서 승리를 거두던 시점에는 그가 사실상 왕국의 실권자라는 것이 명확했다. 그리고 751년 그의 아들, 즉 샤를마뉴의 아버지인 피핀이 자신을 왕으로 선포했을 때, 그는 부족한 혈통적 정당성을 보완하기 위해 지나가던 주교들에게 기름 부음을 받았다.

따라서 768년 샤를마뉴가 즉위했을 당시 그의 왕조는 아직 단 한 세대밖에 지속되지 않았으며, 그가 추진한 정책 중 상당 부분은 자신의 통치를 정당화하려는 시도로 보인다. 예를 들면 그가 주도한 학문과 문화에 대한 투자, 즉 역사에서 '카롤링거 르네상스'로 알려진 것은 부족 국가보다는 기독교 국가, 다시 말해 로마를 건설하려는 시도였다. 또한 그는 끝없는 군사 원정을 통해 왕국을 확대하며 작센, 바이에른, 롬바르디아, 피레네 지역을 정복했다. 이는 새로운 민족에게 교회의 빛을 전파하는 기독교 군주의 의무이기도 했지만, 동시에 불만이 팽배한 군대에 국가적 사명을 부여하고 전리품을 제공하는 효과도 있었다. 역사학자 메리 개리슨은 "눈덩이는 굴러가는 한 점점 커진다. 하지만 멈추면 녹기 시작한다."라고 말했다. 500년 전 로마와의 유사성이 너무나도 명확하게 드러나는 부분이다.

그리고 즉위한 지 30여 년이 지난 후, 샤를마뉴는 분노한 로마 군중들에게서 로마 교황을 보호한 대가로 마침내 최고의 정통성을 확보하게 되었다. 당시 약 1,600킬로미터 떨어진 콘스탄티노폴리스는 여전히 한 여제女帝가 통치하고 있었는데, 그는 기원전 아우구스투스까지 거슬러 올라가는 단절 없는 계보를 이어가고 있었다. 반면 서방에서는 476년 로물루스 아우구스툴루스가 폐위된 이후 황제가 존재하지 않았다. 그러나 샤를마뉴가 피레네에서 엘베강, 북해에서 아드리아해까지 뻗은 영토를 다스리게 되면서 서방 세계는 다시 하나의 통치자를 갖게 되었다. 몇 마디 속삭임만으로 "여제가 황제가 될 수 있는가?"라는 의문이 제기되었고, 레오 3세가 즉위식을 거행하면서 다시 제국이 돌아왔다!

그러나 고대 로마제국과 이 새로운 제국이 완전히 같지는 않았다. 물론 고대 로마제국 역시 군사적 정복과 라틴어를 사용하는 사제들의 복잡한 의식을 바탕으로 형성됐지만, 이는 또한 수 세기에 걸쳐 성장한 하나의 도시, 국가, 문화의 산물이기도 했다. 반면, 샤를마뉴의 제국은 사실상 샤를마뉴 개인의 창조물이었으며, 그조차도 자신이 죽은 후 이 제국이 온전하게 유지될 것이라 기대하지 않았던 것 같다. 프랑크족은 장자상속제를 따르지 않았으며, 모든 남성 후계자에게 영토를 나눠주는 전통을 유지하고 있었다. 이는 샤를마뉴가 애초에 왕국의 절반만을 통치했던 이유이기도 했다.

806년 샤를마뉴는 '프랑크왕국 분할령'이라는 칙령을 발표하여 자신의 사후 영토 분할 방안을 명확히 했다. 이는 아마도 그가 사망한 직후 아들들 사이에서 내전이 벌어지는 사태를 조금이라도 줄이려는 의도였을 것이다. 그러나 결국 이 칙령은 시행되지 않았다. 그 이유는 원래 이 계획에서 혜택을 받을 예정이었던 세 아들 중 두 명이 그보다 먼저 세상을 떠났기 때문이었다. 결국 그의 제국은 막내아들인 일명 '경건왕' 루이에게 넘어갔다. 하지만 그 역시 즉위하자마자 후계 문제로 고민하기 시작했다. 아버지가 사망한 지 불과 3년 후인 817년,

루이는 '제국 칙령'이라는 새로운 칙령을 발표했다. 여기에는 맏아들을 공동 황제로 임명하고, 나머지 아들들에게 각각 왕위를 주되, 제국은 절대로, 어떤 경우에도 결코 분할되어서는 안 된다는 명확한 원칙이 담겨 있었다. 이론적으로는 프랑크족의 관습과 제국의 통합 필요성을 조화롭게 결합하는 영리한 방식처럼 보였다. 그러나 실제로는 즉각적인 내전으로 이어졌다. 원점으로 돌아가 다시 계획을 세워야 했다.

    이것이 이후 지속될 형식이 되었다. 결국 루이는 제국 칙령을 폐기하고 자신의 프랑크왕국 분할령을 발표했지만, 이것만으로는 아버지와 아들들 사이에서 끊임없이 이어진 전쟁을 끝내기에 충분하지 않았다. 이 모든 내용을 다 다룰 공간은 없지만, 가장 흥미로운 사건은 833년에 벌어진 이른바 '거짓의 들판' 사건일 것이다. 이때 루이는 맏아들 로타르와 갈등을 해결하기 위해 만나기로 했다고 생각했으나, 막상 도착해 보니 세 아들과 그들의 지지자들, 교황, 그리고 무엇보다도 어린 시절 가장 친한 친구까지 모두 그를 기다리고 있었다. 그들은 한목소리로 루이의 퇴위를 요구했고, 그는 결국 잠시나마 황제 자리에서 물러나야 했다. 요점은 루이가 살아 있는 동안에도 제국 통합을 위한 계획을 아무도 받아들이지 않았다는 점이다. 그렇다면 그의 사후 제국이 붕괴하는 것을 막는 것은 사실상 불가능했을 것이다.

    결국 그렇게 되었다. 840년 루이가 사망하자 로타르 형제들은 그의 상속을 인정하지 않았고, 그 결과 또다시 내전이 벌어졌다.

    3년간의 전쟁 끝에 세 형제는 마침내 제국 분할에 합의했다. 843년 베르됭조약에 따라, 라인강 동쪽과 이탈리아 북부에 해당하는 동

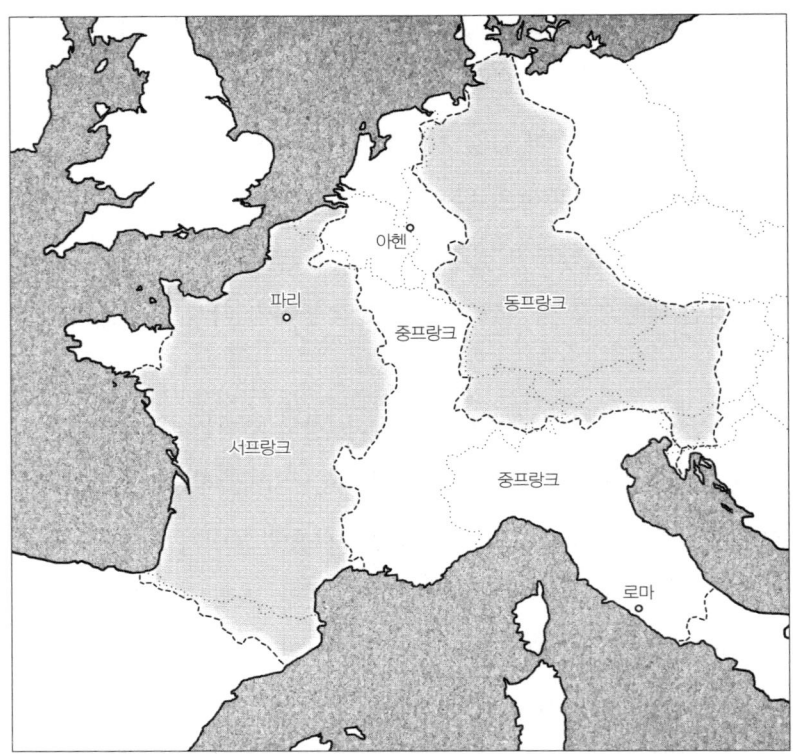

843년 베르됭조약으로 샤를마뉴의 손자들이 나눠 가진 제국. 중프랑크는 수 세기 동안 분쟁의 장이 되었다.

프랑크는 바이에른을 다스리던 둘째 아들 루트비히에게 돌아갔다. 론강 서쪽에 해당하는 서프랑크는 이미 아키텐을 통치하고 있던 막내아들 카를에게 배분되었다. 그리고 제국의 중심부, 즉 이탈리아, 부르고뉴, 라인란트를 포함하는 중프랑크는 맏아들 로타르가 차지했다.

이 마지막 영역은 현대의 시각에서 보면 다소 기괴한 형태를 띤다. 동프랑크와 서프랑크는 오늘날에도 어느 정도 일관성이 있고 익숙한 형태로 보이지만, 중프랑크는 네덜란드의 습한 해안 마을에서

로마까지 길게 뻗어 있는 이상한 형태의 영토였다. 그러나 당시 기준으로는 가장 좋은 지역으로 여겨졌다. 로마라는 옛 제국의 수도와 새로운 수도 아헨이 모두 이 지역에 속해 있었기 때문이다. 이곳은 프랑크왕국의 중심지가 되어야 했고, 따라서 가장 중요한 황제의 칭호와 함께 맏아들에게 주어졌다.

불행하게도 중프랑크의 기형적이고 널리 퍼진 영토 구조는 당대 가장 활발한 약탈자 집단 두 곳, 즉 북쪽의 바이킹과 남쪽의 '사라센' 즉 여러 이슬람 칼리프 왕국의 공격에 취약하게 만들었다. 방어가 까다로울 수밖에 없는 곳이라 당시 50세에 가까웠던 로타르는 이미 자신의 후계 문제를 고민하고 있었다. 그래서 베르됭조약이 체결된 지 겨우 1년 만에 그는 맏아들 루트비히를 이탈리아 왕이자 공동 황제로 임명했다. 그리고 11년 후, 건강이 악화되자 그는 다시 영토를 세 부분으로 나누는 프륌조약을 체결하고, 황제 칭호를 루트비히에게 넘긴 뒤 수도원으로 은퇴했고, 즉시 사망했다.

샤를마뉴가 재건한 로마제국은 다섯 개로 쪼개졌다. 이는 심지어 가장 극적인 내전을 겪던 시기의 로마제국조차 경험하지 못한 수준이었다.

이 조각들 중 가장 큰 두 개는 이후에도 충분한 역사를 쌓아 오늘날 우리가 아는 국가들로 이어졌다. 하나는 파리를 중심으로 한 서프랑크로, 그 중요성에 대해서는 별다른 설명이 필요 없을 것이다. 다른 하나는 동프랑크로, 보다 분산된 형태였으며, 떠돌아다니는 궁정이 존재했고 명확한 수도도 없었다. 이로부터 100여 년 후인 962년 동프랑크왕국의 군주였던 오토 대제는, 또 다른 신흥 왕조의 후계자로서 샤를마뉴가 한때 아우구스투스를 모방했던 것과 비슷한 방식으로 샤를마뉴를 흉내 냈다. 그는 로마를 방문하여 스스로 황제의 관을 쓰고, 이를 통해 동프랑크가 신성로마제국으로 발전하는 과정을 시작했다. 물론 당시의 왕들이나 그 백성들조차 이를 그렇게 부르지는 않았겠지만, 이 단계에서 이미 프랑스와 독일의 기초가 형성되고 있었다.

중프랑크 역사는 그와는 전혀 다른 방향으로 흘러갔다. 855년 두 번째 삼 분할이 이루어진 후, 그 일부는 이탈리아 왕국이 되었고, 또 다른 일부는 여러 정체성을 거치며 부르고뉴, 프로방스, 아를 등으로 몇 세기 동안 독립 상태를 유지하다가 결국 프랑스에 흡수되었다.

그러나 가장 흥미로운 부분은 북쪽 영토로, 제네바에서 북해까지 이어지는 지역이었다. 이 지역은 로타르의 둘째 아들, 편리하게도 로타르 2세라는 이름을 가진 인물이 상속받았다. 그러나 그는 정당한 상속자를 남기는 데 철저히 실패했다. 그는 사실 서출 자식을 하나 두고 있었기 때문에, 정실부인이 불임이라는 이유로 그녀를 간통 혐의로 고소하고 이혼한 뒤 정부情婦와 결혼하려는 복잡한 계획을 세웠다. 이 과정에서 누군가가 왕비의 결백을 입증하기 위해 "뜨거운 물에 손을 넣고 불타는 돌을 꺼내는" 시련을 겪어야 했다. 그리고 기적적으로 그의 피부에 물집이 잡히지 않자, 왕비는 완전히 무죄로 판결되었으며, 로타르 2세는 그 어떤 동정도 받지 못했다.

이 논란의 핵심은 로타르 2세가 사망했을 때 그의 왕국이 또다시 분할되었다는 점이다. 이번에는 동프랑크를 다스리던 샤를마뉴의 증손자와 서프랑크를 다스리던 그의 현손玄孫 사이에서 나뉘었다. 흥미롭게도 두 사람 모두 루이 3세라는 이름이었다. 이 지역들은 이후 '로타링기아'로 알려지게 되었으며, 이후 프랑스에 속하기도 하고 신성 로마제국에 속하기도 하며, 때로는 그 어느 쪽에도 속하지 않는 일종의 '무주지' 상태를 유지했다. 9세기 당시, 오늘날 우리가 아는 국가들이 대부분 아직 등장하지 않았던 시기, 국경이 불분명한 영토들에서는 흔한 일이었다. 사이먼 윈더가 《게르마니아*Germania*》에서 언급했듯이, 결국 유럽의 핵심적인 분쟁 지대가 된 로타링기아도 14세기 이전까지는 그러한 지역 중 하나에 불과했다고 볼 수 있다.

그러나 14세기에 접어들면서 프랑스 국왕 장 2세는 그때까지 부르고뉴(다른 부르고뉴와 혼동해서는 안 되며, 이곳은 남쪽으로 한참 떨어져 있었다)로 알려진 일부 영토를 자신의 둘째 아들에게 넘겼다. 이는 또 다른 형태의 샤를마뉴식 후계 분할 방식이었다. 몇 세대가 지나고 적절한 혼인이 이루어진 결과, 이 땅은 합스부르크가의 손에 넘어갔다. 그리고 합스부르크가는 공교롭게도 신성로마 황제이기도 했다. 장 2세의 원래 계획은 이런 게 아니었다.

어쨌든 유럽의 국가 체제가 점차 공고해지면서, 프랑스가 될 수도 있고 독일이 될 수도 있는 영토가 존재한다는 사실은 점점 더 중요한 의미를 갖게 되었다. 그 결과 일부 긍정적인 현상도 있었다. 예를 들어 프랑스도 아니고 독일도 아니라고 자부하는 완충국 네덜란드, 벨기에, 스위스의 탄생이 그것이다. 그러나 다른 결과들, 예를 들어 알자스-로렌처럼 인·지명에서 프랑스식과 독일식이 혼재하며 끊임없는 갈등을 초래한 지역은 그렇지 않았다. 1870~1871년의 프랑스-프로이센 전쟁이 단순히 샤를마뉴가 후계 문제를 명확히 정리하지 못한 탓이라고 비난하는 것은 공정하지 않을 수도 있다. 그러나 완전히 부당한 해석이라고도 할 수 없다.

　마지막으로 짚고 넘어가야 할 점이 있다. 샤를마뉴가 '로마 황제'라고 불릴 만한 국가를 세운 후, 자신의 사후에도 이 국가가 존속할 수 있도록 제대로 대비하지 않았다는 점은 일견 이해하기 어려울 수도 있다. 그러나 그가 관심을 가졌던 것은 후세까지 지속될 추상적인 개념으로서의 '국가'가 아니었다. 사실 그가 '프랑스'나 '독일' 같은 개념의 창시자로 불린다는 사실을 알게 된다면 그는 매우 당황했을지도 모른다. 그가 원했던 것은 단순히 자신의 자식들에게 적절한 몫을 남기는 것이었다.

　그러나 몇 세대에 걸친 형제간의 피비린내 나는 싸움 끝에, 이렇게 가족 사업을 운영해서는 안 된다는 것이 점점 명확해졌다. 그래서 서유럽 대부분의 지역은 프랑크족부터 내려온 분할 상속 제도를 점차 포기하고, 모든 재산을 장남이 물려받는 '장자상속제'와 같은 새로운 개념을 받아들이게 되었다. 이를 통해 영토를 유지할 수 있었고, 누군가가 사망할 때마다 내전을 벌일 필요도 없어졌다. 샤를마뉴의 최종적인 유산은, 그 이후 사람들은 더 이상 샤를마뉴처럼 행동하지 않게 되었다는 점이다. 비록 때때로 그와 다르지 않은 것처럼 행동하는 것이 유용할 때도 있었지만 말이다. ○

6
영국의 국경

정체된 우연이 모여 국가를 이루다

유럽에서 가장 큰 섬으로 꼽히는 대브리튼섬에는 세 개의 국가가 존재했다. 이 섬의 대부분, 즉 약 5분의 3에 해당하는 영토와 6분의 5에 해당하는 인구를 차지하는 지역을 우리는 잉글랜드라고 부른다. 섬의 북쪽 3분의 1, 만약 섬을 인격화해서 본다면 마치 머리처럼 보이는 이 지역은 한때 독립 왕국이었으며, 미래에도 독립 왕국이 될 가능성이 있는 스코틀랜드다. 그리고 잉글랜드 중앙에서 서쪽으로 돌출된 형태로, 마치 사람 형상의 섬이 가슴에 무언가를 끌어안고 있는 듯한 위치에 있는 곳이 바로 산악 지대인 웨일스다. 이 세 지역 모두 정치적 혹은 문화적 정체성이 천 년 이상 지속됐으며, 이들 사이의 국경은 자연스럽고, 침범할 수 없으며, 심지어 필연적인 것처럼 느껴진다.

그러나 나는 그렇게 확신하지 않는다. 영국의 세 국가 모두 과거에는 여러 개의 작은 왕국들로 나뉘어 있었다. 이들이 우리가 알고 있는 현재의 국가로 통합된 초기 중세 시기로 돌아가보면, 다른 형태의 국가가 다른 경계를 가질 가능성도 충분히 있었음을 알 수 있다.

로마인들이 서기 43년 브리타니아 정복을 시작했을 때, 그들이 마주한 것은 의미를 알 수 없는 이름을 가진 수많은 부족이 흩어져 있는 섬이었다. 예외적으로 남서부의 둠노니Dumnoni족과 남동부의 칸티아키Cantiaci족은 각각 오늘날 잉글랜드의 데번Devon과 켄트Kent라는 이름의 유래가 되었다. 이 섬에는 국가라고 부를 만한 것이 전혀 존재하지 않았으며, 이는 로마인들에게 유리한 점이었다. 서기 1세기 말 타키투스가 쓴 바에 따르면, "강한 부족들에 맞설 수 있는 우리의 가장 강력한 무기는 그들 사이에 공통의 목적이 없다는 점이다." 그러나 이 사실은 나중의 국가 경계를 이들 부족과 연결 지으려는 시도가 무의미함을 의미하기도 한다.

그럼에도 이 시기는 이후의 국경 형성에 영향을 미쳤다. 우선 로마인들은 섬 전체를 정복하지 않았다. 약 80년간 시도한 끝에 그들은 북쪽의 황량하고 추운 지역, 즉 자신들이 칼레도니아라고 부른 땅을 차지하는 것이 너무 많은 어려움을 수반한다고 판단하고, 제국의 경계를 표시하기 위해 하드리아누스 방벽을 쌓았다. 이후 한 차례 공사가 더해진 끝에 현재 스코틀랜드 중부 지역에 돌과 목재, 잔디로 이루어진 안토니누스 성벽이 세워지면서 문명이 닿는 최북단이 130킬로미터가량 더 북쪽으로 확장되었다. 그러나 이 성벽은 곧 버려졌다. 따라서 로마 점령 기간 상당 부분, 제국과 야만족의 경계선은 오늘날 잉글랜드 북부에 위치했다. 이 때문에 로마제국이라는 세계에서 가장 강력한 군사 조직이 이곳까지는 진출했으나, 결국 마지막 남은 지역은 정복할 의지를 잃어버린 듯한 인상을 준다. 결국 한때 스코틀랜드가 될 지역의 주민들은 로마조차 정복할 수 없을 정도로 강인했다.

반면 웨일스는 제국의 일부였다. 이곳에는 도로와 요새 등 문명의 흔적이 남아 있었다. 그럼에도 웨일스는 잉글랜드의 대부분 지역과는 여전히 차이를 보였다. 유럽 본토와 가까운 비교적 번영한 지역은 갈리아와 마찬가지로 결국 로마화되었고, 민간 통치가 가능할 정도로 안정됐다. 반면 북서부의 험준한 산악 지대, 웨일스를 포함해 잉글랜드의 변방 지역까지는 여전히 반항적인 성격을 띠었고, 군사적 점령이 더 필요해 보였다. 이는 고대부터 동남부 저지대와 섬의 다른 지역 사이에 차이가 존재했다는 것을 보여주며, 지리적 조건이 역사의 흐름을 결정하는 요소임을 보여주는 사례라고 할 수 있다.

그러나 5세기 초 로마군이 철수하면서 모든 것이 와해된 것으로 보인다. 사실 정확한 상황을 파악하기는 어렵다. 이후 200년 동안 남아 있는 자료는 극히 적으며, 고고학적 증거와 더불어, 길다스라는 수도사가 남긴 격분에 찬 한 편의 글이 유일한 사료라고 해도 과언이 아니다. 그는 모든 것이 무너져내리고 있다고 주장했으나, 그의 글은 지금의 선정적인 신문 칼럼과 유사하기에 어디까지 신뢰할 수 있을지는 불확실하다. 그러나 우리가 아는 바에 따르면, 당시 브리튼섬은 부족과 왕국 간의 끊임없는 전쟁 상태에 있었던 것으로 보인다.

어느 시점에서 앵글족, 색슨족, 유트족이라 불리는 민족들이 독일 지역에서 브리튼섬으로 이동했다. 그러나 그들이 정확히 몇 명이었는지, 단순히 남성들만 온 것인지, 가족 단위였는지, 전체 부족이 이동한 것인지, 초청받아 온 것인지, 침략한 것인지, 혹은 초청받은 후 침략한 것인지조차 확실하지 않다. 전통적인 역사 서술에 따르면,

이들은 섬의 남동부를 정복하고 로마-브리튼인을 서쪽으로 몰아냈으며, 이에 저항한 브리튼 왕 중 한 명이 '아서'라는 인물이었을 가능성이 있다. 하지만 사실 그는 전혀 그런 이름이 아니었을 수도 있다. 다만 이러한 이야기가 실제로 얼마나 사실인지도 불확실하다. 오히려 독일계 이주민들이 일종의 문화 전쟁에서 승리하여 동부 지역의 사람들이 점점 앵글로색슨 문화를 받아들이고 로마 유산을 축소하는 방식으로 변화했을 가능성도 있다. 한편, 서쪽 지역에서는 여전히 로마 문화의 흔적이 남아 있던 사람들이 점점 더 강한 집념을 가지고 자신들을 로마의 마지막 후계자라 주장하며, 실제로 로마가 위대한 문명이었다고 강조하기 시작했다.

전통적인 역사 기록에 따르면 브리튼인들을 잉글랜드에서 몰아낸 앵글로색슨 침입자들은 점차 일곱 개의 왕국으로 통합되었다. 그 중 네 개의 주요 왕국(웨식스, 머시아, 이스트앵글리아, 노섬브리아)과 세 개의 소규모 왕국(서식스, 에식스, 켄트)이 있었으며, 이 시기를 흔히 '일곱 왕국'의 시대라고 부른다. 그러나 이 이야기도 지나치게 단순화된 설명일 가능성이 크다. 예를 들어 가장 북쪽에 위치한 노섬브리아는 오랫동안 버니시아, 린지, 데이라로 나뉘어 있었을 수 있다. 또한, 머시아 지역에서 발견된 〈부족 히다지〉라는 토지 조사 문서는 학교 역사책에서 익숙한 왕국들을 열거한 후, 위카, 녹사가, 헨드리카, 우네쿵가가와 같은 정체불명의 부족들을 추가로 기록하고 있다. 맥스 애덤스는 《첫 왕국*The First Kingdom*》에서 이러한 왕국들을 지도에 정확히 표시하려는 시도 자체가 무의미하다고 주장한다. 첫째, 우리는 이를 뒷받침할 충분한 증거를 가지고 있지 않다. 둘째, 당시 왕국의 핵심은 국경과 영토의 한계가 아니라, '이동식 권력의 중심이 되는 핵심 거점들이 존재하며, 주변부에서는 유동성과 불확실성이 컸다'는 점이었다. 즉, 작은 왕국들이 명확한 경계를 가진 형태로 존재했다기보다는 끊임없이 변화하는 만화경과 같은 형상에 더 가까웠을 것이다.

이러한 왕국들은 점차 사라졌고, 800년대 초반에 이르면 기존의 일곱 왕국 중 가장 작은 왕국들도 결국 더 큰 왕국에 흡수되거나 지배받게 되었다. 따라서 일곱 왕국 시대가 잉글랜드 역사에서 약 300년을 차지하는 것으로 여겨지지만, 실제로 정확히 몇 년 동안 유지됐는지, 혹은 정말로 일곱 개의 왕국이 동시에 존재했던 적이 있었는지는 불분명하다. 그러던 중 9세기에 바이킹들이 침입하면서 모든 것이 뒤바뀌었다. 그들은 이스트앵글리아와 노섬브리아를 정복했고, 한때 강력했던 머시아를 거의 붕괴 직전까지 몰고 갔다. 이러한 위기 속에서 잉글랜드의 유일한 '대왕'이라는 칭호를 받았던 웨식스의 '앨프리드'가 878년 에딩턴 전투에서 바이킹을 물리쳤다. 그러나 전부 축출해내지는 못했다. 어느 한쪽도 상대를 완벽히 제거할 수 없었기 때문에 결국 양측은 타협을 선택했다. 그 결과 나라를 남동쪽의 템스강에서 북서쪽의 머지강까지 대각선으로 가로지르는 선을 기준으로 쪼갰다. 그 남쪽에는 보다 강력해진 웨식스 왕국이, 북쪽에는 오늘날 '데인로'로 알려진 여러 바이킹 왕국들이 자리 잡았다.

이 새로운 국경은 지명과 방언에 상당한 영향을 남겼다. 이름이 ~by, ~holme, ~thwaite, ~thorpe로 끝나는 곳이라면, 한때 바이킹들이 그 지역에 거주했다는 증거로 볼 수 있다. 그러나 이러한 흔적이 남아 있음에도, 데인로는 사실 오래 지속되지 않았다. 불과 몇십 년 만에 웨식스 왕들이 바이킹들을 점차 몰아내기 시작했다. 그리고 이 과정에서 그들은 먼저 자신들을 '앵글로색슨의 왕'이라 칭하기 시작했다. 이는 아마도 웨식스가 주변 왕국들을 흡수한 사실을 정당화하기 위한 방식이었을 것이다. 이후 그들은 자신을 '잉글랜드 왕'이라 부르기 시작했다. 이렇게 오랜 분열 끝에, 브리튼섬에서 가장 로마화가 진행됐고, 가장 많은 앵글로색슨족이 정착한 지역이 마침내 하나의 국가로 통합됐다. 그 이름이 바로 잉글랜드였다.

당연히 떠오르는 질문은 "왜 거기서 멈췄는가?"다. 927년 마지막 바이킹 왕국 요르비크(현재의 요크)를 정복한 앨프리드 대왕의 손자 애설스탠은 처음으로 자신을 '잉글랜드 왕'이라 칭한 인물이며, 따라서 최초의 잉글랜드 왕이라는 칭호를 누구보다도 정당하게 주장할 수 있는 인물이다. 또한 그는 때때로 섬의 다른 지역을 다스리는 자들에게 일종의 패권자로 인정받기도 했다. 영토 확장은 애설스탠이 가장 열정적으로 추진한 정책 중 하나였다. 그렇다면 왜 그는 끝까지 정복하지 않았을까?

그 역시 아마 시도는 했을 것이다. 더 작고 약한 왕국들에 충성을 요구했을 것이다. 그러나 정복당하기를 원치 않는 사람들을 정복하는 일은 지치고 어려운 과정이다. 그리고 잉글랜드가 통일되는 과정에서도, 비록 먼 과거의 일이긴 하지만 이미 대브리튼섬에서는 대안적인 정체성이 형성되고 있었다.

북쪽 지역에는 잉글랜드와 마찬가지로 여러 개의 왕국이 존재했으나, 이 왕국들은 우리가 생각하는 스코틀랜드와는 그리 깔끔하게 맞아떨어지지 않는다. 북서부에는 '댈리어더'라 불리는 게일 왕국이 자리 잡고 있었으며, 이는 스코틀랜드 서부 섬들과 아일랜드 북부 일부를 포함하는 지역이었다. 북동부에는 '픽트족'이라 불리는 여러 부족이 존재했다. 그리고 이 지역의 남동부, 즉 오늘날 스코틀랜드의 중심 도시 에든버러까지 포함하는 지역은 오랫동안 우리가 오늘날 잉글랜드 왕국이라고 여기는 노섬브리아의 일부였다. 노섬브리아는 영토를 설정하면서 하드리아누스 방벽을 완전히 무시했다. 가장 혼란스러운 점은 글래스고에서 잉글랜드 북서부 깊숙이 뻗어 있던 '스트래스클라이드'라는 왕국이 존재했다는 점이다. 이곳은 한때 '고대 북부'로 불리던 지역의 마지막 잔재로, 주민들은 브리튼계 언어를 사용했으며, 따라서 앵글로색슨족이 도래하기 전 섬을 차지했던 원주민의 한 갈래로 분류된다. 다시 말해 고대 글래스고 주민들은 본질적으로 웨일스어를 사용했던 것이다.

어쨌든 스코틀랜드에서 정체성과 국가가 형성된 과정은 잉글랜드와 유사했다. 정복, 통합, 그리고 공동의 정치적 이해관계를 통해 이루어졌으며, 로마 지배를 받지 않았다는 역사적 사실과 잉글랜드의 지배를 받지 않고자 했던 직접적인 현실이 이러한 과정에 영향을 미쳤다. 그러나 하드리아누스 방벽과 안토니누스 성벽 사이의 수십 킬로미터에 걸친, 비교적 인구가 희박한 지역 중 정확히 어디에 국경을 그어야 할지 불명확했다. 이 지역은 너무나도 애매하여 수 세기 동안 '논쟁의 땅'으로 알려지기도 했다. 참고로 이 섬은 로마인들이 설정한 국경으로 유지된 적이 단 한 번도 없다.

섬 안의 또 다른 국경에 대해서도 이야기해보자. 비교적 평탄한 지형인 잉글랜드와 산악 지대인 웨일스 사이에는 좀 더 명확한 자연적 경계가 존재한다. 또한 인공적인 장벽도 있다. 8세기 머시아의 오파 왕이 방어 목적으로 건설한 것으로 추정되는 흙 제방 '오파의 둑'이 그것이다. 그러나 이 역시 오늘날 공식적인 국경선과 정확히 일치하지 않는다. 그러나 웨일스의 정체성은 잉글랜드보다도 더 오래된 것으로 보이며, 이는 부분적으로 잉글랜드와의 대립 속에서 형성된 것이기도 하다. 그러나 한때 웨일스인들과 잉글랜드 북부 및 스코틀랜드 서부 주민들이 공유했던 '고대 북부'라는 개념을 고려하면, 오늘날 우리가 알고 있는 국경선이 반드시 역사적으로 필연적인 결과였던 것은 아닐 수도 있다. 더욱이 웨일스는 잉글랜드나 스코틀랜드처럼 단일한 통일 국가였던 적이 거의 없었다. 웨일스는 역사의 대부분이 여러 개의 작은 왕국들(파우이스, 그윈에드, 데헤우바르스, 그웬트)로 이루어졌다. 이들은 문화적으로는 통일된 공동체였지만 정치적으로는 분열돼 있었다. 이러한 상황은 13세기에 잉글랜드가 웨일스를 침략하기로 결심했을 때 잉글랜드군에게 매우 유리하게 작용했다.

두 세기 후, 웨일스 출신의 튜더Tudor 가문 출신 인물이 내전에서 최후까지 살아남아 마치 아우구스투스가 그러했듯이 잉글랜드 왕위를 차지했다. 그가 바로 헨리 7세였다. 그리고 아마도 자신의 뿌리를 의식했거나, 혹은 단순히 내부의 적을 견제할 필요성을 인식했기 때문인지, 그의 아들 헨리 8세는 웨일스의 행정 구역을 잉글랜드로 흡수하기 시작했다.

앞으로 이어질 내용에서 반복적으로 다루어질 주제 중 하나는 국가가 어떻게 형성되는가 하는 문제다. 교과서에서 배운 내용과 그 오류들을 빠르게 훑어본 이유는 우연이 얼마나 큰 역할을 하는지를 보여주기 위해서다. 지리는 국가 형성에서 분명 중요한 요소지만, 그것만으로는 충분하지 않다. 공통의 제도, 공통의 이야기, 그리고 공통의 적 또한 중요한 요소다(공통의 적은 공통의 제도와 공통의 이야기를 형성하는 역할도 할 수 있다).

따라서 지도 위의 선이 현재의 위치에 자리 잡은 이유를 설명하는 것은 가능하지만, 왜 다른 곳에 그려지지 않았는지 설명하는 것은 훨씬 더 어렵다. 역사를 단순히 현재에 이르는 필연적인 사건들의 연속으로 읽다 보면, 오늘날 우리가 사는 세계가 유일한 가능성이었던 것처럼 보인다. 그러나 시간을 되돌려 아주 사소한 몇 가지 요소만 달라졌다고 해도 결과는 완전히 다를 수 있다. 스코틀랜드는 컴브리아를 포함했을 수도 있고, 잉글랜드가 로디언 지역을 차지했을 수도 있으며, 웨일스는 완벽히 흡수됐을 수도 있다.

물론 이런 논의 자체가 어찌 보면 속임수일 수도 있다. 대브리튼섬에는 세 개의 민족이 존재한다고 할 수 있지만, 실질적으로 단 하나의 국가만이 존재하기 때문이다. 즉, 대브리튼섬 및 북아일랜드 연합왕국, 줄여서 영국 혹은 UK다. 국가와 이를 포함하는 정치적 단위인 국가 체제는 항상 정확히 일치하는 것은 아니며, 국가 체제가 존재한다고 해서 반드시 단일한 민족 정체성이 형성되는 것도 아니다. 따라서 '국가'라는 개념을 어떻게 정의하느냐에 따라, 잉글랜드, 스코틀랜드, 웨일스는 더 이상 독립적인 국가로 인정되지 않을 수도 있다.

그렇다면 왜 웨일스의 민족 정체성은 여전히 국가로 인정할 정도로 유지된 반면, 브르타뉴나 바이에른과 같은 다른 지역 정체성은 논란의 대상이 되었을까? 독자적인 언어의 존재는 확실히 도움이 되지만, 그것만으로는 충분하지 않다. 웨일스어를 실제로 사용하는 사람은 웨일스 인구의 약 5분의 1에 불과하며, 영국의 공적 기관들은 수 세기 동안 웨일스어를 억압하거나 적어도 장려하지 않았다. 게다가 전 세계에는 자신들만의 소수 언어를 사용하는 공동체가 많지만, 모두가 독자적인 자치 정부를 가질 수 있는 것은 아니다.

웨일스가 지속적으로 독자적인 정체성을 유지할 수 있었던 이유는 세 가지라고 생각한다.

첫째, 1603년 웨일스가 단순히 잉글랜드 일부로 흡수되기 전에 스코틀랜드 왕가인 스튜어트 가문이 튜더 가문에서 왕위를 계승했다. 이후 한 세기가 지나 1707년 연합법이 체결됐을 때, 공식적으로 영국이라는 정체성 아래 여러 개의 정체성이 공존할 수 있는 공간이 마련됐다. 어쩌면 영국 내 스코틀랜드가 존재했다는 사실이 비非잉글랜드적인 웨일스의 정체성이 유지될 수 있는 여지를 보장했을지도 모른다.

둘째, 새롭게 통합된 영국은 곧 역사상 가장 거대한 제국을 건설하는 데 집중하게 됐다. 이는 다른 여러 가지, 그리 자랑스럽지 못한 결과들과 함께, 다층적인 정체성이 공존할 수 있는 충분한 공간을 만들어냈다.

셋째, 그리고 아마도 가장 중요한 이유는 영국을 구성하는 국가들이 여전히 각자의 축구 대표팀을 보유하고 있다는 점이다.

물론 이 역시 제국의 산물이다. 영국은 자신이 선호하는 스포츠를 전 세계로 전파했을 뿐만 아니라 그 규칙을 정할 권한도 가지고 있었다. 미리 이야기하자면, 영국과 다른 유럽 제국들의 유산은 앞으로 이어질 여러 장에서 반복적으로 등장하게 될 것이다. ○

7
봉건제, 후작, 변경백, 그리고 변경 영주

변방에서의 삶은 변화무쌍하다

유럽을 오랫동안 지배했던 귀족 계급 체제에서 오늘날 가장 낯설게 느껴지는 측면 중 하나는 국경 지역에 거주하는 사람들을 위한 별도의 계급이 존재했다는 점이다. 왕과 왕비가 최상위 계급이라는 것, 공작이 백작 혹은 얼Earl보다 상위라는 것, 백작과 얼이 사실상 같은 개념이라는 것, 그리고 작위명 앞에 '대arch'라는 접두사를 붙이면 뭔가 더 크고 두려운 존재가 된다는 것은 어느 정도 이해할 수 있다. 그러나 변경백margrave 혹은 후작marquis이란 대체 무엇인가? 왜 외딴 변경 지역에 사는 사람들을 위한 별도의 계급이 필요했을까?

그 질문을 논의하기 전에 먼저 말해두어야 할 것이 있다. 이는 이후의 논의를 이해하는 데 유용하기도 하지만, 그 자체로도 알아둘 가치가 있기 때문이다. 그것은 바로 여러분이 머릿속에 그리고 있는 중세 유럽의 모습이 거의 잘못되었다는 점이다.

책이나 학교 역사 수업 등을 통해 여러분은 유럽이 수 세기 동안

'봉건제'라는 체제 속에 있었다는 사실을 알고 있을 것이다. 이는 위계적인 사회 시스템으로, 왕이 하위 군주(봉신)에게 충성과 봉사의 대가로 작위와 토지(봉토)를 하사하며, 이들 역시 마찬가지 방식으로 더 낮은 지위의 사람들에게 토지를 나눠줌으로써 중세 사회의 모든 구성원(가장 오만한 군주에서 가장 비천한 농노까지)가 서로 연결된다는 구조였다. 우리가 배운 바에 따르면 이러한 체제가 존재한 이유는 보편적 권리나 강력한 중앙정부가 부재한 상황에서 사회가 운영될 수 있도록 하기 위해서였다.

그러나 봉건제에 대해 중세 연구자들이 최소 반세기 동안 주장해왔으나 일반 대중에게는 아직 널리 알려지지 않은 사실은, 여러 가지 중요한 측면에서 봉건제는 실제로 존재하지 않았을 가능성이 크다는 점이다. 문제 중 하나는 이 용어가 서로 다른 개념들 즉, 법적 체계, 경제 체제, 사회적 관계 구조를 마치 동일한 것인 양 혼용하여 사용된다는 점이다. 또한 언어의 문제도 있다. 분명히 중세 유럽에는 왕과 영주, 영주와 농민 간의 상호 관계가 존재했으며, 상위 계층이 토지와 보호를 제공하는 대가로 군사적 복무나 노동을 요구하는 구조가 있었다. 하지만 '봉건제'라는 단어 자체는 근대 초기에 만들어진 개념이며, 당시에는 이러한 관계를 지칭하는 데 사용되지 않았다. 만약 여러분이 11세기의 영주에게 봉건제에 대해 질문한다면 그는 여러분이 무슨 말을 하는지 전혀 이해하지 못할 것이며, 아마도 즉시 처형 명령을 내렸을 것이다.

그러나 봉건제라는 개념에서 아마도 가장 큰 문제는 그것이 '하나의 체제'였다는 생각이다. 즉, 위계질서와 상호 관계를 바탕으로 한 사회 구조를 설명하는 개념이 아니라, 실제로 존재한 보편적인 체계였으며, 이후 국가의 역할을 대신할 수 있는 틀로 기능했다는 개념이 그것이다. 이는 전혀 사실이 아니다. 봉건제라는 개념은 '일곱 왕국'처럼 복잡하고 지역마다 큰 차이를 보이는 현실을 단순한 형태로 정리하려는 시도에 불과하다. 결국 우리는 어느 순간부터 모델을 현실로 착각해버린 것이다. 하지만 이 개념이 강력한 국가가 등장하기 전의 경제적, 사회적 관계를 설명하는 데 여전히 유용하고, 시기와 지역에 따라 상황이 크게 달라졌음을 일일이 상기시키는 것보다 훨씬 간단하다. 그보다 더 나은 설명 방식이 아직 나오지 않았기 때문에 오늘날에도 서구의 학생들은 봉건제를 마치 실제로 존재했던 역사적 체제인 것처럼 배우고 있다. 결국 우리는 이 개념을 계속 사용할 수밖에 없는 처지에 놓여 있는 셈이다. 어쨌든 황제나 왕이 자신을 도와준 신하들에게 보상으로 영토나 작위를 하사하는 경우가 많았으며, 이러한 작위는 종종 세습됐다는 점은 사실이다. 또한, 이론적으로는 하위 계급의 영주들이 상위 계급의 영주에게 충성을 맹세해야 했으며, 실제로도 어느 정도 그러한 관계가 유지됐다. 물론 현실에서는 항상 그렇게 원활하게 작동했던 것은 아니지만 말이다.

다시 본론으로 돌아가자면 이 모든 결과, 중세 군주들의 권력이 확장과 축소를 거듭함에 따라 그들의 국경 또한 변동했다는 것이다. 그들에게 충성을 맹세했던 영토들이 좀 더 독립적인 존재가 되었기 때문이다. 이 때문에 초기 지도들은 반드시 국가 간의 국경을 가장 우선해서 표시하지 않았다. 때로는 해당 지역의 영주가 누구인지가 그들이 명목상으로 복종하는 군주가 누구인지보다 더 중요할 때도 있었다. 이러한 맥락에서 12~13세기에 노르망디와 아키텐과 같은 지역이 '앙주 제국'의 일부로, 잉글랜드의 지배를 받았던 이유를 설명할 수 있다. 이 지역들은 공식적으로 여전히 프랑스의 일부였지만, 당시 프랑스 왕권이 상대적으로 약했던 탓에, 이들 지역의 공작이 동시에 잉글랜드 왕이었다는 사실이 한동안 더 중요하게 작용했다.

국경 지역은 중심 권력에서 멀리 떨어져 있다는 특성상, 봉건적 위계질서와 복잡한 현실 정치가 충돌하기 쉬운 장소였다. 로마 황제들이 안전한 '원로원 속주'와 상대적으로 불안정한 '제국 속주'를 구분했던 것처럼, 중세 유럽 초기부터 군주들은 핵심 지역과 주변 지역을 구분하기 시작했다. 결국 국가의 중심부를 안전하게 유지하려면 영토적 통합이 필요했다. 이는 국경을 방어하는 동시에 가능하다면 확장해야 한다는 의미였다. 이를 위해 국경을 방어하는 자들에게 어느 정도의 독립성과 강력한 군사적 권한을 부여할 필요가 있었다.

이러한 목적에서 샤를마뉴는 특정 지역에 대한 특별한 형태의 토지 수여를 시행했으며, 이를 통해 신실한 기독교인들이 '에스파냐 변경지대'로 알려진 지역에 정착하도록 유도했다. 이를 통해 자신의 제국과 이슬람 세력이 지배하는 에스파냐 사이에 군사적 완충 지대를 형성하고자 했다. 몇 세기 후, 그의 제국 동부를 계승한 오토 왕조는 동부 국경에 새로운 '변경' 체제를 도입했다. 이 지역은 단순히 국경을 방어하는 역할뿐만 아니라, 이교도 슬라브족이 점유하고 있던 북부 및 동부 지역으로의 확장을 추진하는 임무도 맡았다.

이러한 변경 지역들은 종종 공작령보다는 백작령의 지위를 부여받았지만, 그 통치자들이 일반적인 백작들보다 더 큰 권한을 가졌기에 새로운 작위가 등장하기 시작했다. 독일에서는 이들을 '변경백'이라고 불렀으며, 이는 프랑스어로 번역되면서 '후작'이라는 작위가 되었다. 잉글랜드에서는 이와 같은 귀족들이 북부 변방과 웨일스 국경 지역을 다스렸으며, 이들은 단순히 '변경 영주'라고 불렸다.

이러한 국경 관리 모델의 장점은 변경 영주들에게 그들의 임무를 수행하는 데 필요한 독립성을 부여했다는 점이었다. 국가가 위협을 받을 경우, 그들은 궁정에서 병력을 요청하거나 허가를 기다릴 필요 없이 즉시 군대를 모집하거나 성을 몇 개 건설하여 방어에 나설 수 있었다. 그러나 이 모델의 단점은 누군가에게 자신의 군대를 모집하고 성을 건설할 권한을 부여할 경우, 그들이 항상 이러한 권한을 국가를 방어하는 데만 사용하고 군주의 명령에 순순히 따를 것이라 가정하는 것은 지나치게 낙관적이라는 점이었다.

그 결과 일부 강력한 변경 지역들은 점차 독립적인 세력으로 변모했다. 바르셀로나 백작령은 원래 카롤루스 왕조의 국왕들이 제국의 남쪽 방어를 위해 임명한 작위였다. 그러나 점차 주변 백작령들을 흡수하면서 세습 작위가 되었고, 이후 독립적인 세력으로 성장한 뒤 인근의 아라곤과 통합됐다. 바로 이 때문에 이 지역이 프랑스가 아니라 에스파냐의 일부가 된 것이다.

독일의 변경 지역 중 두 곳도 유사한 경로를 따라 세습적 성격을 가지게 되었고, 이후 권력을 확장했다. 작센의 노르트마르크(북부 변경령)는 결국 강력한 브란덴부르크 변경백령으로 성장했으며, 이곳의 통치자들은 14세기 중반이 되자 신성로마제국 황제를 선출하는 선제후로서의 투표권을 가질 정도로 중요한 인물이 되었다. 한편, 바이에

른의 오스트마르크(동부 변경령)는 이후 오스트리아로 알려지게 되었으며, 이에 대해서는 앞으로 더 많이 다루게 될 것이다.

물론 모든 변경령이 이러한 경로를 따른 것은 아니었다. 중세 유럽이 발전하면서 국경의 개념은 더 이상 기독교 세계와 이교도 세계, 문명과 야만의 경계를 의미하지 않게 되었으며, 단순히 국가 간 혹은 국가 내부의 경계선을 의미하게 되었다. 잉글랜드와 웨일스에서는 변경 영주령들이 결국 일반적인 '주'로 전환됐으며, 이로 인해 오늘날 슈롭셔 같은 곳이 국제연합UN에서 의석을 가지지 않는 것이다. 따라서 중세가 끝날 무렵, 국경에 위치한 영토를 가진 귀족들은 더 이상 특별한 권한을 필요로 하지 않게 되었고, '변경백'이라는 작위와 그에 상응하는 여러 명칭은 더 이상 특별한 의미를 갖지 않게 되었다. 이제 그것은 단순한 귀족 작위 중 하나로, 백작이나 얼보다는 높은 지위이지만 공작보다는 낮은 지위를 의미하게 되었다.

프랑스에서는 후작이라는 작위가 사실상 거의 사라졌으며, 그 작위를 보유했던 귀족들의 영지는 더 큰 영지에 흡수됐다. 대신 몇 개의 작위를 가진 소규모 영주들이 단순한 백작보다 더 높은 지위를 드러내기 위해 '후작'이라는 작위를 채택하게 되었다. 그러나 이처럼 스스로 작위를 부여하는 방식은 의도치 않게 해당 작위를 보유한 자들의 혈통에 대한 의문을 불러일으키는 부작용을 낳았다. 백작의 조상이 누구인지에 대해서는 누구나 알고 있었지만, 후작의 조상은? 이런 불확실성으로 인해 17~18세기에는 이 작위가 불명예의 상징이 되었다. 한때 특별한 권력과 영향력을 나타내던 이 명칭은 오늘날 '과시하다'라는 프랑스어 동사로 남아 있다. ○

8
칭기즈칸의 개방 국경 정책

현대 세계를 창조하다

몽골제국은 역사상 가장 광대한 단일 영토를 지배한 제국이었다. 이 제국은 우크라이나에서 한반도에 이르기까지, 시베리아의 황무지에서 중동의 사막에 이르기까지 다양한 민족들을 하나의 정치 체제 아래, 그리고 더 나아가 하나의 가문 아래 복속시켰다. 13세기의 정복 이후 이어진 수십 년간의 몽골 지배는 러시아와 중국의 역사에서 중요한 전환점이 되었으며, 몽골 기병과 그들이 남겼다고 전해지는 해골 피라미드에 대한 공포는 유라시아 전역에 퍼졌다. 심지어 단 한 번도 몽골군의 휘어진 검을 본 적 없는 지역에서도 그 공포는 강하게 남아 있었다.

이는 재차 설명하지 않아도 잘 알려진 내용들이다. 마찬가지로 몽골제국 창시자인 칭기즈칸에 얽힌 소문들에도 익숙할 것이다. 칭기스칸의 정복 과정에서 최대 4,000만 명이 사망했으며, 이는 당시 세계 인구의 약 10퍼센트에 해당하는 숫자로, 단일 인물로서는 역사상 가장 많은 사망자를 초래한 기록을 남겼다는 점이 그렇다. 그럼에도, 혹은 어쩌면 바로 그 때문에 그는 몽골에서 국부國父로 존경받으며, 다소 혼란스럽게도 중국에서도 위대한 역사적 인물로 평가받고 있다. 2003년 〈미국 인간유전학 저널*American Journal of Human Genetics*〉에 실린 논문이 칭기즈칸의 유전자를 가진 후손이 약 1,600만 명에 이를 것이라고 주장해 큰 화제가 되기도 했다. 물론 몇 세기 동안 수많은 세대가 지난 뒤 이러한 수치가 실제로 얼마나 큰 의미를 가지는지는 명확하지 않았다. 결국 다른 유전학자들이 이를 '단순한 추측일 뿐'이라며 일축해버렸다. 참으로 김새는 일이 아닐 수 없다.

그러나 보다 생소하게 느껴질 수도 있는 사실은 칭기즈칸과 그의 제국이 우리가 사는 현대 세계의 조건을 사실상 만들어냈다는 점이다. 그가 시작한 과정들은 오늘날까지도 러시아, 중국, 유럽, 중동의 상대적 위치와 태도에서 그 흔적을 찾아볼 수 있다. 그리고 이 모든 것의 중심에는 칸이 정복 이후 추진했던 개방 국경 정책과 자유무역에 대한 헌신이 있었다.

칭기즈칸이 태어났을 당시, 즉 1162년경(몽골인들은 기록을 잘 남기지 않지만, 아마도 바이칼 호수 인근에서 태어났을 가능성이 크다), 유라시아 대륙은 상당히 분열된 상태였다. 로마, 파르티아, 한나라 같은 고대 제국은 이미 수 세기 전에 붕괴했고, 그 후계자들마저도 쇠퇴해가고 있었다. 7세기에 등장한 위대한 이슬람 칼리프조차도 과거의 영광을 상실한 상태였다. 여전히 자신들을 '로마인'이라 생각했던 비잔틴 제국은 발칸과 소아시아 지역으로 축소됐으며, 서방에서 로마의 후계자로 여겨졌던 신성로마제국은 사실상 잉글랜드나 프랑스 같은 왕국보다 더 넓지 않은 영토를 지배하고 있었다. 한편, 과거 중국이었던 지역도 북쪽의 금과 남쪽의 송으로 분열된 상태였다.

칭기즈칸이 성장한 지역은 그보다도 더 심하게 분열되었다. 끊임없이 충돌하는 부족 연맹, 그 안에서도 서로 대립하는 부족들, 그리고 그보다 더 작은 씨족들까지 존재하며, 중세 유럽이 마치 평화로운 휴양지처럼 보일 정도였다. 이러한 세계가 얼마나 잔혹했는지는 《몽골 비사 The Secret History of the Mongols》를 보면 알 수 있다. 이는 칭기즈칸의 삶과 업적을 다룬 익명의 기록으로, 그의 사후 몇십 년 뒤에 작성됐으며, 대부분 신화적 요소가 강하다. 이야기의 서두는 흔한 족보 이야기(늑대와 암사슴이 만나 자연스럽게 후손을 낳는 것)로 시작된다. 이어서 알란이라는 과부가 천장의 연기를 빠져나온 초자연적 존재와 열정적인 관계를 맺고, 이 존재는 개의 모습으로 변해 사라진다는 이야기가 나온다. 그녀의 아들들은 자신들의 힘을 이용해 사람들을 약탈하고 여성을 납치하며 원하는 것을 손에 넣는 법을 배운다. 그리고 그 후손 중 한 명인 칭기즈칸의 아버지 예수게이는 호엘룬을 납치하여 아내로 삼지만, 결국 타타르족에게 암살당하고 만다.

이 모든 일들은 책의 한 장章에 불과하다.

칭기즈칸은 아버지의 죽음에도 살아남았고, 이후 타타르족에게 복수하기 위해 수레 차축보다 키가 큰 자들은 모두 죽이며 세력을 키웠다. 그는 부족을 다스리게 되었고, 점차 자신의 부족 연맹을 확장하여 마침내 모든 연맹을 통합했다. 1206년 대초원의 유목민들이 모인 대회에서 그는 전 세계가 두려워하게 될 이름을 부여받았다. '위대한 통치자'라는 의미의 '칭기즈'가 바로 그 이름이다.

이후 그를 막을 수 있는 것은 아무것도 없었다. 1209년 몽골은 위구르와 탕구트를 속국으로 삼았다. 1215년에는 금나라를 무너뜨렸다. 1220년까지 몽골은 중앙아시아 대부분을 장악했으며, 3년 후에는 러시아까지 진격하여 예상대로 파괴적인 결과를 초래했다.

몽골이 정복에 그렇게 능했던 이유는 그들이 폭력에 능했기 때문이다. 아니, 너무나도 능숙했던 나머지 종종 폭력을 행사할 필요조차 없었다. 적절한 판단력을 가진 자들은 스스로 항복했고, 그 대가로 몽골제국의 일원이 되었다. 일부 학자들은 이 제국이 당시로서는 놀라울 정도로 관용적이며 능력주의적인 체제였다고 주장하기도 한다. 그러나 저항했던 자들(그 수는 상당했다)은 엄청난 숫자로 학살되거나 노예로 전락했다.

중국 내륙 지역에 살았던 불교 국가 탕구트족에 대해 들어본 적이 있는가? 아마 없을 것이다. 그 이유는 간단하다. 몽골이 그들의 문화와 민족 자체를 체계적으로 말살했기 때문이다. 역사학자 존 만은 이를 두고 "기록된 역사상 최초의 집단 학살 시도"일 가능성이 있다고 말한다. 유라시아 반대편에서도 몽골의 악명은 퍼져나갔다. 한 영국 수도사는 몽골을 "타르타로스에서 나온 악마 같은 사탄의 족속"이라고 묘사했다. 흥미로운 점은 몽골군이 그의 수도원에서 2,400킬로미터나 떨어진 곳에 있었음에도 이렇게 표현했다는 것이다. 이것이야말로 엄청난 악명이라 할 수 있다.

칭기즈칸은 1227년, 탕구트 원정 중 사망했다. 이는 아마도 가족이 살해당하고 도시가 파괴되는 광경을 지켜보던 사람들에게는 적잖은 위안이 되었을 것이다. 그러나 그가 세운 제국은 계속 넓어졌으며,

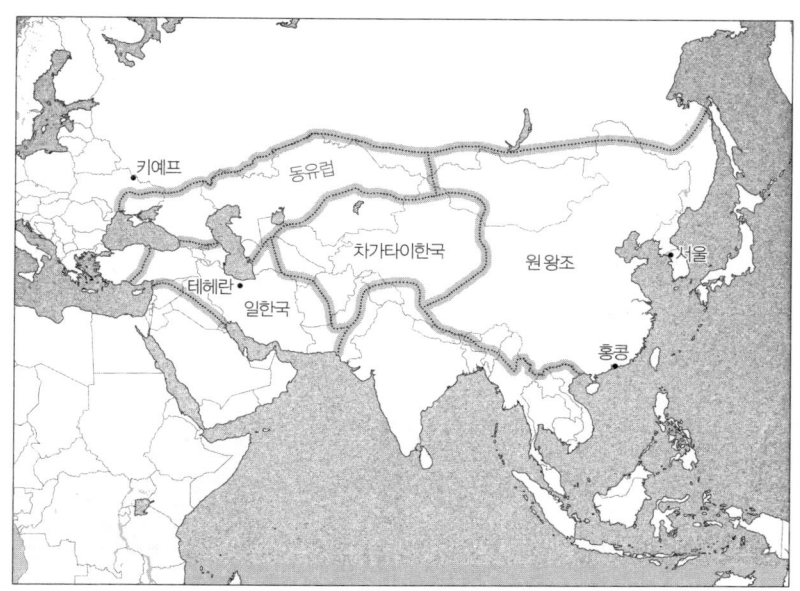

13세기 후반, 세계 역사상 가장 큰 제국의 분열이 시작되었다. 키예프 루스와 같이 제국과 국경을 접한 많은 지역은 여전히 공물을 바쳐야 했다.

페르시아, 티베트, 고려, 크림반도 등을 차례로 집어삼켰다. 한편, 몽골이 대규모로 문화를 받아들였던 중국은 오랫동안 세상에는 단 하나의 지배자가 있어야 한다는 독특한 신념을 유지해왔다. 그러나 그 위엄과는 별개로, 중국 자체는 지나치게 정착된 사회였기에 동아시아 너머로 영향력을 적극적으로 확대하지는 않았다. 그러한 야심을 품고 이 이상을 실제로 실현하려 했던 것은 외부인이었다.

  예상할 만한 일이지만, 중국을 완벽히 장악하는 데는 상당한 시간이 걸렸다. 칭기즈칸의 손자인 쿠빌라이가 마침내 원 왕조를 세워 중국을 통치한 것은 1271년의 일이었다. 그러나 그 무렵 '칸'으로서의 지위는 이미 상당 부분 형식적인 것에 머물렀다. 그의 형제인 몽케

칸이 1259년 후계자를 지명하지 않은 채 사망하자 기다렸다는 듯 내전이 일어났고, 이어서 제국은 네 개의 거대한 조각으로 분열됐다. 동유럽 지역을 차지한 킵차크한국, 중동 지역을 차지한 일한국, 중앙아시아를 차지한 차가타이한국, 그리고 중국과 동아시아를 지배한 원이 그것이다. 이론적으로는 다른 세 지역이 원 황제에게 충성을 바쳐야 했으나, 실제로는 그렇지 않았다.

몽골제국이 단일 국가로 존재한 기간은 짧았지만, 그 문화적 영향력은 수십 년 동안 지속됐다. 더 중요한 점은 이 제국이 일종의 자유무역지대로 변모했다는 것이다. 우리가 흔히 '실크로드'라고 부르는 무역망은 기원전 2세기부터 운영됐으며, 이는 중국의 비단과 향신료 같은 사치품을 지중해로 운반하고, 금, 은, 기타 유용한 물품들을 중국으로 가져오는 6,400킬로미터 길이의 대상로였다. 그러나 고전 제국들이 붕괴한 후 이 경로들은 점점 더 위험해졌다. 소규모 군주들이 세금을 징수하려 들었고, 전쟁 중인 왕국들이 이동을 어렵게 만들었으며, 도적들을 단속할 수 있는 강력한 권위도 부족했다.

하지만 몽골은 자유무역을 적극적으로 장려했다. 유목과 목축을 기반으로 한 몽골의 경제는 자체적으로 상품을 생산하는 것보다 다른 정착 사회에서 물품을 조달하는 방식에 의존했다. 정착민들은 도자기, 의복, 무기 등을 제작할 수 있는 공방을 갖추고 있었던 반면, 몽골은 그런 생산 기반이 부족했기 때문이다. 당시 중국에서는 상인 계급을 생산적인 기여가 없는 하층민으로 경시했지만, 몽골은 상인들을 자신들에게 필요한 물품을 가져다주는 중요한 존재로 여겼다.

따라서 몽골의 정복과 약탈이 끝난 후 교통과 교역이 훨씬 원활해졌고, 이 시기는 '평화로운 몽골'이라는 다소 아이러니한 이름으로 불리기도 한다. 그뿐만 아니라 몽골은 무역의 원활한 흐름을 돕기 위해 적극적으로 정책을 도입했다. 여행자들에게 식량과 숙소를 제공하는 역참 네트워크를 구축했으며, '오르토그'라는 무역 조합을 공식적으로 지원하여 상인들이 자원을 공유하고 위험을 분산할 수 있도록 했다. 이 조합은 일종의 보험과 같은 역할을 했을 뿐만 아니라, 낮은 이자율로 자금을 빌려주기도 했다. ○

9
에스파냐 vs. 포르투갈

토르데시야스조약, 세계를 분할하다

상상해보라, 가장 소중한 이여. 어느 저녁, 너와 나, 그리고 우리보다 형편이 좋지 않은 친구 줄스가 함께 해변에 앉아 있다고. 지평선 너머 반짝이는 바다 건너편에는 무성한 초록빛 섬들이 흩어져 있다. 그러다 우리는 장난스러운 기분이 되어, 야자열매로 만든 칵테일을 몇 잔 들이켜고는 한 가지를 약속한다. 저 울퉁불퉁한 바위 왼쪽의 모든 땅은 이제부터 영원히 너의 영토가 되어, 네가 원하는 어떤 칭호로든 다스릴 수 있다. 반면 바위 오른쪽의 모든 땅은 내 것이 된다. 줄스는 아무것도 얻지 못하지만, 우리의 승인을 받고 싶어 열심히 고민한 끝에 증인으로 참여하기로 하고, 우리 셋은 악수를 나눈다. 그렇게 결정됐다.

만약 이런 일이 실제로 벌어진다면, 우리는 다음 날 아침 야자열매 술을 너무 많이 마신 탓에 숙취에 시달리며 깨어나, 자신들이 저 섬들에 대해 아는 것이 아무것도 없고, 그곳에 사는 사람들이 이 일에 대해 어떻게 생각할지도 모른다는 점에서 다소 부끄러움을 느낄 것이다. 하지만 근세 초 이베리아반도의 통치자들은 그런 고민을 하지 않았다. 1494년 6월 7일, 당시 전 세계 육지 면적의 1퍼센트에도 못 미치는 땅을 차지하고 있던 에스파냐와 포르투갈의 왕실은 지구를 어떻게 분할할지를 합의했다. 유럽 제국주의가 거의 500년에 걸쳐 펼쳐지게 된 한순간을 꼽자면, 그것은 바로 토르데시야스조약이 체결된 순간일 것이다.

1490년대는 에스파냐인들에게는 무척 흥분되는 시기였다. 1492년, 여러 기독교 왕국이 8세기 이래 무슬림 지배하에 있었던 이베리아반도 일부를 재정복하는 과정인 레콘키스타가 마침내 마무리되었고, 그라나다 토후국은 멸망했다. 게다가 반도의 여러 왕국은 아직 단일 국가로 통합되지는 않았지만, 적어도 왕위는 단일한 가문 아래 모였다. 바로 아라곤의 페르디난드와 그의 아내, 카스티야의 이사벨라였다. 이들은 합쳐서 '가톨릭 군주'라 불렸으며, 오랜 분열 끝에 마침내 에스파냐라고 부를 수 있는 어떤 것이 탄생했다.

더욱 흥미로운 사건이 같은 해에 발생했다. 크리스토퍼 콜럼버스의 탐험은 본래 인도로 가는 새로운 서쪽 항로를 찾으려는 목적이었으나(그는 지구의 크기를 실제보다 4분의 1 정도 작다고 잘못 계산했다), 결과적으로 아메리카를 '발견'하는 위대한 성과를 거두었다. 그의 탐험은 카스티야 왕실의 지원을 받아 이루어졌으므로, 그는 새롭게 발견한 땅을 카스티야의 영토로 선언했다. 에스파냐는 이제 막 제국이 될 준비가 되어 있었다.

그러나 한 가지 작은 문제가 남아 있었다. 이베리아반도에서 페르디난드와 이사벨라의 지배를 받지 않는 두 개의 왕국이 있었는데, 그중 하나인 나바라는 규모가 작고 험준한 지역이었으며, 어차피 곧 정복될 운명이었다. 하지만 다른 하나는 훨씬 더 까다로운 상대였다. 포르투갈 왕국은 15세기 내내 자체적인 제국을 건설하는 데 전념해 왔다. 1492년까지 포르투갈은 강력한 해군을 보유하고 있었으며, 대서양의 여러 섬을 발견하고 소유권을 주장했으며, 서아프리카 해안 곳곳에 무역 기지를 세웠고, 희망봉까지 항해한 바 있었다.

1470년대에 알폰소 5세가 이끄는 포르투갈은 카스티야 왕위를 놓고 에스파냐 왕국들과 전쟁을 벌였다. 그는 자신의 왕비이자 조카인 후아나를 카스티야의 왕좌에 앉히려 했으나 패배했고, 그 결과 1479년 체결된 알카소바스조약에서 포르투갈은 카나리아제도 남쪽에서 발견된 새로운 땅에 대한 탐험, 정복, 무역의 독점적 권리를 보장받았다.

그러던 중 1493년 초 크리스토퍼 콜럼버스가 리스본에 도착해 카스티야 왕실을 위해 새로운 땅을 발견했다고 주장하자, 당시 포르투갈 국왕이었던 주앙 2세는 격분했다. 그는 후아나의 사촌이자 의붓아들이기도 했는데(앞서 말했듯이, 이 관계는 상당히 불편한 요소가 있다), 즉시 에스파냐 측에 조약 준수를 촉구하는 강경한 서신을 보내면서, 그들 중 누가 더 강력한 해군을 보유하고 있는지 상기시켰다.

그러나 에스파냐에는 다행스럽게, 알카소바스조약을 공식 승인했던 교황 식스토 4세는 이미 사망했고, 새로운 교황 알렉산데르 6세가 즉위한 지 불과 몇 달이 지난 시점이었다. 그는 아라곤 왕국 출신의 에스파냐인이었으며, 동시에 교황령의 군주로서 이탈리아의 주요 세력들과 전쟁을 벌이는 중이었다. 그의 본명은 '로드리고 얀솔 이 데 보르자Roderic Llançol i de Borja'였다.

그의 성을 이탈리아식으로 바꾼 '보르자Borgia'라는 이름이 부패, 족벌주의, 사생아 양산, 방탕한 생활의 대명사가 된 것을 보면, 그가 속세의 일에 초연한 인물이 아니었음을 짐작할 수 있다. 예컨대 이전 교황이 승인했던 조약을 철회하고, 에스파냐 군주들의 환심을 사서 그들이 이탈리아 전쟁에 개입하지 않도록 하는 것 같은 일 말이다.

1493년 5월 알렉산데르 6세는 새로운 교황 칙서를 발표했다. 사실 그는 이틀 동안 세 개의 칙서를 연이어 발표했는데, 이는 치열한 협상이 진행됐음을 보여준다. 그리고 포르투갈이 기존에 보유한 식민지를 재확인했다. 그러나 동시에 '아조레스제도와 카보베르데에서 서쪽과 남쪽으로 100해리 떨어진 자오선을 기준으로 서쪽에 위치한 모든 비기독교 지역'에 대한 에스파냐의 독점적 권리를 인정했다.

몇 달 후 또 다른 칙서가 발표됐는데, 이는 에스파냐가 서쪽에서 도달할 수 있는 모든 땅에 대한 권리를 인정하는 내용이었다. 이는 지구가 둥글다는 점을 고려할 때, 에스파냐가 도달할 수 있는 영토가 인도 동쪽에 위치하더라도 마찬가지였다. 부패로 악명 높았던 교황이 본국의 군주들을 향해 "저 바다 너머엔 황금이 있다. 가서 차지하라" 이렇게 말하는 것이나 다름없었다.

포르투갈 국왕 주앙 2세는 이에 격분했다. 대서양의 먼 섬 몇 개에 대한 에스파냐의 권리는 인정할 수 있었지만, 포르투갈이 희망봉을 돌아 인도로 가려는 계획과 충돌하는 내용은 도저히 받아들일 수 없었다. 그러나 에스파냐와의 전면전도 원하지 않았다. 그래서 마치 자국 함대가 아프리카를 돌아가듯 교황을 우회하기로 하고 에스파냐와 직접 협상을 시작했다.

여러 차례 협상을 거친 끝에 1494년 토르데시야스조약이 체결되었다. 조약의 핵심 내용은 교황이 설정한 자오선보다 270해리(약 1,300킬로미터) 서쪽으로 새로운 자오선을 설정하는 것이었다. 이로써 포르투갈은 아프리카 서해안을 따라 남하하는 항로를 보장받았으며, 보너스로 남아메리카 동쪽 끝 지역(오늘날의 브라질)도 차지하게 되었다. 반면 에스파냐는 포르투갈과 전쟁을 벌일 필요 없이 광대한 신대륙을 차지할 수 있었다. 교황 알렉산데르 6세는 자신의 칙서가 무시당한 것에 대해 불쾌감을 느꼈을 수도 있지만, 두 나라는 이 결과에 모두 만족했다. 무엇보다 당시 이탈리아 전역이 전쟁에 휩싸이고 있었으므로 더 큰 문제를 해결해야 했다.

이후 12년이 지나 교황이 두 번이나 바뀐 1506년에야 교황 율리우스 2세(식스토 4세의 조카)가 이베리아 양국이 체결한 조약을 공식 승인했다. 이는 세계 정복에 열을 올리던 강대국들과 우호 관계를 유지하려는 의도였다. 몇십 년 후, 에스파냐와 포르투갈은 오늘날의 인도네시아 지역에서 서로 충돌하게 되었고, 결국 또 다른 조약을 체결해 태평양 지역을 양국의 세력권으로 나누는 '대척 자오선Anti-Meridian'을 설정했다. 콜럼버스가 항해를 떠난 지 불과 40년 만에 이베리아반도의 두 강국은 전 세계를 자신들끼리 나누어 가졌다.

이 모든 과정에서 가장 이상한 점은 유럽 국가들이 자신들의 영토로 주장한 지역 대부분을 실제로 본 적조차 없었다는 것이다. 이러한 행태는 이후 몇 세기 동안 반복되며 유럽 국가들이 하나의 '취향'처럼

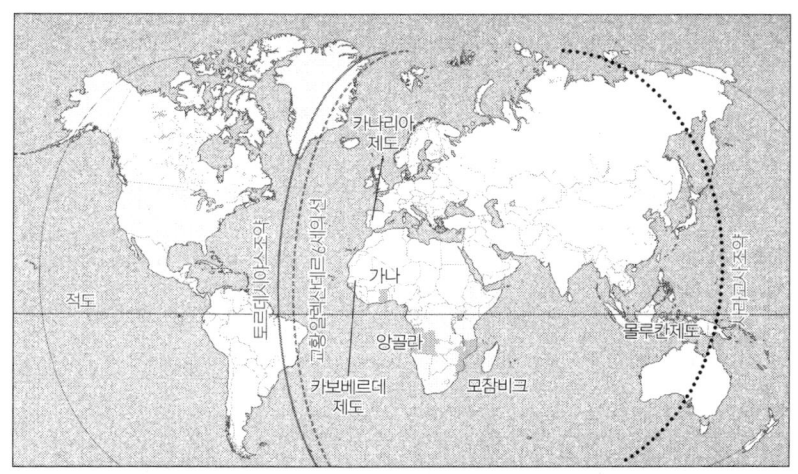

1490년대와 1500년대 가톨릭 세력들 사이에서 지구를 나누기 위한 목적으로 에스파냐, 포르투갈, 교황이 합의한 다양한 선들.

자리 잡게 된다. 더 나아가, 그들이 나누려는 땅이 정확히 어디에 있는지조차 몰랐다는 점이다. 현대 학자들 사이에서는 포르투갈이 일부러 선을 서쪽으로 이동시켜 브라질 해안을 차지하려 한 것인지, 아니면 단순한 우연이었는지에 대한 논쟁이 있다. 하지만 해양사학자 J. H. 패리는 이에 대해 이렇게 말한다. "양측 모두 이렇게 모호한 경계선을 정확히 설정할 수 없다는 사실을 알고 있었으며, 서로가 속고 있다고 생각했다."

즉, 유럽 국가들은 무엇을 나누고 있는지도 모른 채, 지구를 나누고 있었다.

또 다른 문제는 이 세계사적으로 중요한 경계선이 어디에 있는지조차 명확하지 않았다는 점이다. 토르데시야스조약은 "카보베르데 제도에서 서쪽 몇 해리 떨어진 선"을 기준으로 했지만, 정확히 어느 섬에서 측정할 것인지, '해리'의 길이를 어떻게 정의할 것인지에 대한 명확한 규정이 없었다. 이로 인해 조약 체결 이후에도 수십 년간 경계선에 대한 논쟁이 계속됐다.

하지만 이 논쟁이 실제로 중요한 문제였던 것도 아니다. 왜냐하면 곧 영국, 네덜란드, 프랑스(당시까지는 여전히 가톨릭 국가였음) 같은 해양 강국들이 신대륙에서 활발히 활동하기 시작했기 때문이다. 토르데시야스조약은 포르투갈과 에스파냐 간의 갈등을 해결하는 데는 유용했지만, 다른 국가들에는 강제할 수 없는 조약이었다.

그리고 무엇보다 중요한 점은, 이 조약이 신대륙, 아프리카, 아시아에 살고 있던 원주민들의 의견을 전혀 반영하지 않았다는 것이다. 신대륙의 원주민들은 자신들의 땅이 유럽 강대국들 사이에서 거래되고 있다는 사실을 알지도 못한 채 식민 지배를 당해야 했다.

그러나 토르데시야스조약의 여러 모순과 부조리함에도, 그 영향력은 몇 세기 동안 지속됐다. 조약은 라틴아메리카 전체가 에스파냐어를 사용하는 가운데, 브라질만이 포르투갈어를 사용하는 이유를 설명해준다. 포르투갈은 브라질 해안을 확보한 후, 삼림을 개척하고 사탕수수 농장을 운영하며 광산을 개발하면서 내륙으로 세력을 확장해갔다. 또한, 칠레가 남극에 대한 영유권을 주장하는 근거가 되기도 했으며, 아르헨티나가 포클랜드제도에 대한 영유권을 주장하는 근거로 사용되기도 했다. 이는 다소 이상한 주장인데, 1750년 식민지 시대가 한창이던 시기에 포르투갈의 주앙 5세와 에스파냐의 페르난도 6세가 마드리드조약을 체결하여 에스파냐령 아메리카와 브라질 간의 국경을 확정 지었기 때문이다. 이는 사실상 토르데시야스조약을 사실상 무효화하는 것이었다.

한 가지 확실한 것은 토르데시야스조약은 교황이 비기독교 지역을 마치 사탕처럼 나누어줄 수 있다는 선례를 남기지는 못했다. 조약이 체결된 지 몇 년 후, 종교개혁이 일어나면서 유럽의 많은 국가가 더 이상 교황의 권위를 인정하지 않게 되었다. 그러나 유럽 강대국들이 군사력만으로 세계를 나누어 가질 수 있다는 개념은 이후 수 세기 동안 강력하게 남아 있었다. ○

10
신성, 로마 그리고 제국

독일, 조각난 파이가 되다

1789년 여름, 철학자 빌헬름 폰 훔볼트와 그의 친구들은 프랑스혁명을 직접 보기 위해 브라운슈바이크에서 파리로 여행을 떠났다. 브라운슈바이크-볼펜뷔텔 공국은 작고 분열된 영토였지만 중요한 공국이었다. 그들이 신성로마제국과 프랑스 국경에 도착하는 데는 열이틀이 걸렸으며, 그 여정 동안 네 개의 주교령(교회가 직접 통치하는 영토), 여섯 개의 공국(세속 영주들의 영토), 일곱 개의 기사 영지(황제에게 직접 독립권을 부여받은 비교적 낮은 계급의 귀족들이 소유한 작은 영토), 그리고 자유 도시인 아헨을 통과했다. 이는 대략 560킬로미터 거리 내에서 18개의 서로 다른 국가와 17개의 국경을 넘은 셈이었다.

그러나 그들은 단지 표면을 스쳤을 뿐이었다. 이 시기, 점점 그 존재가 형식적으로 변해가던 '독일 국민의 신성로마제국'은 수백 개의 독립 주체로 이루어져 있었다. 정확한 숫자를 제시하기는 어렵다. 끊임없는 분할과 합병, 반독립적인 월경지 등의 영향으로 어느 누구도 정확한 수치를 알지 못했다. 학자들의 추정치는 250개(결코 적지 않은 숫자)에서 1,800개까지 다양하다. 이 말인즉슨, 단순히 '독일'이라는 단일 국가가 없었다는 사실을 넘어 도대체 몇 개의 독일이 존재했는지조차 알 수 없다는 뜻이다.

    이들 중 일부는 그 규모가 커서 현실적인 국가처럼 보이기도 했다. 프로이센, 하노버, 작센, 바이에른 같은 국가들이 그 예였다. 수십 개의 자유 제국 도시들은 물론 더 작았지만, 싱가포르 같은 현대 국가들과 비교해볼 때 꼭 불합리한 개념은 아니었다. 그러나 대다수의 독립 영토들은 우스꽝스러울 정도로 조각나 있었다. 예를 들어, 튀링겐 지역에 여러 번 합병되거나 분할된 상태로 존재하던 로이스가는, 12세기 말 황제 하인리히 6세의 후원을 기념하기 위해 태어난 모든 남자아이에게 '하인리히'라는 이름을 붙이는 전통을 유지했다. 이 때문에 수십 명의 하인리히가 존재하게 되었으며, 그들은 통치 여부와 관계없이 군주처럼 연대기적 숫자를 부여받았다. 그리고 숫자가 지나치게 커지면, 혹은 100년이 지나면, 혹은 100명의 하인리히가 지나가면(가문에 따라 달랐다) 연대 번호를 다시 초기화했다. 훔볼트가 여행하던 당시, 로이스 가문의 여러 백작령은 각각 하인리히 30세, 51세, 38세, 35세, 43세, 42세, 47세가 통치하고 있었다.

    또한 제국 수도원들도 독립 국가로 기능하며 제국의회에서 의석을 보유했다. 수도원들은 기본적으로 커다란 석조 건물들이었으며, 내부에는 수도사나 수녀들이 거주하고 있었음에도 하나의 국가로 인정받았다. 예를 들어 베네딕토회 수도원이었던 프륌의 수도원장은 트리어 지역의 수십 개의 도시, 마을, 촌락을 다스리며, 수도원이 보유한 가장 귀중한 성유물인 예수 그리스도의 샌들을 보여주는 대가로 돈을 벌었다. 이곳에서 300킬로미터 떨어진 북동쪽에는 간더스하임 제국 자유 세속 재단이 있었는데, 이곳은 귀족 가문의 미혼 여성들만으로 이루어진 작은 독립 국가였다. 심지어 이곳의 수녀원장은 때때로 어린아이인 경우도 있었다.

이 복잡한 영토들의 지도는 제대로 된 것이 거의 남아 있지 않다. 아니, 오히려 명백히 모순되는 여러 지도가 존재한다고 해야 할 것이다. 당시의 국경은 모호하거나 아예 정의되지 않은 경우도 많았고, 국경선뿐만 아니라 국가 자체도 끊임없이 변화했다. 그리고 이러한 조각난 상태는 단순한 이론적 문제가 아니었다. 제국 내에는 수많은 통화가 존재했고(일부 국가들은 여러 개의 통화를 사용했다), 각 국가는 자국을 통과하는 여행자들에게 독자적인 세금과 관세를 부과할 권리를 보유하고 있었다. 만약 오늘날의 유럽연합EU 단일 시장과 정반대되는 개념을 상상한다면, 그것이 바로 18세기 신성로마제국이었다.

물론, 근대 유럽에서는 국내 관세가 흔한 일이었다. 그러나 신성로마제국이 유독 두드러졌던 이유는 이러한 문제들이 점점 더 악화되고 있었기 때문이다. 유럽 대륙의 다른 지역에서는 군주들이 점차 강력한 정부를 세우고 강한 군대를 구축하는 반면, 독일 지역에서는 정반대의 현상이 나타났다. 황제의 권한은 점점 약해졌고, 권력은 중심에서 주변부로 이동하고 있었다. 이는 단순히 과거를 되돌아보았을 때 이상하게 보이는 것이 아니라, 당시 독일의 지식인들조차도 자국의 체제가 시대착오적이며 비합리적이라고 우려할 정도였다. 그들은 이러한 현상을 비판하며 클라인슈타테라이Kleinstaaterei, 즉 '소국小國 분립주의'라는 경멸적인 용어를 사용했다.

신성로마제국에 관한 가장 유명한 논평은 "신성하지도 않고, 로마도 아니며, 제국도 아니었다."라는 볼테르의 말이다. 18세기라면 모든 면에서 그의 말이 옳았을 테지만, 그곳에 대해 사람들이 기억하는 것이 이것뿐이라면 그것은 몹시 공정치 못한 일이다.

우리가 이전에 논의했던 것은 10세기 중반이었고, 후에 오토 대제로 알려지는 황제가 샤를마뉴를 본받아 교황을 통해 황위에 앉았다. 그와 그의 후계자들은 동프랑크(서부 독일), 9세기에는 중프랑크였던 넓은 땅(네덜란드에서 이탈리아 북부에 이르는 지역), 그리고 동쪽 국경의 새롭게 문명화된 땅까지 포함한 광대한 중부 유럽 영토를 통치한다. 따라서 신성로마제국이란 이름은 몇 세기 동안 그리 환영받지 못했지만, 오토가 다스리는 국가는 교황의 승인을 받아 신성하며, 로마를 포함하고, 당대의 어떤 합리적인 기준으로 보나 엄연한 제국이었다.

혹시 내가 '후손'이 아니라 '후계자'라고 말한 것을 알아차렸는가? 후계자라고 말한 것은 그 제국을 대부분의 중세 유럽 국가와 차별화 시킨 점이 황제에 자리에 앉을 사람을 결정하는 방식이었기 때문이다. 첫째, 독일 왕은 보통(항상 그런 것은 아니지만) 로마의 황제이기도 했지만, 이런 승격은 자동적으로 이루어지는 것이 아니었다. 교황이 고개를 끄덕이고 황제의 관과 홀을 꺼내는 과정이 필요했다. 둘째, 독일의 왕도 자동으로 되는 것이 아니었다. 911년 어린이 왕 루이의 사망으로 카롤링거 왕가가 끊어지자 독일 귀족들은 고대 프랑크 왕가의 관습으로 되돌아가 다음 왕을 뽑았다. 누가 선거권을 가져야 할지를 두고 혼란이 있었지만 12세기 후반에는 세 명의 대주교(마인츠, 트리어, 쾰른)와 네 명의 세속 영주(보헤미아의 왕, 작센의 공작, 브란덴부르크의 변경백, 라인의 카운트 팔라틴), 총 일곱 명이 선출권을 가지는 규칙이 공식화되었다.

이렇게 수 세기 동안 계속될 왕, 귀족, 교황 간 세력 다툼의 무대가 만들어졌다. 왕은 보통 아들에게 왕위를 물려주기를 원했고, 특별한 일이 없다면 그렇게 되었다. 하지만 왕권이 너무 강해지면 귀족들은 사실 왕은 선택받아야 하는 자리이며 왕이 발밑을 조심하지 않으면 다른 이를 추대할 수 있다고 위협하기 시작했다. 왕이 너무 약해져 왕국이 위협을 받는 경우 귀족이 더 강한 왕을 앉히기 위해 왕을 쫓아낼 수도 있었다. 때때로 교황과 라이벌인 반교황이 있듯이 왕과 대치하는 반왕도 존재했다.

한편 왕은 여전히 교황이 주최하는 대관식만이 줄 수 있는 명망과 칭호를 원했고 이는 교황에게도 지렛대, 즉 영향력을 행사할 수 있는 수단이 되었다. 하지만 황제가 군대를 이끌고 나타나 로마를 위협하거나, 로마를 지켜야 할 때 나타나지 않거나, 교황권을 약화시킬 다른 방법을 찾을 때는 지렛대의 쓸모가 없어졌다. 특히 11세기 중반의 혼란스러운 시기에, 황제 헨리 4세는 여러 주교를 설득해 교황 그레고리 7세의 선출이 무효라고 선언했고, 그레고리 7세는 헨리 4세의 파문으로 이에 보복했다. 반교황과 반왕이 연루된 서임권투쟁은 헨리 4세가 카노사성으로 가 사흘 동안 눈 속에서 무릎을 꿇고 빌었던, 일명 '카노사의굴욕'으로 일단락되었다. 누구도 승리를 자신할 수 없었다.

대부분 중세 유럽 국가의 역사에는 군주의 힘, 남작의 권력, 교황의 거부권 여부 등에 대한 투쟁이 스며들어 있다. 그리고 한동안 영국과 프랑스에서와 마찬가지로 독일 왕권이 이 싸움에서 승리하는 것처럼 보였다. 15세기 중반, 동쪽에서 전쟁이 격렬해지면서 선거권을 가진 자들은 더 강력한 제국이 필요하다고 생각하는 단계로 이동했고, 이렇게 누가 되었든 합스부르크 왕가의 다음 계승자에게 왕위를 넘겨주는 관행이 시작되었다. 빈에 기반을 둔 합스부르크 가문은 다음 수십 년 동안의 영리한 결혼과 행운의 조합으로 가장 최근에 스스로 부르고뉴라 부르는 일련의 이질적인 영토를 물려받으며(북유럽에서 가장 부유한 지역인 네덜란드를 지배하는 것을 의미한다) 두각을 나타내게 되었다. 이후에는 새로 통일된 에스파냐를 손에 넣으면서 이탈리아 남부의 상당 부분과 유망한 해외 제국까지 얻게 되었다.

이 모든 행운을 막후에서 조종한 것은 막시밀리안 1세였다. 1495년부터 그는 강력한 법원과 중앙집권적 세금 등 온갖 최신의 아이디어를 동원해 신성로마제국(그때까지 몇 세기 동안 자국을 이렇게 불렀다)을 개선하기 위한 조치를 취했다. 이후 그는 로마로 가서 대관식을 치르는 등의 모든 귀찮은 과정을 생략하고 스스로 황위에 올랐다. 점점 더 초강대국이 되어가는 제국과 갈등을 피하고 호의적인 관계를 유지하고 싶었던 교황청은 이를 묵인했다. 막시밀리안의 손자 카를 5세가 무서울 정도로 방대한 영토를 물려받은 1519년이었다면, 누구든 이 제국이 유럽의 최강자로 부상할 것이라고 예상했을 것이다.

하지만 현실은 그러지 못했다. 카를이 왕위를 물려받기 2년 전, 마르틴 루터라는 자가 가톨릭교회의 부패에 대해 비판하는 대자보를 문에 박아 종교개혁을 촉발한 탓이었다. 곧 독일의 여러 군주는 '개신교'로 개종하는 것이, 점점 더 골치가 아파지는 황제의 권위를 떨쳐버리는 동시에 지역 교회의 모든 부를 손에 넣을 수 있는 좋은 방법임을 곧 깨달았다. 그 결과 간헐적이지만 소모적인 내전이 있었고, 양측 귀족들이 카를이 전제 통치라는 환상에 빠지게 놔두느니 프랑스에 지원을 요청하겠다는 의사를 분명히 한 후에야 이 상황은 마무리되었다. 황제는 1555년 아우크스부르크화의에서 제국의 개별 군주들이 원하는 대로 국교를 선택할 수 있다는 엄청난 양보를 했다.

한편 제국은 관리하기에는 너무나 큰 규모라는 것이 분명해지고 있었다. 수십 년 동안 합스부르크 왕가와 프랑스에 의해 전쟁터로 사용되어 심하게 손상된 이탈리아 영토는 한동안 권력의 중앙에서 멀어졌으며, 거의 모든 사람이 자신들의 명목상 통치자가 항상 다른 곳에 있다는 사실에 분개했다. 아우크스부르크화의 이후 카를은 왕위에서 물러났고, 지친 나머지 그의 제국을 둘로 나누었다. 에스파냐와 네덜란드가 있는 부분은 아들 필립에게, 독일과 오스트리아가 있는 부분은 동생 페르디난트에게 돌아갔다. 하지만 그것으로는 1568년 네덜란드가 반란을 일으켜 80년간의 전쟁으로 이어지는 것을 막기에는 충분하지 않았다.

중세의 몇 세기 동안은 여러 파벌 사이의 줄다리기가 계속 제국을 약하게 만들었다면, 이제는 다른 세력이 그 역할을 하고 있었다. 합스부르크 왕가는 국가를 건설하는 것보다는 왕조의 유지와 확장에 관심이 많았다. 다른 국가(네덜란드, 프로이센, 결국 합스부르크 왕가가 차지한 오스트리아 등)들은 애초에 한 발은 제국 내부에, 다른 한 발은 제국 외부에 둔 채 등장했고, 따라서 '독일'이라고 불러도 좋을 존재를 공고히 하는 데 특별한 관심이 없었다. 한편 슈바벤 도시동맹, 한자동맹,

스위스 서약 동맹 등 여러 도시 또는 다른 공동체들은 귀족들이 그래 왔던 것처럼 자신들의 권력과 특권, 돈 버는 능력을 지키는 데 혈안이 되어 서로 뭉치고 있었다. 제국을 약하게 만드는 데 관심이 있는 사람들은 많았지만, 제국을 강하게 만드는 데 관심 있는 사람은 없었다.

아마도 제국 안에 살던 사람들은 예외였을 것이다. 1618년 곧 페르디난트 2세가 될 황태자가 반종교개혁의 전망과 아우크스부르크 화의를 엉망으로 만들 생각에 만족스러워하고 있을 때, 일부 가톨릭 신자들이 창밖으로 던져지는 일이 있었다. 일명 '프라하 창밖 투척 사건'이라는 흥미롭지만 부정확하게 알려진 사건이다. 그들은 살아남았지만, 이 사건은 30년 전쟁으로 알려진 길고 소모적인 충돌의 도화선이 되었다. 이 전쟁을 치르는 동안 프랑스, 에스파냐, 스웨덴, 덴마크 등 유럽의 거의 모든 열강이 차례로 독일 땅으로 진군해 들어갔고 그 과정에서 독일 인구의 3분의 1이 사망했다. 마그데부르크와 같은 일부 도시에서는 사망률이 90퍼센트가 넘었다.

1648년 마침내 전쟁을 끝낸 베스트팔렌조약은 국제 관계 역사의 중요한 사건으로 남았다. 유럽이 근대 국가 체제를 만들고 이때부터 어떤 국가도 다른 국가의 내정에 간섭해서는 안 된다는 데 모두가 동의한 것이다. 이 조약이 실제로 그런 내용을 거의 언급하지 않는다는 것을 고려하면 다소 황당하기는 하다.

어쨌든 베스트팔렌조약은 네덜란드 공화국과 스위스 연방의 독립을 인정했다. 또한 제국 내의 모든 봉신에게 봉토의 규모와 관계없이 일정한 정도의 평등권을 부여했으며, 이들 국가는 서로 또는 제국 외부의 다른 국가와 조약을 맺을 수 있는 자격을 얻었다. 다만 '베스트팔렌 체제'로 알려지게 되는 것의 다른 핵심 측면인 상호 인정, 영토 보전, 불간섭 등은 실제 베스트팔렌조약에 존재하지 않는다. 이 이름은 단지 우리가 봉건주의라고 부르는 것에서 근대로의 전환, 즉 1648년 훨씬 이전부터 시작되어 이후 몇 세기(더구나 많은 유럽인이 전 세계를 돌아다니며 '다른' 민족의 영토 보전을 침해하고 전반적으로 간섭에 나서는 시간) 동안 이어질 일에 붙인 편리한 이름표에 불과해 보인다.

하지만 1648년은 제국 내 큰 변화가 나타난 시점이었다. 제국 내의 각 국가는 갑자기 한 세기 전만 해도 꿈조차 꿀 수 없던 수준의 주권과 자치권을 얻었다. 불과 몇 세대 전만 해도 유럽에서 가장 강력한 군주들이었던 신성로마제국의 황제 권위는 추락했고 우연히 지나던 프랑스 철학자들에게 조롱당하는 상황에 놓였다.

하지만 새로운 반자치 국가state들은 오늘날 우리가 이해하는 의미의 '국가nation'가 아니라 수도원이나 같은 이름을 가진 수십 명의 남자가 통치하는 분열이 끊이지 않는 집단과 같은 곳들이었다. 한 세기 전에는 유럽에서 가장 중요한 세력이었던 것이 작은 소국들의 우스꽝스러운 집합체가 되었다. 이들 소국은 약탈을 일삼는 외국 군대의 눈에는 뷔페에 지나지 않는다는 것을 모두가 알고 있었다. '소국 분립주의' 시대가 도래한 것이다.

훗날 독일의 사상가들은 이 시대를 되돌아보며 너무 약해서 스스로 방어할 수 없고 너무 분열되어 제 역량을 발휘할 수 없는 나라라고 평가했다. 19세기 독일을 통일하는 프로이센 군국주의자들과 그들의 유산을 20세기로 가져갈 사람들은 이 상황을 해결하겠다고 굳게 결심했다. 그래서 뭐가 문제인 걸까? ○

11
영국과 아일랜드, 지도 제작 식민주의의 발명

가장 위험한 지도가 만들어지다

1570년 메르카토르의 아일랜드 지도는 명백히 다른 시대의 산물이다. 단순히 북쪽이 오른쪽을 향하고 있어 방향이 잘못되었거나, 제목과 우아한 필체로 쓰인 바다의 명칭이 모두 라틴어로 되어 있기 때문만이 아니다. 그것보다도 이 지도에서 아일랜드의 형태가 명백히 잘못되었다는 점이 더 중요하다. 강과 호수는 지나치게 넓게 그려져 있으며, 동쪽 해안 곡선은 거의 직선으로 표현되었고, 들쭉날쭉한 서쪽 해안선의 특징도 대부분 사라졌다. 또한 섬의 북서쪽 모퉁이는 수상하게도 거의 직각을 이루고 있다.

헤라르뒤스 메르카토르는 지도 제작에 있어서 결코 허술한 사람이 아니었다. 그가 1569년 세계 지도를 위해 개발한 투영법은 오늘날까지 사용되고 있으며, 이는 여전히 그린란드와 아프리카의 상대적 크기에 대한 오해를 불러일으키고 있다. 그러나 이 지도는 본질적으로 자신들이 지도화하려는 대상을 정확히 알지 못한 사람들이 만든 것이었다. 그 우아한 필체의 지명들은 차라리 '용이 사는 지역'이라는 터무니없는 말이 적혀 있어도 이상할 것이 없을 정도다.

그러나 80년 후 제작된 다운 서베이Down Survey 지도들은 완전히 다른 성격을 띠고 있다. 단순히 해안선과 섬의 형태가 올바르게 묘사되고, 내륙 수로가 현실적인 규모로 표현되었기 때문만이 아니다. 이 지도들이 지닌 세부 정보의 수준은 전혀 다르다. 카운티 지도에는 마을과 도로, 성과 여관을 표시했으며, 남작령이나 교구 단위의 더욱 상세한 지역 지도도 존재한다. 이제 더 이상 지도에 표기된 지역이 고대 판타지 소설의 서문에 등장할 법한 이국적인 미지의 땅처럼 보이지 않는다. 오히려 오늘날 아틀라스에서 찾아볼 수 있는 실제 유럽 국가의 지도처럼 보인다. 최초의 완전한 국가적 측량에 기반한 정식 근대 지도였던 다운 서베이 지도는 심지어 아름답기까지 했다.

물론 궁극적으로 더 큰 피해를 초래한 것은 후자의 지도 유형이었다. 이는 아일랜드인들에게만 해당하는 것이 아니라, 전 세계 식민지화된 수많은 민족에게도 마찬가지였다.

잉글랜드가 아일랜드 정치에 개입하기 시작한 시기는 일반적으로 1169년으로 본다. 이는 800주년이 되는 해에 '분쟁Troubles'이 시작된 사건이기도 한데, 이 표현은 이후 30년 동안 지속된 공동체 간 폭력을 다소 완곡하게 표현한 명칭이다. 1169년, 폐위된 렌스터의 왕 디아르마이트 막 머르카다(영국식으로는 더멋 맥머로)가 잉글랜드의 도움을 받아 자신의 왕위를 되찾으려 했다. 그 대가로 그는 자신의 영토와 충성을 헨리 2세에게 바쳤고, 그 과정에서 의도치 않게 잉글랜드 왕실이 아일랜드에 영구적인 거점을 확보하는 계기를 마련했다.

그 후 몇 세기 동안 아일랜드 일부 지역은 잉글랜드 혈통을 가진 백작령의 통치를 받았으나, 그 충성도는 상당히 불확실했다. 잉글랜드 왕들은 자신을 '아일랜드의 군주'라고 주장했지만, 실질적으로 통제할 수 있었던 지역은 더블린 주변의 좁은 지역에 국한되었다. 잉글랜드 시각에서는 이 지역이 왕의 권한이 미치지 않는, 문명화된 행동을 기대할 수 없는 곳일 수밖에 없었다. 이는 명백한 식민주의의 형태였지만, 동시에 중세 유럽 전역에서 벌어지던 복잡한 봉건 정치와 크게 다를 바가 없었다.

그러나 이러한 상황을 근본적으로 변화시킨 것은 종교개혁이었다. 잉글랜드와 스코틀랜드의 국왕들은 가톨릭을 버렸지만, 아일랜드인들은 그렇지 않았다. 16세기 당시 잉글랜드는 이후 거대한 제국이 되기 전 단계에 불과했으며, 프랑스나 에스파냐 같은 강대하고 가톨릭 국가들에 공격이나 침략받을까 두려워할 일이 상대적으로 적은 나라였다. 이런 상황에서 가톨릭 국가인 아일랜드가 잉글랜드의 '뒷문'에 위치해 있다는 사실만으로도 안보 위협으로 취급되었다. 게다가 아일랜드인들은 단순히 적대적인 외세의 잠재적 협력자들일 뿐만 아니라, 잉글랜드 시각에서 볼 때 이단자이기도 했다. 그리고 당시 이단자는 정당한 공격 대상이었다.

잉글랜드 왕실의 관점에서 해결책은 단 하나뿐이었다. 바로 정복! 1541년 헨리 8세는 일방적으로 자신을 아일랜드의 영주에서 왕으로 격상시키고 아일랜드 귀족들에게 충성을 요구했다. 그다음 10년 동안 그의 후계자들은 플랜테이션 정책을 추진하기 시작했는데, 사실상 이것은 기존의 아일랜드 거주민들을 내쫓고, 이 땅을 충성스러운 잉글랜드 정착민들에게 배분하는 것이었다. 1603년 스코틀랜드의 제임스 6세가 잉글랜드의 제임스 1세가 되면서 스코틀랜드인들도 이 과정에 가담하면서, 얼스터 지역의 플랜테이션은 영국 전체의 공동 사업이 되었다.

그러나 당연히 아일랜드의 원거주민들은 여전히 그곳에 남아 있었다. 결과는 예상대로다. 끝없는 억압, 그에 따른 반란, 그리고 더욱 폭력적인 탄압의 악순환이 반복되었다.

다운 서베이 지도가 제작된 것은 이러한 폭력의 시대, 특히 잉글랜드가 자행한 가장 악명 높은 폭력의 시기에 해당한다. 1641년 아일랜드 전역에서 외세의 지배, 반가톨릭 차별, 플랜테이션, 토지 몰수를 견디다 못한 반란이 일어났다. 이 때문에 벌어진 전쟁은 복잡한 양상을 띠었다. 런던에서는 이 군사적 대응을 위한 자금을 조달하는 문제를 둘러싸고 갈등이 벌어졌으며, 이는 잉글랜드 내전으로 이어졌다. 이 내전은 결국 왕정의 일시적인 폐지와 찰스 1세의 처형을 초래했다. 이러한 대서양 연안 전체에서 벌어진 대규모 분쟁은 오늘날 삼왕국 전쟁으로 불리기도 한다. 그러나 여기서 중요한 몇 가지 사실만 짚어보자.

첫째, 1641년 반란에서 반란군은 약 4,000명의 잉글랜드 및 스코틀랜드 정착민을 학살했다. 대표적인 사례로 포터다운 학살이 있다. 약 100명의 개신교 신자들이 반란군에 의해 반강 다리에서 강물로 떠밀렸고, 살아남은 자들은 총격을 받았던 사건이다. 둘째, 이러한 잔혹 행위들이 끔찍한 것이었음에도, 당시 런던에서 출판된 선정적인 팸플릿들은 사건의 규모와 빈도를 과장하여 약 20만 명의 개신교 신자들이 '야만적인 가톨릭 신자들'에 의해 학살되었다고 주장했다. 이는 영국 내에서 잔혹한 보복을 해야 한다는 여론을 증폭시켰다. 1642년, 잉글랜드 의회는 공모 방식으로 군사 재정복 자금을 조달하는 법안인 모험가법을 통과시켰다. 그리고 그 상환은 대규모의 아일랜드 토지 몰수를 통해 이루어질 예정이었다.

잉글랜드 내전으로 인해 침공이 즉각적으로 이루어지지는 않았으나, 1649년이 되자 찰스 왕은 처형되었고, 이제 의회가 권력을 장악하게 되었다. 올리버 크롬웰과 그의 신형군을 태운 함대가 더블린에 상륙했다. 이후 몇 년 동안 그들은 가톨릭 반란군과 남아 있던 왕당파 세력을 철저히 진압하며 대규모 학살을 자행했다. 드로이다, 웩스퍼드, 클롬넬과 같은 도시에서는 항복한 병사, 성직자, 민간인 할 것 없이 학살이 벌어졌으며, 이 도시들의 이름은 곧 잉글랜드가 저지른 잔혹 행위를 상징하게 되었다. 이 전쟁으로 사망한 아일랜드인의 수를 정확히 파악하기는 어렵지만, 가장 낮은 추정치조차 전체 인구의 10퍼센트를 넘는다. 어떤 자료에서는 그 비율을 40퍼센트 이상으로 보기도 한다. 만약 왜 크롬웰이 아일랜드에서 잉글랜드의 억압을 상징하는 대명사로 쓰이는지 궁금해한 적이 있다면, 그 이유가 바로 여기에 있다. 크롬웰이 아일랜드에서 잔혹 행위를 저지른 유일한 영국인이 아니었음에도 말이다.

전쟁이 마무리될 무렵, 잉글랜드 정부는 모험가법으로 발생한 채무와 지급되지 않은 대규모 군 급여를 상환하는 방안을 고민하기 시작했다. 이에 따라 1652년 정부는 토지 정리법을 통과시켰으며, 이는 반란을 주도한 이들의 토지를 몰수하는 계획을 명시하고 있었다. 몰수된 토지는 군인들에게 미지급된 급여 대신 지급되거나 현금으로 판매될 수도 있었다. 남아 있는 아일랜드 원주민들에 대한 계획은 간단했다. 그들은 카리브해로 강제 이주시키거나, 아니면 영국 본토에서 멀리 떨어진 섀넌강 서쪽의 척박한 땅으로 쫓아내는 것이었다. 이 계획은 아일랜드인들에게 "지옥으로 가든지, 아니면 코너트로 가든지."라는 말로 기억되었다.

그러나 이러한 모든 계획을 실행하기 위해서는 잉글랜드가 몰수할 수 있는 토지가 정확히 얼마나 있는지를 파악해야 했다. 따라서 토지 조사가 필요했다. 처음 이 임무를 맡은 사람은 측량총감 벤저민 워슬리였으며, 그는 전문가들을 고용하여 꼼꼼하고 철저한 작업을 진행할 계획이었다. 그는 이 조사를 약 13년 안에 완료할 수 있을 것이라 자신했다. 그러나 이보다 더 젊고 성급한 한 남성이 있었다. 그는 학계를 떠나 군대의 총군의관으로 복무하던 중이었는데 이 작업을 훨씬 더 빠르게 완료할 수 있다고 생각했다.

윌리엄 페티는 햄프셔 출신 포목상의 아들로, 열세 살 때 가출하여 배의 선실에서 일했으나 다리가 부러지는 바람에 노르망디 해안에 버려졌다. 당시 배들은 이런 식으로 사람을 내버리는 일이 잦았다. 그곳에서 페티는 자신의 잠재력을 알아본 예수회 신부들에게 발견되어 보호받으며 교육받았다. 왕립해군에 복무한 뒤 철학자 토머스 홉스의 개인 비서로 일했고, 옥스퍼드대학교에서 해부학을 가르치다가 크롬웰과 손을 잡았다.

페티의 가장 중요한 통찰은 작은 일에도 훈련된 전문가 팀을 배치하는 것은 시간 낭비라는 점이었다. 에드먼드 건터라는 성직자이자 수학자가 한 세대 전에 발명한 '건터의 체인'과 같은 새로운 기술, 즉 100개의 연결 고리로 이루어진 표준화된 측량 체인은 일반 병사들도 사용할 수 있을 만큼 간단했다. 당시 병사는 부족하지 않았으므로 이를 활용하면 비전문가들도 측량을 할 수 있었다. 가장 어려운 부분인 결과를 종합하여 지도로 제작하는 과정은 더블린의 따뜻하고 건조한 곳에 있는 전문 지도 제작자들이 맡으면 됐다. 이렇게 힘든 작업을 비전문가에게 맡기는 방식으로 페티의 팀은 13년이 걸릴 작업을 13개월 만에 아일랜드의 절반을 측량하는 데 성공했다.

이렇게 향상된 지도 제작 기술과 대량의 데이터 수집은 메르카토르의 모호하고 다소 환상적인 지도에서 페티의 세밀하고 현대적인 지도로의 전환을 가능하게 했다. 다운 서베이는 세계 최초로 진행된 국가 전체를 대상으로 한 대규모 토지 조사였다. 그러나 이는 단순한 학문적 실험이 아니었으며, 몇 가지 지속적인 영향을 미쳤다.

그중 가장 사소한 영향은 페티가 큰 이득을 보았다는 것이다. 그는 이 조사를 통해 부를 축적했고 강력한 인맥을 얻었으며, 곧 기사 작위를 받고 의회에서도 자리를 차지하게 되었다. 그는 또한 채권자들에게 몰수된 토지를 분배하는 위원회에 참가했으며, 많은 채권자가 먼 미래에 토지를 점유할 기회를 기다리는 것보다 당장 매각하는 것을 선호했던 덕분에 거대한 케리 카운티 영지를 차지하게 되었다. 이 과정에서 그는 여러 해 동안 부패 혐의로 격렬한 비난을 받기도 했다. 그는 좋은 혼인도 성사시켰으며, 그의 후손들은 백작과 후작이 되었다. 그중 한 명은 총리가 되기도 했다(그의 후손인 윌리엄 페티, 2대 셸번 백작은 1782년에 9개월이라는 짧은 재임 기간의 총리로 지냈다). 오늘날 페티는 주로 경제학자로 기억되는데, 이는 그의 조사의 핵심 통찰이 결국 분업과 노동의 전문화 이론으로 이어졌기 때문이다. 새뮤얼 피프스는 그를 "잉글랜드에서 가장 합리적인 사람"이라고 묘사했으며, 카를 마르크스는 "경박하고 탐욕스럽고 원칙 없는 모험가"라고 평가했다.

그러나 다운 서베이는 좀 더 철학적인 결과를 초래했다. 얼마 전까지만 해도 토지 소유권은 '경계와 지점' 같은 구식 방식에 의존했다. 여기서 '경계'는 특정 방향과 거리로 구분되는 직선 구간을, '지점'은 강, 바위, 나무처럼 경계를 나타내는 자연 요소를 의미했다. 이런 방식은 필연적으로 토지와의 친밀한 관계를 필요로 했으며, 땅을 소유하려면 그것을 직접 알고 있어야 했다. 그러나 전문적인 측량사의 등장으로, 이전에는 상상할 수 없던 방식으로 토지 소유권을 주장할 수 있게 되었다. 직접 방문할 필요조차 없었고, 단지 지도를 소유하면 되었다. 그리고 때때로 소유권을 강제로 집행해야 할 때, 그 시작을 알리는 것은 단순한 한 장의 종이일 수도 있었다.

이러한 변화는 향후 몇 세기 동안 전 세계로 확산되었다. 한 가지 예를 들자면, 미국 독립선언서를 작성한 공로로 칭송받지만 실제 정치적 신념은 종종 그 가치에 미치지 못했던 토머스 제퍼슨이 고안한 공공 토지 조사다. 이는 미국 연방 정부가 동부 해안 너머의 미개척지를 1.6킬로미터 정사각형 격자로 나누는 공식적인 프로그램이었다. 이후 이 땅은 독립 전쟁 참전 용사들에게 미지급된 급여 대신 제공되거나, 현금 조달을 위해 최고가 입찰자에게 판매되었다. 이 계획은 엄청난 성공을 거두었고, 미국이 서쪽으로 끝없이 확장하는 과정에서 거대한 땅을 삼켜버렸다. 이 결과 '제퍼슨 격자'가 만들어낸 특징들은 오늘날에도 비행기 창문 너머로 볼 수 있다.

그러나 아일랜드에서와 마찬가지로 '미개척지'는 '비어 있는 땅'이라는 의미가 아니었다. 제퍼슨 격자는 본질적으로 아메리카 원주민들을 체계적으로 몰아내는 장치였다. 그리고 이 방대한 영토 분할 작업, 그 거대한 규모 때문에 지구의 곡률을 반영하기 위해 격자선이 때때로 굽어야 했던 해당 지역의 원주민들이 보고 인식했던 자연환경을 기준으로 한 것이 아니라, 수백 킬로미터 떨어진 워싱턴에서 단순한 펜의 움직임으로 결정된 것이었다.

다운 서베이가 보여준 지도 제작의 정치적 활용은 순식간에 전 대륙을 나누는 도구로 발전했다. 이 주제는 앞으로 다시 다루게 될 것이다. ○

12
억울한 메이슨딕슨선

경계선이 비유가 되다

메이슨딕슨선은 북부의 자유주와 남부의 노예주를 나누는 경계선이라는 인식 덕분에, 19세기 미국 남북전쟁에서의 역할은 물론, 20세기 이후 미국의 세계적 패권과도 연관되면서 세계에서 가장 유명한 경계선 중 하나가 되었다.

그러나 재미있는 점은 이 선이 본래 노예제와는 아무런 관련이 없었다는 것이다. 이는 미국을 남과 북으로 나누기 위한 것이 아니었고, 아직 존재하지도 않았던 국가에서 거의 한 세기 후에 일어날 남북전쟁과는 전혀 무관했다. 이 선을 그린 사람들, 즉 천문학자 찰스 메이슨과 측량사 제러마이아 딕슨은 자신들의 이름이 영원히 이 한 가지 작업과 연관될 것이라고는 예상하지 못했을 것이다. 두 사람 모두 영국에서 태어나 활동했으며, 미국이 헌법을 채택하고 그 헌법이 이후 많은 문제를 일으키는 것을 보기도 전에 이미 세상을 떠났다.

사실 메이슨딕슨선의 기원은 완전히 다른 내전에서 비롯되었다.

1632년 영국의 국왕 찰스 1세는 2대 볼티모어 남작, 즉 이름부터 웅장한 세실리우스 캘버트에게 영국 내 프로테스탄트 다수의 박해를 피해 도망치는 가톨릭 신자들을 위한 피난처로 북아메리카에 식민지를 설립할 수 있는 권리를 주었다. 이 식민지는 기존의 버지니아 식민지 북쪽에 위치하게 될 예정이었다. 버지니아는 당시, 인구의 약 90퍼센트가 사망하고 생존자들이 약간의 식인 행위를 했던 '기근의 시대'를 극복하고 회복 중이었다. 찰스 1세가 승인한 식민지는 북쪽으로 '북위 40도선 아래에 위치한' 지점까지, 서쪽으로는 포토맥강의 근원지까지 확장될 예정이었다. 이 식민지의 주요 정착지는 그곳에 거주하지 않고 영국에 남아 있던 식민지 총독의 이름을 따 '볼티모어'로 명명했고, 식민지 전체는 왕비의 이름을 따서, 혹은 어쩌면 예수의 어머니 마리아를 기려 '메릴랜드'라고 명명했다.

그때부터 거의 50년 후, 내전과 공화정, 왕정복고를 거친 끝에 찰스 1세는 처형되었고, 그의 장남 찰스 2세가 왕위에 올랐다. 찰스 2세는 그의 아버지와 마찬가지로 가톨릭 성향을 가지고 있다고 널리 여겨졌으며, 그가 통치하는 영국은 종교적 분열로 갈라져 있었다. 또한 그는 상당한 부채를 지고 있었다.

그래서 1681년 그의 채권자 중 한 명이었던 퀘이커교도 윌리엄 펜이 돈을 돌려달라고 요구하자, 찰스 2세는 기발한 아이디어를 떠올렸다. 북아메리카의 땅을 부채 상환 대신 주는 것이었다. 제안된 식민지는 약 120만 제곱킬로미터로, 잉글랜드 본토와 거의 맞먹는 크기였다. 이것이면 사소한 1만 6,000파운드의 빚을 탕감하기에 충분하지 않겠는가. 또한 이전의 메릴랜드처럼 이곳 역시 영국의 종교적 소수

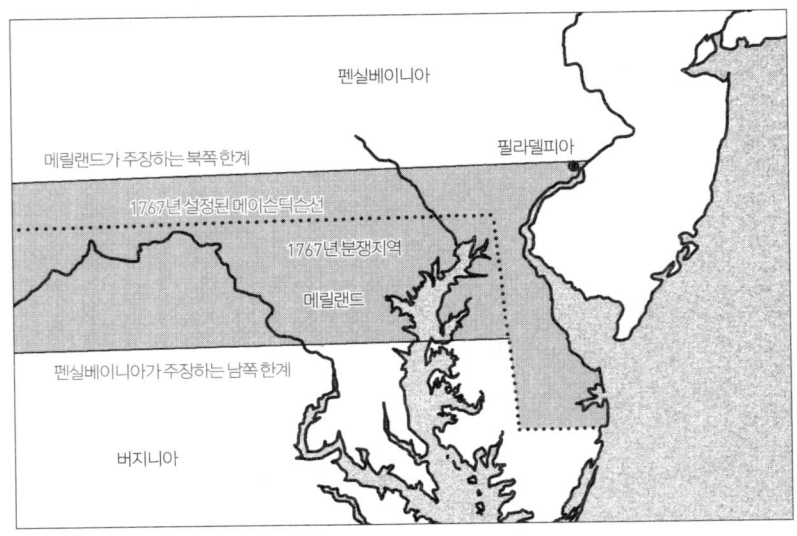

펜실베이니아와 메릴랜드의 영토 문제는 결국 1767년 메이슨딕슨선에 의해 해결되었다.

자들을 위한 피난처 역할을 할 수 있었으며, 이들은 본토에서 정치적 문제를 일으키지 않는 한에서 멀리 떨어져 있었다. 찰스 2세는 거래를 성사시키기 위해 이 식민지에 '펜실베이니아'라는 이름을 붙였다. 펜은 퀘이커교도들을 위한 식민지를 설립한다는 발상에 감동했고, 또한 자신이 세계에서 가장 넓은 토지를 가진 비왕족 지주가 될 가능성을 고려하며 이를 흔쾌히 받아들였다.

하지만 문제가 있었다. 당시 신대륙의 지도는 여전히 조악했다(이 점은 '신대륙'이라는 명칭 자체에서도 알 수 있다). 펜실베이니아는 분명히 메릴랜드 북쪽에 위치해야 했으며, 북위 43도선에서 기존 경계인 40도선까지 확장되어야 했다. 그러나 토지 증서의 조건에는 남쪽 경계가 "뉴캐슬에서 20킬로미터 떨어진 지점에서 그린 원에서 서쪽으로 확장된다."라고 명시되어 있었다. 국왕은 지도상에서 그러한 원이 기존에 정의된 경계와 정확히 일치할 것이라고 가정했지만, 실제로는 그렇지 않았다. 원의 가장 북쪽 지점조차 40도선에서 남쪽으로 약 16킬로미터 떨어져 있었다. 만약 기존에 정의된 경계를 공식적으로 인정한다면, 펜이 선택한 수도 필라델피아는 불편하게도 메릴랜드 영토 내에 위치하게 될 것이었다.

펜 가문과 그 지지자들이 선호한 해결책은 메릴랜드의 토지 증서에 단순히 "식민지가 북위 40도선 아래에 위치한다."라고만 되어 있다는 점을 이용하는 것이었다. '아래'라는 말이 꼭 '바로 아래'라는 뜻이어야 하는 것은 아니지 않은가! 하지만 당연하게도 캘버트 가문과 그 지지자들은 원래의 해석을 선호했다. 결국 한쪽은 펜실베이니아를, 다른 한쪽은 메릴랜드를 지지하는 두 가지 서로 다른 설명이 있었고, 이 두 가지는 절대 조화될 수 없는 것이었다.

그것만으로도 충분히 복잡한 상황이었지만, 여기에 훗날 델라웨어가 될 지역과 관련된 문제가 있었다. 뉴캐슬 주변의 원이 펜에게 부여된 토지에서 제외된 이유는 국왕이 그것을 이미 그의 동생 요크 공작 제임스에게 하사했기 때문이었다. 이 지역은 델라웨어강과 코네티컷강 사이의 광대한 영토와 함께 네덜란드를 북아메리카에서 몰아내는 데 기여한 공로에 대한 보상이었다. 그러나 펜은 자신의 식민지가 바다에 접근할 수 있기를 원했다. 그래서 그는 요크 공작을 설득하여, 그 원과 그 남쪽 반도에 위치한 세 개의 '하부 카운티'를 임대받았다. 이는 캘버트 가문에게는 놀라운 일이었는데, 그들은 그 지역이 메릴랜드의 일부라고 확신하고 있었기 때문이다.

찰스 국왕은 자신이 상당 부분 초래한 이 혼란에서 손을 떼려 했고, 펜과 캘버트에게 이 문제를 스스로 해결하라고 지시했다. 그들이 처음 시도한 해결책은 분쟁 지역의 개척민들에게 서로에게는 절대로 세금을 내지 말라는 편지를 보내는 것이었다. 이것이 얼마나 효과적일지에 대해서는 더 말할 필요도 없을 것이다. 결국 수십 년 동안 지속될 논쟁, 공식 위원회의 개입, 그 결과를 무시하는 행동, 런던에서의 값비싼 소송, 그리고 때때로 발생하는 폭력 사태가 이어질 무대가 마련되었다.

이 혼란이 약 80년간 지속된 끝에, 법원의 압박도 어느 정도 작용하면서 지역 경계선에 대한 합의가 이루어졌다. 펜실베이니아와 메릴랜드의 경계선은 당시 필라델피아의 최남단 지점에서 남쪽으로 24킬로미터 떨어진 평행선상에 놓이게 되었다. 이 선은 대략 북위 39도 43분에 해당하며, 필라델피아가 확실히 펜실베이니아 내에 위치하도록 보장했고, 한 세기 가까이 지속된 논쟁에 대한 해결책으로는 오히려 너무나 단순해 보일 정도였다.

델라웨어와 메릴랜드의 경계는 더 복잡했다. 먼저 반도를 따라 남쪽 버지니아와 북쪽 메릴랜드와 델라웨어를 나누는 중간점을 찾은 다음, 거기에서 뉴캐슬 주변의 20킬로미터 원의 서쪽 경계까지 선을 그리는 방식(접선), 그리고 그 후 다시 북쪽으로 메릴랜드와 펜실베이니아의 경계에 이를 때까지 선을 잇는 방식(북선)으로 경계를 정해야 했다.

이해했는가? 좋다, 하지만 아직 끝이 아니다. 또한 합의에는 20킬로미터 원 안에 있지만 북선 서쪽에 위치한 모든 땅은 여전히 델라웨

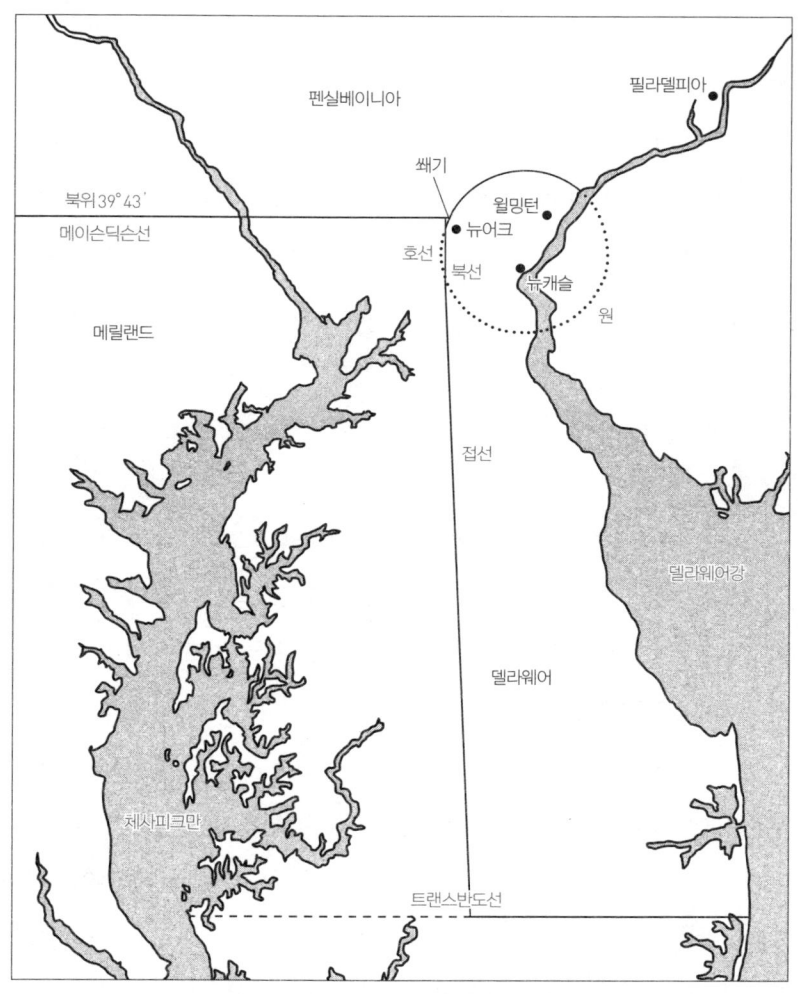

델마바반도와 그 주변 지역의 주 경계를 결정하는 데 사용되는 다양한 지리적 조건.

어의 일부로 남는다는 내용이 포함되어 있었다. 이 사실은 오늘날 델라웨어주 뉴어크 서쪽 교외에서 거의 알아차리기 어려운 미세한 경계선의 굴곡으로 확인할 수 있다.

이 모든 것은 이론적으로는 간단해 보일 수 있다(이쯤에서 공허한 웃음을 지어보자). 그러나 이를 실제 지형에 적용하기 위해서는 숲을 개척하고, 천문 관측을 대대적으로 수행하며, 별자리 목록과 수학적 계산을 이용해 위치 데이터를 산출하는 과정이 필요했다. 한 차례 시도가 있었지만, 이는 주로 망원경 하나를 망가뜨리는 데 그쳤고, 결국 토머스 펜이 고용한 지역 측량팀은 자신들의 능력 밖의 일임을 깨달았다. 펜은 부실한 측량이 또 다른 분쟁을 초래할 것을 우려하여 영국 왕실 천문학자에게 더 나은 작업을 수행할 수 있는 사람이 있는지 문의했다. 그는 적임자를 알고 있었다.

찰스 메이슨은 글로스터셔 출신의 천문학자로, 최근까지 그리니치 천문대에서 조수로 일하고 있었다. 1761년, 그는 더럼 출신의 측량사 제러마이아 딕슨과 팀을 이루었으며, 당시 국제 과학 협업의 일환으로 금성의 태양면 통과를 관측하여 지구와 태양 간의 거리를 계산하는 연구에 참여하고 있었다. 그러나 이들은 원래 목표였던 수마트라로 향하지 못했는데, 프랑스 해군의 공격을 받아 남아프리카의 희망봉에서 관측을 수행할 수밖에 없었기 때문이었다. 하지만 이 과정에서 둘은 서로 신뢰와 우정을 쌓았으며, 대영제국 최고의 측량사로 명성을 확립했다. 보수가 합의되고 펜 가문과 캘버트 가문이 비용을 분담하기로 하자, 이들은 미국으로 향했다.

1763년 11월, 식민지에 도착한 이들이 처음 맡은 임무는 필라델피아에서 최남단 지점을 찾는 것이었다. 그곳은 서더가 30번지에 있는 한 집의 '북쪽 벽'이었다. 이후 네 번의 여름 동안 그들은 다양한 경계선을 측량했고, 날씨 탓에 천문학적 관측과 이동이 불가한 겨울 동안에는 주로 관광하며 시간을 보냈다. 측량이 진행되는 동안, 이들은 경계를 표시하기 위해 'M'과 'P'가 새겨진 표석을 남겼으며, 8킬로미터마다 양측 가문의 문장이 새겨진 '왕관석'을 세웠다.

그러나 1767년 10월, 약 375킬로미터 서쪽에서 그들을 돕고 있던 이로쿼이 부족은 더 이상 진행하지 않겠다고 선언했다. 그들은 더 전진하면 쇼니족 전사들과 맞닥뜨릴 위험이 있어 그 이상 나아갈 수 없다고 말했다. 결국 동쪽으로 돌아와 자신들이 조사한 내용을 바탕으로 지도를 완성한 뒤, 메이슨과 딕슨의 작업은 마무리되었다. 이들이 수행한 4년간의 작업은 애초 예상보다 훨씬 오래 걸렸으며, 캘버트 가문과 펜 가문이 지급한 비용은 총 3,500파운드를 초과했다. 이는 현재 가치로 환산하면 약 50만 파운드에 달하는 거액이었다. 그러나 마침내 문제가 해결되었다. 오랜 세월이 흐른 끝에, 펜실베이니아와 메릴랜드의 경계가 어디인지에 대한 모든 이들의 합의가 이루어졌다.

그것이 바로 메이슨딕슨선이다. 메릴랜드와 델라웨어를 나누는 130여 킬로미터 길이의 남북 경계선과, 메릴랜드와 펜실베이니아를 나누는 370여 킬로미터 길이의 동서 경계선으로 이루어져 있으며, 미시시피강까지 가는 경로의 3분의 1에도 미치지 못하는 선이다. 이렇게 보면 그리 중요해 보이지 않을 수도 있다. 이 선의 이름을 딴 두 사람, 즉 연구 도중 지구의 크기를 측정하는 데 훨씬 더 흥미를 느꼈던 것으로 보이는 메이슨과 딕슨은 오늘날까지 그들의 이름이 이 선과 연결될 것이라고는 상상조차 하지 못했을 것이다. 두 사람은 모두 영국으로 돌아갔으며, 딕슨은 1779년에 사망했다. 메이슨은 387개의 별을 기록한 목록을 연구하고 출판했으며 가정을 꾸렸지만, 생계를 유지하는 데 어려움을 겪은 것으로 보인다. 1786년 그는 펜실베이니아로 이주했는데, 친구였던 벤저민 프랭클린이 일자리 찾는 것을 도와줄지도 모른다는 희망 때문이었던 것으로 보인다. 그러나 그는 도착한 지 얼마 지나지 않아 그곳에서 사망했다. 두 사람 모두 자신들의 선이 훗날 무엇을 상징하게 될지 전혀 알지 못했을 것이다.

우리가 모두 메이슨딕슨선을 알고 있는 이유는 사실 메이슨과 딕슨, 펜 가문과 캘버트 가문, 심지어 펜실베이니아나 메릴랜드와도 그다지 큰 관련이 없다. 1787년 메이슨이 사망한 다음 해, 이제 독립한 미국의 주요 인사들이 그가 정착했던 도시에서 모여 100년 넘게 이와 같은 문제로 다투었던 13개 식민지를 단일하고 통합된 국가로 변화시키는 방법을 논의했다. 그들이 직면한 가장 큰 어려움 중 하나는 새롭게 탄생한 국가가 점점 더 다른 방향으로 나아가는 두 개의 지역으로 구성되었다는 점이다. 즉, 노예제 기반의 농업 경제를 중심으로 하는 남부와 산업과 개혁에 더 관심을 갖는 북부였다. 이 두 지역의 상충하는 가치와 이해관계를 조정하는 문제는 수십 년 동안 미국 정치의 중심이 될 것이었으며, 이를 해결하지 못한 것이 결국 남북전쟁으로 이어지게 된다.

이 과정에서 '메이슨딕슨선'이라는 표현이 처음 등장한 것은 1820년이었다. 이때의 논쟁 주제는 미주리주의 처리를 어떻게 할 것인가 하는 것이었다. 미주리는 노예제를 허용하는 지역으로 새로운 주로 승격되기를 원하고 있었다. 이에 대한 의회 논쟁에서 참가자들은 메릴랜드(북부에 위치한 노예주)와 펜실베이니아(자유주) 사이의 경계를 언급했다. 물론 원래의 선조차도 자유주와 노예주를 구분하는 절대적인 경계선은 아니었다. 델라웨어와 뉴저지에서는 몇십 년 더 노예제가 일부 형태로 유지됐기 때문이다. 그럼에도 이 명칭은 결국 자유로운 북부와 노예제를 유지하는 남부를 나누는 경계선을 의미하는 개념으로 굳어지게 되었다.

결국 이 논쟁에서 나온 해결책이 바로 '미주리 타협'이었다. 이 타협안은 미묘한 균형을 유지하기 위해 메인을 자유주로, 미주리를 노예주로 동시에 인정하는 방식이었다. 또한 새로운 경계선을 북위 36도 30분에 설정하여, 서부 지역에서 노예제가 허용될 수 있는 북쪽 한계를 정하는 내용도 포함되었다. 아마도 이 경계선은 메이슨과 딕슨이 실제로 간 적도 없는 남쪽 먼 곳과 서쪽 지역에 위치했음에도, 단순히 경계선들이 혼동되었을 가능성이 있다. 혹은 또 다른 혼란의 원인이 있었을 수도 있다. 1859년에 발표된 한 노래로 널리 알려진 남부의 별칭인 '딕시Dixie'는, 뉴올리언스의 프랑스어 사용자들이 10달러 지폐를 'Dix'라고 부른 데서 유래했을 수도 있다. 하지만 이 단어는 '딕슨'과 비슷하게 들리므로, 누군가 어디선가 이 단어가 메이슨딕슨선에서 유래했다고 가정했고, 따라서 이 선이 북부와 남부의 경계를 의미한다고 생각했을 가능성도 있다.

어느 쪽이든 이는 우리가 다시 만나게 될 형식이다. 즉, 메이슨딕슨선은 하나의 특정한 선을 의미하는 것이 아니라, 훨씬 더 넓은 개념을 지칭하는 일종의 환유로 변모한 것이다. 원래는 한 내전(영국 내전)에서 비롯된 일이었다면, 결국 우리가 그들의 작업과 그 선을 오해하게 된 것은 또 다른 내전(남북전쟁) 때문이었을지도 모른다. ○

13
나폴레옹 황제의 지방 정부 개혁

코르시카 출신의 젊은이가 지도를 다시 그리다

프랑스혁명과 그 뒤를 이은 나폴레옹 전쟁에 관해서는 할 이야기가 많다. 자유, 평등, 박애를 외치며 일어난 대중 봉기가 결국 공포 정치의 학살로 귀결된 이야기, 막시밀리앙 로베스피에르가 친구들을 배신하고 처형한 후 결국 자신도 배신당해 처형된 이야기, 프랑스뿐만 아니라 유럽 전역, 나아가 전 세계에 걸쳐 수십 년간 전쟁과 불안정을 불러온 이야기, 혹은 외딴섬 출신의 한 병사가 이 혼란을 발판 삼아 유럽이 수 세기 동안 보지 못했던 거대한 제국의 통치자로 올라선 이야기. 또한, 이 혁명이 정치사상에 미친 영향이 얼마나 컸던지 거의 200년이 지난 후 중국 총리 저우언라이가 혁명의 영향을 묻는 질문에 "아직 말하기 이르다"라고 답했다는 일화도 있다.

그러나 내가 정말 관심 있는 것은 이 혁명이 유럽의 지도, 좀 더 구체적으로는 프랑스의 지방 행정 체계에 미친 영향이다. 그러니 그 이야기를 해보자.

수 세기 동안 프랑스를 지배해온 정치·사회 질서와 그보다 훨씬 오랫동안 지속된 군주제를 전복한다는 발상은 너무도 급진적이어서, 혁명은 모든 것을 다시 생각할 수 있는 문을 열었다. 이 시기에 등장한 새로운 아이디어 중 일부는 오늘날까지 남아 있다. 그 예로 우리가 사용하는 미터법은 1790년 프랑스 국민의회에서 처음 발의되었다. 반면, 일부 제안은 사라졌다. 날씨와 같은 자연 현상에서 따온 이름을 가진 새로운 달력 체계를 도입하고, 1792~1793년을 '1년'으로 개칭하려 했던 시도가 있었으나, 이는 1806년 1월 1일 폐기되었다.

이러한 개혁 중 중간쯤 위치한 것이 프랑스의 내부 및 외부 경계를 정비하는 문제였다. 혁명이 시작되기 전, 프랑스 왕국은 대략 34개의 주로 구성되어 있었다. 그러나 이들은 서로 다른 시기에 서로 다른 방식으로 합병됐기 때문에 모든 주가 동등한 지위를 가진 것은 아니었다. 예를 들어 대서양 연안의 작은 지역인 오니는 영국의 평균적인 카운티와 비교하면 너무 작아 보일 정도였다. 반면 귀엔과 가스코뉴, 랑그도크, 브르타뉴 같은 지역은 너무 커서 그 크기를 웨일스의 몇 배로 표현할 수 있을 정도였다. 또한, 이들 지역은 종종 서로 다른 법률 체계와 세금 제도를 가지고 있었다. 이러한 체계는 합리적인 행정 운영을 어렵게 만들었다.

그래서 혁명이 시작된 지 4개월이 지난 1789년 9월, '사회학'이라는 단어를 만든 성직자이자 정치 작가로, 역사적으로는 아베 시에예스로 알려진 에마뉘엘 조제프 시에예스는 국민의회에 이 혼란을 정리할 적절한 시기임을 제안했다. 가장 먼저 제안된, 그리고 가장 엉뚱했던 계획은 지도 제작자 마티아스 로베르 드 헤셀린이 1786년에 제안한 방식을 차용하는 것이었다. 그는 프랑스 전체를 81개의 정사각형으로 나누고, 각 변의 길이를 약 70킬로미터로 설정하는 바둑판식 구획을 제안했다. 이 방식이 적용되면 이론적으로 프랑스 어디에서든 하루 안에 지방 수도에 도착할 수 있었다. 다만 그사이에 강이나 산맥이 없다면 말이다. 문제는 현실적으로 강과 산맥이 많다는 것이었다. 따라서 시에예스가 제안한 직선 경계는 지도상에서는 완벽하게 합리적으로 보였지만, 실제로는 자연 지형을 가로지르고 사람들의 집을 가로막는 비합리적인 방식이었다. 당연하게도, 이 계획은 결코 실행되지 않았다. 몇 달간의 논의 끝에 프랑스 지도를 재편하는 임무를 맡은 위원회는 대안을 마련했다. 새로운 행정 구역의 대략적인 크기와 개수는 유지됐으며, 81개 대신 83개로 설정됐지만, 여전히 모든 사람이 하루 안에 지역 중심지에 도착할 수 있도록 하는 것이 목표였다. 또한 시에예스가 제안했던 대로 기존의 신분을 반영한 지방 명칭을 없애고, 강, 산맥 또는 기타 자연 지형의 이름을 사용하는 방안도 유지됐다. 단 하나의 변화는 경계를 자연 지형을 따라 설정하는 것이었으며, 아무도 이를 강조하고 싶어 하지는 않았지만, 실질적으로는 기존의 주 경계를 따라 설정됐다.

이 새로운 데파르트망(프랑스의 행정 구역) 체계의 운영 방식은 이후 수년 동안 많은 변화를 겪었다. 데파르트망들은 코뮌(자치단체)으로 나뉘었고, 후에는 지역 단위로 통합되기도 했다. 원래는 민주적으로 운영되던 지방의회가 나폴레옹 치하에서는 중앙정부가 임명하는 관선 프레페(도지사)에 의해 대체되었다. 그러나 전반적으로 보면, 혁명 이후 몇 개월 동안 만들어진 프랑스의 행정 구역들은 여전히 유지되고 있다. 오늘날 존재하는 96개의 데파르트망 중 약 79개는 1790년부터 변하지 않았다. 데파르트망 수가 증가한 이유 중 하나는 일부 지역이 세분화되었기 때문이다. 예를 들어 대파리권에 해당하는 센Seine과 그보다 더 넓은 파리 대도시권을 포함하는 센에우아즈Seine-et-Oise는 1968년에 여덟 개의 데파르트망으로 나누어졌다. 또 다른 이유는 프랑스 자체가 더 커졌기 때문이다.

여기서 우리의 이야기의 다른 부분이 시작된다. 프랑스혁명이 전쟁으로 이어진 이유는 여러 가지였다. 일부 강대국들은 앙시앵레짐, 즉 군주제를 지지하고자 했고, 또 다른 강대국들은 '자유'와 '평등' 같은 위험한 사상이 확산하는 것을 막고자 했다. 어떤 세력들은 프랑스가 약해졌다고 판단하고 이를 기회로 삼으려 했다. 어쨌든 1792년부터 프랑스는 기본적으로 모든 유럽 국가들과 연달아 전쟁을 치렀다. 이 시기의 전쟁들이 1차, 2차, 3차, 4차, 5차, 6차, 7차 대프랑스 동맹 전쟁으로 불리는 이유는 프랑스에 반대한 유럽 강대국들의 연합이 계속해서 변했기 때문이다. 표면적으로 보면 '기본적으로 모든 국가들'과 싸우는 것은 무척 어려운 일이었겠지만, 프랑스는 유럽에서 가장 큰 국가였고, 이후 몇 년 동안 이웃 국가들의 일부 지역을 병합하기 시작하면서 놀라운 성과를 거두었다. 오스트리아령 네덜란드 일부를 차지하고, 라인강 좌안을 병합하는 식이었다.

그러다 1799년, 우리의 옛 친구 아베 시에예스가 쿠데타를 주도해 유능한 코르시카 출신 장군을 프랑스 공화국의 제1통령으로 임명했다. 그의 의도는 이를 통해 급진적인 반대 세력을 따돌리고 자신이 정치적 주도권을 쥐는 것이었다. 그러나 나폴레옹 보나파르트는 명목상의 지도자로 남는 것에 만족하지 않았고, 대신 자신이 유럽에서 가장 강력한 사람이 되기로 결심했다. 그리고 바로 이때부터 지도가 본격적으로 변하기 시작했다.

　나폴레옹이 1804년 황제로 즉위하자마자 그는 유럽 대륙을 누비며 국경을 다시 그렸고, 기존 지배층을 축출하며 자신에게 우호적인 정권을 세웠다. 그는 서부 독일 지역의 혼란을 정리해 라인동맹을 만들었고, 자신의 형제를 에스파냐 왕으로 임명하는 등 각국의 지도자를 교체했다. 이러한 조치는 영국이 해군 우위를 고집하며 프랑스를 정치적·경제적으로 고립시키려는 상황에서 이루어졌다. 그러나 이 과정에서 프랑스는 보너스처럼 거대한 영토를 추가로 병합하게 되었다.

　1811년이 되자 프랑스의 데파르트망은 더 이상 83개가 아니었다. 그 수는 약 130개에 달했다. 추가된 지역 중 일부, 특히 남동부 지역인 사부아와 니스는 오늘날 프랑스의 일부를 구성하는 곳으로, 그것들이 한때 다른 나라였다는 사실이 오히려 낯설게 느껴질 정도다. 그러나 이는 예외적인 경우이며, 대부분의 추가된 데파르트망들은 오늘날의 프랑스와는 전혀 관계가 없는 유럽의 다른 지역들을 포함하고 있었다. 나폴레옹의 제국은 저지대 국가들 전체를 흡수했고, 지금의 룩셈부르크를 중심으로 한 남쪽의 포레부터 북쪽의 부슈드렐브, 현재의 함부르크까지 포함했다. 또 다른 일련의 데파르트망들은 이탈리아 서해안을 따라 로마까지 이어졌으며(이곳은 단순하게 '로마'라는 이름의 데파르트망으로 지정됐다), 한때 카탈루냐를 잠시 점령한 네 개의 데파르트망(바르셀로나는 '몬세라'라는 데파르트망에 속했다)과, 1809년

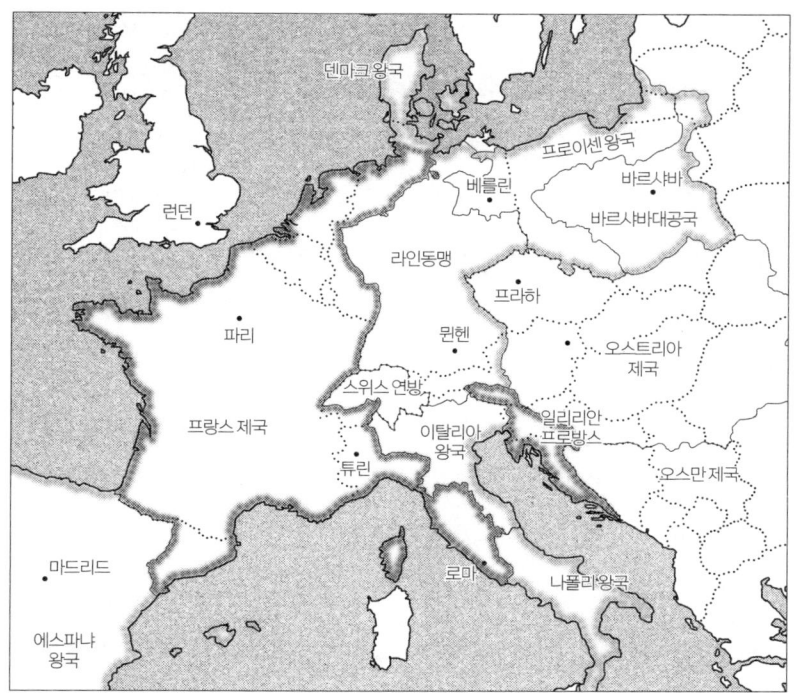

1812년경 최대 규모일 때의 나폴레옹 제국. 번진 듯한 굵은 선이 현재의 국경을 보여준다. 진한 선은 확장된 프랑스 국경, 점선은 의존국을 나타낸다. 오스트리아 제국 역시 때때로 동맹국이었다.

오스트리아에 정복되어 1814년까지 유지된 일리리아 속주 내의 일곱 개의 데파르트망(오늘날의 슬로베니아와 크로아티아 상당 부분을 포함)도 있었다. 이 지역들은 이탈리아 왕국이나 바르샤바대공국처럼 프랑스의 위성국이 아니라, 브르타뉴나 랑그도크처럼 프랑스 일부로 완벽히 흡수될 예정이었다.

200년이 지난 오늘날, 이는 불안감을 주면서도 다소 터무니없어 보인다. 네덜란드와 북부 이탈리아가 프랑스의 일부가 아니며, 그것들이 프랑스에 계속 남아 있을 수도 있었다는 생각은 어리석어 보인다. 그러나 확신할 수는 없다. 이 시기는 국민국가 개념이 자리 잡기 이전의 시대였으며, 유럽의 지도뿐만 아니라 그 속에 담긴 민족적 정체성도 유동적인 상태였다. 에릭 홉스봄에 따르면, 1789년 혁명 직전 프랑스 인구의 절반만이 프랑스어를 사용했고, 그중에서도 프랑스어를 유창하게 구사하는 사람은 25퍼센트에 불과했다. 코르시카는 1769년 프랑스 일부가 되기 전까지 거의 500년 동안 제노바공화국의 영토였으며, 같은 해 그곳에서 태어난 나폴레옹 보나파르트는 프랑스어를 배우기 전부터 코르시카어와 이탈리아어를 사용했을 가능성이 높다. 그는 파리에서 통용되는 프랑스어를 배웠는데, 이는 단순히 그것이 성공하는 길이었기 때문이다.

더욱이 프랑스의 국경은 이후 수십 년 동안 계속 변화했다. 알자스로렌은 독일에 의해 두 차례 상실되었다가 되찾았으며, 이탈리아의 주요 국가였던 피에몬테-사르데냐는 프랑스의 통일 지원과 맞바꾸어 사부아와 니스를 기꺼이 프랑스에 넘겼다. 벨기에의 왈로니아 지역처럼 한때 자체 언어를 가졌지만 점점 프랑스어를 사용하게 된 지역이 프랑스 일부가 되지 말아야 할 분명한 이유는 없다. 이 지역은 과거 프랑스의 일부였으며, 그 북쪽의 네덜란드어권 지역 역시 마찬가지였다. 그리고 나폴레옹 제국이 병합한 추가 영토 대부분은 로타링기아의 일부였던 곳들이었으며, 프랑스가 이 지역을 프랑스의 정당한 영토로 간주했던 이유 중 하나도 여기에 있었다. 만약 이 지역들이 정치적으로 프랑스 일부로 남아 있었다면, 민족주의가 결국 승리하여 다시 분리되었을 수도 있다. 혹은 그 지역의 사람들이 그 코르시카 출신 소년이 했던 것처럼 프랑스어를 배우고 프랑스 문화를 받아들였을 수도 있다.

혹은 그렇지 않았을 수도 있다. 일부 정복된 지역에서는 이미 독자적인 민족 정체성이 너무나 확고했을 수도 있으며, 너무 커진 프랑스는 오늘날 우리가 알고 있는 국가를 형성하는 데 필요한 국민 통합 과정을 수행할 수 없었을 수도 있다. 설령 일곱 차례의 대프랑스 동맹이 모두 실패했다 하더라도, 영국이 자금을 마련해 여덟, 아홉, 혹은 열 번째 동맹을 결성하여 결국 성공했을지도 모른다.

어쨌든 그럴 필요는 없었다. 나폴레옹은 1814년 6차 대프랑스 동맹에 의해 엘바섬으로 유배되었다. 그가 탈출하여 돌아왔을 때, 동맹국들은 7차 연합을 결성하여 다시 그를 패배시켰으며, 이번에는 워털루 전투에서 결정적인 패배를 안겼다. 이후 빈 회의에서 합의된 평화 조약은 프랑스 국경을 혁명 이전으로 되돌렸다. 이를 유지하기 위해 러시아, 프로이센, 오스트리아, 영국과 같은 강대국은 더 큰 네덜란드를 창설했지만, 이는 불과 15년 만에 벨기에의 독립 혁명으로 분리되었다. 또한 라인강 유역의 석탄이 풍부한 영토를 프로이센에 할당했는데, 이 결정은 결국 100년 후 유럽의 지도를 뒤흔들 주체가 프랑스가 아니라 독일이 되도록 만드는 계기가 되었다.

그럼에도 다른 가능성을 상상해보지 않을 수 없다. 만약 나폴레옹이 패배하지 않았다면 만약 그의 유럽 지도 개편과 수많은 미니 국가와 공국들을 합리적인 크기의 현대 국가로 대체하려던 시도가 성공했다면, 오늘날의 프랑스는 과연 얼마나 커졌을까? 그리고 그곳에는 여전히 '로마'라는 이름의 데파르트망이 존재하고 있을까? ○

14
미국의 멕시코 침공

포크 대통령의 야심이 불타오르다

트럼프 장벽에 대해 가장 먼저 말해야 할 점은 사실 그것이 장벽이 아니라는 것이다. 좀 더 정확히 표현하자면 '일부 울타리'에 가깝다. 도널드 트럼프가 2015년 초 선거 유세에서 처음으로 언급하며 지지자들의 열광적인 "장벽을 세워라!"라는 외침을 이끌어낸 미국-멕시코 국경에 물리적 장벽을 설치하겠다는 계획과 관련된 논의는 대부분 그가 전적으로 조작한 "멕시코가 비용을 부담할 것"이라는 주장과 이 장벽이 낭비인지 여부, 그리고 세계 최대 강대국이 남쪽의 가난한 이웃 국가와의 경계를 따라 물리적 장벽을 세우고 그 위에 남쪽을 향한 뾰족한 창을 설치하는 것이 근본적으로 촌스럽지는 않은지에 대한 문제에 집중되었다. 그러나 이 논의에서 상대적으로 덜 주목받은 점은 이 장벽이 대체로 실제로 존재하지 않았다는 사실이다.

그러나 이것이 현실이다. 미국-멕시코 국경은 약 3,000킬로미터에 이르며, 그중 절반가량은 자연적 장벽인 리오그란데강으로 이루어져 있다. 나머지 지역 중 700여 킬로미터에는 높이 10미터에 이르는 금속 울타리가 세워져 있으며, 그중 기존에 장벽이 없었던 구역은 80킬로미터가 채 되지 않는다. 이를 감안하면 여전히 상당히 많은 국경 구역이 울타리 없이 남아 있으며, 그중 일부는 통과하기 어려운 지역이라 해도 완벽히 차단된 것은 아니다.

게다가 전직 대통령이 이 장벽을 "사실상 난공불락"이라고 묘사했지만, 이는 "어느 철물점에서든 구입할 수 있는 전동 공구가 없다면"이라는 전제가 생략된 표현이었다. 그런데 국경을 넘어 사람들을 밀입국시키는 이들이 바로 그런 공구를 갖추고 있는 경우가 많았다. 심지어 장벽을 건설하는 인부들이 종종 멕시코 무장 경비대를 몰래 국경 너머로 데려와 자신들의 작업을 보호하도록 했으며, 이를 돕기 위해 불법적인 흙길까지 만들기도 했다. 결국 이러한 행태는 다른 밀수업자들에게도 국경을 넘기가 더 쉬운 환경을 제공해주었다. 이 모든 것이 완벽하게 잘못된 방향으로 진행된 것이다.

그러나 이 장벽에 관한 논쟁에서 간과된 또 다른 중요한 점이 있다. 설령 국경을 넘는 데 성공했다고 해도 그들이 도착한 땅은 한때 멕시코의 일부였다는 사실이다. 이 땅은 미국이 전쟁에서 승리한 후부터 멕시코의 영토가 아니게 되었으며, 그 과정은 쉽게 말하기 어렵지만 제국주의적 확장이었다고 볼 수밖에 없다.

오늘날 미국 서부의 많은 지역은 한때 누에바 에스파냐Nueva España, 즉 에스파냐 제국의 식민지였다. 이 거대한 영토는 전성기 때 멕시코 전체, 중앙아메리카 대부분, 북아메리카의 광대한 지역, 남아메리카 북부 일부, 그리고 가장 당황스러운 사례로 태평양 건너 1만 3,000

킬로미터 떨어진 필리핀까지 포함하고 있었다. 그러나 19세기 초, 이제 막 독립한 미국은 서쪽으로 확장하며 프랑스 영토였던 지역을 손에 넣었는데, 이는 나폴레옹이 현금을 필요로 했기 때문에 이루어진 거래(소위 루이지애나 매입)였다. 그 결과 에스파냐는 동쪽 국경에 갑자기 확장주의적 성향의 새로운 이웃을 맞이하게 되었고, 그 국경선조차 제대로 확정되지 않은 상태였다.

이 국경은 결국 1819년 애덤스오니스조약에서 확정되었다. 미국은 플로리다를 차지하는 대신, 텍사스에 대한 모든 권리를 포기하기로 합의했는데, 이는 에스파냐가 미국의 미시시피강 주요 항구인 뉴올리언스 근처까지 위협적으로 다가오는 상황을 감수해야 함을 의미했다. 이 조약은 2년 후 발효되었지만, 최소한 애덤스와 오니스 양측에게는 불쾌한 일이었을 것이 분명한 한 가지 문제가 있었다. 조약은 겨우 183일 동안만 유효했다.

1821년까지 멕시코인들은 북쪽 이웃 국가인 미국이 했던 것처럼, 유럽 제국의 지배를 벗어나기 위한 전쟁을 11년 동안 벌이고 있었다. 그리고 8월 24일, 지역 에스파냐군 관계자들은 멕시코 독립이 더 이상 되돌릴 수 없는 현실이라는 사실을 인정했다. 이것으로 북아메리카에서의 에스파냐 권력은 사실상 종식되었다. 그리고 이후 몇 년 동안, 아무도 국경이 정확히 어디인지 알지 못하게 되었다.

1828년 갓 탄생한 멕시코 공화국은 미국과 함께 지루한 이름의 국경 조약Treaty of Limits을 체결했다. 그 조약은 국경이 어디에 있는지를 명확히 했는데, 사실상 이전 조약에서 규정한 것과 일치하는 곳이었다. 오늘날의 캘리포니아, 네바다, 유타, 애리조나, 뉴멕시코, 텍사스,

그리고 와이오밍, 콜로라도, 오클라호마의 일부 지역이 모두 영구적으로 멕시코 영토로 정해졌다.

문제는 19세기의 미국이 명백한 운명Manifest Destiny이라는 다소 기이한 사상을 가지고 있었다는 점이었다. 즉, 미국이 대륙 전역으로 확장하는 것이 신이 부여한 권리라는 믿음이었다. 그리고 멕시코 북부는 그 확장의 길을 가로막고 있었다.

가장 시급한 문제는 텍사스였다. 1832년 국경 조약이 발효될 즈음, 북유럽계 미국인들은 이미 10년 가까이 대거 텍사스로 이주하고 있었다. 이는 1819년 금융 공황 이후 지속된 경제 불황 때문이었다. 많은 이들이 멕시코의 토지 정책에 끌렸고, 상당수는 노예제에 대한 강한 열의를 지니고 있었다. 이는 두 공화국 중 젊은 쪽(멕시코)에는 문제가 되었다. 멕시코 역시 자체적으로 "노예제는 나쁘다"는 기조가 있었고, 1829년에 이를 공식적으로 폐지한 후, 미국인의 추가 이주를 금지하려 시도했다. 그러나 새로 정착한 텍사스 주민들은 이에 동의하지 않았다. 그래서 그들은 장기 노동 계약이라는 제도를 만들어 냈는데, 이는 실제 노예제와 매우 유사한 방식이었다. 이후 몇 년 동안, 점점 위기를 느낀 멕시코 정부는 이 지역에서 군사적 개입을 강화했다. 한편 텍사스 주민들은 몇 차례 집회를 열었고, 결국 혁명을 일으켜 독립 공화국을 선포한 후 의회를 구성했다.

멕시코인들은 이 모든 상황을 전혀 달가워하지 않았다. 그들은 특히 미국이 새로 탄생한 공화국의 독립을 인정했을 때 더욱 불쾌해했는데, 여전히 텍사스는 멕시코의 불가분한 영토라고 주장하고 있었기 때문이다. 그리고 1844년 미국 대통령 선거에서 떠오른 쟁점이

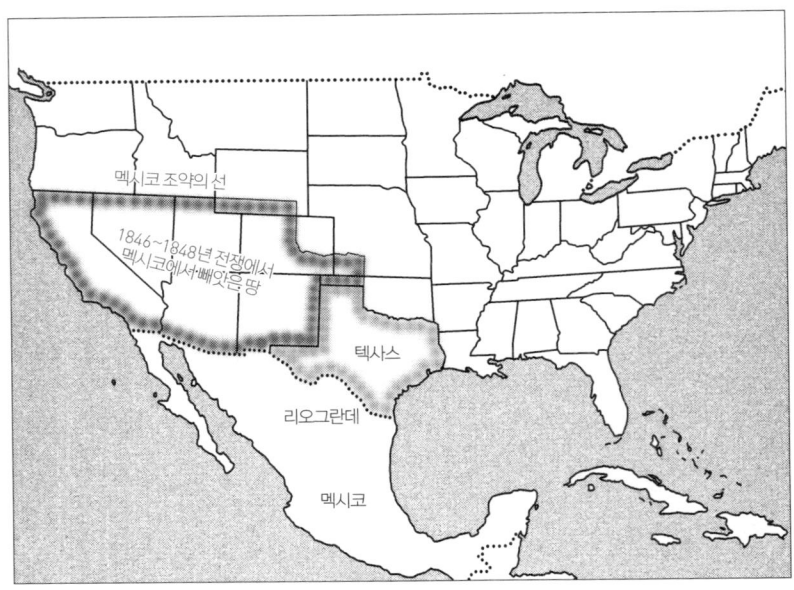

1846~1848년 미국-멕시코 전쟁을 통한 영토 변화를 현대 미국 지도에 중첩시켰다. 이 전쟁에서 미국은 거의 여섯 개 주에 달하는 영토를 점령했다.

"그래서 우리는 텍사스를 합병할 것인가? 말 것인가?"였고, 합병을 지지하던 제임스 K. 포크는 대통령으로 당선되자마자 텍사스를 합병했다. 당연히 멕시코는 격노했다. 양측은 분쟁 지역에 군대를 배치했으며, 미국 대통령은 전쟁을 원했지만, 이를 실행하려면 의회의 승인이 필요했다. 이듬해 멕시코군이 미국군을 공격하자 포크는 바라던 전쟁을 벌일 수 있는 명분을 얻게 되었다.

21세기 기준으로 미국과 멕시코 간의 군사 충돌은 일방적인 결과로 끝날 것이라 예상되지만, 1840년대에는 어느 쪽이 강대국이 될 것인지 아직 불확실한 상태였다. 두 나라는 모두 유럽 식민 지배를 벗어난 독립 국가였으며, 미국이 더 크고 부유했지만, 그 격차는 압도적이

지 않았다. 또한 미국이 전쟁을 벌였던 적들은 대부분 영국, 원주민 부족, 혹은 해적들이었으며, 이번 전쟁은 미국이 처음으로 이들과는 다른 상대와 싸우는 전쟁이었다. 게다가 멕시코와 달리 미국 내부에서는 텍사스 문제를 둘러싸고 심각한 분열이 있었다. 모든 미국인이 또 하나의 노예주를 연방에 포함하는 것을 원했던 것은 아니었으며, 이 문제는 불과 15년 후 엄청난 규모로 폭발하게 된다. 이러한 이유로 일명 '눈물의 길'이라 불리는 아메리카 원주민 강제 이주를 강행했던 냉혹한 성품으로 악명 높았던 앤드루 잭슨을 포함한 일부 대통령들은 텍사스 합병이 불가피하게 전쟁으로 이어질 것이며, 그 전쟁에서 미국이 패배할 가능성을 우려해 합병 요청을 거부해왔다.

그러나 전쟁이 시작되자 미국 지도부는 대체로 일관된 태도를 유지한 반면, 멕시코는 "미국을 격퇴해야 한다."라는 데는 동의했지만, 그 외의 문제에서는 심각하게 분열되어 있었다. 21개월간의 전쟁 동안 멕시코는 최소 네 번, 많게는 11번 대통령이 바뀌었는데, 이는 나라가 얼마나 불안정했는지를 단적으로 보여주는 예다. 1848년 2월, 전쟁이 끝날 무렵 멕시코의 전사자는 미국의 다섯 배에 달했고, 이에 멕시코는 광대한 영토를 넘겨야만 했다. 이 사건은 역사 기록에서는 다소 완곡하게 '멕시코 할양지'라는 이름으로 불린다.

그 결과 오늘날 약 6,000만 명의 미국인이 군사력으로 멕시코에서 정복한 땅에서 살고 있다. 한때는 미국인들이 경제적 기회를 찾아 멕시코로 건너갔지만, 이제 미국은 멕시코인들이 같은 이유로 국경을 넘는 것을 막기 위해 장벽을 세우고 있다. 물론 이 장벽은 그 목적을 달성하지 못했지만 여전히 존재한다. ○

15
슐레스비히홀슈타인 문제

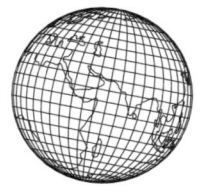

덴마크-독일 접경지대에 두려움과 증오가 만연하다

"슐레스비히홀슈타인 문제를 진정으로 이해한 사람은 역사상 세 명뿐이었다." 영국 총리를 지낸 파머스턴 경은 이렇게 말했다고 전해진다. "한 명은 고인이 된 프린스 컨소트, 또 한 명은 미쳐버린 독일 교수, 그리고 마지막으로 나인데, 나는 그걸 다 잊어버렸다."

때때로 나는 파머스턴 경이 자신의 중요성을 과시하려 한 것은 아닐까 생각한다. 슐레스비히홀슈타인 문제는 복잡하고 혼란스러운 사안이다. 봉건주의, 민족주의, 자유주의, 분열된 인구, 대표적인 게르만 부족법인 살리카법전까지 얽혀 있기 때문이다. 그러나 이것이 결코 이해할 수 없을 정도로 난해한 문제는 아니다. 19세기 대영제국의 외교를 주도한 인물이 이 문제를 '불가해한 사안'으로 만들려 한 것은 자신의 전문성을 더 어려운 것으로 보이게 하고, 동시에 자신을 더 뛰어난 인물로 보이게 하려는 의도가 있었던 것인지도 모른다.

슐레스비히와 홀슈타인은 유틀란트반도 남부를 구성하는 두 개의 지역이다. 유틀란트를 엄지손가락처럼 생각해본다면, 슐레스비히홀슈타인은 그 아래쪽 마디에 해당한다. 이 지역이 덴마크 영토여야 하는가, 아니면 독일 영토여야 하는가의 문제가 수십 년간 북유럽 정치의 핵심적인 난제로 떠올랐다.

　이 두 지역은 역사적으로 덴마크와 독일 사이를 오갔다. 바이킹 시대에 슐레스비히는 덴마크의 일부였지만, 당시 덴마크에 속했던

유틀란트반도의 슐레스비히홀슈타인.

지역은 이곳뿐만이 아니었다. 이후 중세 후반기에 이르러 슐레스비히는 공작령이 되었는데, 덴마크 왕국과 연결되어 있으면서도 불편할 정도로 독립적인 지위를 유지했다. 반면 홀슈타인은 신성로마제국의 봉토로, 덴마크에 속하지는 않았다.

문제를 더 복잡하게 만든 것은 봉건 시대의 영토 이동이 거듭된 끝에 두 지역이 같은 가문의 손에 들어갔다는 점이다. 그리고 몇 세대 후 그 가문이 단절되었다. 그 결과 1460년, 두 지역은 덴마크 국왕 크리스티안 1세의 소유가 되었다. 그러나 이는 단순한 개인 연합일 뿐, 통합이 아니었다. 쉽게 말해 '다른 영토, 같은 국왕'이라는 개념이었다. 덴마크가 남쪽 이웃들을 단순히 병합하지 못하게 만드는 몇 가지 요인이 존재했다.

첫째, 홀슈타인은 여전히 신성로마제국의 봉토였다. 신성로마제국은 이후 수 세기 동안 점점 더 무력한 존재가 되어갔지만, 1460년 당시만 해도 섣불리 전쟁을 벌이고 싶지 않은 강력한 세력이었다. 둘째, 홀슈타인 주민 전원과 슐레스비히 주민 일부는 덴마크어가 아닌 독일어를 사용했다. 15세기 당시에는 이 문제가 크게 부각되지 않았지만, 훗날 매우 중요한 갈등 요인으로 작용하게 된다.

그러나 장기적으로 가장 중요한 문제는 크리스티안 1세가 즉위할 때 체결한 리베 조약이었다. 이 조약에 따르면 크리스티안 1세는 슐레스비히 공작이자 홀슈타인 백작으로 군림할 것이지만, 두 지역의 정치적·경제적 이해관계를 보호하기 위해 두 지역은 "영원히 분리되지 않는다."라는 원칙을 유지해야 했다. 더 중요한 것은 이 조약이 독일어로 작성됐다는 점이다.

이러한 상황, 즉 홀슈타인은 기본적으로 독일 지역, 슐레스비히는 미온적인 덴마크 지역, 그러나 두 지역 모두 덴마크 국왕의 불가분한 영토라는 사실은 놀랍게도 오랫동안 유지됐다. 근대 초기 유럽에서는 영토 경계와 통치자가 반드시 민족 정체성과 일치해야 한다는 기대가 크지 않았다. 그러나 19세기에 두 가지 중요한 변화가 일어났다.

첫째, 나폴레옹이 유럽 전역을 휩쓸며 지도를 다시 그렸고, 그 결과 신성로마제국이 사라지고 보다 합리적인 형태의 독일연방이 등장했다. 둘째, 몇십 년 후 민족주의가 갑자기 유행하기 시작하면서 사람들은 자신의 언어나 민족이 동일한 국가에서 살기를 원하게 되었다.

이로 인해 기존의 균형이 깨졌다. 슐레스비히홀슈타인의 독일어권 다수 주민은 두 지역이 계속 함께 유지되며 독일연방의 일부가 되기를 원했다. 반면 덴마크인들은, 슐레스비히뿐만 아니라 덴마크 본토에서도 두 지역을 분리하길 원했다. 이는 상당한 수의 불만을 품은 독일인을 떠안아야 한다는 의미였지만, 덴마크 측은 이를 감수할 의향이 있었다. 1840년대에 이르러 덴마크의 국민자유당은, 전통적으로 두 지역의 경계가 되는 강을 언급한 새로운 구호를 내걸고 선전하기 시작했다. "덴마크는 아이더강까지!"

1848년, 많은 문제가 그러하듯 이 문제도 결국 정점에 이르렀다. 독일계 주민 다수가 주도한 반란이 프로이센의 침공을 초래했고, 이는 다시 3년간의 전쟁으로 이어졌다. 이 전쟁에서는 덴마크가 승리했다. 하지만 당시 유럽 열강들의 압력으로 체결된 1852년 런던 의정서에서 논란이 된 두 영토는 덴마크의 일부로 남되, 덴마크는 슐레스비히를 홀슈타인보다 더 긴밀하게 자국에 통합하려는 어떠한 시도도 하지 않기로 합의해야 했다. 그러나 이 경우 '절대 하지 않는다'는 말은 '향후 11년 동안만 하지 않는다'는 의미였다.

1863년 덴마크를 400년 이상 통치해온 올덴부르크 왕가의 마지막 남성 후계자인 프레데리크 7세가 사망하며, 오랫동안 예견되어온 왕위 계승 위기가 마침내 현실화되었다. 덴마크와 슐레스비히는 모두 17세기에 정해진 복잡한 계승 규칙을 따랐는데, 이는 남성 계보가 단절될 경우, 가장 가까운 여성 후계자와 그 남성 후손에게 왕위가 넘어간다는 것이었다. 이에 따라 왕위는 고인이 된 국왕의 육촌 형제에게 넘어갔다. 그는 크리스티안 9세로 즉위하며 글뤽스부르크 왕가의 첫 번째 국왕이 되었다.

이 과정에서 유일한 문제는 홀슈타인이 훨씬 단순한 방식으로 살리카법전을 적용하고 있다는 점이었다. 즉, "여성 후계자는 절대 안 된다"는 원칙이었다. 이 규칙에 따르면, 크리스티안 9세는 홀슈타인에 대한 어떠한 계승권도 가질 수 없었다. 이에 따라 프레데리크라는 다른 계승권자가 홀슈타인의 왕위를 주장했고, 이어서 슐레스비히까지 자신의 영토라고 주장했다. 그는 리베 조약부터 최근의 조약들까지 모든 협약이 두 지역을 단일한 영토로 간주해왔다는 점을 근거로 내세웠다. 이에 당황한 코펜하겐 정부는 슐레스비히를 덴마크의 완전한 일부로 편입하는 헌법 개정을 강행했다.

이것은 단 11년 전 체결된 런던 의정서를 정면으로 위반하는 조치였으며, 프로이센이 다시 침공할 구실을 제공하는 결과가 되었다.

두 번째 슐레스비히 전쟁은 덴마크에 그리 좋은 결과를 가져오지 않았다. 철혈 재상 비스마르크가 이끄는 프로이센군은 오스트리아의 지원을 받아 단 9개월 만에 덴마크를 패배시켰다. 덴마크는 오랫동안 지켜왔던 공국들을 오스트리아-프로이센 공동 통치령으로 넘길 수밖에 없었으며, 이는 다시 2년 후 또 다른 전쟁을 거쳐 결국 프로이센의 직접 통치하에 놓이게 되었다. 덴마크 국적을 유지하고 싶었던 주민들에게는 6년의 이주 유예 기간이 주어졌다.

이 모든 과정은 두 나라가 역사 속에서 얼마나 다른 길을 걷고 있었는지를 상징적으로 보여준다. 덴마크는 8세기 전인 11세기 초에 가장 강력한 전성기를 맞이했으며, 당시 국왕 크누트는 잉글랜드와 노르웨이까지 아우르는 제국을 통치하고 있었다. 또한 중세에는 오늘날 스웨덴 남부와 독일 북부도 덴마크 영토의 일부였다.

그러나 유럽의 현대 국가들 가운데 비교적 이례적으로 덴마크는 지난 천 년 동안 점진적으로 영토를 축소해왔다. 11세기에 제국을 상실했고, 14세기에 뤼겐을 잃었으며, 17세기에는 스코넬란드를 상실했다. 그리고 마침내 슐레스비히홀슈타인, 덴마크 영토의 약 4분의 1에 해당하는 지역을 잃음으로써, 한때 강대국이었던 덴마크는 오늘날 우리가 알고 있는 작지만 평온한 나라로 변모하게 되었다.

반면 슐레스비히홀슈타인 문제가 처음 불거졌을 때 독일은 존재하지도 않았다. 독일연방은 39개의 개별 주들이 느슨하게 묶인 연합체에 불과했다. 그러나 비스마르크가 이끄는 프로이센은 먼저 덴마크를, 그다음 오스트리아를 무너뜨린 후, 1870년 서쪽으로 진군하여 진정한 적인 프랑스를 패배시켰다. 1871년 1월 18일, 베르사유궁전에서 새로운 독일제국이 선포되었다. 덴마크와의 전쟁은 유럽에서 가장 강력한 국가가 될 독일을 만드는 첫걸음이었다.

그러나 이것이 슐레스비히홀슈타인 문제의 완전한 종결을 의미하는 것은 아니었다. 1866년 프로이센과 오스트리아 간의 7주 전쟁을 마무리한 프라하조약은 슐레스비히 북부 지역 주민 대다수가 원한다면 덴마크로 복귀할 권리를 가진다고 명시했다. 1878년 양측은 이 조항을 철회하기로 합의했다. 그리고 실제로 주민들의 의사를 묻는 절차가 이루어진 것은 1차 세계대전에서 독일과 오스트리아 모두 패배하여 두 제국이 붕괴한 이후였다. 주민투표 결과 슐레스비히 최북단 3분의 1 지역은 압도적으로 덴마크 복귀를 선택했고, 중부 지역은 압도적으로 독일에 남기를 원했다(최남단 3분의 1 지역은 독일 문화가 강해서 투표조차 필요하지 않았다).

이렇게 하여 덴마크-독일 국경은 마침내 확정됐다. 이후 몇십 년 동안, 국경의 반대편에 갇힌 덴마크계 농부들은 덴마크 국기를 게양할 수 없다는 사실에 항의하며 독특한 방식으로 저항했다. 그들은 몸통 중앙에 덴마크 국기를 연상시키는 흰 줄무늬가 들어간 붉은색의 '항의 돼지protest pigs'를 사육하기 시작한 것이다. 그러나 대체로 70년 동안 간헐적으로 이어진 분쟁 끝에 북부 전선은 마침내 조용해졌다.

파머스턴 경에 관해서는, 그가 슐레스비히홀슈타인 문제를 유독 어렵고 복잡한 사안으로 강조한 것에 또 다른 이유가 있었을지도 모른다. 1864년 그는 프로이센이 무력을 사용할 경우 "덴마크가 단독으로 싸워야 할 일은 없을 것이다."라고 약속한 바 있다. 그러나 실제로 덴마크는 철저히 고립된 채 전쟁을 치러야 했다. 영국이 보내온 지원 약속은 덴마크가 협상이 아닌 전쟁을 선택하도록 부추겼고, 이후 영국이 물러서자 프로이센 군국주의에 반대했던 친영파 독일 자유주의자들의 입지는 더욱 약화되었다.

어쩌면 파머스턴 경은 단순히 자신을 더 똑똑해 보이게 만들기 위해 이 문제를 복잡하게 보이려 한 것이 아닐지도 모른다. 어쩌면 그는 자신이 저지른 상당한 실수를 사람들이 너무 깊이 들여다보지 않도록 하려 했던 것일지도 모른다. ○

16
그 어떤 백인도 밟은 적 없는 곳

무책임한 국경선에 생명을 빼앗기다

19세기를 뒤흔든 변화는 다음 세 가지 요소에서 비롯됐다. 첫째, 말라리아 치료제 키니네의 발견은 유럽인들이 열대 지역에 쉽게 발을 들이게 했다. 둘째, 산업혁명이 증기선, 철도, 총기를 가져왔는데, 이는 사람들을 내륙으로 이동시키고, 값비싼 자원을 외부로 반출하며, 이에 반대하는 현지인을 통제하는 것이 훨씬 쉬워졌음을 의미했다. 셋째, 벨기에 국왕이 등장했는데, 그는 제국을 손에 넣겠다는 강한 결의로, 지도 한가운데 비어 있는 듯 보이는 매력적인 지역을 노렸다.

스탠리는 거의 5년에 걸쳐 콩고 분지를 탐험하며 조약을 체결했는데, 이는 유럽 사치품의 하찮은 양과 맞바꾸어 광대한 영토를 넘겨받는 것이었다. 이 조약들은 그 내용을 읽을 수도 없는 지역민들과 맺어졌다. 한 사례로, 응곰비 부족과 마펠라 부족의 추장들은 국제아프리카협회에 정치적 통제권, 군사적 지원, 어업, 벌목, 광업, 수렵에 대한 전권을 제공하기로 했다. 그 대가로 그들은 유럽인들이 "최대한의 번영을 촉진할 것"이라는 약속과 함께 한 달에 한 조각의 천을 받았다. 적어도 각자 한 장씩 받기는 했지만, 이는 유럽 식민주의의 기준으로 봐도 심히 비열한 행위였다.

물론 이러한 일들은 레오폴드 2세에게 전혀 개의치 않는 것이었다. 그가 더 신경을 쓴 것은 다른 유럽 열강들이 콩고 분지로 몰려들면서 발생한 소위 '망아지의 외양간 지키기' 원칙에 따른 충돌이었다. 1881년 프랑스는 이에 합류하여 이탈리아 출신 탐험가 피에르 사보르냥 드 브라자를 파견했다. 그는 현지인들의 호감을 사며 깊숙이 내륙을 탐험한 후, 강 오른쪽 둑에 한 도시를 건설하고 이를 자신의 이름을 따 '브라자빌'이라고 명명했다.

이러한 상황은 다른 열강들을 불안하게 만들었고, 이에 포르투갈은 남쪽에 위치한 콩고 왕국에 대한 자국의 권리를 다시 주장하고 나섰다. 이들은 오래전에 효력을 상실한 토르데시야스조약과 좀 더 최근의 현지 정치 개입을 근거로 내세웠다. 그러나 이것만으로는 설득력이 부족했기에, 그들은 영국에 도움을 요청하며 자신들이 차지하지 않으면 프랑스가 차지할 것이라고 암시했다. 또한 영국의 지원을 받으면 다른 국가들이 대서양에 접근하는 것을 방해할 수도 있음을 시사했다.

한편 레오폴드는 프랑스가 자신의 허술한 영유권 주장을 지지하도록 설득했다. 만약 사태가 악화되면 프랑스가 우선적으로 그의 영토를 차지할 수 있다는 약속을 내세운 것이다. 다른 열강들은 프랑스가 해당 지역을 차지하는 것을 원치 않았기에 결과적으로 레오폴드의 주장을 지지하기 시작했다. 전반적으로 사태는 빠르게 혼란스러워졌으며, 여전히 아무도 현지인들의 의견을 묻지 않았다.

이 혼란 속에서 한 인물이 등장했는데, 그는 지도 다시 그리기에 상당한 경험이 있는 인물이었다. 독일제국 수상인 비스마르크는 아프리카 자체에는 별다른 관심이 없었지만(비록 독일의 신흥 산업가들은 다르게 생각했겠지만), 유럽 내 세력 균형에는 큰 관심을 가졌다. 그는 유럽 지도자들 앞에서 위세를 떨칠 기회를 놓칠 사람이 아니었다.

지난 70년간 유럽의 상대적 평화는 1814년 9월부터 다음 해 6월까지 열린 거대한 전후 평화 회담, 즉 빈회의의 공로였다. 프랑스혁명과 나폴레옹 전쟁 후의 사태를 수습하기 위해 유럽 각국의 수뇌부가 참석한 이 회의에서 비스마르크는 자신과 독일제국의 외교적 입지를 공고히 할 수 있다고 판단했다.

그리하여 포르투갈이 정상 회담을 요청하자, 비스마르크는 12개국 대표단을 베를린으로 초청해 이 혼란을 정리하려 했다. 1차적으로 보면 '모두'가 참석했다. 단, 참석자는 오직 백인이었다.

몇 달 동안 거대한 아프리카 지도 아래에서 고된 논의를 거친 끝에, 참석한 열강 대부분은 '일반 법령'에 합의했다. 공식적으로나마 노예제는 폐지됐으며, 무장한 유럽 군대들이 서로 충돌하는 것을 방지하기 위해 세력권이 설정됐다(이 부분은 적어도 성공적이었다. 유럽은 이후 30년 동안 전쟁으로 폭발하지 않았다). 식민주의로 인한 경제적 이익을 극대화하기 위해 콩고 분지에서의 자유무역이 보장됐으며, 콩고강과 니제르강은 선박 교통에 개방되었다.

그러나 가장 해로운 결정은 '실효적 점령' 원칙의 수립이었다. 이제부터 영토에 대한 외국 세력의 주장이 유효하기 위해서는 해당 영토를 실제로 점령하고 있어야 했으며, 이는 군사적 또는 경찰적 통제를 통해 이루어져야 했다. 하지만 그 점령이 해당 국가에 많은 의무를 요구하지는 않았다. 이미 여러 영토를 주장하고 있던 영국과 프랑스 같은 열강은, 이 땅을 유지하기 위해 현지 주민들을 위해 더 많은 일을 해야 한다는 개념 자체를 거부했다. 결과적으로 베를린회의는 책임 없는 식민 통치의 국제적으로 승인된 체제를 수립했다. 이제 아프리카는 유럽인들이 나누어 가질 수 있는 대륙이 되었으며 의심스러울 정도로 직선적인 국경선이 그어지고 그들이 원하는 자원을 반출할 수 있는 공간이 되었을 뿐이다. 그러나 이 모든 과정에서 아프리카인들이 어떤 역할을 하는지는 중요하게 고려되지 않았다.

1885년 2월 27일 회의가 끝난 바로 다음 날, 비스마르크는 독일식민화협회와 협약을 체결하여 아프리카의 대호수 지역에 독일 보호령을 설립하도록 허가했다. 이후 다른 국가들도 뒤따랐다. 10년 안에 이탈리아는 에리트레아와 소말릴란드에 진출했고, 프랑스는 서아프리카와 사헬 지역의 상당 부분을 점령했으며, 영국은 나이지리아와 동아프리카의 상당 부분을 차지한 뒤 남아프리카의 케이프 식민지에서 북쪽으로 확장해나가기 시작했다.

1890년 영국 총리 솔즈베리 경은 아마도 식민주의와 국경 설정에 대해 가장 유명한 연설을 남겼는데, 이는 서문에서 인용했던 것이지만 다시 한번 되새길 가치가 있다. 그는 이렇게 말했다. "우리는 지도 위에 선을 긋고 있었습니다. 그 어떤 백인도 발을 디뎌본 적 없는 곳에 말이죠. 우리는 서로에게 산과 강과 호수를 나누어주었지만, 단 하나의 작은 문제에 부딪혔습니다. 우리가 나눈 산과 강과 호수가 정확히

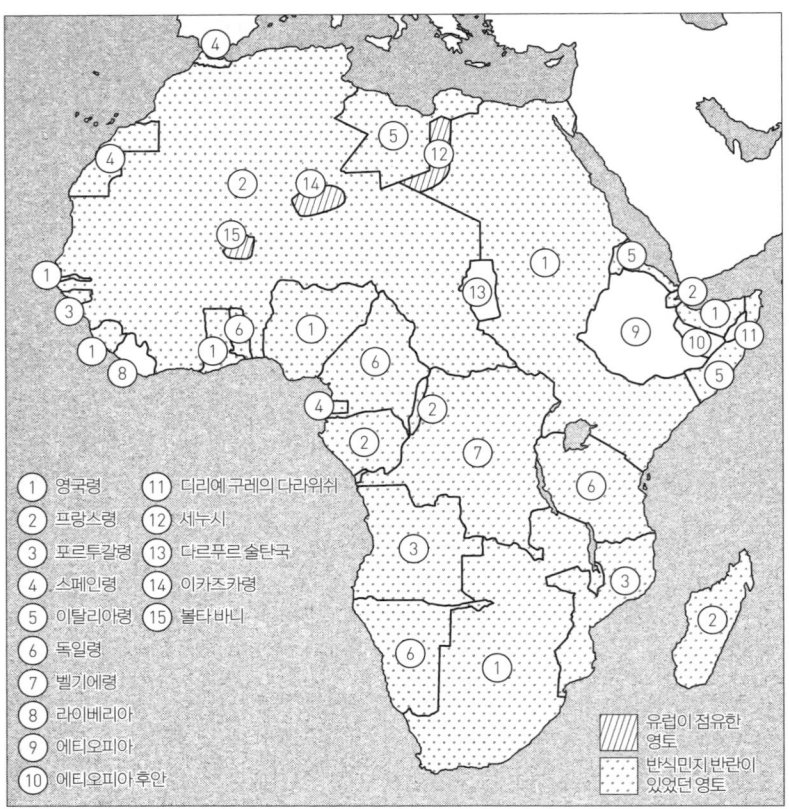

아프리카 쟁탈전의 결과. 1913년에는 아프리카 대륙의 대부분을 소수의 유럽 열강이 지배하고 있었다. 그 여파로 곳곳에서 반란이 끊이지 않았다.

어디에 있는지 몰랐다는 것입니다." 이는 후대에 들어서야 비로소 잔혹한 행위로 여겨지는 역사의 한 부분이 아니라, 당시에도 관련자들이 자신들이 무엇을 하고 있는지 정확히 알고 있던 일이었다.

베를린회의는 또 다른 즉각적인 결과를 낳았는데, 바로 레오폴드가 원하는 것을 손에 넣었다는 점이다. 벨기에는 여전히 제국을 보유하지 못했지만, 레오폴드 자신은 이제 국제적으로 승인된 주권자로서 자신의 작은 왕국보다 79배나 넓은 영토를 차지하게 되었다. 이후 이 지역은 '콩고 자유국'이라 불리게 되었다. 이 명칭은 일종의 오역으로, 좀 더 정확한 표현은 '독립 국가 콩고'이며, 이는 어떤 제국의 속국이 아니라는 뜻이었다. 그러나 이 명칭이 정착한 이유는 해당 지역이 관세가 면제되었고, 외국 자본이 원하는 대로 활용할 수 있는 '자유로운' 공간이었기 때문이었다. 그러나 이 이름은 끔찍할 정도로 아이러니했다. 왜냐하면 자본이 콩고인들에게 원한 것은 그들을 강제 노동에 동원하여 고무, 팜유, 상아를 착취하는 것이었기 때문이다.

레오폴드의 관리들은 현지인을 구타하거나 그들의 가족을 납치하여 노동을 강요했다. 유럽인 장교들이 지휘하는 아프리카인 사병들로 구성된 그의 사설 군대 '공공군'은 반란을 진압하기 위해 가족들을 학살하고 마을을 불태우는 것은 물론, 경고의 의미로 어린아이들의 손을 절단하는 것조차 서슴지 않았다. 이렇게 해서 불과 20여 년 만에 이 지역의 인구는 60퍼센트나 감소했다.

심지어 제국주의가 절정에 달했던 시대에도, 이것은 도를 넘은 일이었다. 영국 작가 조지프 콘래드는 소설 《어둠의 심연》을 통해 콩고 자유국에서 자행되는 잔혹한 일들을 세상에 알렸으며, 영국을 비롯한 여러 나라 지식인들은 '콩고개혁협회'를 결성하여 이 지역을 레오폴드의 땀에 젖은 손아귀에서 벗어나 좀 더 책임 있는 유럽 식민 정부의 통제 아래 두는 것을 목표로 삼았다. 결국 1908년, 이 지역은 국왕의 개인 소유에서 벗어나 벨기에 식민지가 되었고, 1960년에는 독립을 이루었다. 오늘날, 한때 콩고 자유국이었던 곳은 또 다른 불편한 아이러니를 담은 이름을 가지고 있다. 바로 '콩고민주공화국'이다.

오늘날 아프리카 이 지역을 자주 휩쓰는 전쟁의 원인은 부분적으로 1880년대 유럽 지도자들의 행동에서 찾을 수 있을 것이다. 1959년 미국의 인류학자 조지 P. 머독은 베를린회의 직전, 아프리카 내부의 민족 경계를 지도화하려 했다. 그 결과, 유럽 열강이 상상했던 것보다 훨씬 더 복잡한 지도가 탄생했다. 일부 지역(나이지리아, 수단, 콩고 분지)은 수십 개의 작은 조각으로 쪼개졌다. 그 과정에서 어떤 민족들은 역사적으로 적대적이었던 다른 민족들과 같은 나라에 묶이게 되었고, 또 어떤 민족들은 베를린에서 그어진 국경선에 의해 고향이 둘로 갈라지는 처지가 되었다.

반세기 후, 런던 경제정책연구센터의 연구자 두 명이 현대의 국가 경계를 머독의 지도 위에 겹쳐 놓고 그 영향을 정량화하려 했다. 연구 결과에 따르면 "민족이 국경에 의해 분리된 지역에서는 민족이 나뉘지 않은 지역과 비교하여, 민간 분쟁의 강도가 사망자 수와 지속 기간을 기준으로 약 25퍼센트 더 높았다." 또한 "분리된 민족의 본거지와 인접한 지역에 거주하는 민족은 평균적으로 내전이 발생할 가능성이 5퍼센트 더 높았다."

즉, 아프리카에 피해준 것은 단순히 정복과 착취의 사실 자체가 아니었다. 대륙을 의미 없이 조각 내고 자연스러운 일체감을 무시한 채 선을 그어버림으로써, 많은 공동체가 오히려 국경 너머의 이웃들과 더 강한 유대감을 느끼고, 수도에 사는 동포들과는 단절된 상황을 만들어버린 것이었다.

이렇듯 무책임한 국경선은 생명을 앗아간다. ○

17
수단-우간다 국경 위원회

터프넬 대위와 켈리 대위가 현장을 이끌다

19세기 후반 제국주의 절정기의 국경에서 특히 교묘한 두 가지 요소가 있다. 하나는 내가 이미 여러 장에 걸쳐 논의해왔으며 앞으로도 계속 다룰 문제로 지도 제작 기술의 발전과 그러한 기술이 세계를 인식하는 방식에 미친 영향 덕분에 이제는 먼 곳에 위치한 열강들, 대개 백인이며 대체로 유럽 국가들이 단 한 번도 방문해본 적 없는 영토를 단지 펜 한 자루만으로 쪼갤 수 있게 되었다는 점이다. 다른 하나는, 설령 선의를 가지고 있고 힘든 방식을 택했던 사람들조차 결국에는 세계를 망쳐놓을 수 있었다는 사실이다.

 1882년 수에즈운하 교역에 방해가 될지도 모를 민족주의적 불안을 잠재우기 위해 영국은 이집트를 정복했다. 그러나 당시 이집트는 여전히 공식적으로 오스만제국의 일부였기에, 영국은 이를 인정하지 않는 척해야 했다. 그 후 30년 동안 이집트는 '가려진 보호령'이라고 불리는 독특한 통치 체제하에 놓였다. 즉, 공식적으로는 대영제국의 일부가 아니었지만, 실질적으로는 단순히 '조언'만 하는 것처럼 보이는 영국 관료들에 의해 통치되었다.

이 모든 상황은 영국이 나일강 상류 지역의 안정에 대한 지대한 관심을 가지게 만들었다. 결국 영국과 그들의 '엄밀히 말하면 식민지가 아닌' 이집트는 수단과 전쟁을 벌였고, 이후 이를 공동 통치하는 독특한 형태의 통치 체제를 구축했다. 이 체제에서 두 개의 '통치국' 중 하나는 다른 하나의 식민지이기도 했다. 이후 영국은 나일강의 발원지가 있을 것으로 여겨졌던 남쪽의 우간다까지 정복했다.

비록 이 모든 영토가 영국의 지배하에 있었지만, 각 지역은 서로 다른 행정 체계에 의해 통치되었고, 이를 담당하는 사람들은 자신들의 권한이 어디에서 끝나고 다른 지역의 권한이 어디에서 시작되는지를 알아야 했다. 그래서 1912년 수단 총독은 자신의 영토와 남쪽의 우간다 사이에 국경을 확정하기 위한 위원회를 조직했다. 이 국경은 "어떠한 단일 부족도 둘로 나누지 않는" 방식으로 설정되어야 한다고 명시했다.

그리하여 1913년 1월 15일, 남수단의 도시 니물레에서 약 640킬로미터 떨어진 루돌프호(오늘날의 투르카나호)까지의 영토를 조사하고 지도화하기 위해 100명 이상의 사람들과 50마리의 낙타, 320마리의 당나귀, 20마리의 노새로 구성된 호송대가 집결했다.

조사 팀의 대부분은 현지인이었으나, 그들을 이끄는 것은 두 명의 영국육군 대위였다. 수단 측을 책임졌던 인물은 해리 켈리 대위였다. 그는 직업 군인이자 헤비급 복싱 챔피언이었으며, 1903년부터 수단의 이집트군에 파견되기 전까지 왕립공병대에서 복무했다. 그는 이 직무에 매우 적합한 인물이었다. 이전에도 아비시니아(오늘날의 에티오피아) 및 콩고와의 국경을 조사한 경험이 있었으며, 아무리 시간이 걸리더라도 현지 주민들에게 올바른 방식으로 국경을 설정해주겠다는 의지를 가지고 있었다.

한편 우간다 측을 이끈 인물은 터프넬 대위였다. 역사에 남은 터프넬 대위에 대한 주요 기록은 단 한 가지였다. 그는 지쳤다. 정말, 정말로 지쳤다. 당시 루돌프호 지역의 지방 행정관이었던 그는 2년 동안 단 한 번의 휴식도 없이 일했고, 그가 원했던 것은 단 하나, 휴가를 가는 것이었다. 그러나 이 성가신 위원회와 어처구니없는 국경 문제는 그의 앞길을 가로막고 있었다.

오늘날의 국제 국경이 어떻게 결정됐는지에 대한 과정은 거의 알려져 있지 않다. 그러나 이 경우에는 상황이 다르다. 우리는 꽤 많은 정보를 알고 있는데, 이는 켈리 대위가 탐사 팀의 활동을 세심하게 기록한 일지를 남겼기 때문이다. 그리고 그가 기록한 주요 내용, 이 국경선의 정확한 경로를 결정하는 데 가장 큰 영향을 미친 요인은 바로 그와 터프넬 대위 사이의 관계가 서서히 붕괴되는 과정이었다.

탐사 팀은 마디알이라는 지점까지 약 193킬로미터의 경로를 개척하는 데 한 달이 조금 넘는 시간을 소요했다. 이는 하루 평균 약 6.4킬로미터도 채 되지 않는 거리로, 그렇게 긴 거리는 아니다(물론 낙타, 노새, 당나귀들과 함께 이동해야 한다면 체감 거리는 훨씬 길었을 것이다). 하지만 이 지역은 적대적인 환경이었으며, 현지에서 무장 충돌과 총기 밀거래가 벌어지고 있다는 소문도 무성했다. 게다가 이들은 단순히 이동만 하는 것이 아니라 국경을 조사하는 임무도 수행해야 했기에 실제로 이동한 거리는 단순한 숫자보다 훨씬 많았을 것이다. 탐사 팀이 사용한 거리 측정용 바퀴에 따르면, 하루에 이동한 거리는 평균 약 1,319킬로미터에 달했다. 켈리는 고지대를 찾아 이동했으므로 그가 이동한 실제 거리는 훨씬 더 길었을 것이다.

그러나 거리나 보안 문제, 노새보다 더 큰 문제는 두 지도자의 작업 방식 사이의 깊은 간극이었다. 터프넬이 이 탐사에 참여하고 싶어 하지 않았으며 이를 공공연히 드러냈다는 사실만이 문제가 아니었다. 그는 또한 부족 간 경계를 세밀하게 지도화하고, 현지 주민들과 좋은 관계를 유지하려는 켈리의 노력이 터무니없다고 여겼다. 터프넬은 현지인이 반항할 기미가 보이면 가차 없이 두들겨 패서 누가 주인인지 알게 만드는 것이 낫다고 생각하는 편이었다.

켈리의 일지에는 터프넬과 그의 부하들이 현지 부족민들을 폭력적으로 무장 해제시키거나 그들의 오두막을 불태운 이야기들이 끝없이 이어진다. 이러한 행동이 탐사 팀이 길잡이로 의존해야 했던 현지인들에게 어떻게 받아들여졌을지는 불 보듯 뻔한 일이었고, 결국 이들은 계속해서 팀을 이탈했다.

이 모든 상황 속에서도 켈리는 아촐리, 토포사, 그리고 카로코 부족 간의 문화적 차이와 적절한 경계를 파악하려고 애썼으며, 동시에 현지인들이 자신에게 다른 부족들에 대해 거짓말을 하고 있을 가능성이 크다는 사실까지 감안해야 했다. 그러나 그는 이러한 복잡한 문제를 해결하는 와중에도, 끊임없이 불평을 늘어놓는 터프넬의 불만을 들어야만 했다. 터프넬은 "현지 부족 경계 따위에는 전혀 관심이 없다" "아무하고도 얘기할 필요 없이 어디에 국경을 그어야 할지 나는 잘 알고 있다" "이 지긋지긋하게 더운 나라에 너무 오래 있었다" "왜 나는 그냥 집에 갈 수 없는 것이냐" 등의 말들을 계속해서 반복했다.

결국 탐사 팀이 마디알에 도착하자 터프넬은 그곳을 떠났고, 우간다 팀 전체를 데리고 함께 철수했다. 켈리는 이에 대해 전혀 개의치 않았다. 2월 16일, 그는 일기에 이렇게 적었다. "터프넬은 휴가를 떠나는 것 외에는 아무 생각이 없다. 그가 떠나서 솔직히 기쁘다. 그는 거의 도움이 되지 않았고, 정보를 수집하는 모든 부담을 나에게 떠넘겼다. 게다가 나는 그가 주도하는 현지인 상대 방식에 전혀 동의하지 않는다." 이는 아마도 "폭력을 행사하는 것이 평화로운 관계와 올바른 통치를 위한 방법이 아니라고 생각한다."라는 점잖은 표현 방식일 것이다.

켈리가 이끄는 수단 팀은 이후 약 129킬로미터를 더 조사하며, 실제로는 이 거리의 네 배 정도를 이동했다. 하지만 이 시점에서 남아 있던 팀원들조차 터프넬이 처음부터 그랬던 것처럼 완전히 지쳐 있었고, 짜증이 극에 달했다. 가시덤불 때문에 모두의 피부는 너덜너덜하게 찢어졌으며, 낙타들은 굶주린 데다 수면병으로 죽어가고 있었다. 끊임없이 바뀌는 현지 안내인 문제를 해결하기 위해, 탐사 팀은 그들을 수갑으로 묶어 이탈을 막으려 했다. 이 방법은 열쇠를 잃어버리기 전까지는 효과가 있었다. 결국 불운한 한 명은, 수갑을 자르는 도구를 구할 때까지 탐사 팀과 함께 끝까지 이동해야 했다.

그렇게 해서 켈리는 모길라산에 올랐다. 급격히 줄어드는 식량과 식수에 대한 불안을 안고 정상에 도착했지만, 물을 구할 수 있는 곳을 전혀 발견하지 못했다. 결국 그는 포기하기로 결정했다. 수단-우간다

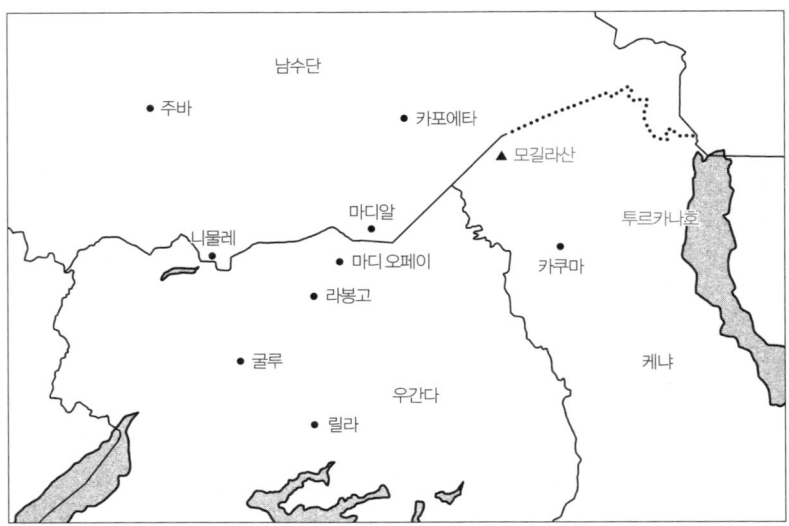

수단-우간다 국경 위원회가 측량한 지역. 동쪽으로 가면서 경계의 복잡성이 크게 떨어지는 것에 주목하라.

국경의 마지막 3분의 1 구간은 영국의 조사에서 제외됐다. 그들은 그곳을 방문조차 하지 않았다. 그리고 켈리와 탐사 팀이 포기를 선언한 지 불과 3일 후, 건기가 끝나고 비가 쏟아졌다. 물 부족 문제는 결국 일어나지도 않았던 셈이다.

탐사 팀은 조사 결과를 런던의 상부 기관에 보고했고, 일부는 고려되었다. 그러나 마지막 3분의 1 구간에 대해서는 조사한 바가 없었으므로 아무런 권고도 할 수 없었다. 결국 켈리의 선의(비록 다소 가부장적인 태도가 섞여 있었지만)에도 그의 실패는 지도 위에서 뚜렷하게 드러나게 되었다. 탐사 팀이 '조사한' 서쪽 국경은 복잡하고 세밀하게 그려진 반면, 동쪽 국경은 최대 약 161킬로미터에 달하는 일직선들로 구성되어 있다. 이 직선들이 이 지역 부족 간의 경계를 가장 잘 반영한 결과라고 믿기는 어렵다.

　이 직선들 중 하나로 모길라산 바로 동쪽에 위치하며 수단과 우간다의 루돌프 지방을 나누는 경계선은 오늘날까지도 남수단과 케냐가 서로 영유권을 주장하는 '일레미 삼각지대'의 경계를 형성하고 있다. 한 지역을 조사하지 않는다면 결국 미래의 국경 분쟁을 예비하는 것과 다름없다는 사실이 드러난 것이다.

　수단은 1955년 영국에서 독립했고, 우간다는 그로부터 7년 후, 그리고 케냐는 다시 그다음 해에 독립했다. 2011년 남수단은 수단에서 분리되어 아프리카에서 가장 새로운 독립 국가가 되었다. 그러나 여전히 아프리카 지도 곳곳에는 기이할 정도로 직선적인 국경선이 남아 있다. 그것은 1차 세계대전도 발발하기 전, 단지 몇몇 영국 육군 장교들이 너무 피곤해서 더 나은 국경을 설정할 의욕조차 없었기 때문이다. ○

18
유럽 민족주의와 대오스트리아 연합국

역사가 잘못된 방향으로 흐르다

이 이야기는 그 끝에서 시작된다. 1914년 6월 28일, 사라예보 거리에서 한 자동차가 잘못된 방향으로 돌았고, 그 결과 수천만 명이 목숨을 잃었다.

그날 아침, 세르비아 민족주의 단체 '검은 손'의 일원이 이미 한 차례 오스트리아-헝가리 제국의 황태자 프란츠 페르디난트 대공의 목숨을 노렸다. 그러나 그가 던진 폭탄은 목표 차량이 아닌 다른 차에 명중하여 여러 사람이 부상을 입었을 뿐, 대공 본인은 격분했을지언정 무사했다. 그 사건은 그렇게 마무리되었어야 했다.

그러나 그날 오후, 중앙 및 동유럽의 광대한 지역을 지배할 운명이었던 합스부르크 왕조의 후계자는 병원에 입원한 부상자를 방문하기로 했다. 이를 위해 이동 경로를 변경해야 했고, 새로운 지침은 독일어로 전달되었지만 체코어를 사용하는 운전수들은 이를 제대로 이해하지 못했다. 그 결과 차량은 불필요하게 프란츠 요제프 거리로 진입했고, 그곳은 바로 '검은 손'의 또 다른 일원인 가브릴로 프린치프가 차량 행렬이 지나가기를 기다리고 있던 곳이었다. 그는 두 발의 총탄을 발사했다. 한 발은 대공의 아내 소피를, 다른 한 발은 대공을 살해했다.

그 이후의 이야기는 익히 알려져 있다. 오스트리아-헝가리와 세르비아 간의 전쟁, 그리고 지난 한 세기 동안 형성된 복잡한 조약과 동맹 체계가 작동하면서 러시아, 독일, 프랑스, 영국이 전면전에 돌입했다. 이렇게 시작된 1차 세계대전은 수백만 명을 죽음으로 몰아넣었고, 제국들을 붕괴시켰으며, 혁명을 촉발시켜 유럽의 지도를 완전히 뒤바꿔놓았다. 유럽이 이미 일촉즉발의 상태였음을 고려할 때, 이러한 사태가 어차피 발생했을 가능성도 배제할 수 없다. 하지만 이 사건과 이후의 주요 유럽 전쟁 사이의 직접적인 연관성을 논하지 않더라도, 이 암살과 그 총탄, 그리고 그 잘못된 방향 전환은 인류 역사상 가장 영향력 있고, 파괴적인 사건 중 하나였다고 해도 과언이 아닐 것이다.

이러한 대격변 속에서 프란츠 페르디난트 대공이 실제로 왕위를 계승했을 때 무엇을 하려고 했는지에 대한 관심은 상대적으로 적었다. 그러나 사실 그는 유럽의 지도를 상당 부분 재편할 계획을 가지고 있었다. 그는 바로 자신을 죽음으로 몰아넣은 힘, 즉 민족주의를 길들이고자 했던 것이다.

우리가 마지막으로 이 지역을 살펴본 이후, 합스부르크 왕조의 성격은 상당히 변화했다. 합스부르크 가문의 첫 번째 황제인 루돌프 1세는 1272년 신성로마제국 황제로 선출되었으며, 1438년 이후에는 다른 왕조가 이 자리를 차지한 적이 없었다. 그러나 1914년 이 오랜 제국은 이미 한 세기 전에 사라져버렸다. 나폴레옹이 유럽을 재편하는 과정에서 해체된 것이다. 그러나 400년 동안 세계에서 가장 강력한 가문이었던 합스부르크 왕조는 결코 권력을 완전히 포기할 생각이 없었다.

루돌프 1세가 1282년에 후손들을 위해 확보한 것 중 하나가 바로 오스트리아 공국으로, 수도인 빈은 그때부터 줄곧 합스부르크 왕조의 본거지가 되었다. 이는 14세기 초 스위스 알프스 지역의 본거지를 빼앗겼을 때 특히 유용했다. 그 후 수 세기에 걸친 정복과 영리한 혼인 정책을 통해 여러 왕국, 공국, 백국, 변경백국이 합스부르크 영토에 추가되었다. 물론 이 중 일부는 다시 잃어버리기도 했다. 특히 합스부르크-에스파냐 왕조는 18세기 초 근친혼으로 인해 대가 끊겼고, 이로 인해 방대한 에스파냐 제국의 아메리카 및 태평양 영토는 다른 가문의 손에 넘어가버렸다.

그러나 나폴레옹 시대에도 살아남은 합스부르크 가문은 여전히 광대한 영토를 보유하고 있었다. 이 영토들은 독일 남쪽과 동쪽에 걸쳐 연속된 블록을 형성하고 있었다. 오스트리아, 보헤미아, 크로아티아, 트란실바니아, 헝가리 등이 그에 속했다. 이들 중 상당수는 신성로마제국과 국경을 맞대고 있었지만, 실질적으로는 제국의 일부가 아니었다.

그렇게 해서 1804년, 제국의 종말이 예고되자 프란츠 2세 황제는 먼 조상의 방식을 따라 가족을 위한 구명보트를 마련했다. 비록 이 영토들이 공식적인 국가라기보다는 단순한 개인적 연합에 불과했지만,

그것을 하나의 국가로 만들 수는 없을까? 결국 나폴레옹도 프랑스 왕국을 제국으로 바꾸고 자신을 황제로 선포하지 않았던가? 그렇다면 그 떠오른 신흥 군주와는 달리 원래부터 정통 황제였던 프란츠가 같은 일을 하지 못할 이유는 무엇인가? 게다가 이 새로운 제국에서는 흔들리는 신성로마제국과는 달리 황제가 명령하면 신하들이 마땅히 따를 수도 있지 않을까?

그리하여 거의 천 년 동안 유럽 지도에 존재했던 신성로마제국이 1806년에 마침내 종말을 맞이했을 때, 합스부르크 가문의 통치는 전혀 흔들림 없이 계속됐다. 신성로마 황제 프란츠 2세는 단순히 오스트리아 황제 프란츠 1세가 되었을 뿐이었다. 그는 심지어 자신의 딸을 나폴레옹과 결혼시키기까지 했다. 이 모든 것이 아마도 그에게는 대단한 계략처럼 보였을 것이다. 다른 유럽 왕조들은 새로운 지배지를 찾아 해외로 나가야 했지만 오스트리아 합스부르크 왕가는 이미 그러한 영토를 보유하고 있었으며 그것들은 바로 옆에 있었다!

그러나 세기가 흐르면서 유럽 내부에서 다민족 제국을 새롭게 형성하는 일이 처음 생각했던 것만큼 간단하지 않다는 사실이 분명해졌다. 유럽 역사에서 오랫동안 많은 지역은 자신들과 전혀 다른 언어를 사용하는 부재 군주의 지배를 받아들이며 살아왔다. 그러나 미국과 프랑스혁명으로 인해 '자유'와 '민주주의' 같은 불편한 개념이 등장하면서, 새로운 사상인 민족주의가 유행하기 시작했다.

합스부르크 제국은 오늘날 13개 유럽 국가의 전부 혹은 일부를 포함하는 광대한 영토를 보유했지만, 지배 가문이 사용하는 언어(독일어)는 신민의 4분의 3이 이해하지 못하는 언어였다. 이는 시대 정신과 맞지 않는 구조였다. 1848~1849년 유럽 전역을 뒤흔든 혁명 열풍 속에서 독일인, 루마니아인, 우크라이나인, 폴란드인, 그리고 그 외 여러 민족이 자치권 또는 독립을 선언하려 하거나, 적어도 자신들이 싫어하는 다른 민족을 억누르려 했다. 심지어 제국 내에서 유일하게 자치적인 기관을 유지하고 있었던 헝가리인들조차 반란을 일으켰다. 참으로 배은망덕한 일이었다.

결국 이 모든 소요는 진압되었지만, 합스부르크 궁정에 두 가지 중요한 결과를 남겼다. 첫 번째는 황제를 퇴위시키는 결과로 이어졌다. 페르디난트 1세 황제는 역사적으로 종종 멍청한 군주로 묘사되는데, 이는 그가 혁명이 발생했을 때 "그런 일이 허용되는 건가?"라고 물었다는 일화 때문일 것이다. 물론 이는 매우 어리석은 발언이다. 그러나 그의 일기를 보면 나름대로의 예리함을 엿볼 수 있다. 그의 가장 큰 문제는 간질 때문에 부부관계를 정상적으로 맺을 수 없었으며, 따라서 후계자를 생산할 수 없었다는 점이었다. 오스트리아 합스부르크 왕가는 스페인 합스부르크 가문과 같은 운명을 맞이할 생각이 없었다.

그리하여 혁명의 혼란 속에서 페르디난트는 퇴위당했고 이후 남은 생을 보헤미아의 왕으로서 제국의 정치와 무관하게 평온히 살았다. 대신 열여덟 살의 패기 넘치는 프란츠 요제프가 즉위했다. 그는 이후 68년간 황제의 자리를 지키게 된다.

1848년 혁명의 또 다른 결과는 헝가리가 독립을 상실한 것이었다. 이제 헝가리는 단순한 개인적 연합의 일부가 아니라 제국의 완전한 일부로 흡수되었다. 그러나 이 체제는 오래 지속될 수 없었다. 독일인 다음으로 제국 내에서 가장 큰 민족이었던 헝가리인들은 결국 20년 후 또다시 반란을 일으켰고, 이번에는 성공했다.

그 결과 1867년 대타협이 이루어졌고, 이후 학생들을 혼란스럽게 만드는 국가가 탄생했다. 바로 오스트리아-헝가리 제국, 즉 이중왕국이다. 새롭게 구성된 이 국가에서 가장 큰 두 민족인 독일인과 헝가리인은 이론적으로 동등한 지위를 부여받았다. 그러나 이들은 형제애의 정신으로 손을 맞잡고, 제국 인구의 나머지 56퍼센트에 해당하는 다른 민족들의 민족주의적 야망을 탄압하는 데 협력하게 되었다.

이 모든 것에 반대했을 사람이 한 명 있었다. 바로 프란츠 페르디난트였다. 그는 제국의 문제 중 상당 부분이 그 지배층, 좀 더 구체적으로는 헝가리 지배층이 다른 민족들을 억누를 수 있는 지위에 올랐다는 점에서 비롯된다고 믿게 되었다. 그러나 1867년 당시 그는 고작 두 살이었기에 자신의 견해를 표현할 위치에 있지 않았다. 게다가 그는 아직 후계자도 아니었다. 그 영예는 그의 사촌이자 프란츠 요제프의 아들인 황태자 루돌프에게 돌아가 있었다.

그러나 루돌프는 기록에 따라 다소 예민하거나 혹은 정신적으로 불안정한 인물로 묘사된다. 그는 빈 전역을 돌며 광적으로 방탕한 생활을 즐겼고, 그 과정에서 매독에 걸려 이를 아내에게도 옮겼으며, 그녀를 불임 상태로 만들었다. 그리고 1889년, 서른 살이 된 루돌프는 열일곱 살의 연인이었던 마리 베체라와 함께 사냥용 별장으로 향했고, 그녀를 먼저 쏜 뒤 스스로 목숨을 끊었다.

그 결과 황위 계승권은 프란츠 페르디난트의 아버지이자 당시 정정했던 쉰다섯 살의 카를 루트비히에게 넘어갔다. 그러나 1896년, 그마저도 사망하면서 결국 프란츠 페르디난트가 후계자가 되었다. 이제 그는 자신의 거대한 유산을 어떻게 활용할지 고민하기 시작했다. 당시 프란츠 요제프는 이미 예순여섯 살이었고, 황제가 앞으로 얼마나 더 오래 버틸 수 있을지는 불확실했다.

프란츠 페르디난트는 여러 가지 면에서 역사상 위대한 수집가 중 한 명이었다. 그는 조각상, 무기, 장미 등을 수집하는 것을 즐겼으며, 무엇보다 앉아서 사물을 분류하는 것을 좋아하는 사람이었다. 그의 책상 위에는 자신이 은혜롭게 다스리게 될 다양한 민족들의 '국민적 특성'을 정리한 도표가 걸려 있었는데, 이는 1890년대의 분위기를 제대로 반영하는 불길한 장식품이었다. 그가 보기에 끊임없이 반복되는 민족주의적 반란을 잠재우기 위해 그의 미래 제국이 가장 필요로 하는 것은 철저한 재조직이었다.

그리하여 1906년, 프란츠 페르디난트는 루마니아 출신 법률가 아우렐 포포비치가 제안한 계획에 관심을 갖게 되었다. 이 계획에 따르면, 두 개의 민족이 절망적으로 나머지를 지배하려고 했던 이중왕국 체제는 폐지되고 20세기에 걸맞은 합리적이고 연방적인 현대 국가, 즉 대오스트리아연합국이 탄생할 것이었다. 체코인, 이탈리아인, 크로아티아인, 슬로베니아인 등 각 민족이 마침내 자신들의 자치를 누릴 수 있게 되며, 총 15개의 자치 구역이 황제의 자애로운 시선 아래 놓이게 되는 것이었다.

이 계획은 역사에서 채택되지 않은 위대한 선택지 중 하나로 보일 수도 있다. 이는 20세기 유럽이 다문화적, 다민족적 국가 모델을 구축할 기회를 제공했으며 결국 수십 년간 지속된 끔찍한 민족 전쟁으로 빠지지 않을 수 있었던 대안적 역사로 여겨질 수도 있다. 그러나 검은 손과 가브릴로 프린치프, 그리고 전쟁이 개입하지 않았더라도 이 계획이 실제로 실행됐을지는 불확실하다.

합스부르크 왕조를 다룬 흥미로운 저서 《다누비아*Danubia*》의 저자 사이먼 윈더는 프란츠 페르디난트가 단순히 근대화와 정의를 추구한 것이 아니라 보다 본능적인 동기에 의해 움직였을 수도 있다고 주장한다. 즉, 그가 단순히 헝가리인들을 싫어했으며, 헝가리어를 배우는 것이 짜증 날 정도로 어렵다고 여겼을 가능성이 있다는 것이다.

사실 대오스트리아연합국이 프란츠 페르디난트가 관심을 가졌던 유일한 계획은 아니었다. 또 다른 계획은 삼중왕국을 도입하여 부다페스트의 영향력을 약화시키고, 자그레브를 세 번째 수도로 지정함으로써 크로아티아인들의 지위를 격상시키는 것이었다. 또 다른 계획은 헝가리에 민주주의를 도입하는 것이었으나, 아이러니하게도 오스트리아에는 도입하지 않는 것이었다.

그러나 이 모든 계획은 같은 실질적 장애물에 부딪혔을 가능성이 크다. 즉, 헝가리인은 합스부르크 왕조의 핵심 집행자였으며, 그들의 권한을 약화시키는 것은 전체 제국의 체제를 무너뜨릴 수도 있었던 것이다.

열다섯 개의 국가로 구성된 계획에는 또 다른 문제들이 있었다. 지도상으로는 깔끔해 보였지만 실제로는 언어적 소수 집단, 다른 민족들 사이에 고립된 독일계 거주지, 그리고 자치 지역이나 자치 도시를 언급하는 막연한 구상이 현실에서 충분히 작동할지 불확실했다. 더 나아가 제국 내 유대인 공동체는 어떻게 되었을까? 이들은 새롭게

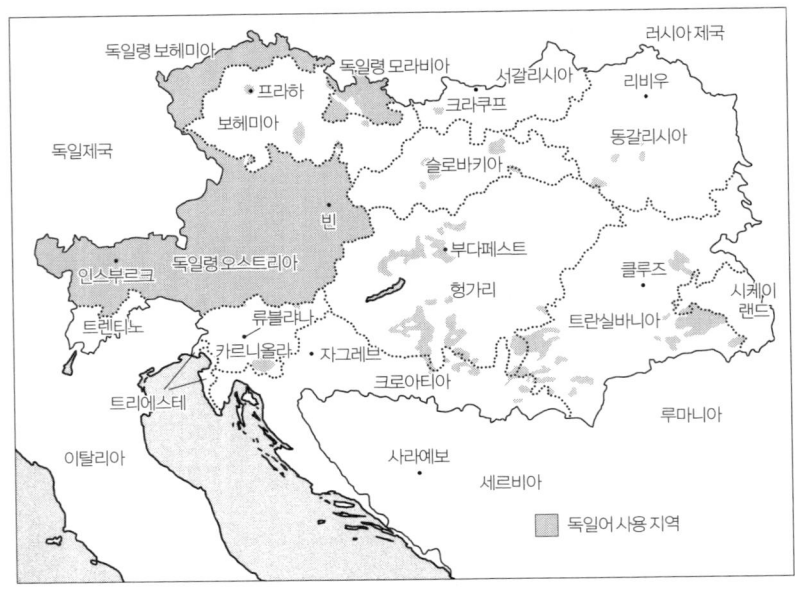

1906년경 아우렐 포포비치가 제안한 대오스트리아 연합.

형성된 단일 민족 지역에서 외부인 취급을 받으며 자신들만의 국가를 갖지 못한 채 소외될 가능성이 컸다. 아마도 이런 체제에서 유대인들은 잘 적응했을 수도 있다. 그러나 역사는 그 반대의 가능성을 시사하는 수많은 이유를 제시한다.

그리고 민족주의를 억누르기 위한 방법으로써 이 계획이 과연 효과적이었을지도 불확실하다. 윈더는 이렇게 적었다. "이 계획은 각 민족이 합스부르크 연방주의 내에서 단순한 민속적 정체성을 유지하면서 만족할 것이라는 가정을 전제로 했다. 그러나 보헤미아의 독일인들이 왜 작은 삼림 지방에서 계속 살아야 한다고 생각해야 했을까? 왜 그들은 2제국(비스마르크 체제하의 독일제국)과 통합되기를 원하지 않았겠는가?" 결국 30년 후, 보헤미아 독일인들이 3제국(나치 독일)과 통합되기를 원하는 움직임은 2차 세계대전으로 가는 수많은 사건 중 하나가 되었다.

합스부르크 왕조가 한때 지배했던 신성로마제국은 유럽 대부분이 봉건제도를 철폐한 이후에도 이를 유지하며 연명해왔다. 그렇기에 합스부르크 왕조의 후계 제국 역시 시대착오적인 존재로 끝나게 된 것은 주목할 만한 일이다. 이 국가는 공통의 제도나 정체성 위에 세워진 것이 아니라 단지 같은 왕관을 쓴 군주를 정점으로 둔 것에 불과했다. 이것이 제국의 존재 이유였다. 그리고 합스부르크 왕조가 자기 가문의 영토를 유지하는 데 집착했기 때문에, 오스트리아는 독일 통일 과정에서 배제될 수밖에 없었다. 그러나 19세기 후반이 되자, 왕조의 이해관계가 민족적 감정보다 우선한다는 개념은 점점 더 시대착오적인 것으로 보이기 시작했다. 어쩌면 전쟁과 그 이후의 모든 일이 없었더라도, 오랜 세월이 지나면서 합스부르크 왕조의 시대는 단순히 끝나가고 있었는지도 모른다.

그러나 우리는 그 답을 영원히 알 수 없다. 프란츠 페르디난트는 거의 20년 동안 황제가 되기를 기다렸으나 결국 그의 차가 잘못된 방향으로 돌았고, 그는 불과 쉰 살의 나이에 총에 맞아 죽었다. 그의 유산은 패전국의 잔재로 그 자신보다 오래 살아남지 못했다. 20세기의 유럽은 결국 다문화적이거나 연방적인 국가 체제가 되지 못했다. ○

19
영국과 프랑스가 만든 모래 위의 선

사이크스피코협정, 중동을 분할하다

1916년 10월, 세계대전이 한창이었고 세계가 혼란에 빠져 있는 가운데, 한 남자가 자신을 아랍의 왕이라 선언했다. 메카의 샤리프이자 에미르였으며, 예언자 무함마드의 후손인 하심 가문의 일원이었던 후세인 빈 알리는 누구보다도 그 자리에 대한 정당한 자격을 갖추고 있었다. 그리고 만약 자신을 왕이라 선포하고 그것이 통할지도 모를 때가 있었다면, 그해는 분명 1916년이었을 것이다.

그러나 후세인은 단순히 운에 맡긴 것이 아니었다. 그가 보기에는 당시 세계 최강국들에 승인을 받은 것이나 다름없었다. 그는 영국의 이집트 고등판무관 헨리 맥마흔 경과의 서신 교환을 통해 맺어진 합의를 충실히 이행했다. 그는 오스만제국에 맞서 아랍 반란을 이끌었으며, 이제 보상을 받을 차례였다. 그 보상은 바로 이집트 동쪽의 모든 아랍 땅을 포함하는 새로운 독립 국가의 설립이었다.

그러나 이 계획은 이루어지지 않았다. 맥마흔과 후세인 사이의 서신에서 명시된 계획이 1916년 영국이 체결한 유일한 영토 협정이 아니었기 때문이다. 같은 해, 영국은 훨씬 더 존중해야 한다고 여긴 동맹국 프랑스와 또 다른 비밀 협정을 맺었다. 그리고 이 협정은 한 세기가 지난 후까지도 이 지역을 따라다니는 유령과도 같은 존재가 될 것이었다. 그것이 바로 사이크스피코협정이었다.

1차 세계대전은 20세기의 서막을 알린 사건으로 인식되곤 한다. 이는 파시즘, 공산주의, 그리고 그 이후 모든 사건의 무대를 마련했기 때문이다. 그러나 그렇게만 바라보면 이 전쟁이 동시에 19세기의 늦은 종말이기도 했다는 점을 간과하게 된다. 이는 상대적으로 평화로웠던 한 세기의 갑작스럽고 폭발적인 결말이었으며, 열강들이 추구한 목표 또한 오랫동안 품어온 야망들이었다.

그중에서도 가장 중요한 문제는 이른바 '동방문제'였다. 즉, 수도 콘스탄티노플(이스탄불)에서 동지중해 지역의 광대한 영토를 지배하던 오스만제국이 쇠약하고 부패했으며, 관료제적이고 결국에는 붕괴할 운명이라는 광범위한 믿음이 있었다. 전쟁이 발발하자, '유럽의 병자'라 불리던 오스만제국의 몰락이 불가피한가의 문제는 더 이상 중요하지 않게 되었다. 이제 연합국 측 열강은 그 몰락을 촉진할 수 있는 위치에 있었기 때문이다. 수십 년간 논의되었던 오스만제국의 분할 문제는 이제 현실적인 기회로 다가왔다. 그들에게 남은 유일한 장애물은 단 하나, 전쟁에서 승리하는 것이었다.

1916년 영국과 프랑스 간의 비밀 협정에 이름을 올린 인물들은, 30년 전 베를린에서 아프리카 대륙을 분할했던 사람들(16장 참조)과 비교하면 상대적으로 낮은 계급의 관료들이었다. 프랑수아 조르주-

피코는 외교관이자 변호사로, 당시 베이루트에서 영사로 근무하고 있었다. 한편 마크 사이크스는 보어전쟁 참전 군인이자 보수당 하원의원이었으며, 당시 전쟁부에서 키치너 경 휘하에서 일하고 있었다.

이 협정이 얼마나 임의적이고 즉흥적으로 작성됐는지를 보여주는 단적인 사례는 1915년 한 사전 회의에서 사이크스가 당시 총리였던 허버트 애스퀴스에게 한 말에서 찾아볼 수 있다. "아크레Acre의 E에서부터 키르쿠크Kirkuk의 마지막 K까지 선을 긋고 싶습니다."

그는 대체로 그렇게 했다. 러시아라는 동맹국은 이스탄불, 다르다넬스해협, 그리고 아나톨리아의 상당 부분을 약속받았다. 그러나 협정의 핵심은 프랑스가 북부 레반트 해안(오늘날의 레바논과 시리아)

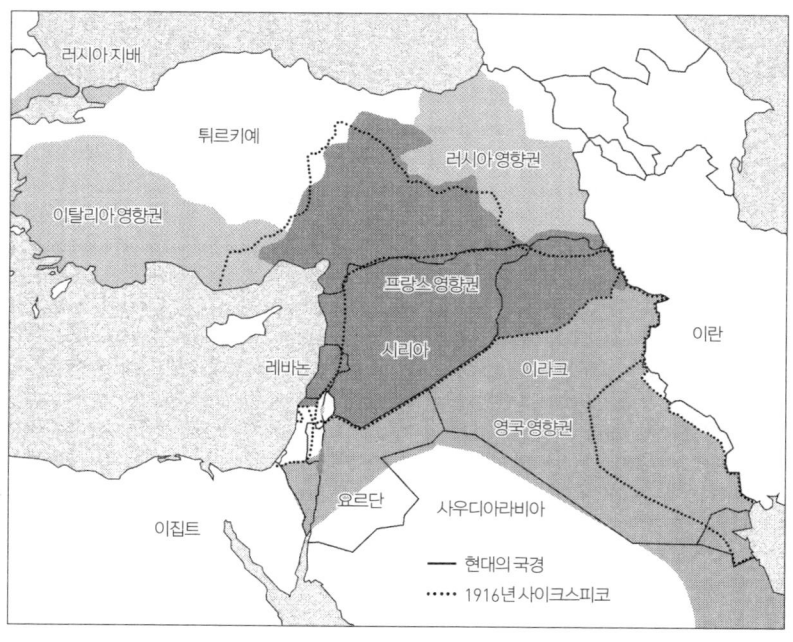

1916년 사이크스피코협정과 관련 합의들에 명시된 다양한 영향권이 현대의 국경 위에 놓여 있다.

을 지배한다는 것이었으며, 이 지역에는 이미 상당한 프랑스 자본이 유입되어 있었다. 영국은 석유가 풍부한 남부 메소포타미아, 즉 바스라와 바그다드 주변 지역을 차지하기로 했다. 그 중간 지역은 직접적인 식민지로 편입되지는 않지만, 사막을 가로지르는 긴 직선 경계를 따라 프랑스와 영국의 영향권으로 나뉘게 되었다. 이른바 '모래 위의 선'은 어떤 형태로든 아랍 국가의 형성을 반으로 가를 수밖에 없었으며, 쿠르드족과 드루즈족과 같은 민족 집단도 분리하게 되었다.

사이크스피코협정은 삼국 협상이 전쟁 중 오스만제국을 분할하기 위해 만든 첫 번째 계획이 아니었으며, 마지막 계획도 아니었다. 협정의 상당 부분은 이미 1915년 4월 콘스탄티노플 협정에서 예고되었는데, 이 협정에 따라 러시아는 콘스탄티노플과 다르다넬스를 통제하게 되며, 이를 통해 흑해에서 지중해로의 해상 접근권을 확보하게 될 예정이었다. 이후 프랑스 남동부에서 영국, 프랑스, 이탈리아 지도자들이 기차에서 협상한 생장드모리엔 협정에서는 당시 혁명의 소용돌이에 휩싸인 러시아를 전리품 분배에서 배제하고, 대신 이탈리아가 아나톨리아의 상당 부분을 차지하는 것으로 정리되었다.

중앙 동맹국(독일, 오스트리아-헝가리, 오스만제국)도 창의적인 지도 제작을 마다하지 않았으나, 이들의 계획은 오스만제국이 붕괴하지 않는다는 전제를 바탕으로 한 것이었기 때문에 필연적으로 더 소규모였다. 즉, 콘스탄티노플은 1877년에 일어난 러시아-투르크 전쟁에서 러시아에 빼앗긴 캅카스나 흑해 연안의 일부 지역을 되찾고, 최근 민족주의의 영향을 받은 발칸반도의 일부 영토를 회복하는 정도였다.

궁극적으로 전쟁이 끝난 후 형성된 이 지역의 새로운 지도는

1916년에 체결된 협정과는 느슨하게만 유사했다. 사막을 가로지르는 긴 직선이 프랑스의 위임통치 지역(후일 시리아)과 영국의 위임통치 지역(이라크)을 나누는 개념은 유지됐다. 또한 지중해 연안과 내륙 지역의 정치적 체제를 달리해야 한다는 아이디어도 살아남았다.

그러나 최종적으로 형성된 국경선은 사이크스피코협정에서 정한 것과 일치하지 않았다. 오스만제국은 무너졌지만, 훗날 케말 아타튀르크라는 이름으로 알려질 인물이 이끄는 민족주의 군대가 아나톨리아를 새로운 국가인 튀르키예의 영토로 유지하는 데 성공했다. 협정에서는 예루살렘 주변 지역을 국제적 지위로 설정할 계획이었으나, 1917년 영국 정부가 발표한 밸푸어선언을 통해 유대인 국가 설립에 대한 지지가 표명되었다. 30여 년 후, 이는 이스라엘이라는 국가의 탄생으로 이어졌다(27장에서 더 자세히 다룬다). 또한 1916년 협정에서는 모술 지역이 프랑스의 영향권에 포함될 예정이었으나, 결국 이는 영국의 통제하에 있는 이라크 북부로 편입되었다. 오늘날 논란이 많은 '모래 위의 선'은 사이크스와 피코 및 그들의 팀이 실제로 그린 선은 아니다.

그럼에도 사이크스피코협정은 실제로 그 이름을 가진 협정과 반드시 관련이 있는 것은 아닌 다양한 역사적 불만을 담은 하나의 상징으로 여전히 사용되고 있다. 2014년 '이슬람 국가IS'라고 자칭하는 무장 단체가 이 지역을 휩쓸었을 때, 그들은 불도저로 국경을 무너뜨리는 사진을 트위터에 게시하며 그들의 '칼리프'였던 아부 바크르 알바그다디의 성명을 함께 올렸다. 그 성명에는 "이 축복받은 진군은 사이크스피코 음모의 관에 마지막 못을 박을 때까지 멈추지 않을 것이다."라는 말이 포함되어 있었다. 그러나 그들이 파괴한 국경은 피코와 사이크스가 제안했던 선에서 수백 킬로미터 떨어진 곳에 위치해 있었을 가능성이 크다. 이러한 수사를 사용하는 것은 무장 단체들만이 아니다. 2016년 이라크 자치 쿠르디스탄 지역의 대통령이었던 마수드 바르자니는 BBC와의 인터뷰에서 다음과 같이 말했다. "이것은 나만의 의견이 아니다. 사실 사이크스피코는 실패로 끝났다."

서구 열강이 맺은 조약에 의해 영토가 분리된 사람들이 그 조약이나 그 조약을 만든 열강을 원망하는 것은 당연한 일이다. 많은 사람에게 이는 실질적인 불의이며, 다른 이들에게는 기존 국가들을 정당성이 없는 것으로 규정하고 서구를 지역을 분열시키려는 공모자로 묘사하는 데 유용한 선전 도구로 기능한다. 서구인들에게도 이는 '원죄'로 작용하여, 최근의 외교 정책 결정이 아니라 적당히 먼 과거에서 지역 불안정의 원인을 찾을 수 있는 편리한 명분을 제공한다. 하지만 왜 사이크스피코인가? 왜 그 이전이나 이후의 다른 협정들이 아니라?

그 이유 중 하나는 아마도 그 협정이 세상에 공개된 방식에 있을 것이다. 러시아제국 역시 협정에 서명했고 이를 통해 상당한 이익을 얻을 예정이었으며, 특히 콘스탄티노플은 결코 하찮은 보상이 아니었다. 그러나 협정에는 러시아 협상가의 이름이 포함되지 않았다. 더 나아가 1917년 말, 새롭게 수립된 공산주의 정부는 이전까지 비밀에 부쳐졌던 이 협정을 전면 부정하며 그 전문을 자국 신문 〈프라우다〉에 게재했다. 이는 당시 오스만제국에 대항하는 반란을 벌이고 있던 연합국의 아랍 동맹에 충격적인 일이었다. 이 순간이야말로 영국이 범아랍 국가 설립을 약속했던 것을 배신했다는 사실이 명백해진 시점이었다. 결국 시행된 조약이 무엇이었든 간에, 아랍인들이 그 배신을 깨달은 순간은 바로 사이크스피코협정이었다. 헨리 맥마흔 경과 그의 동료들은 그러한 약속을 했다고 여기지 않았을 수도 있지만, 아랍인들이 그 약속을 존재하는 것으로 받아들였음을 알고 있었을 것이다. 결국 그것이야말로 그들이 오스만제국의 통치에 반기를 든 가장 큰 이유 중 하나였기 때문이다.

이 지역에서 특히 사이크스피코협정을 증오해야 할 이유는 두 가지가 더 있다고 생각한다. 첫째, 유럽 제국들이 자신들의 이익을 위해 다른 지역을 착취한 많은 이야기와 달리, 이 협정은 비교적 최근의 일이었으며 여전히 뉴스에서 언급되고 있다는 점이다. 미국 역사학자 제임스 L. 겔빈은 2016년 사이크스피코협정 체결 100주년을 맞아 발표한 글에서 이렇게 지적했다. "모든 국경, 중동 지역의 국경뿐만 아니라 본질적으로 인위적인 것이다. 만약 멀리 떨어진 외교관들이 그은 국경선으로 인해 국가의 존속 가능성을 걱정해야 한다면, 시리아와 이라크뿐만 아니라 벨기에도 걱정해야 한다."

둘째 이유는, 이 협정이 '이름'을 가지고 있기 때문이다. 베스트팔렌조약에서부터 베를린회의, 그리고 메이슨딕슨선에 이르기까지 우리가 반복해서 보아온 바와 같이, 수십 년간의 복잡한 외교 과정을 단순화할 수 있는 상징적 명칭, 즉 환유는 해당 사건을 더욱 쉽게 논의할 수 있도록 만든다. 영국이 아랍 동맹을 배신했다는 사실은 분명하다. 사이크스피코협정은 그 사실을 하나의 이야기로 변모시켰다.

그렇다면 이 이야기 속의 주요 인물들은 이후 어떻게 되었을까? 마크 사이크스 경은 1919년 인플루엔자 대유행으로 서른아홉의 나이에 사망하면서 자신이 초래한 결과를 직접 목격하지 못했다. 프랑수아 조르주-피코는 1917년부터 1919년까지 팔레스타인과 시리아의 고등판무관을 지냈으나, 이후 다른 지역에서 다른 직책을 맡았다. 그는 1951년까지 생존했으나, 이후 역사 속에서 두드러지는 활동을 하지는 않았다.

후세인 빈 알리의 가문은 더 큰 영향을 미쳤다. 비록 그가 '아랍인의 왕'이라는 주장에는 거의 아무도 동조하지 않았지만, 그는 1916년부터 1924년까지 아라비아 서부의 헤자즈 왕으로 인정받았다. 그러나 1924년 사우디아라비아의 창설로 이어진 와하브파 침공으로 퇴위해야만 했다. 그는 1931년 당시 트란스요르단(1946년 독립 후 '트란스'가 제거됨)의 국왕이었던 차남 압둘라의 궁정에서 생을 마감했다. 그의 셋째 아들 파이살은 이웃 이라크의 국왕이었다.

파이살은 1918년 10월 서구 군대가 다마스쿠스를 점령한 후 그곳에서 단명한 아랍 왕국을 수립했으며, 1919년 베르사유 평화 회의에서 가족과 아랍인을 대표했다. 그러나 프랑스는 자신들의 영향권 내에서 새로운 아랍 왕국이 생기는 것을 원치 않았으며, 영국은 프랑스의 입장을 따랐다. 이에 대한 항의로 아랍인들은 해당 조약이 중동 지역에 강요하는 체제를 거부하며 비준하지 않았다. 그러나 결국 그것은 아무런 영향을 미치지 못했다. ○

20
얼스터의 분할

도대체 왜 북아일랜드가 존재하는가?

당신은 이렇게 궁금해할지도 모르겠다. "아일랜드 동부 전체에 개신교도들을 재정착시키려는 영국과 스코틀랜드의 시도가 어떻게 현대 아일랜드 공화국과 영국(대브리튼 및 북아일랜드 연합왕국) 사이의 국경으로 이어졌을까?"

아일랜드 전체의 가톨릭 인구를 서쪽 코노트로 몰아넣고, 대신 온순한 개신교 영국인들로 대체하려는 계획은 실행 불가능한 것으로 드러났다. 도덕적 이유 때문이 아니라 단순히 그 역할을 수행할 충분한 개척민이 없었기 때문이다. 플랜테이션이 시작된 17세기 초부터 17세기 말까지 약 10만 명의 영국 개척민이 아일랜드로 건너갔지만, 몰수된 토지에 실제 정착한 사람은 1만 명 정도에 불과했다. 그러나 크롬웰 전쟁 동안 아일랜드 내 가톨릭 지주의 토지 소유율은 약 60퍼센트에서 10퍼센트 이하로 감소했음에도(추정치는 다소 차이가 있음), 많은 지역에서 인구 구성 자체는 여전히 아일랜드인들이 우세했다.

그 결과 부재지주 문화가 형성됐으며, 완강한 가톨릭 아일랜드는 상대적으로 소수의 개신교 가문의 통치를 받았다. 이는 '개신교 지배'로 알려진 시기였다. 플랜테이션 정책이 해결하려 했던 안보 문제는 사라지기는커녕 오히려 억압적인 소수 지배에 대한 반감으로 인해 더욱 심화되었다. 따라서 18세기 말 아일랜드 반란군이 또다시 영국의 적들(이번에는 혁명기 프랑스)과 손을 잡았을 때, 영국은 공포에 빠져 새로운 전략을 시도했다. 1801년 연합법에 의해 더블린 의회는 웨스트민스터 의회에 흡수되었으며, 아일랜드는 식민지가 아니라 제국의 핵심부 일부가 되었고, 이에 따라 국가는 '대브리튼 및 아일랜드 연합왕국'이라는 새로운 이름을 갖게 되었다.

'이길 수 없다면 합류하라'는 이 변형된 전략은 한동안 효과가 있는 듯 보였다. 아일랜드인들은 대영제국의 건설과 운영에서 불균형적으로 큰 역할을 담당했고, 한편 아일랜드 민족주의자들은 '서부 브리튼인'이라는 현상에 대해 걱정하기 시작했다. 이는 아일랜드인이면서도 영국인으로서의 정체성을 불편함 없이 받아들이는 유형의 사람들을 의미했다. 하지만 영국이 아일랜드를 진정한 동족으로 받아들이지 않았다는 조짐도 곳곳에서 보였다. 대중적인 만평에서 아일랜드인은 야생의 늪지 괴물로 묘사되었으며, 19세기 초반에 가톨릭에 대한 대부분의 차별법이 폐지되었지만, 일부 법안은 현대까지도 남아 있었다. 예를 들어, 가톨릭 신자와 결혼한 사람은 왕위 계승권을 박탈당하는 법은 2013년에야 폐지되었다. 하지만 이보다 훨씬 더 심각했던 것은 1845년부터 1849년 사이, 감자역병균이 돌아 기근이 닥쳤을 때 영국 정부가 이를 해결하지 못해 수천 명의 사람이 길에서 굶어 죽었다는 점이었다.

19세기 말이 되자 웨스트민스터에서 아일랜드 의원들의 수가 상당한 규모에 이르렀으며, 그 결과 영국 국내 정치에서 '자치' 문제, 즉 아일랜드의 완전한 독립이 아니라 오스트리아-헝가리 이중제국 모델이나 1999년 이후 스코틀랜드와 웨일스에 부여된 자치 수준에 가까운 형태가 갈수록 논란의 중심이 되었다. 그러나 이 제한적인 변화조차도 극도로 논쟁적이었다. 영국 측에서는 지주 계층이 지배하던 상원이 법안을 반복적으로 저지했으며, 아일랜드 측에서는 1910년대 초반 잉글랜드 및 스코틀랜드에서 온 개신교 정착민들의 후손들이 충성 서약을 하고 준군사조직을 결성하며 독일제국에서 무기를 밀반입하기 시작했다. 더블린대학교의 역사학자 폴 라우스에 따르면 1차 세계대전이 없었더라면, 영국은 사실상 내전에 빠졌을 가능성이 컸다.

그러나 결국 이러한 반대에도 자치법은 통과됐다. 아일랜드통치법은 마침내 1914년 9월 18일 왕의 재가를 받았다. 그러나 그때까지 영국 정부는 더 시급한 문제에 직면해 있었고, 이 법안은 결국 시행되지 않았다. 그리고 런던이 세계대전에 집중하고 있는 동안, 일부 아일랜드 민족주의자들은 좀 더 급진적인 조치를 취할 완벽한 기회를 보았다. 1916년 부활절 월요일, 아일랜드 공화주의 형제단은 더블린 내 전략적으로 중요한 몇몇 건물을 장악하고 독립 아일랜드 공화국을 선포했다.

이론적으로 그들은 독일제국의 지원을 받을 것으로 기대했다. 독일은 혁명기 프랑스와 에스파냐 제국이 과거에 사용했던 전략을 모방하여, 영국 본토를 불안정하게 만들 기회를 포착하고 반군에 무기를 보내겠다고 약속했다. 그러나 제국 당국이 이를 가로채면서 무기 선적은 무산됐다. 그들이 갖지 못한 것은 아일랜드 국민의 실질적인 지지였다.

이러한 상황은 영국 정부가 반란군을 진압하고, 체포한 뒤 처형하면서 급변했다. 그 결과 대중의 분노가 점점 커지면서 전시 징병에 대한 저항이 강해졌고, 1918년 12월 영국 총선에서 아일랜드의 민족주의 정당 신페인이 아일랜드 내 영국 의회 의석을 장악했으며, 영국 의회를 보이콧하고 대신 새로운 아일랜드 의회를 구성하여 즉각 독립을 선언했다. 독립을 현실로 만들기 위해서는 여전히 전쟁을 치러야 했지만, 어쨌든 아일랜드는 마침내 독립을 향해 나아가고 있었다.

그러나 아일랜드 전체가 독립하는 것은 아니었다. 특히 북동부 지역에 집중된 개신교 연합주의자들은 지난 300년 동안 자신들을 '아일랜드 내 영국인'으로 여겨왔다. 그들은 새로운 국가에서 소수자로 남기를 원하지 않았다.

이에 따라 1차 세계대전이 끝나갈 무렵, 영국 정부는 아일랜드 자치법을 재검토할 위원회를 구성했다. 그들의 계획은 섬을 나누어 두 개의 의회가 국내 문제를 관리하도록 하는 것이었다. 하나는 대체로 연합주의자들이 거주하는 얼스터 최북단 아홉 개 주를 관할하고, 다른 하나는 나머지 세 지방을 담당하는 것이었다. 그러나 연합주의자들에게 이는 충분하지 않았다. 그들은 얼스터 서부 지역에서 민족주의적 동조자가 많다는 점을 우려하여, 정부를 설득해 가톨릭이 다수를 차지하는 세 개 주, 캐번, 도네갈, 모나한을 계획에서 제외하도록 했다.

그 결과 새로운 북아일랜드는 아홉 개 주가 아닌 여섯 개 주로 구성됐으며, 인구의 3분의 2가 개신교, 3분의 1이 가톨릭이었다. 이는 영구적인 개신교 다수를 형성하고, 영국에 충성하는 지역을 만드는 효과를 가져올 것으로 예상됐다. 결국 1922년 아일랜드가 독립하면서 북쪽에는 국경이 생겼다. 이는 단순히 아일랜드를 나눈 것이 아니라 얼스터까지 쪼개는 것이었다.

당신이 지금 벨파스트에서 얼마나 떨어진 곳에서 이 글을 읽고 있든, 그 이후의 상황이 어떻게 흘러갔는지는 어느 정도 알고 있을 것이다. 연합주의자 다수는 단순히 북아일랜드를 운영한 것이 아니라 말 그대로 '지배'했다. 그 지도자들은 극단적인 개신교 단체인 '오렌지 질서' 출신이었으며, 가톨릭 소수는 정부, 경찰, 사법 시스템, 일자리 등에서 배제되고 차별받았다.

1969년 헨리 2세가 처음 아일랜드에 도착한 지 800년이 되는 해, 시민권 운동 시위가 폭동으로 이어졌고 이는 다시 공동체 간 폭력 사태로 확산됐으며, 결국 민족주의 및 연합주의 준군사조직의 성장으로 이어졌다. 이는 영국군의 대규모 배치를 불러왔고, 이 군대는 결코 공정한 중재자가 아니었다. 이는 더 많은 억압을 낳았고, 새로운 공격 목표를 만들었으며, 더 많은 폭력을 초래했다. 일부 폭력은 공식적으로 승인된 것이기도 했다. 결국 1998년 굿 프라이데이 협정으로 '트러블'이 종식될 때까지 3,000명이 넘는 사람들이 목숨을 잃었으며, 5만 명이 부상을 입었다.

그 갈등은 다행스럽게도 이제 역사가 되었다. 그러나 그 독을 서서히 빼내는 데 도움이 되었던 요인 중 하나는 국경의 중요성이 점차 감소했다는 점이었다. 영국과 아일랜드가 모두 유럽연합에 가입하면서 북아일랜드가 영국령인지 아일랜드령인지가 덜 중요해졌을 뿐만 아니라, 공격 대상이 될 수 있는 국경 초소의 필요성도 사라졌다. 이론적으로는 아니더라도, 실질적으로 국경은 점차 의미를 잃어갔다.

그러나 2016년 영국 국민이 유럽연합 탈퇴Brexit를 선택하면서 다시금 양국 간의 국경을 관리해야 하는 필요성이 대두되었다. 아일랜드인들에게 이것이 어떤 의미를 가지는지는 지난 8세기에 걸친 영국의 개입에도 거의 논의되지 않았다.

그렇게 신중하게 조정된 '영구적 다수'는 이제 그리 영구적으로 보이지 않는다. 영국의 2021년 인구조사 결과, 얼스터 지역에서 처음으로 가톨릭 신자로 정체성을 밝힌 인구가 개신교 신자보다 많아진 것으로 나타났다. 그리고 2년 후 '트러블' 기간 동안 IRA를 지지했던 민족주의 정당 신페인이 지방선거에서 처음으로 최다 득표를 기록했다.

아일랜드의 통일이 즉각적으로 이루어질 가능성은 낮다. 이를 위해서는 국민투표가 필요하며 그 과정에서 상당한 혼란이 수반될 것이고, 아일랜드 공화국 내부에서도 해결해야 할 중요한 문제들이 많다. 그러나 2016년 이전과 비교하면 통일이 더 현실적인 가능성으로 다가오고 있는 것은 분명하다. 이 이야기는 아직 끝나지 않았을 수도 있다. ○

21
인도의 분할

역사상 가장 대규모, 치명적인 이주가 시작되다

매일 해가 질 무렵, 펀자브를 가로지르는 경계선 위에서 두 경쟁국의 국경 수비대는 마치 영국 코미디 그룹 몬티 파이슨의 '우스꽝스러운 걸음걸이 부서'에 나올 법한 의아한 의식을 수행한다.

인도 국경경비대와 파키스탄 레인저스는 여러 곳에서 이와 같은 의식을 거행하는데, 이들은 훈장으로 장식된 제복을 입고 머리에는 부채 같은 장식을 얹고 있다. 그러나 가장 유명한 의식, 즉 남아시아 전역과 그 너머에서 몰려오는 관광객들을 수용하기 위해 양국 당국이 관람석을 설치한 의식은 인도의 아타리 마을과 파키스탄의 와가 마을 사이에서 진행된다. 이곳에서 양국 군인들은 비슷하면서도 일치하지 않는 복장을 갖추고 복잡한 의식을 펼치는데, 여기에는 높이 다리를 들어 올리는 동작과 격렬한 동기화된 눈싸움이 포함된다. 이후 각국의 국기가 내려지고 정리되면, 양측은 등을 돌린 채 그랜드 트렁크 로드의 철문을 닫는다.

이처럼 동기화된 위협의 장면은 협력과 경쟁이라는 상반된 요소를 단번에 담아낸다. 이는 놀라운 일이 아니다. 이들은 언어, 문화, 음식까지 공유하는 하나의 민족이지만, 한 세대도 지나지 않은 시점에 두 개의 국가로 나뉘었고 이후 여러 차례 전쟁을 치렀다. 1997년 분단 50주년을 맞아 BBC에서 제작한 다큐멘터리에서 기자 앤드루 화이트헤드는 이 의식을 다음과 같이 요약했다. "조화를 이루지는 않지만 일체감을 가진 움직임."

인도 아대륙은 오랜 세월 동안 다양한 언어, 문화, 종교가 뒤섞인 모자이크와 같은 지역이었다. 유럽인들이 1500년 이후 본격적으로 탐사를 시작했을 당시, 힌두교와 불교는 이미 수천 년의 역사를 지니고 있었으며, 펀자브 지역에서는 신흥종교인 시크교가 신도를 끌어들이고 있었다. 그러나 당시 이 지역의 지배적인 세력은 무굴제국이었으며, 이 제국은 카불에서 시작되어 점차 남쪽으로 확장하면서 이슬람을 전파했다.

이 지역은 향신료, 직물 및 기타 사치품이 풍부하여 여러 식민 제국이 무역 거점을 세웠다. 가장 먼저 도착한 것은 포르투갈인들이었으며, 이들은 인도에 대한 관심 때문에 아메리카 대륙을 에스파냐에 쉽게 넘겼다. 이후 프랑스, 네덜란드, 심지어 덴마크까지도 인도에 발을 들였다. 그러나 결국 인도 아대륙 전체를 점진적으로 장악한 것은 영국 동인도회사였다. 이 지역은 러시아를 제외한 유럽 대륙만큼이나 방대했으며, 인구도 훨씬 많았지만, 이 모든 것이 상당히 의심스러운 한 기업의 손아귀에 놓여 있었다. 이 상황이 변화한 것은 1857년이었다. '반란' '혁명' 혹은 '폭동' 등 다양한 이름으로 불리는 전쟁이 일어난 후, 영국 정부는 공식적으로 식민 통치를 접수했으며, 이 시기는 역사적으로 영국령 인도제국으로 알려져 있다.

20세기 초부터 독립운동가들은 자유를 위해 싸웠으며, 1940년대 중반이 되자 전쟁으로 인해 신체적·정신적·경제적으로 지친 영국은 마침내 이를 받아들일 준비가 되었고, 심지어 독립을 원했다. 단 하나의 문제가 있었는데, 그것은 이 지역의 지도자들이 몇 개의 국가로 나누어야 하는지에 대해 합의하지 못했다는 점이었다. 독립운동의 주축이었던 인도국민회의는 단일한 인도를 원했다. 그 지도자인 자와할랄 네루는 단일 국가 체제가 사회주의를 도입하고 빈곤 문제를 해결하는 최선의 방법이라고 확신하고 있었다.

영국이 유럽과 맞먹는 크기의 지역을 단 몇천 명의 인력으로 통치할 수 있었던 비결 중 하나는 '분할 통치'였다. 이는 제국의 구조 자체에 카스트와 종교를 내재화하고, 다양한 공동체들이 서로 경쟁하도록 만들어 식민 지배자들에게 맞서 단결하지 못하도록 하는 방식이었다. 심지어 일정 정도의 민주주의가 도입됐을 때도 이를 이용해 별도의 공동체별 선거구를 만들었다. 예를 들어 무슬림 소수 집단이 자신들만의 후보군을 선출하도록 하여 무슬림 대표성을 보장하는 식이었다. 더욱이 당시 유럽에서 일어난 일련의 사건들은 특정 민족이나 종교적 소수자로 존재하는 것이 얼마나 위험한지 상기시켰다.

따라서 영국이 본격적으로 철수를 논의할 무렵, 전인도 무슬림 연맹의 지도자 무함마드 알리 진나는 한때 인도의 통합을 굳게 신념했던 인물이었지만, 전체 인구의 5분의 1을 차지하는 무슬림들의 이익을 보호할 유일한 방법은 그들만의 국가를 가지는 것이라고 확신하게 되었다. 1945년부터 1946년까지 이어진 전국 및 지방선거에서 무슬림이 다수를 차지한 지역에서 무슬림 연맹은 압도적인 승리를 거두었다. 이제 그들의 목표 또한 고려될 필요가 있었다.

이에 따라 1946년 영국 정부는 인도에 대표단을 파견하여 양측이 받아들일 수 있는 청사진을 찾으려 했다. '내각 임무 계획'은 세 계층으로 구성된 복잡한 체계로, 약한 연방 정부가 최상위에 있고 강력한 지방 정부가 최하위에 놓여 있었다. 그 사이에는 세 개의 지방 그룹이 존재하도록 설계됐는데, 첫 번째는 펀자브를 포함한 서북부의 무슬림이 주류를 이루는 지역, 두 번째는 벵골을 포함한 동부의 무슬림 중심 지역, 그리고 세 번째는 그 중간에 자리한 광대한 힌두교 중심 지역이었다(인도 아대륙의 40퍼센트를 차지하는 '번왕국'은 제외됐으며, 이들 지역은 영국 왕실에 직접 종속된 지방 통치자들이 다스렸다). 이 계획은 '하나의 인도'를 유지하면서도 무슬림 지역에 대한 보호 장치를 마련하는 절충안이 될 것으로 생각됐다.

그러나 이 계획은 실패했다. 두 정당 모두 처음에는 계획을 수용하는 듯했지만 내심 회의적이었다. 네루는 이 계획이 중앙정부를 지나치게 약하게 만들어 인도의 현대화를 불가능하게 만들 것이라고 우려했다. 그리고 7월 10일, 그는 이 계획을 반드시 따를 의무는 없다는 점을 분명히 밝히는 연설을 했다. 이에 당황한 진나는 인도국민회의의 반대로 인해 헌법적 절차를 통해 파키스탄을 창설하는 것이 불가능해질 것을 우려하며 계획 지지를 철회하고 8월 16일을 '직접 행동의 날'로 선포했다. 그러나 그는 이날이 무엇을 의미하는지 명확히 설명하지 않았다.

과거 영국령 인도의 수도였던 캘커타(지금의 콜카타)는 무슬림이 다수를 차지하는 벵골 지역에 위치한 힌두교도 다수 도시였다. 그날 폭동을 처음 일으킨 것이 어느 공동체였는지는 명확하지 않으며, 당시의 기록들은 서로 다르다. 아마도 특정한 단일 사건이 촉발한 것은 아닐 가능성이 크다. 그러나 진실이 무엇이든 평화적 시위와 맞대응 시위는 곧 폭력과 방화로 번졌고, 거리에서는 살인이 벌어졌다. 양측 모두 자신들이 정당방위로 행동하고 있다고 믿었던 것으로 보인다.

이 모든 것은 물론 끔찍한 일이었다. 그러나 더욱 충격적인 사실은 영국 당국이 이러한 사태를 예견하고도 도시를 폐쇄하면 폭동을 막을 수 있을 것이라는 생각으로 거의 아무런 조치도 취하지 않았다는 점이다. '직접 행동의 날'이 끝났을 때, 사망자는 약 4,000명에 이르렀고, 10만 명이 집을 잃었으며, 헤아릴 수 없는 이들이 극단화되었다. 그 후 몇 달 동안, 인도국민회의와 무슬림 연맹 양측은 캘커타에서 벌어진 사건을 이용해 지지를 결집하려 했고, 힌두교도와 무슬림 모두가 복수를 다짐하며 폭동과 학살이 이어졌다.

1947년 3월, 인도에 새로운 총독이 부임했는데, 그의 임무는 자신을 불필요한 존재로 만드는 것이었다. 루이스 마운트배튼은 전쟁 영웅이자, 먼 친척 관계로나마 영국 왕실의 일원이었다. 그는 가능하다면 인도를 하나의 국가로 유지하고 싶어 했으나, 그의 실제 임무는 1948년 6월 말까지는 영국이 철수하도록 하되 최대한 평판에 손상을 입히지 않는 것이었다. 하지만 그는 도착하자마자 그것이 너무 긴 일정이라고 판단했다. 마운트배튼이 인도에 도착했을 때 이미 새로운 폭동이 발생하고 있었고 그는 상황이 너무 불안정하여 영국이 더 오래 개입할 수 없다고 결론지었다. 내전을 막기 위해, 혹은 최소한 영국이 내전에 휘말리는 것을 막기 위해서라도 인도는 가능한 한 빨리 독립해야 했다.

마운트배튼이 역사적으로 맡게 된 역할에 적합한 인물이 아니었을 가능성을 보여주는 여러 요소가 있다. 첫 번째로, 그는 제국의 존엄성을 유지하는 데 집착하는 모습을 보였으며 훈장으로 뒤덮인 예복을 입고 왕좌에 앉아 있는 등 당시 상황에서 정치적으로 적절하지 않은 행동을 서슴지 않았다. 두 번째로, 그는 협상을 다루는 방식이 지나치게 친근한 분위기를 띠었고 어려운 문제를 해결하는 방법이란 결국 "신사들이 함께 모여 위스키를 마시며 해결책을 찾아내는 것"이라고 믿었다. 이러한 접근 방식은 네루에게 효과적이어서 두 사람은 빠르게 가까운 친구가 되었다. 그러나 진나는 냉정했고, 관계를 철저히 공식적인 수준에서 유지하려 했다. 마운트배튼은 어느 날 자신의 메모에 이렇게 적었다. "나는 진나를 정신적으로 이상한 상태라고 간주한다."

또한 마운트배튼이 양측의 중립적인 중재자가 되는 것을 방해하는 또 다른 요인이 있었다. 몇 년 동안 그는 아내 에드위나와 개방적인 결혼 생활을 유지해왔고, 인도에 머무는 동안 그녀와 네루는 연인 관계를 맺었다. 놀랍게도 이는 마운트배튼과 네루가 가족처럼 가까운 관계를 형성하게 했으며, 결과적으로 인도국민회의 지도자는 영국이 계획하는 사안을 조기에 파악할 수 있는 이점을 얻게 되었다. 당시의 급박한 정세를 고려하면 이러한 정보의 우위는 결코 사소한 것이 아니었다.

마운트배튼이 처음으로 제안한 계획의 성격은 그것이 불과 4주 만에 인도 지도자들의 의견을 반영하지 않은 채 작성됐다는 점과 함께 그 이름에서도 짐작할 수 있다. '발칸 계획'은 인도 아대륙을 최대 12개국으로 분할하는 것이었다. 이는 네루가 원하는 것과 정반대의 구상이었으며, 네루는 히말라야에 위치한 총독 관저에서 마운트배튼 부부와 함께 머물던 중 이 계획을 보고 격노했다. 이에 정치 고문이었던 V. P. 메논이 대안을 제시했다. "12개가 아닌, 두 개로 나누는 것은 어떻습니까?" 무슬림이 다수를 차지하는 동부와 서북부 지역을 분리하여 파키스탄이라는 새로운 국가를 창설하면 진나의 요구를 충족시키는 동시에, 인도국민회의가 중앙의 광대한 영토를 유지할 수 있다는 것이었다. '발칸 계획'이 제시한 대안에 충격을 받은 네루는 이 제안을 받아들였다.

몇 주 후인 6월 2일, 지도자들은 델리의 총독 관저에서 또 하나의 독립 계획을 검토하기 위해 모였다. 네루는 이미 몇 주 전부터 이 계획을 알고 있었지만 진나는 자신이 철저히 배제되었음을 인지하지 못한 채 처음으로 이 계획을 접했다. 이러한 정보 불균형에도 마운트배튼은 자정까지 결정을 내려야 한다고 못 박았으며, 그들에게 검토할 시간을 단 몇 시간만 주었다.

이 계획은 결코 완벽한 것이 아니었다. 파키스탄은 약 2,400킬로미터 떨어진 두 개의 분리된 영토로 구성됐으며, 그 사이의 지역은 여전히 인도에 남아 있었다. 또한 두 개의 주(펀자브와 벵골)는 정확한 국경조차 정해지지 않은 상태에서 반으로 나누어질 예정이었다. 그러나 이것은 진나가 오랫동안 주장해온 '무슬림의 조국'이었다. 결국 그는 이를 수용했다.

　이틀 후 마운트배튼은 라디오 방송을 통해 이 계획을 전 세계에 발표했다. 그는 나라를 분할하기로 한 결정이 "큰 유감"이라고 말하면서도, "어느 공동체가 다수를 차지하는 광범위한 지역이, 자신들의 의사에 반해 다른 공동체가 다수를 차지하는 정부 아래 놓이도록 강요할 수는 없다. 그리고 강제 통치에 대한 유일한 대안은 분할이다."라고 설명했다. 독립은 8월 15일에 이루어질 예정이었다. 두 개의 새로운 국가를 건설하기까지 남은 시간은 불과 10주였다.

　이 지점에서 잠시 멈추고 이 이야기에서 긍정적으로 평가될 만한 인물이 얼마나 적은지를 곰곰이 생각해볼 필요가 있다. 훗날 자신을 '인도를 통치한 마지막 영국인'이라고 묘사했던 네루는 냉소적이고 이중적인 인물로 보이며, 진나는 융통성 없고 완고했다. 인도국민회의와 무슬림 연맹 모두 자신들의 목표를 달성하기 위해 갈등을 조장하는 데 주저하지 않았다. 독립 전후로 힌두교도들이 무슬림들을 공격하고, 무슬림들이 힌두교도나 시크교도를 공격했다는 이야기는 끝없이 이어진다. 인도 분할 계획을 제안한 관료 V. P. 메논은 훗날 영국 정부가 수여한 훈장을 거절하며 이렇게 말했다. "내 나라를 분할하는 계획을 세운 사람으로서 기사 작위를 받을 수는 없습니다."

　그러나 그중에서도 마운트배튼이 가장 부정적인 평가를 받게 된다. 철수 결정을 내린 것은 런던의 상부였으며, 제국의 관료들 상당수가 200년 넘게 식민지를 지배해온 인도인들을 은근히 깔보거나 대놓고 인종차별적인 태도를 보였다는 점은 사실이다. 예를 들어 캘커타에서의 폭력을 보도한 BBC 라디오 방송에서는 이런 발언이 나왔다.

"저들이 힌두교도인지 무슬림인지 나는 알 수 없다 (…) 내가 보기에 저들을 멈출 수 있는 유일한 방법은 코를 단단히 한 대 후려치는 것뿐이다." 그러나 현장에서 직접 상황을 조율할 위치에 있었던 것은 마운트배튼이었다. 그는 중립적인 중재자의 역할을 수행하는 데 실패했기에 독립을 무리하게 서둘러 진행하기로 결정했다. 그가 선택한 방식은 국경선을 새롭게 획정한 세부 사항을 양국이 정식으로 독립한 후에야 발표하는 것이었다. 그 결과 수백만 명의 힌두교도, 무슬림, 시크교도들은 자신이 거주하던 지역이 어느 나라에 속하게 될지를 알지 못한 채 불안 속에 살아야 했다. 또한 영국군 수만 명을 병영에 대기시키기로 결정한 것도 마운트배튼이었다. 이는 민병대가 조직되고 종교 공동체 간 폭력이 다시 발생하기 시작한 상황에서도 변함이 없었다. 라호르에서 폭동이 발생하자 진나와 네루는 모두 영국이 계엄령을 선포해달라고 요청했지만, 마운트배튼은 영국인의 안전 보장과 영국 정부의 이미지 관리에 더 신경을 쓰며 이를 거부했다. 상황이 악화되는 동안 그는 독립 국가들의 국기 게양 시점과 같은 의전 문제에 더 관심을 보였다.

독립을 불과 6주 앞둔 7월 중순이 되어서야 영국은 새로운 국경선을 어디에 설정할 것인지 논의하기에 적절한 시기라고 판단했다. 대부분의 주는 인구 통계에 따라 자연스럽게 두 나라 중 하나로 배정될 수 있었지만, 동부의 벵골과 서부의 펀자브는 그러지 못했다. 펀자브 주지사는 이 문제를 해결할 최적의 인물은 고등법원 판사라고 강력히 주장했지만, 사실 적합한 인물이 없었다. 대신 이 임무는 차선책으로 선택된 사람에게 맡겨졌다. 그것은 바로 시릴 래드클리프 경이었다.

그는 변호사이자 행정관이었지만, 한 번도 인도 땅을 밟아본 적이 없었고 사실상 파리보다 동쪽으로 가본 적조차 없는 사람이었다.

이론적으로 래드클리프는 단순히 위원회의 수장이었고, 그의 작업을 보조할 두 명의 인도국민회의 측 고문과 두 명의 무슬림 연맹 측 고문이 있었다. 그러나 실제로 이는 균형을 이루기보다는 교착 상태를 초래했고 결과적으로 가장 어려운 결정들은 래드클리프 혼자 내려야 했다. 그는 아무런 경험이 없는 상태에서 불과 한 달 만에 스웨덴 크기와 맞먹는 영토를 분할하고 현대 영국보다 많은 인구가 거주하는 지역을 나누어, 약 1,600킬로미터 이상 떨어진 두 개의 독립 국가를 성립해야 했다. 그 후 그는 즉시 비행기를 타고 떠나겠다고 고집했으며, 국경선이 발표되기 전에 이미 인도를 떠날 계획이었다. 그는 양아들에게 보낸 편지에서 이렇게 썼다. "약 8,000만 명의 사람들이 불만을 품게 될 것이다. 나는 그들이 나를 찾아내지 못하기를 바란다."

결국 8월 14일, 진나는 파키스탄이 먼저 독립을 선언할 것을 요청했고, 마운트배튼은 카라치에서 무슬림 연맹 지도자를 새로 탄생한 파키스탄 자치령의 초대 총독으로 공식 취임시켰다. 8월 15일 자정을 넘긴 후, 그는 뉴델리로 이동해 인도의 새 지도자인 네루에게 같은 취임 선서를 진행했다. 그리고 이틀 후, 두 나라를 가르는 국경선의 세부 사항이 마침내 발표되었다. 그 순간 수백만 명의 사람들이 자신이 원하지 않는 국가의 영토 안에 갇혀 있음을 깨닫게 되었다.

그리고 그렇게 그들은 움직이기 시작했다. 최소 1,200만 명에서 많게는 1,800만 명에 이르는 사람들이 무슬림들은 파키스탄을 향해, 힌두교도와 시크교도들은 인도를 향해 손에 들 수 있는 것 외에는 모든 것을 버린 채 떠났다. 어떤 이들에게는 같은 신앙을 공유하는 이들과 함께하려는 선택이었을지도 모르지만, 더 많은 사람에게 그것은 선택이 아니었다. 그것은 민병대에게서 도망치는 유일한 길이었다. 그 민병대는 얼마 전까지만 해도 이들과 이웃으로 지냈던 사람들이었지만, 이제는 땅을 차지하려고 그들을 몰아내고 있었다. 떠나지 않은 사람들은 강간당하거나 살해당했다. 어떤 이들은 강제 개종의 수치에서 벗어나기 위해 자살했으며, 일부는 자신의 가족에게 살해되기도 했다. 목격자들의 증언에 따르면 곳곳에 집단 무덤이 있었고, 사살조를 이룬 자들이 기차에 올라타 상대편 종교를 믿는 사람들을 찾아냈으며, 국경을 넘어 수 킬로미터에 걸친 난민 행렬 속에서 모든 것을 잃고 반대 방향으로 떠나는 또 다른 행렬과 마주치는 일이 벌어졌다. 그리고 그 순간 서로에게 이상한 동질감을 느끼기도 했다.

불과 며칠 전까지만 해도 그 국경은 존재하지 않았다. 얼마 전까지만 해도 양쪽에 있던 사람들은 이웃이자 친구였다.

마운트배튼은 훗날 사망자가 25만 명을 넘지 않았다고 주장했다. 그 자체로도 충격적인 숫자였으며, 이는 단 한 번의 사건으로 9·11 테러의 80배가 넘는 사망자를 낳은 것이었다. 그러나 보수적인 추정조차 실제 희생자가 100만 명에 가깝다고 보고 있으며, 일부는 그 숫자가 300만 명에 달한다고 추정한다. 진나는 무슬림을 위한 조국을 요구했지만, 그가 대규모 인구 이동을 예상했던 것 같지는 않다. 그러나 폭력과 이를 막으려 하지 않은 영국의 결정은 결국 이주를 불가피하게 만들었다. 그리고 불과 13개월 후, 진나는 결핵으로 사망했다. 마운트배튼은 훗날 만약 진나가 병으로 죽어가고 있다는 사실을 알았다면 결코 분할을 진행하지 않았을 것이라고 주장했다.

    이 모든 것은 그 피로 얼룩진 10년 동안 벌어진 다른 참상들과 마찬가지로, 아직도 충격적일 만큼 최근의 일이다. 어쩌면 그것이 이 사건이 여전히 마무리되지 않은 듯한 느낌을 주는 이유일지도 모른다. 그 이후 몇십 년 동안 이 두 신생 국가는 국경을 둘러싸고 네 차례 전쟁을 치렀다. 세 차례는 카슈미르를 두고 벌어진 전쟁이었으며, 카슈미르는 번왕국으로 남겨져 분할 당시 명확한 합의에 포함되지 않았다. 네 번째 전쟁은 1971년에 일어났으며, 당시 동파키스탄이 독립을 시도하면서 또 다른 신생 국가 '방글라데시'가 탄생하는 계기가 되었다. 이 때문에 수백만 명의 사람들이 영국령 인도에서 파키스탄을 거쳐 방글라데시 국민이 되었지만, 한 발짝도 움직이지 않은 채 국적이 세 번이나 바뀌는 기이한 일이 벌어졌다. 이제 인도와 파키스탄 모두 핵무기를 보유한 국가가 되었다. 우리는 이제 이들이 다시는 전쟁을 일으키지 않기만을 바라야 한다.

    이 미완성의 역사는 또 다른 방식으로도 계속되고 있다. 이전까지 혼합된 종교 공동체가 공존하던 펀자브는 래드클리프 선에 의해 거의 완벽하게 분리되었다. 그러나 인도 분할은 주로 북인도에서 벌어진 현상이었으며, 21세기가 시작될 무렵까지도 인도에는 파키스탄보다 더 많은 무슬림 인구가 살고 있었다. 그러나 2014년 이후 인도는 나렌드라 모디 총리와 힌두 민족주의 정당인 인도국민당의 통치하에 놓이게 되었다. 점점 더 종교적 소수자들에게 배타적인 나라로 변해가는 인도의 모습을 보면, 1946년부터 일 년 동안 벌어진 사건들이 여전히 인도 아대륙을 떠돌고 있다는 사실을 부정하기 어렵다. ○

22
철의 장막과 베를린 분단

유령역을 경유하다

1970년대 어느 날, 당신이 탄 비행기가 서베를린 도심 남쪽에 위치한 템펠호프 공항에 착륙하지만, 최종 목적지는 도심 북쪽의 베딩이다. 그래서 당신은 지하로 내려가 우반U-Bahn 열차를 탄다. 노선은 6번, 지도에는 보라색으로 표시되어 있다.

처음에는 이 열차가 당신이 본국에서 타던 것과 별반 다르지 않아 보인다. 객차 벽에 붙은 광고와 사람들이 얼굴을 숨기고 읽는 신문은 모두 독일어로 되어 있지만, 긴장된 침묵, 지루한 듯한 무표정, 서로 눈을 마주치지 않는 태도는 어느 지하철에서나 볼 수 있는 익숙한 광경이다.

그러나 코흐슈트라세역을 지나면서 무언가 달라진다. 열차는 다음 역에서 멈추지 않고, 그다음 역에서도 정차하지 않으며, 단지 속도를 줄인다. 창문을 통해 거의 걷는 속도로 지나가는 역들을 보면 어둠이 내려앉은 플랫폼이 보인다. 그곳에는 그림자처럼 보이는 제복을 입은 인물들이 순찰을 돌고 있으며, 그들의 손은 당신이 차마 생각하고 싶지 않은 물건을 단단히 쥐고 있다. 그들 너머 벽에는 색이 바래고 벗겨진 광고판들이 걸려 있는데, 거기에는 어렴풋이 기억나는 과거의 제품들이 홍보되고 있다. 프리드리히슈트라세역에서 열차가 멈추지만, 안내 방송은 환승을 위한 정차일 뿐이며, 서류가 없는 승객은 역을 떠날 수 없다고 경고한다.

그리고 몇 정거장이 더 지나면 모든 것이 다시 정상으로 돌아온다. 열차가 멈추면 승객들이 내리고 새 승객들이 올라탄다. 당신은 다시 안전한 서쪽에 돌아왔다. 그러나 잠시 동안 당신은 단순한 국가 간의 경계를 넘어, 두 개의 세계를 가르는 경계를 지나왔다. 당신은 소련의 동베를린 아래를 지나갔으며 베를린장벽을 넘었다.

베를린, 독일, 유럽, 그리고 세계를 두 개의 적대적 진영으로 분리했던 이 경계선은 20세기 가장 중요한 국경선이었다고 할 수 있다. 2차 세계대전이 끝나가던 1945년, 연합국은 독일과 그 수도인 베를린을 각각 네 개의 점령 구역으로 나누었다. 미국, 영국, 프랑스, 그리고 소련이 각각 한 구역씩 차지했다. 전쟁이 연합국의 승리로 끝나자마자 의심과 냉전이 자리 잡기 시작했고, 1949년까지 서방 연합국이 점령한 세 개의 구역은 서독으로 통합됐다. 한편 소련이 점령한 지역은 독일민주공화국으로 불렸는데, 국가 이름에 '민주'라는 단어가 들어갈 경우 실제로 민주주의가 이루어지지 않는다는 점은 익히 알려진 사실이었다. 결국 두 국가는 다른 이름으로 불리게 되었다. 서독과 동독.

1946년 3월, 아직 두 국가가 공식적으로 출범하기도 전이었지만 이미 분단이 예고된 가운데 영국의 전·현직 총리였던 윈스턴 처칠은 세계의 인식 속에서 이 경계선을 규정하는 연설을 남겼다. 그는 미주리주 웨스트민스터대학교에서 이렇게 말했다. "발트해의 슈테틴에서 아드리아해의 트리에스테까지 대륙을 가로지르는 철의 장막이 내려졌다. 그 선 뒤에는 중부 및 동유럽의 모든 수도가 자리하고 있다. 바르샤바, 베를린, 프라하, 빈, 부다페스트, 베오그라드, 부쿠레슈티, 소피아. 이 모든 유명한 도시들과 그 주변 인구는, 내가 '소련의 영향권'이라고 부를 수밖에 없는 영역에 속해 있다."

처칠이 표현한 '철의 장막'은 동서유럽을 가로지르는 수천 킬로미터 길이의 철조망, 장벽, 지뢰밭, 감시탑 등으로 이루어진 새로운 분단선을 지칭하는 상징적 용어로 자리 잡았다. 이 분단선은 20세기의 대부분 동안 유지됐다. 하지만 그의 연설에는 한 가지 작은 오류가 있었다. 베를린이 물리적으로는 철의 장막 뒤에 있었지만, 도시의 4분의 3은 여전히 서방 연합국의 손에 있었다.

서방 연합국은 포위된 상황에서도 결코 물러나지 않겠다는 입장을 분명히 했다. 1948년 초 연합국이 자신들의 점령 구역의 경제를 통합하려 하자 소련은 베를린을 봉쇄하는 방식으로 대응했다. 소련은 식량과 연료 공급을 차단하면 연합국이 철수 압박을 받을 것이라고 예상했다. 그러나 연합국은 이에 맞서 11개월간 '베를린 공수작전'을 감행했다. 23만 회 이상의 비행을 통해 230만 톤의 물자가 공중 수송됐으며, 일부 비행기는 어린이들을 위해 사탕을 낙하시키기도 했다. 결국 소련은 연합국을 몰아내는 데 실패했을 뿐만 아니라, 오히려 베를린을 자유의 상징으로 만들어버렸다. 1949년 5월 봉쇄가 해제되었고, 4개월 후에는 공수작전도 종료되었다.

　이후 몇 년 동안 베를린은 계속해서 분단된 상태로 유지됐으며, 서베를린의 존재는 소련에 지속적인 골칫거리가 되었다. 이는 단순한 이미지상의 문제가 아니었다. 수백만 명의 동독 주민들이 서베를린을 통해 서방으로 탈출했다. 서베를린은 독일민주공화국 한가운데에서 거대한 '출구'처럼 기능했다.

　결국 1961년, 이 '두뇌 유출'에 지친 소련 지도자 니키타 흐루쇼프는 서방군에 베를린에서 철수하라는 최후통첩을 보냈다. 하지만 서방이 떠나기를 거부하자, 소련은 그들을 가두어버리기로 결정했다.

　8월 12일에서 13일로 넘어가는 밤, 소련의 위성국인 동독 정부는 '내부의 적' 주위에 물리적 장벽을 건설하라는 법령을 통과시켰다. 처음에 장벽은 단순한 철조망과 시멘트 블록으로 이루어진 임시 구조물이었으며, 도시를 가로지르는 45킬로미터와 그 외곽을 감싸는 120킬로미터 길이로 확장됐다. 이후 장벽은 더욱 정교하고 위압적인 형태로 발전했다. 국경선에는 높이 5미터에 달하는 콘크리트 벽이 세워졌고, 그 몇 미터 뒤 동독 영토 안쪽에도 또 하나의 장벽이 지어졌다. 그 사이의 공간은 '죽음의 지대'로 불렸으며, 감시탑과 경보 장치가 설치된 모래밭이었다. 누군가 첫 번째 장벽을 넘더라도 모래에 발자국이 남거나, 울타리에 설치된 두 개의 철선을 건드리면 경보가 울렸다. 어쨌든 무장한 경비병들은 즉시 그들의 존재를 감지하게 되어 있었다.

　이 장면들은 수많은 스파이 영화에서 익숙하게 보아온 모습이다. 베를린 장벽이 세워지기 전, 지난 12년 동안 최소 250만 명의 동독 주민들이 서베를린을 통해 서방으로 탈출했다. 그러나 이후 28년 동안 장벽을 넘어 자유를 찾은 사람은 고작 5,000명에 불과했다. 그보다 훨씬 많은 이들이 시도하다가 붙잡혔으며, 거의 200명은 그 과정에서 목숨을 잃었다.

이 지점에서 잠시 생각해볼 필요가 있다. 이것이 얼마나 기이한 일이었는지를. 많은 문명이 적의 침입을 막기 위해 성벽을 쌓아왔으며 일부는 주민들이 탈출하지 못하도록 벽을 세우기도 했다. 그러나 거의 30년 동안 세계에서 가장 유명했던 경계였던 베를린장벽이 특이했던 점은 이 두 가지 역할 중 어느 것도 하지 않았다는 것이다. 동독과 소련 당국이 장벽으로 둘러싸고 가둔 대상은 바로 그들 자신의 국민이었다. 아이러니하게도 장벽의 바깥쪽 사람들이야말로 원래 자유롭게 떠날 수 있는 이들이었다.

이 이야기에서 덜 알려진 측면 중 하나는 장벽이 베를린의 철도망에 미친 영향이다. 분단된 것은 단순한 역사적 도시가 아니라 현대적인 교통 인프라를 갖춘 도시였다. 지상 철도망의 경우 장벽 건설에 큰 어려움이 없었다. 선로는 끊기고, 철거됐으며, 그 자리를 따라 장벽이 세워졌다. 우반 여덟 개 노선 중 일부도 쉽게 분리될 수 있었다. 예를 들어 동서 방향으로 20킬로미터를 가로지르던 U2 노선은 두 개의 구간으로 나뉘어 독립적으로 운영되었다. 그러나 두 개의 우반 노선과 남북 방향으로 달리는 에스반S-Bahn 터널은 문제가 되었다. 이들은 모두 두 번씩 장벽을 지나며 서베를린의 북부와 남부를 연결했지만, 도심에서는 잠깐 동안 동베를린을 통과해야 했다.

결국 절충안이 마련됐다. 서베를린은 동베를린 영토 아래를 지나가는 열차를 계속 운행할 수 있도록 허용됐으나, 그 대가로 통행료를 지불해야 했다. 하지만 국경 경비 체계를 유지하기 위해 동베를린 측은 해당 열차가 지나가는 역들을 모두 폐쇄했다. 이렇게 탄생한 것이 '유령역'이었다. 이들 역의 출입구는 봉쇄됐고, 플랫폼은 장벽 위의 거리처럼 무장한 경비병들이 순찰을 돌았다. 경비병들은 반드시 두 명씩 짝을 지어 근무했는데, 이는 둘 중 하나가 열차를 타고 탈출하고 싶은 충동을 느끼는 것을 막기 위한 조치였다.

유일한 예외는 프리드리히슈트라세역이었다. 이곳은 동베를린 영토 아래 위치했지만, 서방 승객들을 위한 환승역으로 남아 있었고, 동시에 적절한 서류를 갖춘 서방인들이 동베를린으로 입국할 수 있는 출입국 지점 역할도 했다. 하지만 동베를린 시민들에게는 그러한 선택권이 주어지지 않았다. 역의 구조는 아예 동·서베를린 시민들이 서로 섞일 수 없도록 통로가 차단된 형태로 재설계됐다.

베를린의 분단과 그 배경이 된 정치적 현실이 얼마나 절대적이었는지를 가장 잘 보여주는 사례 중 하나는 양측이 지도 제작에 대해 취했던 태도다. 당시 서베를린의 우반 노선도에는 동베를린에 위치한 역들이 표시되어 있긴 했지만, 모두 폐쇄된 것으로 표기되어 있었다. 또한, 서독 당국은 동독이 운영하는 에스반을 아예 지도에서 제외했는데, 이는 서베를린 시민들이 동독 당국이 운영하는 철도를 이용하지 않고 서독이 운영하는 철도에 돈을 쓰도록 유도하기 위한 것이었다. 하지만 동독의 지도 제작 방식은 한층 더 극단적이었다. 초기 지도에서는 베를린을 '민주 베를린'과 '서베를린: 미국, 영국, 프랑스 점령 정권 지역'으로 표기했다. 1988년에 이르러서는 서베를린을 아예 지도에서 삭제해버렸다. 마치 그곳이 존재하지 않는 것처럼.

그러나 이러한 지도를 만든 사람들은 자신들이 '동베를린'이라는 개념을 의미 있게 사용할 마지막 세대가 될 것이라는 사실을 알지 못했다. 1989년 동유럽 전역에서 연이은 혁명이 일어났고, 각국 정부가 하나둘씩 개방 정책을 시행하며 소련의 영향에서 벗어나기 시작했다. 그리고 11월 9일, 몇 주간의 시위 끝에 동독 정부는 국경 개방을 발표했다. 그날 밤 베를린 시민들은 스스로 장벽을 허물기 시작했다. 이틀 후, 얀노비츠브뤼케역이 유령역 중 처음으로 다시 문을 열었다. 1990년 8월, 동독은 서독과 통합됐으며 1991년 6월, 독일 연방의회는 수도를 다시 베를린으로 옮기기로 했다. 이제 베를린을 오가면서 이 도시가 한때 두 개의 서로 다른 세계로 나뉘어 있었다는 사실을 깨닫기는 어렵다.

나는 베를린장벽이 무너진 지 15년이 넘어서야 처음으로 이곳을 방문했다. 하지만 이 이야기는 이 책에 실린 다른 많은 이야기와 달리 나에게 개인적인 의미가 있다. 장벽이 무너졌을 때 나는 아홉 살이었고, 그때조차도 그것이 하나의 시대가 끝나는 순간이라는 것을 느꼈다. 장벽은 내 평생 존재해왔던 것이었으며, 독일이 동독과 서독으로 나뉘어 있다는 사실은 마치 이탈리아와 프랑스가 각각 다른 국가인 것만큼이나 자연스럽게 느껴졌다. 그러나 그것은 결코 자연스러운 것이 아니었다. 장벽은 실제로 그렇게 오래 서 있지도 않았다. 불과 30년도 되지 않는 짧은 기간 동안 존재했으며, 지금은 장벽이 붕괴된 시간의 흐름이 그것이 존재했던 시간보다 길어졌다. 우리는 국경과 함께 성장하면서 그것이 마치 산과 바다처럼 영원하고 자연스러운 것이라고 믿기 쉽다. 하지만 그것이 사실은 불과 몇 년 전에 인위적으로 설정된 경계라는 점은 쉽게 떠올리지 못한다.

그러나 베를린장벽과 동독은 이후 몇 년 동안 사라진 다른 국경과 국가들과 마찬가지로 결코 자연스러운 것이 아니었다. 체코슬로바키아나 소련과 다를 바 없었으며, 마찬가지로 후에 그 자리를 대신한 새로운 국가들과도 마찬가지였다. 국경은 지워질 수 있고, 국가는 사라질 수 있다. 언젠가 이들 역시 역사의 흐름 속에서 사라질 수 있다.

하지만 그렇다고 해서 그 영향이 함께 사라지는 것은 아니다. 2012년까지도 네덜란드 우주비행사 안드레 카이퍼스는 국제우주정거장에서 베를린을 촬영했다. 장벽이 무너진 지 20년이 넘었음에도 거리 조명 색상의 미세한 차이로 도시의 두 반쪽은 구별 가능했다. 한편, 철의 장막이 지나갔던 자리에는 '유럽 그린벨트'가 형성됐다. 수십 년 동안 인간의 간섭이 사라진 이 땅에서 희귀한 식물과 동물이 번성할 수 있었다. 때때로 심지어 가장 어두운 역사 속에서도 긍정적인 무언가가 탄생하기도 하는 법이다. ○

유산

- ✓ 지속되는 외교 정책 문제
- ✓ 경계를 설정하는 데 있어 기묘한 장소
- ✓ 도시를 정의하는 데 따르는 몇 가지 문제
- ✓ 현대 지도에서 발생하는 몇 가지 문제

Part 2

23
칼리닌그라드와 동독 그리고 서러시아

세계의 끝자락에서 포효하다

2022년 여름, 유럽에서 가장 작은 나라 중 하나가 유럽에서 가장 큰 나라를 격분하게 했다. 그해 6월, 웨스트버지니아보다 약간 더 큰 면적에 300만 명이 거주하는 리투아니아는 자국 영토를 통과하는 러시아의 금속 운송을 금지하겠다고 발표했다. 그다음 달, 이러한 조치는 우크라이나 전쟁에 항의하는 유럽연합의 제재 프로그램의 일환으로 콘크리트, 목재, 화학물질 및 주류까지 포함하도록 확대됐다.

비록 이 제재가 모든 상품을 대상으로 한 것은 아니었으며, 실제로 사람들의 이동을 제한한 것도 아니었지만 모스크바는 분노했다. 러시아 정부는 금지 조치가 해제되지 않으면 "가혹한 조치"를 취할 것이라고 경고했다. 한편 러시아 국가안보회의 서기 니콜라이 파트루셰프는 "리투아니아 국민에게 심각한 부정적 영향을 미칠 것"이라고 위협했다.

만약 우리가 비록 현실에서는 상상하기 어려운 일이지만 작은 물고기와 곰이 실제로 상호작용할 수 있는 상황을 떠올려볼 수 있다면, 리투아니아와 러시아 간의 이번 사태는 작은 리투아니아 물고기가 거대한 러시아 곰을 격분하게 만든 사례라 할 수 있다. 그러나 리투아니아는 단순히 웨스트버지니아보다 약간 더 큰 영토가 아니다. 이 나라는 유라시아 대륙의 광대한 러시아 본토와 그에 속한 발트해 연안의 전략적 월경지인 칼리닌그라드 사이에 위치한 작은 영토다. 칼리닌그라드는 러시아의 주권 영토로, 유럽연합 회원국들에 둘러싸여 있으며, 평소라면 그곳 주민들이 휴가를 보내거나 쇼핑하러 가는 곳이다. 모스크바가 이번 제재를 "주권적인 러시아 영토에 대한 사실상의 봉쇄"라고 주장했을 때, 이는 완전히 틀린 말은 아니었다.

칼리닌그라드주의 명칭은 전체 인구의 절반가량이 거주하는 도시에서 유래한 것으로, 이 지역의 크기는 미국 코네티컷주보다 조금 더 크다. 발트해의 남동쪽 끝에 위치하며 남쪽과 서쪽으로는 폴란드, 북쪽과 동쪽으로는 리투아니아와 접해 있다. 남쪽으로 약 300킬로미터 떨어진 곳에는 스웨덴의 최남단이 위치해 있다. 그러나 핵심적인 사실은 이곳이 러시아의 월경지라는 점이다. 즉, 러시아 본토와 완전히 분리된 지역으로, 가장 가까운 지점조차 본국에서 350킬로미터 이상 떨어져 있다. 그 사이에 있는 모든 영토가 러시아의 이해관계에 적대적인 것은 아니다. 그중 상당 부분은 러시아의 마지막 남은 유럽 동맹국인 벨라루스가 차지하고 있다. 하지만 지상으로 이동하려면 반드시 폴란드나 리투아니아, 혹은 두 나라를 모두 거쳐야 한다.

러시아가 어떻게 이러한 발트해 연안의 영토를 가지게 되었는지 이해하려면 예상과 다르게 독일의 역사를 살펴봐야 한다.

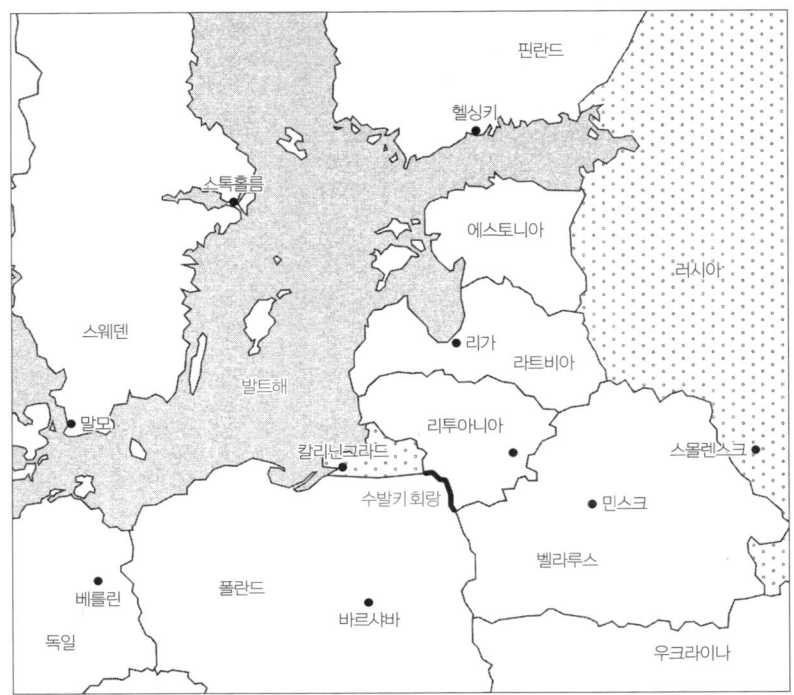

현재의 발트해 주변 지역.

중세 시대까지 이 지역에는 프로이센인, 고대 프로이센인, 혹은 발트 프로이센인이라고 불리는 사람들이 거주했다. 이들은 기독교를 믿지 않는 부족이었으며, 우리가 흔히 알고 있는 후대의 프로이센인들과는 전혀 다른 존재였다. 그러나 13세기 어느 시점에 독일어를 사용하는 기사단이 이곳에 나타났다. 이들은 십자군 원정에서 돌아온 후, 교회를 위해 새로운 방식으로 폭력을 행사할 기회를 찾고 있었다. 1226년 한 폴란드 공작이 그들에게 발트해 북동부의 이교도 땅을 정복하는 것이 좋겠다고 제안했다. 이에 따라 튜튼 기사단은 수십 년간 지속된 북방 십자군을 개시해서 프로이센인들을 전멸시키고 그들의 땅을 정복했다. 그 과정에서 기존의 도시를 파괴한 후, 그 자리에 더 독일적인 도시를 건설했다. 그들은 이곳을 쾨니히스베르크, 즉 '왕의 산'이라 명명했다. 게다가 프로이센인의 이름마저 훔쳐갔다.

이 지역은 이후 여러 형태로 변화했다. 처음에는 독일 기사단국, 즉 튜튼 기사단의 국가로 시작됐다. 그러다 37대 총장 알베르트가 전사 수도사의 삶을 포기하고 루터교로 개종하면서, 좀 더 세속적인 '프로이센 공국'이 되었다. 이후 이 지역은 프로이센 왕국으로 발전했고, 이웃한 브란덴부르크 선제후국과 합병됐다. 때때로 이 지역은 폴란드와 긴밀한 동맹을 맺었고 때로는 폴란드의 적이 되기도 했다. 하지만 오늘날 독일이 차지하고 있는 영토보다 수백 킬로미터 동쪽에 위치했음에도, 과거 '고대 프로이센인'의 땅은 완전히, 그리고 부인할 수 없이 독일의 일부였다.

게다가 이곳은 단순한 변방이 아니었다. 비스마르크(15장 참고) 치하에서 프로이센은 새로운 독일제국 통일의 핵심 동력이 되었다. 한편 쾨니히스베르크는 한자동맹에 속한 교역 도시로 발트해의 주요 항구로 성장했다. 또한 1544년 루터교도로 개종한 알베르트가 설립한 대학 덕분에 이 도시는 주요한 지적 중심지가 되었으며, 가장 유명한 졸업생으로 철학자 임마누엘 칸트가 있다. 심지어 이 도시의 일곱 개 다리는 수학적으로 유명한 문제를 탄생시켰다. 쾨니히스베르크는 베를린에서 500킬로미터, 라인강에서 거의 1,000킬로미터나 떨어져 있었지만, 중요한 지식의 중심 도시였다.

그러나 20세기가 도래했다. 1차 세계대전 이후 첫 번째 주요 영토 변화가 일어났다. 연합국의 평화 조건 중 하나는 폴란드가 다시 국가를 가져야 한다는 것이었다. 이는 약 150년 전 프로이센, 러시아, 오스트리아에 의해 폴란드가 분할된 이후 처음 있는 일이었다. 더 나아가 폴란드는 안정적인 해양 접근권을 가져야 했으며, 이를 위해 과거 서프로이센 지역을 관통하는 '폴란드 회랑'이 만들어졌다. 역사적으로 이 지역은 폴란드 일부였으며, 당시에도 여전히 많은 폴란드인이 거주하고 있었다. 그러나 이 조치는 동프로이센을 독일 본토에서 단절된 월경지로 만들어 독일 내 상당한 불만을 불러일으켰으며, 나치는 이를 정치적 선전과 지지를 얻는 수단으로 활용했다.

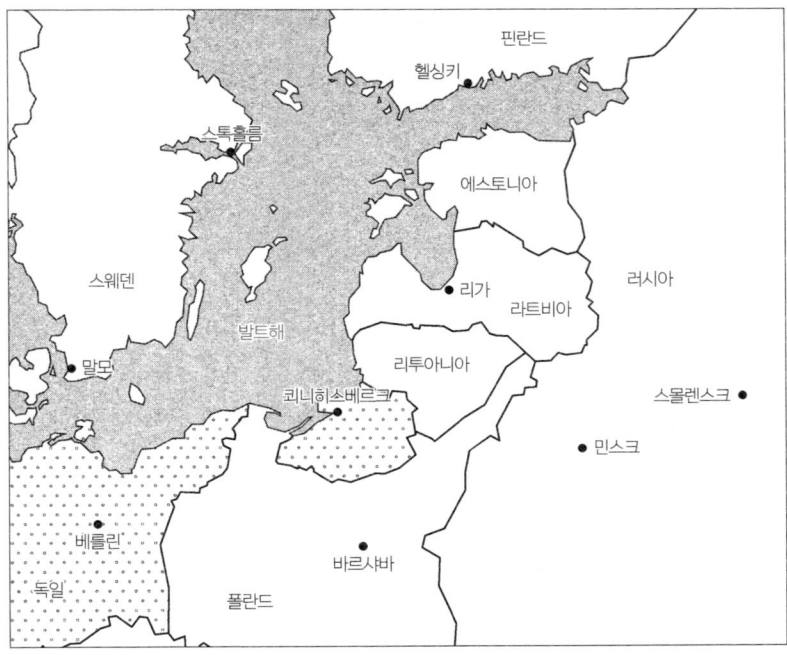

세계대전 중의 발트해 주변 지역. 쾨니히스베르크/칼리닌그라드는 그 이후 독일의 최동단 전초기지에서 러시아의 최서단 행정구가 되었다.

이 모든 것이(여기서 다소 단순화해서 설명하자면) 2차 세계대전 발발에 기여했다. 1945년 무렵, 독일이 패배하고 있음이 명확해졌다. 적군이 접근하자 소련군이 독일인들에게 가한 보복 학살에 대한 소문이 퍼지기 시작했다. 이는 나치가 자신들이 점령한 지역에서 저지른 잔혹 행위에 대한 복수로 여겨졌다. 이에 독일 정부는 동프로이센에서 독일인들을 대대적으로 철수시키기로 결정했다. 700년간 독일이었던 쾨니히스베르크는 더 이상 독일이 아니었다.

그해 여름 열린 포츠담 평화회의에서 소련의 동프로이센 점령이 공식적으로 인정받았다. 전쟁 기간 동안 소련에 강제로 편입된 동유럽 지역은 이곳뿐만이 아니었다. 발트삼국과 폴란드 일부 지역도 소련의 지배 아래 들어갔다. 그러나 쾨니히스베르크 지역이 특별했던 이유는 기존 주민들이 이미 떠난 상태였다는 점이었다. 남아 있던 소수의 독일인들도 추방될 위기에 놓였다. 따라서 이곳에는 기존 소련 시민들이 이주해 정착할 수 있었다. 1946년 소련 정부는 이 도시와 그 주변 지역을 하나의 행정 구역으로 편성하고, 최근 사망한 소련의 정치가 미하일 칼리닌을 기려 '칼리닌그라드'라는 이름을 붙였다.

다시 말해 이 도시는 역사상 두 번째로 침략군에 의해 철저히 파괴된 후 새로운 인구로 대체됐다. 한때 쾨니히스베르크는 독일의 동쪽 최전선이었다면 이제 칼리닌그라드는 러시아의 서쪽 최전선이 된 것이다. 발트 함대의 본거지였던 이 도시는 안보상의 이유로 외부 방문객들에게 폐쇄됐다. 그러나 지리적 위치와 상당수의 주민이 선원이라는 특성 덕분에 이곳은 러시아 내 다른 지역보다 서방의 문화적 영향을 더 쉽게 받았다. 서방 음악과 패션이 이곳에서 더욱 빠르게 전파됐다. 2018년 칼리닌그라드 출신 언론인 올렉 카신은 《가디언》과의 인터뷰에서 이곳 주민들에 대해 "우리 가족들은 모두 소련 전역의 다양한 지역에서 이곳으로 이주해왔다. 우리는 새로운 가치 체계를 가진 '문화 용광로'를 형성했다. 이는 마치 미국인들이 자신의 정체성을 인식하는 방식과도 유사하다."라고 말했다.

1991년 소련이 붕괴하면서 칼리닌그라드는 하나의 문제로 떠올랐다. 그 동쪽에 위치한 소련 공화국들은 독립할 수 있었다. 일부는 라트비아나 리투아니아처럼 역사적으로 존재했던 국가로 부활했고, 벨라루스처럼 완전히 새로운 국가도 탄생했다. 그러나 칼리닌그라드는 독립 공화국이 아니었으며, 독자적인 민족적 정체성도 없었다. 게다가 이곳은 러시아가 보유한 발트해 연안의 유일한 부동항이었으며, 전략적으로 중요한 군사 기지였다. 결국 칼리닌그라드는 러시아 연방의 일부로 남게 되었다. 단, 본토와 수백 킬로미터 떨어져 타국 영토에 완전히 둘러싸인 상태였다.

이로 인해 폴란드와 리투아니아 국경에 위치한 수발키 회랑은 예상 외로 중요한 전략적 요충지가 되었다. 만약 러시아가 이 회랑을 차단한다면 발트삼국과 그 동맹국 간의 육상 교통로가 끊긴다. 반대로 서방이 이를 차단할 경우 러시아와 칼리닌그라드 간의 통신이 단절될 수도 있다. 이를 막기 위해 1990년대 비교적 평화로운 시기 동안 러시아 정부는 폴란드 영토를 통과하는 도로 또는 철도를 별도로 관리할 수 있는 '외부 영토 회랑'을 요청했다. 그러나 폴란드는 이에 회의적이었다. 이는 2차 세계대전 직전, 나치 독일이 폴란드 회랑을 요구한 전례를 떠올리게 했기 때문이다. 이후 폴란드와 발트삼국은 유럽연합과 북대서양조약기구NATO에 가입하면서 러시아의 공격에 대한 추가적인 방어망을 확보했지만, 칼리닌그라드는 더욱 고립됐다.

결과적으로 러시아는 서쪽 최전선에 반#월경지를 보유하게 되었다. 이곳은 국가 안보상 매우 중요한 지역이지만, 나토 회원국들에 의해 완전히 둘러싸여 있다. 게다가 칼리닌그라드 주민들은 비교적 자유롭게 국경을 넘어 폴란드나 리투아니아로 이동할 수 있었기 때문에 크렘린의 반서방 선전에 더 회의적인 태도를 보이게 되었다. 심지어 '재독일화'에 대한 논의도 나오고 있다. 과거 프로이센 시대의 거리 이름을 복원하거나, 쾨니히스베르크 성을 재건하는 등의 계획이 거론된 것이다. 이 성은 2차 세계대전에서 대부분 파괴됐으며, 남아 있던 유적도 1968년 레오니트 브레즈네프의 명령으로 철거됐다.

러시아가 이 상황에 대해 할 수 있는 일이 무엇인지 불확실하다. 러시아는 칼리닌그라드에 핵미사일을 배치하겠다고 위협해왔다. 이는 사실상 적진 후방에 파괴적인 무기를 배치하는 것과 같지만, 서방의 정보기관들은 이미 칼리닌그라드에 핵무기가 존재할 가능성을 가정해왔기 때문에, 이러한 위협은 공허한 경고처럼 보인다.

2003년 이후 리투아니아는 러시아 본토와 칼리닌그라드 사이의 인적·물적 이동을 허용해왔다. 이를 위협한 것은 리투아니아 정책의 변화가 아니라 우크라이나 전쟁과 그로 인한 제재였다. 따라서 만약 러시아가 정말로 칼리닌그라드와 본토 간의 연결을 유지하고 싶다면, 동유럽 이웃 국가에 대한 적대적 행위를 중단하는 것이 최선의 방안일지도 모른다. 한번 시도해볼 가치는 분명히 있다. ○

24
비르 타월의 기묘한 사례

지구상에 주인 없는 땅이 존재하다

이집트와 수단 국경에 위치한 작은 사막 지역인 비르 타월은 종종 '지구상에서 마지막으로 남은 무주지無主地'라고 묘사된다. 그러나 이 표현은 적어도 두 가지 측면에서 틀렸다. 우선, 마리 버드 랜드라는 지역이 존재한다. 남극 대륙의 9분의 1을 차지하는 이곳은 프랑스의 세 배 크기며, 여전히 어느 국가에도 속하지 않은 상태다. 우리는 이후에 이 문제로 다시 돌아올 것이다(44장 참조).

둘째, 비르 타월은 결코 무주지가 아니다. 인터넷상에서 키보드만 두드리며 이 북동아프리카의 영토를 주장한 사람들은 다음과 같다. '비르 타월 주'는 웹사이트를 통해 공동 통치자였던 애덤 1세와 키런 1세 간의 내전을 설명하며, 키런 1세는 현재 '서비르 타월의 독재자'로서 '빈스 장군'이라 자칭하고 있다고 전한다. 비르 타월 왕국은 2010년, "세계를 평화와 정의의 빛나는 본보기로 만들고자 하는 책임감 있는 시민들에 의해" 설립됐다고 주장한다. 현재 등록된 시민 수는

14명이며 계속 증가하고 있다지만, 2010년이 벌써 한참 지난 지금까지도 그 속도는 그리 빠르지 않다. 또 하나는 '비르 타윌 토후국'이다. 2011년 보도 자료에 따르면 루이빌 출신의 셰이크 앤드루 S. 에드워즈가 "국제법, 종교법, 역사 기록을 이용해" 이 토후국을 설립했다고 한다. 이들이 인용한 법률에는 1933년 몬테비데오 조약과 1856년 미국의 구아노섬법률이 포함된다. 그 외에도 비르 타윌 대공국, 비르 타윌 제국, 비르 타윌 아랍연합 공화국, 비르 타윌 월면 토후국 등이 존재한다.

이들 대부분은 실제로 비르 타윌을 방문한 적이 없다. 반면 직접 현장을 밟아본 인물도 있다. 《가디언》의 전 이집트 특파원 잭 셴커는 2011년 이곳을 방문하며 자신이 소유권을 주장할 수도 있다는 생각을 가졌다. 그러나 이곳이 단순히 인간의 어리석음을 보여주는 흥미로운 사례가 아니라 나름의 역사적 맥락을 지닌 실재하는 장소임을 깨닫고 계획을 포기했다.

마지막으로 주목할 인물은 미국 버지니아 출신의 농부 제러마이아 히튼이다. 그의 딸 에밀리가 자신이 공주가 되고 싶다고 말하자, 그는 직접 비르 타윌을 방문해 깃발을 꽂은 후, SNS에 다음과 같은 글을 남겼다. "이에 선포하노니, 비르 타윌은 영원히 '북수단 왕국'으로 불릴 것이다. 이 왕국은 나를 국가 원수로 하는 주권 군주제로 설립되며, 에밀리는 실제 공주가 될 것이다." 이 이야기를 한 가지 시각에서 보면 꽤나 따뜻한 일화일 수도 있다. 그러나 또 다른 시각, 즉 역사적으로 백인들이 깃발을 들고 나타나 영토를 점령했던 경험이 있는 사람들의 입장에서 보면 이는 불편한 장면일 수 있다.

어쨌든 비르 타윌은 무주지가 아니다. 오히려 수많은 이들이 적극적으로 점유를 주장하고 있는 지역이다. 하지만 공식적으로 어느 국가도 이곳을 소유하지 않았다. 오히려, 두 국가가 공식적으로 이 영토를 포기했기에, 이곳이 유명해진 것이다.

비르 타윌은 북쪽으로 이집트, 남쪽으로 수단과 접한 누비아사막 내에 위치한다. 그 면적은 2,060제곱킬로미터로, 마리 버드 랜드처럼 '프랑스의 세 배 크기'는 아니지만, 영국의 서리와 비슷한 규모다. 솔직히 말해 이곳에는 거의 아무것도 없다. 이 지역에는 도시나 영구적인 거주지가 없으며, 상주하는 인구도 없다. 다만, 일부 유목 부족이 가끔 비옥한 지역을 찾아 지나갈 뿐이다. 구글 지도에서 검색해보면, 그저 아무런 특징도 없는 베이지색의 사각형이 보일 것이다. 그야말로 '텅 빈 곳'이다.

그러나 역사적으로는 수많은 이들이 소유를 주장해왔다. 접근하기 어려운 지역임에도 비르 타윌은 여러 제국의 변방을 거쳐왔다. 이집트, 누비아, 오스만제국, 그리고 영국이 이곳을 지배했다. 그리고 영국이 아프리카 지도에 선을 긋는 것을 즐겼던 덕분에, 비르 타윌은 '원치 않는 영토'라는 특이한 지위를 얻게 되었다.

그 이유는 영국이 한 줄이 아닌 두 개의 국경선을 그었기 때문이다.

첫 번째 국경선은 영국과 그들의 '비밀 식민지가 아니다'라고 주장했던 이집트, 그리고 수단 사이에서 벌어진 18년간의 전쟁 끝에 정해졌다. 1899년 수단이 패배하면서, 이집트라는 지구상에서 가장 오래된 문명과 대영제국이라는 인류 역사상 가장 거대한 제국이 연합하여 이 정복된 지역을 공동 통치하기로 합의했다. 이것이 바로 1913년

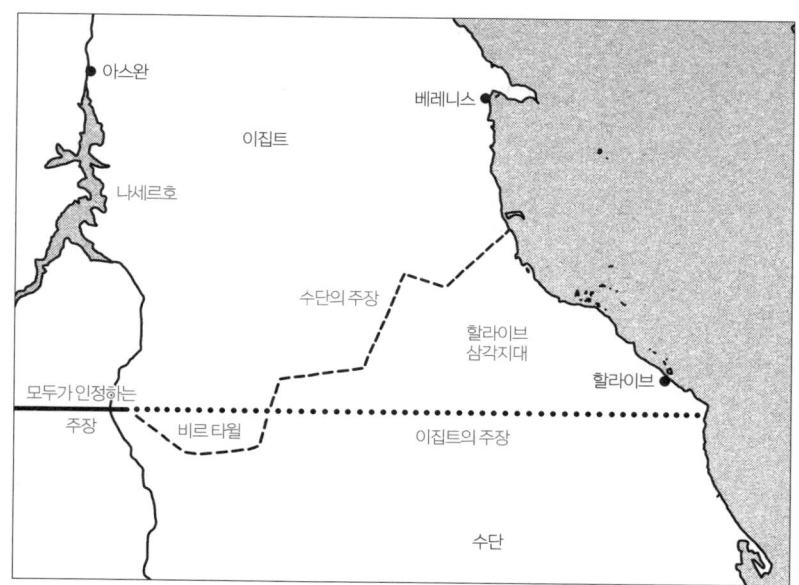

국경을 정하면서 이집트와 수단 간의 충돌이 벌어졌다. 양측 모두 할라이브 삼각지대는 자국 영토라고 주장하면서 비르 타윌은 밀어냈다.

켈리와 터프넬 대위의 탐험이 이루어진 배경이다(17장 참조). 이 합의에 따라, '정치적 국경선'은 이집트와 영국-이집트 공동 통치령 사이에 위치한 북위 22도선에 설정됐다.

일반적으로 말해 이 경계선은 여전히 존재한다. 동북아프리카의 지도를 보면 이집트와 수단 사이의 국경이 동쪽으로 홍해까지 1,200킬로미터에 걸쳐 직선으로 이어져 있음을 알 수 있다. 그러나 이 가운데 서쪽 850킬로미터 구간만이 이의 없이 확정된 국경이며, 마지막 450킬로미터는 국경 분쟁을 나타내는 점선으로 표시된다. 이 점선과 함께 등장하는 또 하나의 국경선은 22도선을 따라가다가 먼저 남쪽으로 내려가 수단 사막을 통과한 후, 다시 북쪽으로 되돌아와 이집트의 해안 도시 샬라틴까지 이어지는 경로를 따른다.

이것이 바로 영국이 1902년에 설정한 두 번째 국경선, 즉 '행정 경계선'이다. 당시 대영제국 당국은 22도선 남쪽에 위치한 사다리꼴 모양의 지역, 비르 타윌이 아스완 근처 북쪽에 거주하는 아바브다 부족의 방목지로 주로 사용된다는 사실을 인지하고 있었다. 반면 더 동쪽에 위치한 22도선 북쪽의 훨씬 더 넓은 지역, 즉 20만 580제곱킬로미터에 달하는 할라이브 삼각지대는 남쪽의 수단 거주민들과 더 밀접한 연관을 맺고 있었다. 따라서 비르 타윌을 카이로에서, 할라이브 삼각지대를 하르툼에서 행정적으로 관리하는 것이 합리적이라고 판단했다. 그러나 어느 누구도 이전에 설정된 국경선을 공식적으로 무효화하는 조치를 취하지는 않았다.

한동안 이러한 상황은 문제가 되지 않았다. 두 지역 모두 영국 제국의 변방으로 기능하고 있었기 때문이다. 그러나 1950년대에 접어들어 양국이 독립을 이루면서 당연하게도 자신들에게 유리한 해석을 선호하기 시작했다. 수단은 1902년의 행정 경계선이 과거의 실수를 바로잡은 것이라 주장한 반면, 이집트는 이를 단순한 행정 문서로 치부하며 1899년의 국경선이 여전히 유효하다고 주장했다. 양국 모두 할라이브 삼각지대를 원했지만, 비르 타윌은 아니었다.

이 논쟁은 단순한 학술적 논쟁에 머물 수도 있었으나, 1992년 수단 정부가 캐나다 석유탐사 기업에 할라이브 삼각지대의 탐사권을 부여하면서 상황이 바뀌었다. 할라이브 삼각지대가 경제적으로 가치가 있다는 사실을 깨달은 이집트는 군대를 파견했고, 몇 년간의 저강도 분쟁 끝에 수단은 철수했다. 그 결과 할라이브 삼각지대는 사실상 이집트의 통제 아래 놓이게 되었다.

수단은 여전히 이 지역에 대한 영유권을 포기하지 않았다. 그리고 양국 모두 자신들의 할라이브 삼각지대에 대한 주장을 뒷받침하는 조약이 상대방에게 비르 타윌을 양도하는 형태였기에 어느 쪽도 비르 타윌을 차지할 수 없다. 만약 한쪽이 비르 타윌을 공식적으로 영토로 선언한다면 이는 곧 할라이브 삼각지대에 대한 영유권 주장을 포기하는 것이 되기 때문이다. 결국 두 국가는 비르 타윌이라는 서리주 크기의 누비아사막 지역에 대한 권리를 모두 포기했다.

비르 타윌은 또 다른 방식으로도 자주 묘사된다. 그것은 바로 '아무도 소유하지 않은 땅'이라는 개념이다. 이 개념은 유럽 제국주의가 절정에 달했던 시기에 널리 사용됐으며, 단순한 거주뿐만 아니라 법적 소유권이 영토의 소유를 결정한다는 논리를 정당화하는 데 유용하게 활용됐다. 그러나 비르 타윌을 무주지라고 규정하는 것은 무엇을 의미하는가? 이집트와 수단 정부가 이 지역을 적극적으로 활용하고 있지는 않지만, 이는 그들이 공식적으로 영유권을 주장하는 다른 사막 지역에서도 마찬가지다. 또한, 비록 비르 타윌에는 상주인구가 없더라도 아바브다 부족은 여전히 이곳을 방목지로 이용하고 있다.

이러한 맥락에서 볼 때, 비르 타윌을 카이로나 하르툼 혹은 인터넷상에서 장난스럽게 영유권을 주장하는 이들 중 어느 쪽에도 할당하기보다는 이 땅을 실질적으로 이용해온 아바브다 부족에게 귀속하는 것이 더 적절하지 않을까? ○

25
한반도 분단, 1945년부터 현재까지

비무장지대는 정원이 아니다

한반도 국경에 대해 가장 먼저 알고 있어야 할 사실은 다음과 같다. 즉, K-팝과 〈오징어 게임〉을 만들어내는 점점 더 부유해지는 남한과, 고립적이고 공산주의적이면서도 신정체제적인 북한, 그리고 두 국가를 가르는 국경선은 북위 38도선을 따라 형성돼 있지 않다는 점이다.

이 경계선의 이름인 '38도선'은 지구를 따라 이어지는 경로 가운데 미국 켄터키주 렉싱턴이나 스페인의 무르시아 같은 지역을 통과하는 선과 같은 이름을 갖고 있다. 이는 한반도의 두 개 구역을 가르는 경계와 여전히 밀접하게 연관돼 있으며, 실제로 1945년부터 1950년까지 짧은 기간 동안 공식적인 국경선이었다. 이후 전쟁이 발발했고, 지금은 휴전 중이다. 현재 국경선과 그 주변의 비무장지대DMZ는 서쪽에서는 38도선 남쪽에서 시작하여 동쪽에서는 38도선 북쪽까지 이어진다. 이러한 변화는 고성과 철원 같은 지역에는 유리하게 작용했는데, 이 지역들은 원래 북한에 속해 있었으나 결국 남한에 포함되었기 때문이다. 반면 개성은 반대의 경우를 겪었다.

한반도 국경에 대해 또 하나 알고 있어야 할 점은, 이곳에서 발생할 수 있는 사소한 충돌 하나가 핵전쟁으로 이어질 가능성이 있는 장소라는 것이다. 다시 말해 이 선은 매우 신중하게 고려해야 하는 국경 중 하나다.

사실 한반도는 과거에도 분열된 적이 있었다. 오늘날의 여러 국가와 마찬가지로 초기 역사는 통합과 분열을 반복하는 과정이었다. 원래 한반도에는 여러 개의 부족 사회가 존재했으며, 점차 통합을 거듭하며 '삼국 시대'에 이르러 세 개의 왕국으로 정립됐다. 이후 한반도 영토가 일부 재편되면서, 몇 세기 동안은 남쪽의 통일신라와 북쪽의 발해라는 두 개의 국가가 공존했다. 이 때문에 8세기와 9세기는 '남북국 시대'라고 불린다. 이를 현대의 남북한 관계와 연결 지어 생각해보고 싶은 유혹이 들 수도 있다. 특히 이 두 국가 중 하나는 당나라와 더 친밀한 관계를 유지했다는 점에서 더욱 그렇다. 하지만 당시 국경은 현재보다 훨씬 북쪽에 있었으며, 친중 정책을 펼친 국가가 남쪽의 신라였다는 점에서 직접적인 비교는 어렵다.

9세기 말 신라가 붕괴하면서 남북국 시대는 혼란과 전쟁이 가득한, 짧지만 격렬한 시기로 이어졌다. 그러다 마침내 '왕건'이 936년에 한반도를 다시 통일하며 고려왕조를 세웠다. 이후 이 나라는 아시아 왕국들이 이 시기에 겪었을 법한 모든 어려움을 겪었다. 몽골의 침략, 때때로 지나치게 강력해지는 중국의 존재, 1392년 조선왕조 개국 등이 있었다. 하지만 그럼에도 이 왕국은 거의 천 년 동안 존속했다. 이는 결코 짧은 기간이 아니다.

그러다 1897년, 조선의 마지막 왕이었던 고종은 자신이 다스리는 나라를 '대한제국'이라 선포했다. 이는 1897년 당시 '제국'이라는 개념이 유행했기 때문이기도 했지만, 동시에 한국인들이 더 이상 중국의 간섭을 받지 않을 것임을 강조하기 위한 조치기도 했다. 그러나 대한제국은 단 13년밖에 지속되지 못했다. 1910년 이 나라는 더 크고 더 위협적이며 더 강력한 무력을 보유한 일본 제국에 의해 병합됐기 때문이다. 이후 일본의 지배는 35년간 지속됐으며, 1945년 8월 2차 세계대전이 끝나고 일본이 항복하면서 막을 내렸다.

바로 여기서 모든 문제가 시작됐다. 첫 번째 문제는 일본이나 그 동맹국들에 점령됐던 다른 지역들과 달리 한국에는 즉시 정부를 구성할 수 있는 명확한 주체가 없었다는 점이다. 일본의 지배가 오랜 기간 지속됐으며, 국가를 이끌 준비가 되어 있던 사람 중 다수는 중국, 미국 또는 기타 지역에서 망명 생활을 하고 있었다.

두 번째 문제는 한반도가 당시 점점 더 이름이 무색해지고 있던 연합국 사이에서 분할되었다는 점이다. 북쪽은 소련이, 남쪽은 미국이 점령하게 되었다. 우리가 마침내 도달한 '38도선'은 원래 단순한 행정적 편의를 위한 임시 경계선에 불과했다. 하지만 반反나치 동맹이 냉전으로 변질되면서, 어느 쪽도 상대방이 한반도 전체를 차지하는 것을 원하지 않았다. 결국 분단은 지속됐다.

양측이 재무장을 진행하며 몇 년간 소규모 충돌이 계속됐다. 그러던 중 1950년 6월 25일 새벽, 전직 소련군 장교였던 김일성의 지휘 아래 북한군이 남한을 침공했다.

처음에는 일방적인 승리가 될 것처럼 보였다. 소련과 중국의 암

묵적인 지원을 등에 업은 북한군은 단 사흘 만에 서울에 도달했고, 방어군을 한반도 최남단 부산까지 몰아붙였다. 군사 역사가인 앨런 R. 밀릿은 이렇게 기록했다. "약 8주 동안 오산 근처 금강을 따라, 대전을 거쳐 남쪽 대구까지 미군들은 싸우고 죽었으며 일부는 도망쳤다."

그러나 9월이 되자 유엔군이라는 공동 지휘체계 아래 미군과 한국군이 인천 상륙작전을 감행했다. 이 작전은 서울 외곽에서 전개됐으며, 북한군의 병력을 둘로 갈라놓았다. 반격 작전은 처음에는 북한의 침공만큼이나 결정적인 전세를 보였으며, 북한군을 압록강까지 밀어붙였다. 그러나 그 순간 중국군이 북한을 지원하기 위해 개입하면서 전황이 다시 뒤바뀌었다. 이후 전투는 점점 확대됐고, 콜롬비아, 태국, 에티오피아, 필리핀을 비롯한 여러 나라의 군대가 유엔군으로 참전하여 남한을 지원했다.

1951년 가을이 되자 전쟁 초기 몇 주 동안 급격히 변동했던 전선이 거의 고착됐다. 한반도는 서쪽에서는 38도선 남쪽, 동쪽에서는 38도선 북쪽을 가르는 경계선을 따라 다시 분단됐다. 정전 협상이 시작됐을 때, 당시 미국 대통령이었던 해리 트루먼의 최우선 과제는 거의 아무것도 달성하지 못한 끔찍한 전쟁에서 미국을 빼내는 것이었다. 미국은 한반도에 어떤 형태로든 민주적인 국가가 존재하기를 원했지만, 동시에 또 다른 비민주적인 국가가 존재한다고 해서 미군이 철수하지 못할 이유도 없었다. 반면 마오쩌둥의 중국은 전쟁을 끝내는 것에 대해 그다지 큰 관심이 없어 보였다. 밀릿은 암울하게 이렇게 기록했다. "한반도의 운명은 어느 쪽에도 중요한 요소가 아니었다."

전선이 고착된 상황에서도 협상이 진행되는 동안에도 사람들은 계속해서 죽어갔다. 전투가 끝날 때쯤, 약 300만 명이 사망했다. 한국의 주요 도시들은 심각한 피해를 입었고, 양측 모두 전쟁 범죄를 저질렀다. 남한에서는 공산주의자로 의심되는 사람들을 학살했고, 북한은 전쟁 포로들을 고문하고 굶겨 죽였다. 민간인 사망률을 비율로 계산하면, 한국전쟁은 2차 세계대전보다도 더 참혹한 전쟁이었다.

이 교착 상태를 해결한 것은 스탈린의 사망이었다. 스탈린이 살아 있는 동안 소련은 직접 전쟁에 개입하지는 않았지만, 중국과 북한이 전쟁을 계속하도록 돕는 데 만족하고 있었다. 그러나 스탈린이 사망하자 소련 정치국은 전쟁에서 손을 떼고 싶어 했다. 1953년 봄 정전 협정을 가로막았던 모든 장애물이 빠르게, 그리고 기적적으로 해결됐다. 7월 27일 미국, 북한, 중국의 장군들이 정전 협정에 서명했고, 합의에 따라 전선에서 각각 2킬로미터씩 병력을 철수했다.

그러나 정전 협정은 평화 조약과는 다르다. 정전 협정은 단지 평화 협상이 이루어지는 동안 전투를 중단하자는 약속일 뿐이다. 한반도에서는 그 협상이 단 한 번도 성사되지 않았다. 그 결과 비무장지대는 여전히 남아 있다. 이곳은 남북한 사이의 완충 지대이자, 그 이름과는 아이러니하게도 세계에서 가장 강력한 군사 장비로 둘러싸인 지역이다. DMZ는 폭 4킬로미터, 길이 250킬로미터에 달한다.

공식적으로 오늘날 한반도에는 여전히 두 개의 국가가 존재하며, 이들의 국경선은 DMZ 중심을 따라 형성돼 있다. 그러나 실질적으로 보면 한반도에는 세 개의 영역이 존재한다. 북한, 남한, 그리고 이들을 가르는 비어 있는 지대다. DMZ 내에는 남북한 각각 한 개의 마을과 판문점(정전 협정 체결 당시의 '평화 마을'로 불렸으나 현재는 거의 폐허 상태다)에서 남쪽으로 800여 미터 떨어진 공동경비구역이 있다. 이곳은 간혹 평화 협상이 열리는 장소이며, 남북한 병력이 서로 얼굴을 마주 보는 유일한 장소다. 그 외에 DMZ는 완전히 비어 있다. 한때 농경지였던 이곳은 자연 상태로 복원돼 숲과 습지가 가득한 생태 보존 지역이 됐으며, 재두루미와 두루미 같은 멸종 위기종의 서식지가 됐다. 약 100만 개의 지뢰가 매설돼 있다는 사실만 제외하면 오히려 평화로운 장소처럼 보일 수도 있다.

그러나 실상은 그리 평화롭지 않다. 정전 이후 반세기 넘는 기간 동안 남북한은 거대한 확성기를 이용해 서로에게 선전 방송을 내보냈다. 북한은 군가와 지도자 찬양 노래를 틀었고, 남한은 K-팝과 자유민주주의에 대한 강연을 내보냈다. 2004년 양측은 이를 중단하기로 합의했지만, 이후 지뢰 사고(남한 병사들이 지뢰를 밟아 부상을 입은 사건)나 북한의 수소폭탄 실험 같은 사건이 발생할 때마다 다시 방송을 재개했다. 다만 이러한 대응 방식은 그나마 온건한 수준의 긴장 고조 조치라고 할 수 있을 것이다.

때로는 선전 활동이 서로에게 전단을 실은 풍선을 보내는 방식으로 이루어지기도 했으며, 개인적으로 가장 흥미롭게 생각하는 사건은 1984년의 '깃대 전쟁'이다. 남한이 국경에서 보이는 위치에 대형 국기를 게양하자, 이에 대응하여 북한은 더욱 거대한 깃대를 세웠다. 북한의 깃대는 높이가 160미터에 달하며, 270킬로그램에 달하는 대형 국기를 휘날리고 있다. 이는 세계에서 네 번째로 높은 깃대로, 남한이 세운 94미터짜리 깃대를 압도적으로 능가하는 것이었다. 그러니 "이겼다!"라고 외칠 법도 하다.

그러나 훨씬 덜 유쾌한 사건들도 존재한다. 이들 중 일부는 전면전으로 확산될 가능성이 있었으나 다행히도 지금까지는 그렇게 되지 않았다. 양측은 여러 차례 침투 작전과 암살 시도를 벌였다. 북한은 최소 네 개의 지하 터널을 국경 아래로 파 내려갔으며, 이 터널들이 석탄 채굴용이라고 주장했으나, 석탄이 전혀 발견되지 않았다는 점에서 다른 목적이 있었을 가능성이 제기됐다. 1966년 당시 미국 대통령 린든 B. 존슨이 서울을 방문하는 동안 북한 요원들이 미군 함정을 습격했다. 그로부터 3년 동안 '한국 DMZ 분쟁' 혹은 보다 직설적으로 '2차 한국전쟁'으로 불리는 충돌이 지속됐다. 이 전투는 대부분 소규모 국지전 형태를 띠었으나, 1968년에는 북한이 서울의 청와대를 기습해 당시 남한 대통령을 암살하려는 시도를 하기도 했다.

그리고 '나무 사건'이 있다. 문제가 된 나무는 높이 30미터의 미루나무로, 공동경비구역에 서 있었다. 북한은 이 나무가 김일성이 심은 것이라고 주장했으나 신뢰할 만한 근거는 없다. 1976년 8월 18일 유엔군은 한 검문소와 감시초소 간의 시야를 가린다는 이유로 가지치기를 위해 미군과 한국군 14명으로 구성된 작업대를 보냈다. 그러자 북한군 약 15명이 나타나 이를 조용히 지켜보았고 작업 중단을 요청했다. 이어서 추가 병력을 불러온 후 재차 중단을 요구했으나 무시당하자 바로 공격을 개시했다. 이 과정에서 미군 병사 두 명이 살해되었다.

며칠 후 유엔군은 대규모 병력을 이끌고 다시 돌아왔다. '폴 버니언 작전'이라는 이름이 붙은 이 작전은 북미 설화 속 거대한 나무꾼의 이름에서 따온 것이었다. 이 작전에는 300명이 넘는 병력이 동원됐으며, 일부 병사들은 몸에 지뢰를 부착한 채 작전에 투입됐다. 이들은 B-52 폭격기, 전투기, 수십 대의 공격 헬리콥터의 엄호를 받았다. 미루나무는 살아남을 가능성이 없었다. 결국 그 자리에 남은 것은 그루터기뿐이었다. 이 사건은 얼핏 보면 우스꽝스러워 보이지만, 다시 생각해보면 거의 전면전으로 이어질 뻔한 사건이었다. 또한 두 명의 미군이 도끼에 맞아 사망했다는 점에서 결코 가볍게 넘길 일이 아니었다.

그 이후로 이 정도 규모의 충돌은 발생하지 않았다. 다행스러운 일이기도 하다. 왜냐하면 2006년 북한은 핵무기 보유국이 되었기 때문이다. 평화 협상이 시도됐지 번번이 실패로 돌아갔다. 2022년 7월에도 김정은은 텔레비전에 출연해 북한은 핵무기를 보유하고 있으며 필요하다면 사용할 것이라고 세계에 경고했다. 한국전쟁이 발발하고 70년이 지났지만 종전 협약은 여전히 체결되지 않았으며, 이 국경은 여전히 세계에서 가장 위험한 지역 중 하나로 남아 있다.

국제적인 관점에서 흥미로운 점이 하나 더 있다. 분단 이후 형성된 두 개의 국가는 '한반도'라는 개념 자체를 인정하면서도 이를 지칭하는 완전히 다른 단어를 사용한다. 물론 흔히 볼 수 있는 사례는 아니다. 일부 국가들이 지리적으로 다른 명칭을 사용하는 경우는 있지만 이처럼 하나의 민족이 과거의 서로 다른 시대에서 유래한 명칭을 사용하는 경우는 드물다.

북한은 '조선'이라는 이름을 사용한다. 1392년부터 1910년까지 한반도를 지배했던 조선왕조에서 유래한 명칭이다. 반면, 남한은 '한국'이라고 지칭한다. 이는 '한韓의 나라'라는 의미이며, 여기서 '한'은

'위대한' 혹은 '지도자'라는 뜻을 가진 단어로 중국의 한족과는 전혀 관련이 없다.

주목해야 할 점은 이 두 단어 중 어느 것도 '코리아Korea'가 아니라는 것이다. '코리아'라는 말은 고려에서 유래했으며, 이는 한때 한반도를 지배했던 왕국의 명칭이지만, 14세기경 소멸한 국가다. 마치 전 세계가 여전히 영국을 '웨식스'라고 부르는 것과 비슷한 상황이다. 혹은 독일을 '도이치' 대신 로마 시대 명칭인 '게르만'으로 부르는 것과도 유사하다.

한 국가가 분단된 두 개의 체제가 서로 다른 이름을 사용한다는 것은 다소 낯설게 느껴질 수 있다. 서구에서는 이에 상응하는 사례를 찾기가 어렵기 때문이다. 그러나 이는 필연적인 결과라기보다는 단순한 역사적 우연일 가능성이 크다. 예를 들어 프랑스의 절반이 스스로를 '골'이라 부르거나, 스코틀랜드의 절반이 '알바'라고 자칭하는 대체 역사가 충분히 가능했을 것이며, 이는 프랑스나 스코틀랜드의 존재 자체를 부정하는 일은 아닐 것이다.

따라서 두 개의 한국이 서로 다른 시대에 사용된 서로 다른 단어를 사용하여 자신을 지칭하는 것은 전혀 이상한 일이 아니다. 적어도 이 문제로 인해 누군가에게 피해가 가는 일은 없기 때문이다. ○

26
남중국해를 둘러싼 영유권 분쟁

양안 대전의 씨앗을 품다

〈스노우몬스터〉는 2019년에 개봉한 애니메이션 영화로, 상하이에 사는 세 명의 매력적인 10대들이 '에베레스트'라는 이름의 설인 예티를 구하는 이야기를 그린다. 그러나 이 영화는 남중국해에서의 중국 확장을 정당화한다는 이유로 여러 나라에서 상영 금지됐다.

유라시아 대륙 반대편, 8,000킬로미터 이상 떨어진 곳에서 이 사건을 바라보는 나로서는 이런 반응이 과잉 대응처럼 보인다. 논란의 핵심은 영화 속에서 아시아 지도가 잠깐 등장하는데, 이 지도에 중국이 주장하는 남중국해 영유권을 나타내는 아홉 개의 점선(구단선)이 표시되어 있었다는 점이다. 이 선들은 중국이 주장하는 전략적으로 중요한 섬들을 연결하는 표시다. 물론 중국의 이웃 국가들 대부분은 이 영유권 주장을 인정하지 않으며, 이를 침략 행위로 간주하고 있다. 그러나 솔직히 말해 이 장면이 중국 외교 정책 담당자들이 드림웍스에 침투해 몰래 삽입한 결과라고 보기는 어렵다. 오히려 애니메이터들이 단순히 중국에서 실제 사용되는 지도를 참고했을 가능성이 훨씬 크다. 그들은 아마도 '길 잃은 예티'를 주제로 한 애니메이션을 만들면서 지도의 정확성을 고려한 것뿐이었을 것이다. 그러나 이러한 논리는 통하지 않았다. 영화 개봉 10일 만에 베트남은 상영을 금지했다. 배급사인 유니버설이 해당 장면을 삭제하지 않자 말레이시아와 필리핀도 이를 따랐다.

이런 논란은 이번이 처음이 아니다. 2021년 넷플릭스 시리즈 〈파인 갭〉도 논란이 되었다. 한 리뷰어는 이 작품에 대해 "긴 수다와 가끔 등장하는 침대 신이 전부"라고 혹평하며 별점 한 개를 주었다. 하지만 이 작품이 진짜 문제를 일으킨 것은 논란이 되는 지도를 보여줌으로써 "필리핀의 주권을 침해했다."라는 비판을 받았기 때문이다. 2022년 영화 〈언차티드〉 역시 같은 이유로 베트남과 필리핀에서 상영이 금지됐다. 2023년 개봉한 영화 〈바비〉도 논란을 피하지 못했다. 해당 영화에서는 '현실 세계'라고 표시한 단순한 지도에서 아시아 대륙을 나타내는 모양 없는 덩어리 옆에 정체불명의 점선이 등장했는데, 베트남은 이를 문제 삼았다. 고증의 문제라고 치부하기에는 상당히 심각한 문제다.

이 구단선 논란이 더욱 황당하게 보이는 또 다른 이유가 있다. 아무도 정확히 점선이 몇 개인지 확신하지 못한다는 점이다. 일반적으로 '구단선Nine-dash line'이라고 불리지만, 원래 문제가 된 지도에는 사실 11개의 점선이 있었다. 1950년대 마오쩌둥이 베트남 통킹만 영유권 주장을 포기하면서 조용히 두 개를 삭제했다. 《타임》지는 이를 "베트남과의 사회주의적 우정의 순간"이라고 표현했다. 그러나 최근 몇 년 동안 중국은 이 점선을 여전히 수정하고 있다. 중국 정부는 자국 여권에 10개의 점선이 포함된 지도를 넣기 시작했으며, 추가된 점선은 대만 동쪽에 위치해 있다. 이는 중국이 대만을 자국 영토로 통합하려는 오랜 희망을 암시하는 것이다. 이에 대한 대응으로 2016년 베트남 관리들은 해당 여권에 도장을 찍지 않고, 대신 별도의 비자를 발급함으로써 자국 정부가 해당 지도상의 영유권 주장을 인정하지 않음을 명확히 했다. 이 모든 것이 터무니없어 보일 수도 있다. 하지만 한 가지 확실한 것은 이 문제는 결코 사소하지 않다는 점이다.

불행히도 이 논쟁 또한 핵전쟁으로 끝날 가능성이 완전히 배제된 것은 아니다. 이 영유권 분쟁은 2차 세계대전 직후로 거슬러 올라간다. 일본이 패망하자 중화민국은 남중국해에서 세 개의 군도를 차지하려 했다. 북쪽부터 차례로 보면 둥사 군도, 시사 군도, 그리고 난사 군도다. 이를 뒷받침하기 위해 중화민국 정부는 영유권을 주장하는 방식을 선택했다. 즉, 당시까지 400년 넘게 각국 정부가 영토를 주장할 때 해왔던 것처럼 지도를 발표한 것이다. 그리고 그 지도에는 앞서 언급한 11개의 점선이 포함돼 있었다.

로버트 캐플런은 그의 저서 《지리대전》에서 중국과 대만의 입장을 다음과 같이 설명했다. "각 점선은 남중국해 내 여러 섬과 주변 연안 지역을 가르는 중간선을 나타낸다."

이전 단락에서 '공화국'과 '대만'이라는 표현이 사용됐다는 점에서 이 문제가 복잡해질 것임을 암시한다. 1949년 중국 공산당은 1927년부터 간헐적으로 이어진 내전에서 마침내 승리하고 중화인민공화국을 수립했다. 이전까지 중국을 통치하던 국민당 정부의 지도자들은 대만 섬으로 도피할 수밖에 없었다. 이 섬은 원래 원주민이 거주하던 곳이었으며 잠시 네덜란드의 지배를 받았다가 다시 중국의 통치 아래에 놓였고 이후 일본이 점령했다가 다시 중국의 일부로 편입됐다.

그 이후로 실질적으로 두 개의 국가가 모두 중국 전체의 합법적 정부라고 주장하는 상황이 되었다. 하나는 중국 본토를 통치하는 중화인민공화국(이하 '중국')이고, 다른 하나는 대만 섬에 기반을 둔 중화민국(이하 '대만')이다. 다행히도 두 정부 모두 '구단선'이 포함된 지도를 인정한다. 하지만 불행히도 서로를 인정하지는 않는다. 이 문제는 이후 다시 다루게 될 것이다.

다음 60여 년 동안 이 지도는 별다른 논란이 되지 않았다. 공식적으로 중국(그리고 대만)의 입장은 남중국해 대부분이 중국의 영토라는 것이었지만, 이를 강제할 실질적인 조치는 거의 이루어지지 않았으며, 주변국들도 크게 개의치 않았다. 그러나 2009년, 두 나라가 남중국해의 일부가 자신들의 영토라고 주장하면서 상황이 변했다. 말레이시아와 베트남이 유엔에 대륙붕에 대한 영유권을 주장하는 공식 요청을 제출한 것이다.

이에 대해 중국은 즉각 반박하며 다음과 같이 주장했다. "중국은 남중국해의 섬들과 인접 해역에 대해 부인할 수 없는 주권을 갖고 있으며, 관련 해역뿐만 아니라 해저와 지하에 대한 관할권도 보유하고 있다." 그러면서 지도에 점선을 포함시켜 첨부했다. 이에 대해 말레이시아와 베트남은 즉각 반박했으며, 이후 몇 년 동안 인도네시아와 필리핀도 이에 동조하여 반대 입장을 표명했다.

이러한 반응은 결코 놀라운 일이 아니었다. 남중국해의 지도는 서로 겹치는 영유권 주장들로 인해 혼란스럽기 그지없다. 필리핀과 베트남의 주장은 중첩되며, 말레이시아는 브루나이와의 경계를 명확히 하지 않은 상태다. 그러나 이들 중에서도 중국의 영유권 주장이 단연 광범위하다. 대만의 주장은 중국과 동일하지만, 그만큼 적극적으로 주장하지는 않는다. 특히 난사 군도 일부 지역은 무려 여섯 개국이 모두 영유권을 주장하고 있어 미래의 분쟁 가능성을 시사한다.

중국의 영유권 주장은 남쪽으로 1,600킬로미터 떨어진 제임스 암초까지 확장된다. 이는 중국 본토에서 1,600킬로미터 이상 떨어진 반면, 말레이시아 해안에서는 불과 80킬로미터 정도밖에 되지 않는다. 따라서 이는 말레이시아가 배타적 경제수역으로 간주할 법한 지역에 포함된다(해양 주권에 대한 논의는 42장에서 다룬다).

이 주장은 명백히 터무니없어 보이지만, 그렇다면 중국이 이렇게까지 광범위한 영유권을 주장하는 이유는 무엇일까? 가장 일반적이고 현실주의적인 대답은 예상대로다. 미국 에너지정보국은 남중국해에 약 330억 배럴의 석유와 14조 배럴의 천연가스가 매장돼 있을 것으로 추정하고 있다. 물론 이 수치는 겉보기보다 크지 않을 수도 있다. 그럼에도 각국이 이 지역에 대한 영유권을 주장하는 이유를 쉽게 이해할 수 있다.

물론 어느 나라도 이런 이유를 공식적으로 밝히지는 않는다. 대신 중국의 공식 입장은 중국이 역사적으로 이 섬들을 탐험하고 점유한 적이 있으므로 정당한 권리를 가진다는 것이다. 하지만 이러한 주장이 사실인지, 혹은 사실이라 해도 특별한 의미를 가지는지는 불분명하다. 또한 국제법상 단순한 역사적 주장만으로는 영유권을 인정받을 수 없다.

이에 따라 필리핀은 2013년 유엔해양법협약 제도하에서 중국을 상대로 중재 절차를 개시했다. 3년 반 후 마침내 중재 판결이 내려졌고 필리핀이 승소했다. 재판소는 중국이 해당 지역에 대한 배타적 지배권을 행사한 적이 없다고 판결했으며 따라서 중국의 '역사적 권리'는 법적 근거가 없다고 결론지었다.

중국은 유엔의 판결에 대해 과거의 모든 강대국이 그래왔던 방식으로 대응했다. 즉, 무시하는 것이었다. 시진핑 주석은 이렇게 말했다. "소위 필리핀 남중국해 판결이 중국의 영토 주권과 해양 권리에 어떠한 영향도 미치지 않을 것이다." 그러나 중국이 실제로 한 일은 홍보 캠페인을 더욱 강화하는 것이었다. 이를 위해 국영 언론뿐만 아니라, 중국의 연예인들까지 동원해 "이곳은 중국이다. 단 한 치도 양보할 수 없다."라는 구호와 함께 지도를 홍보했다.

중국의 강경한 입장을 단순히 경제적 이익이나 안보상의 이유, 혹은 역사적 점유 때문만이 아니라 오랜 세월 동안 지역 패권국으로 군림해온 것에 대한 자부심과 연결 지어 해석하고 싶은 유혹이 들 수도 있다. 그러나 이러한 이유야말로 중국의 이웃 국가들이 이에 저항할 충분한 이유가 된다.

중국의 영유권 주장 자체는 이해할 수 있는 측면이 있다고 해도 이를 뒷받침하는 지도는 전혀 이해할 수 없는 방식으로 제시된다. 점선은 국제법에서 신뢰할 수 없는 역사적 관광 기록만큼이나 의미가 없으며, 중국은 애초에 이 점선이 무엇을 의미하는지조차 명확히 밝

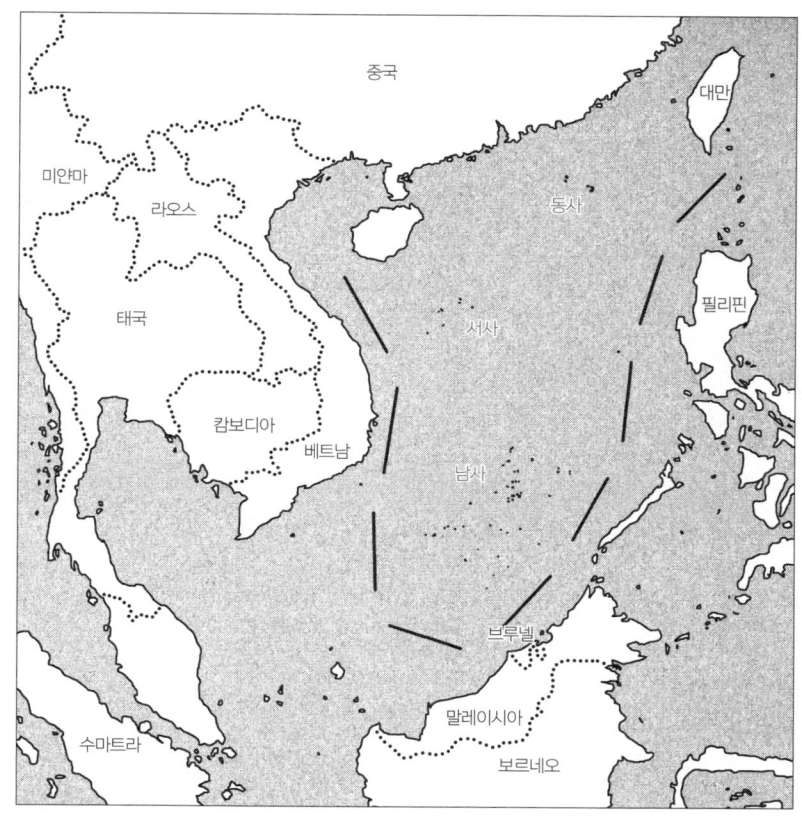

구단선은 중국이 남중국해 전역의 영유권을 주장하는 상징으로 쓰인다.

히지 않고 있다. 점선들이 어디까지 연결될 수 있는지, 중국이 섬들만을 주장하는 것인지 아니면 섬과 본토 사이의 모든 해역에 대한 배타적 권리를 주장하는 것인지조차 불분명하다.

2016년 해양 지리학자 왕잉은 《타임》지와의 인터뷰에서 점선이 끊어진 이유에 대해 이렇게 설명했다. "이것은 해양 경계선이기 때문입니다. 육지의 고정된 국경선과는 다릅니다. 과학자로서 말씀드리자면 바다에는 고정된 국경이 있을 수 없습니다. 파도는 항상 움직이니까요." 이런 문제를 해결하기 위해 과학자가 있다는 점이 다행이라고 해야 할까?

이러한 전략적 모호성은 아마도 의도적인 것으로 보인다. 즉, 특정한 정책에 스스로를 묶지 않음으로써 중국이 최대한의 행동 여지를 확보하려는 시도로 해석할 수 있다. 그러나 중국은 이른바 '현실에서의 기정사실화'를 시도하고 있다. 남중국해 난사 군도에서 대규모 간척 사업을 진행한 것이다. 미국해군 제독 해리 B. 해리스는 이를 '모래의 만리장성'이라 불렀다. 중국은 원래 무인도였던 섬들을 확장하여 콘크리트로 보강한 후, 그 위에 군사 기지를 건설했다. 이 지역은 중국 본토보다 베트남, 말레이시아, 필리핀, 브루나이에 훨씬 가까운 곳이기 때문에 주변국 입장에서는 심각한 위협으로 느껴질 수밖에 없다.

중국이 이러한 방식으로 영유권을 강화하려 한 것은 이것만이 아니다. 2012년 중국 선박들은 에너지 탐사를 진행하던 베트남의 해저 케이블을 절단했다. 또한 중국의 텔레비전 제작진이 해당 지역을 취재하며 이를 중국 영토처럼 보이도록 편집하여 중국 내 시청자들에게 방송하기도 했다.

2011년 로버트 캐플런은 〈포린 폴리시*Foreign Policy*〉에 "남중국해는 미래의 전장이다."라는 제목의 기사를 실었다. 그는 이 지역이 "21세기의 결정적인 전장이 될 것"이라고 주장했다. 그의 논거 중 대부분은 굳이 설명할 필요도 없을 만큼 분명하다. 즉, 서로 겹치는 영유권 주장, 패권을 확대하려는 초강대국의 움직임, 그리고 석유 자원 등이 그것이다. 분명한 사실은 중국의 정책이 이 지역에서 대부분의 이웃 국가들과 충돌하고 있다는 점이다.

그러나 지역 분쟁이 더욱 무서운 형태로 확산될 가능성을 높이는 요소가 하나 더 있다.

중국의 공식 입장은 언젠가 대만을 통합할 것이며, 필요하다면 무력을 사용할 수도 있다는 것이다. 현재 대만의 안보를 보장하는 주요 세력은 미국이다. 미국은 대만 침공을 저지하기 위해 '전략적 모호성' 정책을 유지하고 있다. 즉, 대만을 방어하기 위해 군사적으로 개입할지 여부를 명확히 밝히지 않는 것이다.

그러나 전략적 모호성에는 위험이 따른다. 때로는 적이 이를 오해하여 잘못된 결정을 내릴 수도 있기 때문이다. 만약 미국이 중국을 속여 대만 방어를 위해 개입할 것처럼 위장했는데, 오히려 중국이 이를 오판하여 미국이 개입하지 않을 것이라고 믿게 된다면 어떻게 될까? 만약 중국의 남중국해 영유권 주장이 모호한 방식으로 표현된 것이, 의도치 않게 같은 효과를 가져온다면?

1914년 유럽은 오랜 갈등, 영토 분쟁, 방어 동맹이 얽혀 있는 상황에서 전쟁으로 치닫게 되었다. 캐플런의 주장은 남중국해가 이와 비슷한 위험을 내포하고 있다는 것이었다. 그러나 한 가지 중요한 차이점이 있다. 이번에는 주요 참가국 중 일부가 핵무기를 보유하고 있다는 점이다. ○

27
이스라엘과 팔레스타인 사이의 불확실한 국경

평화는 없다

1949년 전쟁이 마침내 끝난 후, 새롭게 독립한 트란스요르단 왕국과 갓 수립된 이스라엘 국가의 대표자들은 지도 위에 앉아 초록색 연필을 사용해 두 나라의 국경을 표시했다. 그들이 그린 선은 매우 좁았으며, 불과 1~2밀리미터 정도의 폭이었다. 지도상의 축적에서 보면 사실상 존재하지 않는 것과 다름없었다.

그러나 문제는 실제 세계의 크기가 지도와 비교할 수 없을 만큼 거대하다는 점이었다. 축적이 적용된 현실에서는 두께가 거의 없는 그 선이 수십 미터에서 많게는 250미터에 이르는 폭을 차지하게 되었다. 그리고 거의 20년 동안, 그 선의 두께는 마을과 들판, 과수원이 이스라엘 영토인지 서안지구의 일부인지에 대한 불확실성을 초래했다.

그러나 그것은 이 지역에서 벌어질 문제 중 가장 사소한 문제였다.

이 지점에서 하나 고백할 것이 있다. 나는 이 부분을 다루는 것이 두려웠다. 유럽 식민주의가 세계를 혼란스럽게 만든 이야기들보다,

그리고 이 책의 다른 어떤 장보다도. 영토와 국경에 관한 이야기는 본질적으로 복잡하고 혼란스럽다. 나는 이미 여러 차례 역사와 지리를 단순화해야 했다. 아마도 그 과정에서 화난 독자들의 편지를 받을 수도 있을 것이다. 그러나 이 이야기는 차원이 다르다.

중동의 이 지역은 상충하는 권리와 충돌하는 불만으로 가득한 미로와 같다. 오랫동안 학대받았던 민족들이 서로를 학대해왔으며, 지도자들은 종종 평화를 위해 노력하기보다는 갈등을 조장하는 편을 택했다. 외부 강대국들의 개입도 사태를 개선하는 데 별로 도움이 되지 않았다. 이 지역에 대해 알면 알수록 나는 그곳 사람들에게 더 깊은 연민을 느끼고 정치 지도자들에게는 더욱 큰 경멸을 품게 되었다.

이 갈등의 핵심은 한 지역에 두 개의 국가가 존재한다는 점이다. 하나는 주권 국가이며, 다른 하나는 실체가 확실하지 않은, 어느 정도는 상대방의 승인 아래에서만 존재할 수 있는 국가다. 두 국가 모두 자신의 모든 영토가 자기 소유라고 믿는 사람들이 다수 존재하며, 세계 인구의 상당 부분은 이들을 하나의 국가라기보다는 하나의 문제로 간주한다. 그리고 두 국가 모두 자신들의 영유권 주장이 매우 오래된 뿌리를 가지고 있다고 믿는다.

유대교는 기원전 2000년경 레반트 지역에서 처음 등장했으며, 이 종교의 기원 신화 중 하나가 출애굽기다. 이 이야기에서 유대 민족은 이집트에서 노예 생활을 하다가 모세의 인도로 자유를 찾는다. 이 이야기의 역사적 진실성은 상당히 불확실하지만 이 신화의 중요성은 문자 그대로의 사실 여부보다는 바빌론 유수와의 유사성에서 찾을 수도 있다. 바빌론 유수는 기원전 600년경, 제1성전이 파괴된 이후 유대 민족의 지배 계층 상당수가 강제로 바빌론으로 유배된 사건이다. 이후 기원전 530년대에 비교적 관대한 페르시아제국이 등장하면서 이들은 구원받았다. 이 사건이 이후의 역사에 미친 영향을 보면, 그 중요성이 한층 두드러진다.

그 후 수많은 제국이 이 지역을 차지했다. 서기 69년 로마제국에 대한 유대인들의 반란이 일어났고, 이에 대한 보복으로 로마군은 제2성전을 파괴했다. 이후 유대 민족은 로마제국 전역과 그 너머로 흩어졌다. 그들이 떠난 땅은 로마가 기독교로 개종하면서 기독교화되었으며, 630년대 아랍의 정복 이후에는 이슬람 지역으로 변했다.

나는 지금 본론을 피하고 있는 것 같다. 고대사를 다루는 것은 훨씬 쉽다. 하지만 걱정하지 마라. 곧 본론으로 들어갈 테니.

유럽에서는 많은 유대인이 정착했으며, 유대인 공동체가 집을 떠나 떠돌아야 했던 폭력적인 반유대주의 공격인 포그롬, 즉 '대박해'가 수 세기 동안 지속됐다. 그러나 19세기 말이 되자 유럽 대륙은 민족주의의 물결에 휩싸였고, 민족들은 상대적으로 동질적인 국가를 형성하기 시작했다. 오스트리아-헝가리 출신의 유대인 언론인이었던 테오도르 헤르츨은 원래 서구 세속 문명에 동화되는 것이 유대인들에게 최선의 길이라고 믿고 있었으나, 점점 심화되는 반유대주의가 이를 불가능하게 만들 것이라고 우려하기 시작했다. 이에 따라 그는 시온주의, 즉 유대인들이 독자적인 국가를 형성해야 한다는 사상을 주창하기 시작했다.

그러한 목표를 위해 1897년 8월, 그는 스위스 바젤에서 1차 시온주의 회의를 소집했다. 회의가 끝난 후 그는 일기장에 이렇게 적었다.

"나는 방금 유대 국가를 설립했다. 아마도 5년 안에, 확실히 50년 안에는 모두가 이를 보게 될 것이다." 그는 실제로 그 국가를 보지 못했다. 1904년에 사망했기 때문이다. 그러나 그의 예언은 9개월 차이로 정확히 맞아떨어졌다.

그러나 다른 측면에서는 헤르츨의 예견이 반드시 정확했던 것은 아니었다. 무엇보다, 그는 주로 세속적인 환경에서 성장했기 때문에 팔레스타인으로 돌아가는 것에 대한 특별한 집착이 없었다. 그는 한때 아르헨티나를 유대 국가 건설의 후보지로 고려했으며, 한때는 영국 식민지부 장관 조지프 체임벌린이 제안한 우간다 계획도 검토했다. 하지만 그의 운동에 참여한 많은 사람은 훨씬 더 확고했다. 그들에게 있어서 선택지는 팔레스타인이거나 아니거나 였다.

이 계획의 유일한 문제는 팔레스타인이 비어 있는 땅이 아니라는 점이었다. 1897년 당시 팔레스타인은 주로 아랍계 무슬림들이 거주하는 지역이었으며, 이들은 오랜 세월 동안 그곳에 살고 있었다. 또한 이 지역은 오스만제국의 영토였으며, 당시에는 오스만제국이 곧 몰락할 것이라는 예상이 지배적이었다. 만약 1차 세계대전 이전까지 그러한 예상이 단순한 희망에 불과했다면, 전쟁 이후에는 거의 확실한 현실이 되었다.

1917년 11월, 영국 정부는 '유대 민족을 위한 팔레스타인 내 국토 건설'을 지지하는 밸푸어선언을 발표했다. 같은 문장에서 "기존 비유대인 공동체의 민권 및 종교적 권리를 침해하는 어떠한 조치도 이루어져서는 안 된다."라는 문구가 추가되긴 했으나, 중요한 선은 이미 넘겼다. 강대국이 공식적으로 시온주의를 지지하고 나선 것이다.

전쟁이 끝난 후, 이 지역은 영국의 지배 아래 놓였으며, 영국은 국제연맹의 위임통치를 통해 이를 관리하게 되었다. 1880년대의 포그롬을 피해 시작된 유대인의 이주는 더욱 가속화되었으며, 1933년 나치가 독일에서 집권하고 유럽의 반유대주의가 공포스러운 정점에 이르면서 팔레스타인으로 향하는 유대인의 수는 더욱 급증했다.

1936년부터 팔레스타인의 아랍인들은 영국의 위임통치에 반발하여 반란을 일으켰다. 이는 일반적인 경제적·반제국주의적 불만 때문이기도 했지만 유대인의 이주가 가속화되면서 이 지역의 인구 구성이 변화하고 그로 인해 자신들의 나라가 결국 유대 국가가 될 것이라는 두려움 때문이기도 했다.

1939년 영국 당국은 평화를 회복하기 위해 유대인의 팔레스타인 이주를 일시적으로 제한하겠다고 약속했다. 그러나 동시에, 유대 국가 건설에 대한 약속을 재확인했다.

2차 세계대전이 끝난 후, 홀로코스트의 전모가 드러나면서 살아남은 유대인들이 계속해서 팔레스타인으로 이주했다. 한편 시온주의 무장 조직들은 영국 통치에 저항하는 공격을 본격적으로 시작했다. 이로 인해 유대 국가 건설에 대한 압력은 점점 거스를 수 없는 흐름이 되어갔다.

결국 1947년 2월, 영국은 팔레스타인에서 벌어지는 위기를 유엔에 회부하며, 이제 쇠약해진 대영제국은 이 문제를 해결할 수 없음을 사실상 인정했다.

그해 9월 유엔은 두 가지 해결 방안을 제시했다. 소수 의견으로 제출된 첫 번째 보고서는 이민족 연방국, 즉 레반트의 벨기에와 같은 형태의 국가를 제안했다. 그러나 이는 유대 공동체가 여전히 소수였던 당시 상황에서 충분한 보호를 보장하지 못할 것이라는 우려가 제기됐다.

그래서 결국 다수의 계획이 채택됐다. 과거 팔레스타인 위임통치령이었던 지역의 약 절반 이상은 새로운 유대 국가를 형성하게 되었고, 약 절반 미만은 새로운 아랍 국가를 형성하게 되었다. 여러 주요 종교에 있어 성지이며 양측이 모두 수도로 여겼던 예루살렘은 특별한 국제 체제하에 운영될 예정이었다. 그러나 여전히 2대 1의 비율로 다수를 차지하던 현지 아랍 공동체는 이에 불만을 가졌고, 이 계획에 대한 반대는 곧이어 파업과 폭동으로 이어졌다. 연말이 되기 전에 인도의 사건을 지켜본 사람이라면 익숙할 이야기 속에서 이스라엘 창설을 위한 표결에서 기권했던 영국은 1948년 여름, 어떤 결과가 오든지 위임통치를 종료할 것이라고 발표했다.

결과적으로 벌어진 것은 두 공동체 간의 전쟁이었고 결국 유대인의 승리로 귀결됐다. 승리한 자들은 이스라엘이라는 국가를 얻었고, 패배한 자들은 대재앙을 겪었다. 이는 기존 팔레스타인 사회의 붕괴와 수십만 명의 팔레스타인인들이 추방된 사건이었다. 일부는 해외로 이주하여 디아스포라가 되었고, 일부는 남아 사실상 무국적자가 되었다.

여기에서 잠시 멈추어서, 이 이야기 속에서 지금까지 등장한 정당한 불만과 실제 역사적 비극을 되새겨볼 필요가 있다. 그리고 중요한 점은 이스라엘이라는 국가는 이제 막 창설됐다는 것이다.

이 마지막 전쟁은 1949년 정전 협정으로 이어졌고, 이 협정을 통해 이른바 '그린 라인'이라 불리는 이스라엘의 경계선이 설정됐다. 이는 지도상의 연필 자국에서 유래한 명칭이지만, 실질적으로 그 경계는 상당히 이론적인 것이었다. 그 의미는 종종 변화했으며, 때로는 엄격하게 받아들여졌으나 다른 시기에는 거의 무시되기도 했다. 그러나 그것이 이스라엘의 공식적인 국경이 된 적은 한 번도 없었다.

처음에 그린 라인으로 표시된 경계선은 잠정적인 것으로 간주되었다. 결국 정전 협정은 평화 조약이 아니었기 때문이다. 이스라엘은 이웃 국가들과 불안정한 관계를 유지했으며, 특히 요르단이 점령한 서안과 이집트가 점령한 가자 지구와의 관계가 불안정했다. 이 긴장 상태는 마침내 1967년 6월 6일 전쟁으로 폭발했다. 그러나 이 전쟁에서 이스라엘이 압도적인 승리를 거두면서, 이스라엘은 그 두 영토뿐만 아니라 시나이반도, 예루살렘, 그리고 시리아의 일부인 골란 고원까지 장악하게 되었다. 이전에는 그린 라인이 공식적인 국경이 아니었지만 이제 팔레스타인이 이스라엘의 통제 아래 놓이게 되면서 더이상 국경으로서의 의미를 갖지 않게 되었다. 1967년 10월에 이미 이스라엘은 자국의 지도에서 그린 라인을 삭제하기 시작했다.

그러나 '통제'는 '합병'과 같은 의미가 아니었다. 가자와 서안 주민들은 군사 점령 상태에서 살아가야 했지만, 이스라엘의 시민이 아니었으며, 민주주의 국가의 공적 생활에서 환영받지도 못했다. 1967년 당시에는 점령한 영토를 평화의 대가로 교환하려는 계획이 있었으나, 시간이 흐르면서 주변 아랍 국가들의 적대감이 지속되고, 이스라엘 정치인들이 '대이스라엘'이라는 개념을 내세워 선거에서 승리하면서, 그리고 점점 더 많은 이스라엘 정착민들이 팔레스타인 영토로 이주하면서 점령은 점차 식민지화와 유사한 형태로 변해갔다.

1987년 전쟁이 발발한 지 20주년이 되던 해, 정치적으로 소외된 팔레스타인인들은 시위, 폭동, 기타 폭력 행위로 이루어진 1차 인티파다(저항운동)를 일으켰다. 이후 7년간 진행된 미국 주도의 평화 협상이 2000년에 팔레스타인 국가 수립 없이 결렬되면서, 2차 인티파다가 시작됐다. 이번 인티파다는 이스라엘 민간인을 겨냥한 더 많은 테러 공격과 함께 훨씬 더 많은 사상자를 초래했다.

그래서 2002년 이스라엘 정부는 팔레스타인과의 새로운 경계를 구축하기 시작했다. 이번에는 콘크리트와 금속으로 이루어진 장벽이었다. 이스라엘 측에서는 이를 '분리 장벽'이라고 불렀지만, 많은 팔레스타인인과 인권 운동가들은 '아파르트헤이트 장벽'이라는 표현을 선호했다. 이는 이전의 장벽보다 훨씬 물리적인 장애물이었을 뿐만 아니라 훨씬 더 침투적인 것이었다. 이 장벽은 서안 지구 깊숙이 뻗어 있어 팔레스타인 거주지를 서로 단절시키고, 사실상 이스라엘의 영토를 확장하는 결과를 낳았다. 그럼에도 이는 단순한 새로운 국가 경계선과는 다른 것이었다. 2022년 《네이션》지에 기고한 이스라엘 언론인 메론 라포포트는 다음과 같이 썼다. "이를 분쟁 해결을 위한 정치적 국경으로 생각하는 대신 당시 이스라엘인들은 이를 팔레스타인 자살 폭탄 테러 공격에 대한 방어선으로 이해했다."

2020년대에 이르러서도 서방 정치인들은 여전히 '두 국가 해법'을 지지한다는 발언을 종종 했으며, 이스라엘과 팔레스타인을 그린라인으로 분리된 두 개의 국가로 상정하는 경우가 많았다. 하지만 현실에서 그 경계선은 거의 존재하지 않았다. 이스라엘은 2005년 좁은 가자 지구에서 철수했지만, 이스라엘과 서안 지구 간의 실제 경계는 더 이상 1949년의 국경선을 따르지 않았다. 게다가 그 경계는 일종의 반투과성 막과도 같았으며, 이스라엘 군대 덕분에 한쪽에서는 훨씬 더 강력한 장벽 역할을 했다.

물론 그렇다고 해서 팔레스타인인들이 완전히 그 경계를 넘지 못한 것은 아니었다. 2020년 코로나19 팬데믹 동안, 이스라엘 언론은 이스라엘 정부가 경제적인 필요로 팔레스타인 노동자들에게 자국의 장벽 일부를 허문 사례를 보도했다. 1967년 이전 국경으로 돌아가려면 두 경제의 분리가 필수적이며, 수십만 명에 달하는 이스라엘 정착민들이 자신들의 주거지를 포기해야 한다.

이러한 조치에 대한 이스라엘 정부의 소극적인 태도는 팔레스타인 내에서의 행보뿐만 아니라, '대이스라엘'을 법제화하려는 간헐적인 시도에서도 드러난다. 이는 자국 내에서의 행동에서도 볼 수 있다. 2022년 가을, 이스라엘의 수도 텔아비브-야포 시의회는 그린 라인이 표시된 지도를 학교에 배포하기 시작했으며, 곧바로 교육부에서 '정착촌을 이스라엘 밖으로 표시한 비공식 지도'를 사용했다는 이유로 비판을 받았다.

이 모든 결과로 인해 '두 국가 해법'이 여전히 가능하다는 믿음에 대한 회의론이 커지고 있다. 팔레스타인계 미국인 유세프 무나이어는 2021년 다음과 같이 썼다. "'나는 두 국가 해법을 지지한다'는 민주당 정치인의 말은 미국에서 총기 규제 논쟁이 재점화될 때마다 공화당 의원들이 반복하는 '희생자를 위한 기도와 애도'라는 말과 같은 기능을 한다." 한편 이스라엘 언론인 머런 라포포르트는 그의 정부가 의도적으로 모호한 정책을 유지하고 있다고 지적했다. 그는 "현재의 교착 상태, 즉 그린 라인이 존재하지 않으면서도 공식적인 합병도 이루어지지 않은 상태는 이스라엘에 유리하게 작용한다."라고 주장하며, 이를 통해 이스라엘은 '대이스라엘' 전체를 통제하면서도 팔레스타인인들에게 정치적 권리를 부여해야 하는 불편함을 피할 수 있다고 말했다.

그리고 2023년 10월 이 책이 출판되기 직전, 가자 지구를 통제하는 하마스 무장 세력이 이스라엘 역사상 가장 대규모 공격을 감행했고, 이에 대한 대응으로 이스라엘 정부는 팔레스타인 역사상 가장 격렬한 공격 중 하나를 단행했다. 이 글을 쓰는 시점에서는 앞으로 어떤 일이 벌어질지 누구도 확신할 수 없다. 이 갈등에서 멀리 떨어진 곳, 바로 밸푸어선언이 발표된 도시에서, 나의 지식과 경험이 본질적으로 제한된 상황에서 이 사안을 논평하는 것은 쉬운 일이다. 그러나 내게는 어떤 해결책이든 반드시 몇 가지 상충하는 사실을 고려해야 한다는 점이 분명해 보인다. 수 세기에 걸친 박해를 겪은 유대인들은 다른 민족들과 마찬가지로 자신들만의 국가를 수립할 권리를 가지고 있으며, 거의 80년간 존속해온 이스라엘은 사라져서는 안 되며 사라질 수도 없다. 하지만 팔레스타인인들도 마찬가지다. 그들 또한 국가를 가질 권리와 그에 수반되는 모든 권리를 가지고 있다. 이스라엘인들은 안전을 보장받아야 하며, 팔레스타인인들은 항의할 권리, 정치적 권리, 그리고 적대적인 군사 점령 아래에서 살지 않을 권리를 가져야 한다. 요르단강과 지중해 사이의 땅에 대한 권리는 양측 모두에게 있으며, 어느 한쪽에만 유리한 해결책은 진정한 해결책이 될 수 없다.

선택지는 있다. 하나의 국가로 통합하는 방식의 해결책은 실현 가능성이 낮을 수 있지만, 이스라엘-팔레스타인 공동 캠페인 단체에서 제안하는 형태의 연합이라면 가능할 수도 있다. 이는 그린 라인 국경을 기반으로 두 개의 주권 국가를 유지하되, 자유로운 이동이 보장되며 특정 정책 분야에서는 공동 기관이 운영을 담당하는 형태를 의미한다. 이스라엘 정착민들은 기존 거주지에 남아 있을 수 있지만, 팔레스타인의 주권을 인정해야 한다. 이 계획은 유럽연합에서 영감을 얻은 것이지만, 공교롭게도 1947년 유엔 소수 보고서에서 제시된 방안과도 상당히 유사하다.

이 방식이 실행될 수 있을지는 아직 미지수다. 2023년 가을에 벌어진 사건들은 이러한 해결책을 촉진할 가능성이 낮아 보인다. 그러나 분명한 것은 이 방식이 상황을 더 악화시키지는 않을 것이라는 점이다. ○

28
네덜란드와 벨기에 사이의 샴쌍둥이 마을

경계선이 관광 명소가 되다

사실 '바를레'라는 마을 자체는 특별히 주목할 만한 점이 없다. 인구는 겨우 1만 명에도 미치지 못하며, 전체적인 규모로 보았을 때 이는 거의 미미한 수준이다. 바다에서 약 80킬로미터, 가장 가까운 대도시 안트베르펜에서 약 50킬로미터 떨어진 곳에 위치해 있다. 지난 1,200년 동안 유럽 역사를 뒤흔들었던 프랑스와 독일 문화권의 경계선이라는 주요 정치적 단층선 위에 자리 잡고 있음에도 바를레에서 특별한 사건이 벌어진 적은 거의 없다. 여행자들에게도 그다지 접근성이 좋지 않은 곳이다. 고속도로는 이곳을 우회하며 기차역은 1934년에 폐쇄됐고 철도 노선은 철거돼 자전거 도로로 바뀌었다. 이는 네덜란드다운 귀여운 발상이다.

그럼에도 이 평범한 마을은 매년 수천 명의 방문객을 끌어들인다. 2017년 바를레관광청 회장인 빌럼 반 굴은 BBC와의 인터뷰에서 이 마을에는 "상점, 호텔, 카페 등이 많아 인구 9,000명이 아닌 4만 명

규모의 도시처럼 보인다."라고 말했다. 이처럼 작은 마을에 관광청이 존재한다는 사실 자체도 흥미로운 점이다.

이 수많은 사람이 이곳을 찾는 이유, 즉 관광객들이 보러 오는 것은 일종의 지정학적 기형 현상이다. 바를레는 하나의 마을이 아니라 두 개의 마을이다. 벨기에 영토가 네덜란드 영토에 둘러싸여 있으며, 그 안에는 다시 네덜란드의 작은 영토 조각들이 포함돼 있다. 바를레 헤르토흐와 바를레나사우는 서로 복잡하게 얽혀 있어, 일부 지역에서는 국경선이 건물 한가운데를 지나기도 한다. 이 때문에 침대 한쪽에 누운 사람이 벨기에에 있는 동안, 바로 옆에서 자고 있는 사람은 네덜란드에 있는 상황이 벌어질 수도 있다. 이곳에는 세계에서 가장 어처구니없는 국제 국경선 중 하나가 존재한다.

이러한 상황의 기원을 찾아가면 이 지역의 많은 문제처럼 중세 귀족들과 신성로마제국의 영향에 닿게 된다. 12세기 후반, 이 지역 전체는 대개 먼 곳에 머물러 있는 황제의 봉토였다. 그러나 실질적으로는 지역의 소규모 영주들과 주교들이 통치를 담당하고 있었으며, 1198년경에는 두 개의 경쟁 세력, 북서쪽의 홀란트 백작과 남쪽의 브라반트 백작이 바를레 주변 지역의 소유권을 두고 다투고 있었다.

이러한 영토 분쟁은 종종 유혈 사태로 이어지는 경향이 있다(유럽 역사의 476년 이후의 모든 사건을 참고하라). 그러나 이번에는 브라반트의 헨드릭 1세가 색다른 해결책을 찾아냈다. 그는 브레다의 영주 고드프리트 판 스호턴에게 어떤 방식을 써서 자신을 상위 군주로 인정하도록 했고, 이를 통해 사실상 해당 지역에 대한 권리를 확보했다. 그러나 곧바로 그 영토를 다시 대여하는 방식으로 돌려주었다. 결국 고드프리트는 본래 자신이 소유하고 있던 모든 땅과 거기서 나오는 세수를 유지할 수 있었을 뿐만 아니라, 감사의 의미로 추가적인 토지까지 받을 수 있었다. 한편 헨드릭 1세는 나머지 땅과 그 세수를 확보하면서 홀란트 백작의 위협에서도 벗어날 수 있었다.

이러한 협상의 결과로 바를레 주변의 영토 지도가 마치 퍼즐처럼 복잡해졌지만, 당시에는 그것이 큰 문제가 되지 않았다. 바를레 자체가 그다지 중요한 곳이 아니었으며, 12세기 후반에는 현재와 같은 방식으로 지도를 제작하는 관행도 없었기 때문이다.

이런 식의 봉건적인 흥정과 거래는 중세 유럽 전역에서 끊임없이 이루어졌으며 대부분 오늘날에도 중요하지 않게 여겨지는 게 대부분이다. 하지만 이 사례가 특별한 이유는 다음과 같다. 네덜란드는 에스파냐 제국에서 독립하기 위해 80년 동안 전쟁을 벌인 끝에 평화 조약을 체결했다. 그 결과로 네덜란드 지역의 봉건 영토가 국경선을 기준으로 서로 다른 쪽에 놓이게 된 것이다. 네덜란드 공화국의 일부가 된 북쪽 영토는 이제 나사우 백작 가문이 소유한 브레다 영주의 영지였고, 남쪽 영토는 브라반트 공작 가문이 지배하는 합스부르크 제국의 일부로 남게 되었다. 1815년 이 지역은 한때 네덜란드 연합왕국이라는 단일 국가에 통합됐으나, 1830년 벨기에가 독립 전쟁을 벌이면서 바를레 지역은 다시 분리됐다. 실제로 바를레 자체는 그만큼 논란이 많았기 때문에 1843년 마스트리흐트 조약에서 국경선을 정할 때 이 지역을 5,000개 이상의 개별 토지로 나누어야 했다.

그 이후로 여러 차례 국경을 단순화하려는 위원회가 구성됐으며, 가장 최근에는 1995년에 시도가 있었다. 이들은 마을이 나뉜 토지 조각의 수를 수백 배 줄이는 데 성공했지만 여전히 합리적인 기준에서 보면 난잡한 상태로 남아 있다. 과거의 소유주 이름을 딴 네덜란드의 바를레나사우에는 이 지역 인구의 3분의 2와 전체 토지의 90퍼센트가 속해 있다. 하지만 그럼에도 벨기에의 바를레헤르토흐 내 벨기에 영토에는 여전히 약 3,000명의 벨기에 시민이 살고 있으며, 이들은 네덜란드 국경에서 몇 킬로미터 북쪽에 위치한 벨기에령 고립 영토들 내에 거주하고 있다.

나는 '고립 영토들'이라는 표현을 사용했다. 왜냐하면 바를레헤르토흐는 하나의 이어진 영토가 아니라 크고 작은 여러 개의 땅 조각들로 이루어져 있기 때문이다. 가장 큰 조각은 약 1.5제곱킬로미터에 달하며, 가장 작은 조각은 한 변이 겨우 50미터에 불과한 정사각형 모양이다. 정확히 몇 개의 영토가 존재하는지조차 명확하지 않다. 출처에 따라 22개에서 26개까지 다르게 보고되는데, 이 자체가 이 지역의 복잡성을 단적으로 보여준다. 반면 벨기에 영토 내 네덜란드령 고립 영토의 개수는 비교적 합의가 이루어져 있다. 총 여덟 개로 알려져 있지만, 일부 자료에서는 벨기에 본토 내에 자리한 하나의 고립 영토를 누락하고 일곱 개만 기록하기도 한다.

이 복잡한 국경선은 실제로 마을 곳곳에서 건물을 절반으로 가르기도 한다. 지면에는 국경선이 하얀 십자선으로 표시돼 있으며, 건물 정면에는 네덜란드 국기나 벨기에 국기가 새겨진 명판이 부착돼 있다. 어떤 곳에서는 국경이 기념품 가게를 통과하여 슈퍼마켓을 빠져나가고, 또 어떤 곳에서는 욕실 한가운데를 지나가 화장실과 욕조를 나누어놓는다. 대부분의 경우, 이러한 경계선은 예상만큼 불편을 초래하지 않는다. 일반적으로 건물이 위치한 토지가 속한 국가의 법이 적용되며, 건물의 정문이 위치한 국가에 따라 행정 구역이 결정된다. 그러나 일부 건물에서는 국경선이 정문 한가운데를 지나가기도 한다. 이러한 경우 해당 건물은 두 개의 주소를 부여받아 각 국가에 대응하도록 처리된다.

이처럼 국경이 복잡하게 얽혀 있지만, 최근 역사에서 이 문제가 특별히 중대한 영향을 미친 적은 거의 없다. 벨기에와 네덜란드는 주권 국가 간에 이럴 정도로 밀접한 관계를 유지하고 있기 때문이다. 다만 1차 세계대전 당시 중립국이었던 네덜란드 내 벨기에령 고립 영토들은 난민들에게 피난처 역할을 했고, 이로 인해 벨기에를 점령하고 있던 독일군을 자극하는 원인이 되기도 했다. 하지만 바를레 지역이 국제 관계에서 중요한 문제로 떠오른 적은 없다.

그러나 이 기이한 국경선은 지역 차원에서는 다양한 영향을 미쳤다. 예를 들어 역사적으로 국경의 '유리한 쪽'에 속한 사람들은 벨기에의 좀 더 자유로운 상업 법규의 혜택을 누릴 수 있었다. 개신교 나라인 네덜란드에서는 일요일에 상점 문을 닫아야 했지만, 벨기에 측에서는 자유롭게 영업할 수 있었다. 이와 관련하여 수많은 일화가 전해진다. 예를 들어 식당이 영업을 계속하기 위해 손님에게 좀 더 관대한 벨기에 영토 쪽으로 자리를 옮겨달라고 요청한 사례나, 은행이 세무 조사를 피하기 위해 서류를 건물 한쪽 끝에서 반대편으로 밀어낸 사례 등이다.

이 이야기들은 사실일 수도, 아닐 수도 있다. 출처는 불분명하지만 생각해보면 그럴 수밖에 없지 않은가? 하지만 확실한 사실이 하나 있다. 네덜란드의 도시 계획법은 벨기에보다 훨씬 더 엄격하며, 이는 현재까지도 마을의 벨기에 영토 부분에서 좀 더 다양한 건축 양식을 볼 수 있는 이유다. 실제로 일부 건물주는 좀 더 자유로운 벨기에의 법규를 이용하기 위해 자택의 정문을 국경 너머로 옮기기도 했다. 또한 벨기에 측에 속한 주민은 좀 더 관대한 법률 덕분에 폭죽 판매나 청소년에게 주류를 판매하는 것이 쉬웠다.

이 모든 것이 흥미롭기는 하지만, 동시에 매우 불편한 일이기도 하다. 국경을 여러 번 넘나드는 도로나 하수도를 제대로 유지보수하는 것이 얼마나 골치 아픈 일인지 한번 상상해보라. 또한 본질적으로 하나의 마을임에도 두 개의 경찰 조직과 두 명의 시장을 유지해야 한다. 그중 벨기에 시장은 자신의 시청을 확장하려 해도 외국 정부(네덜란드)의 허가 없이는 불가능하다. 1960년대에는 이러한 문제를 해결하기 위해 두 시장이 협의하여 두 마을 학교들이 하교하는 시간을 엇갈리게 조정한 적도 있었다. 이는 네덜란드와 벨기에 학생들이 애국심을 빙자해 서로 주먹다짐을 벌이는 일이 지나치게 자주 발생했기 때문이었다.

최근 가장 어처구니없는 상황은 2020년 6월에 발생했다. 코로나19 팬데믹의 첫 번째 유행이 지나간 후, 네덜란드는 봉쇄를 해제했지만 남쪽의 벨기에는 여전히 봉쇄 조치를 유지하고 있었다. 이로 인해 바를레나사우의 술집들은 영업을 재개할 수 있었지만, 같은 거리에 사는 바를레헤르토흐 주민들은 그곳에 들어가는 것 자체가 불법이었다. 적발될 경우 최대 250유로의 벌금이 부과될 수도 있었다. 물론 바를레헤르토흐 시장은 이러한 법을 강제하지 않겠다고 밝혔다.

하지만 반대로 생각해보면 바를레헤르토흐와 바를레나사우는 올바른 태도만 있다면 서로 다른 국적을 가진 사람들이 하나의 마을을 공유하며 기본적으로 평화롭게 살아갈 수 있음을 보여주었다. 이는 그만큼 이례적인 사례여서 이스라엘의 총리 베냐민 네타냐후조차 중동 문제 해결을 위한 교훈을 얻기 위해 연구진을 파견하는 방안을 논의한 적이 있을 정도다. 그리고 이곳은 많은 관광객을 끌어들이는 곳이기도 하다. 그러니 이 시스템이 매우 우스꽝스럽다고 하더라도 과연 그것이 좋은 것인지 나쁜 것인지를 누가 단언할 수 있겠는가? ○

29
미국-캐나다 국경, 직선이 불러온 난제

국경이 영토를 재편하다

미국과 캐나다 사이에 놓인 8,891킬로미터에 이르는 국경은 세계에서 가장 긴 비무장 국경으로 유명하다. 아마 덜 알려진 사실이겠지만, 이는 단순히 비무장 국경일 뿐만 아니라 세계에서 가장 긴 국경이기도 하다. 물론 이는 약간의 편법이 포함된 주장이다. 사실 이 국경은 두 개로 나뉘어 있다. 하나는 캐나다와 미국 본토(하위 48개 주) 사이의 6,416킬로미터 국경선이고, 다른 하나는 캐나다와 알래스카 사이의 2,475킬로미터 국경선이다. 만약 하나의 연속된 국경을 따진다면, 러시아-카자흐스탄 국경(7,644킬로미터)이 더 길다. 하지만 미국은 모든 것에서 최고여야 한다는 강박이 있는 듯하니, 두 구간을 합산하여 세계에서 가장 긴 국경으로 간주하기로 하자.

이 국경이 '비무장' 상태라는 점에 대해서는, 그것이 어떤 유형의 방어를 의미하는지에 따라 다르게 해석될 수 있다. 물론 군사력이 배치돼 있지는 않다. 그리고 이 국경을 넘는 것이 미국 남부 국경을 넘는 것보다는 확실히 덜 엄격하다. 미국 남부 국경은 인신매매와 마약 밀수를 방지하는 임무를 맡은 미국 세관 및 국경보호국의 요원들에 의해 철저하게 감시된다(적어도 그렇게 보이도록 유지하는 것이 그들의 역할이기도 하다).

그러나 이것이 곧 미국-캐나다 국경이 완전히 무방비 상태라는 의미는 아니다. 사람이 거주하는 지역에서는 일반적으로 신분증을 제시해야 하며, 오늘 갑자기 국경을 넘고 싶은 이유에 대해 최소한의 설명을 요구받을 가능성이 크다. 사람이 살지 않는 지역에서는 국경 경비를 피할 수도 있을 것이다. 그렇지만 다음 경우를 생각해보자.

ⓐ 과연 누가 몬태나로 몰래 넘어가기 위해 몇 킬로미터씩 걸어야 하는 앨버타 오지로 들어가려 하겠는가?
ⓑ 그 지역에서도 국경선이 전혀 보이지 않는 것은 아니다. 약 2,200킬로미터에 걸쳐 '슬래시'라 불리는 6미터 폭의 벌목지대가 조성돼 있어 국경 양측의 지형과 확연히 다르며, 이는 위성사진에서도 선명하게 보인다.

미국의 북부 경계는 또한 항상 평화로운 국경선이었던 것은 아니다. 훗날 캐나다가 될 이 영토들은 본질적으로 미국 독립 전쟁 당시 영국령으로 남아 있던 곳들이다. 실제로 1783년 이후 영국군이 뉴욕에서 철수하면서 수천 명의 왕당파를 온화한 기후의 노바스코샤로 이주시킨 결과, 이 지역은 더욱 영국화되었다. 1812년에는 두 지역이 다시 전쟁을 벌였으며, 이는 때때로 '2차 독립 전쟁'이라 불리지만, 일반적으로는 그냥 '1812년 전쟁'으로 불린다.

따라서 초기 수십 년 동안 미국과 영국령 북아메리카 사이의 국경은 다른 분쟁 지역들과 마찬가지로 갈등을 초래할 수 있는 요인이자 전투가 벌어지는 장소였으며, 따라서 그 어떤 국경만큼이나 '방어된' 곳이었다. 이를 명확히 규정하기 위해 여러 차례 조약이 체결됐다.

미국과 영국은 1783년 파리조약에서 최초로 국경선을 합의했다. 이 조약은 새롭게 설정된 국제 국경이 북위 45도를 따라 형성된다고 규정했다. 이는 이미 기존에 퀘벡과 당시 '버몬트'라는 정체성을 형성해가던 뉴욕 북부 지역 사이에 설정된 식민지 경계를 따르는 것이었다. 이후 국경선은 세인트로렌스강을 따라 이어지며, 천연 장벽 역할을 하는 오대호를 지나, 여러 개의 작은 강을 거쳐 "작은 우즈호의 북서쪽 최북단 지점"까지 연결된 후 거기서부터 "정확히 서쪽으로 미시시피강까지" 이어진다고 명시됐다.

그러나 국경선 설정에 참여한 누구도 실제 그 지역을 방문한 적이 없었다. 그리고 이것은 이후 심각한 문제가 되었다.

이 모든 과정은 당시로서는 작은 신생 국가였던 미국이, 상대적으로 초강대국이 되어가던 제국을 상대하면서도 놀라울 정도로 관대한 국경선을 확보하는 결과를 낳았다. 새롭게 탄생한 이 나라는 동부 해안에 위치한 13개 식민지가 명확한 권리를 주장할 수 없었던 광대한 애팔래치아산맥 너머의 영토까지 포함하게 되었다. 공정하게 말하자면, 영국 또한 이에 대한 명확한 권리를 가지고 있지는 않았다. 영국의 입장은 전쟁에서 패배한 이상 미국이 경제적으로 성장할 수 있도록 도와줌으로써 자국의 상인들에게 새로운 시장을 창출하는 것이 더 나을 거라는 것이었다. 프랑스 외무장관 베르젠 백작의 말을 인용하자면 "영국은 평화를 만드는 것이 아니라 사는 것이다."

이후에도 여러 차례 추가적인 합의가 이루어졌다. 1794년 제이 조약에서는 국제위원회를 설립하여 국경을 조사하고 지도화하기로 했다. 1812년 전쟁을 종결시킨 1815년 겐트 조약은 양측이 지난 몇 년간 총을 겨누며 열광적으로 국경선을 주장했던 것과는 달리, 실제로는 국경이 처음 정해졌던 위치에서 변하지 않았다는 점을 확정했다. 1817년 러시배거트 조약은 이전의 적대감을 고려하면서도 국경을 비무장화하기로 합의했으며, 1818년 런던 협약에서는 국경선을 서쪽으로 연장하여 로키산맥까지 북위 49도를 따라 이어지도록 결정했다.

그렇다고 해서 이후 갈등이 완전히 사라진 것은 아니었다. 새롭게 독립한 메인주의 경계는 여전히 불분명했으며, 이 지역이 비교적 최근까지 매사추세츠주의 일부였던 점도 문제를 더욱 복잡하게 만들었다. 이러한 긴장감은 1830년대에 고조됐고, 결국 '아루스투크 전쟁' '마다와스카 전쟁' 혹은 '콩과 베이컨 전쟁'이라는 다양한 이름으로 불리는 사건으로 이어졌다(마지막 명칭은 당시 개척민들이 형편없는 식단에 의존해야 했다는 점에서 유래한 것이다). 그러나 이러한 이름과는 달리 실제로 전투는 벌어지지 않았고, 서로 대립하던 무리가 서로 으르렁거리며 신경전을 벌였을 뿐이었다. 결국 1842년 타협이 이루어졌다.

같은 시기 북서부의 광대한 오리건 컨트리를 따라 국경선을 설정하는 문제에서도 약간의 의견 충돌이 있었다. 이 지역은 1818년부터 미국과 영국이 공동으로 통치하기로 했다. 영국은 국경선을 최대한 남쪽으로 설정하여 오늘날 워싱턴주 지역이 캐나다 일부가 되기를 원했으며, 반면 미국은 국경을 최대한 북쪽으로 설정하여 알래스카가 미국 본토와 연결될 수 있도록 하기를 원했다(미국이 실제로 알래스카를 러시아에서 획득한 것은 1867년의 일이었다). 하지만 결과적으로는 매우 싱거운 타협안이 채택됐다. "그냥 계속 북위 49도를 따라가면 되지 않겠는가?" 그렇게 평화가 유지됐다.

이제 이 국경이 계몽주의 이후의 합리적인 시대에 설정됐기 때문에, 우리가 구세계에서 보아왔던 비합리적인 국경선 문제에서 자유로울 수 있을 거라고 생각했을 것이다. 물론 그런 생각은 틀렸다.

이러한 경계선들 중 상당수가 제대로 측량되지 않았다는 점이 문제였다. 오늘날 국경을 표시하는 '슬래시'는 흔히 북위 49도를 대강 따를 뿐이며, 실제로는 수백 미터 정도 북쪽이나 남쪽으로 벗어나 있다. 더욱 심각한 문제는 이미 익숙한 이야기처럼, 이 경계선들이 실제로 현장을 방문하지도 않고 그려졌다는 점이다. 예를 들어 버몬트와 퀘벡 사이의 국경선으로 합의된 북위 45도선은 사람들이 오랫동안 가정해왔던 위치보다 훨씬 남쪽에 있었다. 이 때문에 이미 그 지역에 건축을 진행하고 있던 미국 당국이 곤란을 겪게 되었다(이 문제에 대한 자세한 내용은 36장에서 다룬다).

또한 파리조약에서 언급된 "우즈호의 북서쪽 최북단 지점에서 서쪽으로 미시시피강과 만나는 선을 따른다."라는 조항에서도 두 가지 문제가 발생했다.

ⓐ 우즈호는 제대로 측량된 적이 없으며, 사람들이 막연히 생각했던 것처럼 둥글고 명확한 형태가 아니라, 많은 만과 곶이 형성된 들쭉날쭉한 지형이었다. 따라서 '북서쪽 최북단 지점'을 찾기가 매우 어려웠다.

ⓑ 미시시피강은 실제로 우즈호의 서쪽을 흐르지 않았다. 강의 발원지는 호수에서 거의 정확히 남쪽에 위치해 있었다. 이럴 수가!

두 번째 문제 때문에 원래 조약의 내용을 문자 그대로 따를 수 없었다. 만약 조약의 지침대로 북서쪽 최북단 지점에서 서쪽으로 선을 그려 미시시피강을 찾으려 했다면, 이 선은 영원히 지구를 빙글빙글 돌기만 할 것이며, 이는 국경선으로서 전혀 쓸모가 없었다. 결국 1818년 모든 당사국이 국경선을 단순화하기로 합의했고, 국경은 해당 지점에서 남쪽으로 내려와 이미 합의된 북위 49도선에 도달한 후, 다시 서쪽으로 급격히 꺾이도록 조정됐다.

이러한 조정은 당시로서는 괜찮은 해결책이었다. 그러나 1825년 독일 천문학자 요한 루트비히 티아크스가 이 문제를 매우 문자 그대로 해결하면서 새로운 문제가 발생했다. 그는 지도 위에 남서-북동 방향의 선을 여러 개 그려가며 가장 바깥쪽의, 즉 '가장 북서쪽'에 해당하는 지점을 찾았다. 그런데 이 지점을 기준으로 남쪽으로 선을 그려 북위 49도선에 연결하자, 새롭게 정의된 미네소타 일부가 캐나다에 붙어버리는 문제가 발생했다.

이러한 영토 중 하나는 '엘름 포인트'라는 작은 무인 곶이었기 때문에 큰 문제가 되지 않았다. 그러나 다른 하나인 '노스웨스트 앵글'에는 약 120명의 주민이 거주하고 있으며, 미국 본토에서 가장 북쪽에 위치한 도로도 포함되어 있다. 이 지역에 출입하는 사람들은 정식 세관 초소를 두는 것이 불필요할 정도로 교통량이 적기 때문에 비디오폰 부스를 이용해 해당 국경 당국에 입출국 사실을 알릴 의무가 있다. 당연하지 않은가.

직선 국경선에 대한 집착은 국경의 다른 곳에서도 비슷한 기이한 사례들을 만들어냈다. 버몬트와 퀘벡을 나누는 위도선은 '멤프레마고그Memphremagog'라는 독특한 철자의 호수를 가로지른다. 이 호수에 있는 프로빈스섬의 대부분은 캐나다 영토지만, 남쪽 끝 일부는 기술적으로 미국에 속한다. 그런데 이 사실에 대해 특별히 신경 쓰는 사람은 거의 없다. 오히려 온라인상에서는 이 섬이 대만과 비슷한 모양이라는 점이 더 큰 관심을 끌고 있다.

그리고 또 하나의 사례가 있다. 밴쿠버 교외에 위치한 포인트 로버츠는 반도의 끝에 자리 잡고 있으며, 행정적으로는 상당히 불편한 위치에 있다. 이곳은 북위 49도선 남쪽에 위치해 있기 때문에 워싱턴주의 일부로 간주된다. 이로 인해 이 지역에 거주하는 미국 국적의 아이들에게는 매우 불편한 상황이 발생한다. 가장 가까운 미국 내 고등학교가 블레인시에 있으며, 거기까지 가려면 약 64킬로미터를 이동해야 한다. 반면, 같은 지역에 사는 캐나다인 이웃들은 훨씬 가까운 교육 기관을 이용할 수 있다.

포인트 로버츠는 북위 49도선을 따라 서쪽으로 이어지는 국경선이 마지막으로 직선으로 유지되는 지점이다. 이후 국경선은 서쪽으로 향하는 마지막 구간에서 방향을 틀게 된다. 게다가 국경이 이 위도를 완벽하게 따르지 못하는 곳도 많다. 오래전에 이루어진 부정확한 측량 때문에 국경이 일부 지역에서는 위도선에서 벗어나 있기 때문이다. 이러한 이유로 포인트 로버츠를 단순히 캐나다 영토로 인정하는 것이 더 합리적인 결정일 것이라는 논의가 여러 차례 이루어졌다. 특히 2001년 9·11 테러나 2020년 코로나19 팬데믹과 같은 사건으로 국경을 넘어가는 것이 훨씬 더 어려워졌을 때, 이러한 조정이야말로 가장 현실적이고 합리적인 해결책처럼 보였다. 하지만 지금까지 이러한 논의는 아무런 결실을 맺지 못했다.

어쩌면 이는 그리 중요한 문제가 아닐지도 모른다. 캐나다의 반대편, 즉 미국과의 동쪽 국경 지역을 보면, 프로빈스섬에서 불과 10킬로미터 떨어진 곳에 퀘벡주의 스탠스테드라는 마을(인구 2,800명)이 있다. 그리고 바로 국경 너머에는 버몬트주의 더비 라인이라는 마을(인구 700명)이 연속적으로 이어져 있다. 이 두 마을 사이를 가로지르는 도로인 '카누사 스트리트' 중앙에는 국경선이 지나고 있다. 즉, 도로의 한쪽에 사는 사람들은 미국에 속하고, 반대쪽에 사는 사람들은 캐나다에 속하는 상황이다.

이러한 상황은 때때로 미국 국경 관리들을 불편하게 만들었다. 이들은 이 마을이 불법 이민의 중심지가 될 가능성을 우려했다(물론 많은 퀘벡 주민들이 미국으로 가기를 간절히 원한다고 가정해야겠지만). 그러나 지금까지 이 두 마을은 본질적으로 하나의 공동체로 남아 있다. 실제로 이 두 마을 사이에서는 지역 전화도 자유롭게 걸 수 있다. 그리고 이들의 연대는 하나의 상징적인 건물로 표현된다.

1904년에 개관한 하스켈 자유도서관 및 오페라하우스는 국경선을 가로지르도록 의도적으로 지어진 유일한 건물일 가능성이 높다. 건물의 출입구와 대부분의 좌석은 미국에 있지만, 도서관의 책과 공연 무대는 캐나다에 위치해 있다.

이 점을 너무 깊이 해석하는 것은 실례가 될 수도 있겠다. ○

30
스위스가 아닌 몇몇 장소

유럽에서 가장 난해한 국가가 되다

스위스는 벨기에보다도 더 유럽의 국가 개념을 혼란스럽게 만드는 나라다. 유럽 대륙 대부분은 특정한 민족적·종교적·언어적 공동체로 이루어진 국가들로 구성돼 있으며, 그렇지 않은 경우라도 대체로 쉽게 설명할 수 있다. 예를 들어 "벨기에는 1648년 독립하지 못한 저지대의 가톨릭 국가다." "오스트리아는 제국과 비스마르크의 질투 때문에 독일에서 배제됐다." "룩셈부르크는 세금을 극도로 싫어하는 나라" 등과 같이 말이다. 그러나 스위스는 도대체 뭐란 말인가? 가톨릭 신자가 많지만 개신교 신자도 상당수 있고, 주민 대부분은 독일어를 사용하지만 상당수는 프랑스어를 쓰며, 적지 않은 사람들은 이탈리아어를 사용하거나 로만슈어 같은 지역 언어를 쓰기도 한다. 심지어 '알프스 국가'라는 정체성조차도 사실상 여덟 개의 알프스 국가(모나코, 프랑스, 스위스, 독일, 리히텐슈타인, 오스트리아, 슬로바키아, 이탈리아)가 존재하며, 스위스 인구 대부분이 산악 지역이 아닌 북부 평야

지대에 거주한다는 사실을 간과하고 있다. 이는 당연한 일이기도 한데, 산꼭대기에서 살고 싶어하는 사람은 없기 때문이다.

스위스라는 국가가 어떻게 형성됐는지를 이해하는 데에는 그 정식 명칭이 약간의 단서를 제공한다. 공식적으로 이 나라는 스위스 연방으로 불리며, 본질적으로 26개의 칸톤, 즉 구성국으로 이루어진 연합체다. 그 기원은 1291년 연방 헌장으로 거슬러 올라가는데, 당시 우리, 슈비츠, 운터발덴이라는 농촌 지역들이 자신들의 공동 이익을 위협하는 세력에 서로를 방어하기 위해 협력하기로 합의했다. 중세 유럽에서 '위협적인 세력'이란 대개 제국적 야망을 품은 귀족 가문들을 의미했다. 시간이 지나면서 연방이 성장함에 따라 그들이 방어해야 했던 세력에는 합스부르크가(이들이 쫓겨났는지, 아니면 스스로 빈으로 이주했는지는 의견이 분분하다), 부르고뉴 공작(15세기 내내 실패로 끝난 로타링기아 재건을 시도했다), 그리고 나폴레옹(스위스를 성공적으로 침략했지만 장기적으로 유지하지 못했다) 등이 포함됐다.

결국 스위스는 본질적으로 더 강한 세력들의 손아귀에서 벗어나 독립을 유지하는 데 성공한 지역들로 이루어진 나라라고 할 수 있다. 그 독립은 1648년 베스트팔렌조약에서 공식적으로 인정받았다. 우리가 익숙한 유럽의 지도는 19세기에 들어와서야 확정됐지만, 스위스라는 개념과 그 대략적인 현대 국경은 이미 수 세기 전부터 확립돼 있었다. 먼발치에서 보면 스위스 국경이 다소 복잡해 보일 수도 있지만, 이는 때때로 지역 역사에서 비롯된 결과다(예를 들면 제네바는 한때 작은 개신교 공화국이었는데 가톨릭 프랑스의 영향에서 벗어나기 위해 19세기에 스위스 연방에 가입했다). 또한 알프스 지형도 중요한 역할을 했다(예컨대 베르니나 고개 주변과 같이 스위스 영토가 다른 나라로 삐죽이 튀어나와 있는 경우, 실제로는 그 지역이 낮은 지대로, 양쪽이 산으로 둘러싸여 있기 때문이다).

그러나 그렇다고 해서 스위스의 국경이 전혀 터무니없는 요소가 없다는 뜻은 아니다. 대표적인 사례가 캄피오네 디탈리아라는 마을인데, 이곳은 불과 3제곱킬로미터도 되지 않는 작은 면적에 2,000명이 거주하는 이탈리아령 고립 영토로, 완전히 스위스 영토로 둘러싸여 있다. 지도를 보면 동쪽으로 불과 1킬로미터 정도만 이동하면 이탈리아 본토와 이어지는 듯하지만, 불행히도 그 길에는 알프스산맥이 가로놓여 있어 실제 도로로 이동하려면 10킬로미터 이상을 돌아가야 한다. 당연히 네비게이션 앱은 이 경로를 안내하면서 스위스를 지나야 한다는 사실을 잊지 않고 알려줄 것이다.

이 작은 이탈리아 영토의 기원은 이탈리아라는 나라가 존재하기 약 1,100년 전으로 거슬러 올라간다. 777년 한 지역 토지 소유자가 사망하며 자신의 영지를 밀라노 대주교에게 유산으로 남겼고, 이로 인해 이 지역은 교황령의 일부가 되었다. 이후 주변 지역이 1510년대 캉브레 동맹 전쟁 동안 스위스 연방에 병합된 후에도 이곳은 그대로 남아 있었다. 이탈리아어를 사용하는 스위스 최남단 칸톤이자 가장 화창한 지역인 티치노는 이 이상한 상황을 해결하기 위해 토지 교환이나 주민투표 같은 방안을 시도했지만, 캄피오네 주민들은 이를 거부했다.

만약 이 고립 영토의 존재가 신의 신비로운 섭리로 설명될 수 있다면, 20세기 내내 이를 유지한 것은 돈의 힘이었다. 1차 세계대전 당시 이탈리아 정부는 캄피오네에 카지노 영업을 허가하며 외국 외교관들이 도박 테이블에서 국가 기밀을 무심코 발설하기를 기대했다. 이 전략은 효과가 있었던 것으로 보이며, 1930년대에 또 다른 전쟁이 다가오자 무솔리니는 같은 방식을 반복했다. 그리고 혹시라도 오해가 생길까 우려한 그는 마을 이름에 '디탈리아'를 추가하여 이곳이 정확히 누구의 영토인지 분명히 했다.

세기가 끝날 무렵 캄피오네 디탈리아의 주요 산업은 밤 문화가 되었으며, 지역 정부는 통상적인 '세금'이 아니라 시립 카지노의 수익으로 운영됐다. 마을에는 음모와 화려함이 넘치는 이야기들이 넘쳐났다. 한 일화로 무솔리니의 정적이었던 체사레 로시는 한 애인의 유혹을 받아 중립국 스위스에서 벗어나 즐거운 밤을 보내기 위해 이곳으로 왔다. 그러나 도착하자마자 이탈리아 정부의 사주를 받은 그녀의 조력자들에 의해 즉시 체포됐다. 좀 더 최근의 이야기로는 유명한 마약 밀수업자 하워드 마크스가 루가노 호수변에서 시간을 보내다가 도망칠 수밖에 없는 상황이 되었는데, 그는 공원에 여권을 묻어두었고, 후에 흥분한 독일 관광객이 이를 발견하기도 했다. 루가노 호수의 아름다운 풍광을 배경으로 한 이 모든 이야기는 마치 첩보 영화처럼 보이지만, 조금 더 파시스트적이고 웨일스 출신의 유명 대마초 밀수업자가 포함된 버전이라고 할 수 있다.

캄피오네 디탈리아 주민들은 꽤 괜찮은 삶을 살았다. 공식적으로는 이탈리아인이었지만, 실질적으로는 스위스가 이 마을에 필수적인 서비스(깨끗한 식수 공급, 쓰레기 수거, 전화망 운영 등)를 제공했다. 그렇지 않으면 너무 번거로운 일이었기 때문이다. 게다가 주민들은 스위스 프랑과 유로 중에서 더 편리한 화폐를 자유롭게 사용할 수 있었다. 두 나라의 장점을 모두 누리는 최상의 환경이었다.

그러나 2018년 마을 경제의 중심이었던 카지노가 파산하면서 인구 2,000명에 불과한 이 작은 마을에서 500개의 일자리가 사라졌다. 그리고 불과 2년도 지나지 않아, 주민들의 거센 반발에도 캄피오네는 스위스 관세 구역에서 제외됐고, 결국 다른 이탈리아 지역들과 마찬가지로 유럽연합에 통합됐다. 그 결과 국경 검문소가 생기고 세관 및 출입국 심사가 이루어졌다. 한동안 마을 주민들은 담배를 사기 위해서도 국경을 넘어야 했는데, 그 이유는 마을 내에서 이탈리아 담배 판매 면허를 가진 사람이 아무도 없었기 때문이다. 이는 수십 년 동안 편리한 국가적 정체성을 유지할 수 있었던 이 마을이 이제는 유럽연합의 관세 체제 속에서 확고한 이탈리아 영토로 자리 잡게 되었음을 의미한다. 카지노가 다시 문을 열기는 했지만, 주변이 스위스로 둘러싸여 있다는 불리함이 갑자기 너무나도 선명하게 드러나기 시작했다.

캄피오네를 이탈리아 관세 구역으로 재통합하기로 한 결정은 로마에서 내려졌다는 점에 주목할 필요가 있다. 이는 부가가치세VAT와 관련이 있는 것으로 보이며, 아마도 카지노 파산으로 인한 재정 손실을 보전하려는 조치일 것이다. 이 결정이 베른(스위스)이나 브뤼셀(EU)에서 내려진 것이 아니라는 사실은 스위스 반대편 200킬로미터 떨어진 곳을 보면 명확해진다. 그곳에는 또 하나의 유럽연합 회원국 영토가 자리하고 있지만, 그곳은 여전히 유럽연합 외부에 남아 있다.

뷔징겐 암 호흐라인, 줄여서 뷔징겐은 독일 바덴뷔르템베르크 주의 7.6제곱킬로미터 크기의 영토로, 1,500명의 주민이 살고 있으며 완전히 스위스에 둘러싸여 있다. 캄피오네 디탈리아와 마찬가지로 독일 본토에서 불과 700미터밖에 떨어져 있지 않다. 그러나 결정적으로, 이 지역에는 알프스산맥이 없다. 알프스는 이곳에서 80킬로미터나 떨어져 있기 때문이다. 즉, 이 고립 영토가 존재하는 이유는 단순한 고집 때문이다.

17세기 후반 유럽 지도는 점점 복잡해지고 있었다. 스위스의 독립은 베스트팔렌조약에서 공식적으로 인정됐고, 신성로마제국의 모든 영주는 자신이 원하는 종교를 강요할 수 있는 권리를 얻었다. 이는 국가와 황제 간의 권력 균형 변화를 공식화하는 것이었으며, 궁극적으로는 볼테르의 유명한 "신성로마제국은 신성하지도, 로마적이지도, 제국도 아니다."라는 말이 나오게 된 배경이기도 했다.

당시 뷔징겐은 합스부르크가가 소유하고 있었으며, '오스트리아령 슈바벤'이라는 독일 남부의 여러 흩어진 영토 중 하나였다. 반면 바로 라인강 상류에 위치한 샤프하우젠은 스위스의 한 칸톤에 속해 있었다. 뷔징겐은 가톨릭이었고, 샤프하우젠은 개신교 지역이었으며, 같은 가문이 두 지역에서 영향력 있는 지위를 차지하고 있었다. 그리고 1693년 뷔징겐 영주였던 에버하르트 임 투른이 자신의 개신교 친척들에게 납치당하는 사건이 벌어졌다. 그의 친척들은 그가 가톨릭 신자임을 숨기고 있다고 믿었고, 그를 샤프하우젠 당국에 넘겼다. 당국은 즉시 그를 감옥에 가두었다. 이후 6년이 지나고 오스트리아의 침공 위협이 있은 후에야 그를 마지못해 석방했지만, 이미 그는 폐인이 되어 있었다(그리고 배신한 친척들의 주장대로 실제로 가톨릭 신자였다).

그러나 우리 이야기에서 더 중요한 것은 이 사건으로 인해 오스트리아 당국이 고집스럽게 "뷔징겐은 절대 스위스가 되어서는 안 된다."라고 선언했다는 점이다. 이후 수십 년 동안 오스트리아는 인근 영토를 취리히 칸톤에 매각했지만 뷔징겐만큼은 끝까지 붙들고 있었으며, 그 이유는 단순히 '앙심' 때문이었다. 그리고 2019년, 무려 325년이 지나 에버하르트 임 투른이 감옥에서 풀려난 후에도 뷔징겐의 부시장 롤란트 긴터는 여전히 언론 인터뷰에서 이렇게 말했다. "그들은 절대 뷔징겐이 스위스로 돌아가지 못할 거라고 했습니다. 절대, 절대, 절대로." 그야말로 엄청난 원한이다.

물론 이 마을은 오랫동안 오스트리아 영토가 아니었다. 1805년 뷔징겐은 뷔르템베르크 왕국의 일부가 되었고, 이후 독일 영토로 편입됐다. 1919년 거의 500년 만에 처음으로 합스부르크가가 제국을 잃고 더 이상 이 문제에 개입할 수 없는 상황이 되자, 마을에서는 스위스 편입 여부를 묻는 주민투표를 실시했다. 약 96퍼센트의 주민이 찬성표를 던졌다. 그러나 이번에는 독일 측이 아무런 대가 없이 영토를 내주려 하지 않았고, 스위스 측도 뷔징겐을 얻기 위해 다른 영토를 양보할 의사가 없었다. 결국 마을은 독일 영토로 남게 되었다.

이로 인해 마을의 생활이 항상 수월했던 것은 아니었다. 2차 세계대전 당시, 휴가를 받아 고향으로 돌아온 뷔징겐 출신 독일군 병사들은 스위스 국경에서 무기를 내려놓고 군복을 가려야 했다. 그러나 여기서 언급되는 사람들이 말 그대로 나치였다는 점을 감안하면, 그들이 겪은 불편함에 대해 지나치게 연민을 가질 필요는 없을지도 모른다. 이후에는 인근 도시로 쇼핑을 갈 때마다 번거로운 서류 절차를 거쳐야 했다. 오늘날에도 마을 주민들은 종종 스위스 수준의 높은 임금을 받지만, 독일 수준의 높은 소득세를 내야 한다. 이건 조금 '작은 바이올린을 켜야 하는' 이야기처럼 들리지만 어쨌든 현실이다.

그러나 최근 몇 년 사이, 고립 영토라서 발생하는 몇 가지 문제들은 해결됐다. 1967년 독일 정부와 스위스 정부는 뷔징겐을 스위스 관세 구역에 포함시키기로 합의했다. 이로 인해 국경 검문이 불필요해졌다. 오늘날 뷔징겐은 정치적으로는 독일에 속하지만 경제적으로는 스위스에 속하는 상태다. 2019년 브렉시트 협상이 한창 진행될 당시, 일부 아일랜드 정치인들은 이 모델을 북아일랜드에도 적용할 수 있는 방안으로 제시했다. 그러나 인구 2,000명도 되지 않는 지역에서 성공한 방식이 거의 200만 명이 거주하는 지역에서도 효과적으로 작동할지는 불분명하다. 그럼에도 유럽연합 외부에 위치한 독일의 작은 마을 뷔징겐의 성공적인 사례는 18세기 빈과 21세기 런던의 정치인들 모두가 배울 수 있는 '타협의 정신'을 정확히 보여주고 있다. ○

31
소국에 대한 몇 가지 단상

결국 주권이다

1783년 이쯤 되면 전혀 놀랍지도 않겠지만, 한 조약에서 국경을 애매하고 불명확한 언어로 규정하는 일이 또다시 벌어졌다. 미국 독립전쟁을 종결시킨 파리조약은 뉴햄프셔와 당시 영국령 하부 캐나다 간의 경계를 코네티컷강의 '가장 북서쪽에 위치한 수원지에서 이어지는 고지대'를 따라 설정했다. 문제는 이 표현이 여러 개의 가능성 있는 물줄기 중 어느 것을 지칭하는지 불분명했다는 것이다. 예상대로 영국은 가장 동쪽에 있는 물줄기를 선택해 최대한 많은 땅을 확보하려 했고, 미국은 가장 서쪽에 있는 물줄기를 선택해 최대한 많은 땅을 차지하려 했다.

1832년이 되자 이 지역 주민들에게 있어 이런 상황은 더 이상 재미있는 일이 아니었다. 그들은 양측에 세금을 내고 있었기 때문이다. 결국 7월 9일 주민들은 모임을 열어 정부를 조직하고 독립을 선언했다. 인디언 스트림 공화국의 헌법은 해당 지역이 "우리가 적절히 속해야 할 정부를 확실히 알게 되는 때까지 자유롭고 주권을 가진 독립국가의 모든 권한을 행사할 것"이라고 명시했다.

그 '때'는 1835년 8월 4일이었으며, 뉴햄프셔주 쿠스 카운티 보안관이 지역민병대를 소집해 침공을 감행했다. 인디언 스트림의 주민들은 하부 캐나다 정부에 보호를 요청했으나 영국이 대응하지 않자 그들은 기꺼이 뉴햄프셔로의 합병을 받아들였다. 현재 이 지역은 피츠버그라는 이름의 마을로 남아 있다. 인디언 스트림 공화국은 독립국가로서 3년 남짓 존재했을 뿐이다.

이런 이야기만 모아도 책 한 권을 쓸 수 있다. 실제로 그런 책이 존재하기도 한다. 역사에는 이러한 사례가 무수히 많다. 예를 들어 러시아-중국 국경 지역에 있던 '야크사'라는 영토는 추방당한 폴란드인이 세운 곳이었다. 그는 자신의 딸이 성폭행당하자 지역 유지를 살해하고 직접 마을을 세웠으며, 이후 9년 동안 로마노프왕조와 청나라를 서로 견제하게 만들며 독립을 유지했다. 또 다른 예로 코스파이아라는 지역이 있다. 1440년 당시 교황령의 일부였던 이 작은 땅은 피렌체 공화국으로 매각되는 조약에서 실수로 빠졌고, 이후 400년 가까이 아무도 합병하려 하지 않았다. 그리고 이런 사례는 신성로마제국의 혼란스러운 역사를 고려하지 않더라도 수십 개를 더 찾아볼 수 있다.

이런 국가들이 존재했다는 사실 자체는 이상한 일이 아니다. 진짜 이상한 것은 일부가 여전히 살아남았다는 점이다. 예를 들어 프랑스와 스페인 사이의 국경에 위치한 작은 산악 고립 영토인 안도라는 왜 두 나라 중 어느 하나에도 흡수되지 않았을까? 샤를마뉴가 독립을 부여했다고 주장할 수도 있겠지만 샤를마뉴는 역사적으로 무수한 일을 했고, 그중 대부분은 12세기가 지난 지금까지 영향을 미치지 않는다. 그런데 왜 안도라는 여전히 존재하는가? 같은 맥락에서 1297년부터 그리말디 가문이 통치해온 작은 지중해 휴양지인 모나코는 왜 여러 차례 이어진 프랑스의 확장 정책 속에서도 흡수되지 않았을까? 왜 이런 국가들이 여전히 남아 있는가?

소국에 대한 보편적으로 합의된 정의는 없지만, 일반적으로 '정말, 정말 작은 국가'를 의미한다고 이해된다. 2,586제곱킬로미터 면적의 룩셈부르크는 안도라보다 다섯 배, 모나코보다 1,200배나 크지만 일반적으로 소국으로 간주되지 않는다. 인구가 수천 명 단위이고, 수백만 명을 넘지 않는 것이 소국의 특징으로 여겨지기도 한다. 또한 대체로 다른 국가에 일정 부분 의존하는 경우가 많다. 소국들은 공식적으로는 주권 국가로 분류되지만, 종종 외교 정책, 국방, 심지어는 기본적인 기반 시설 운영까지도 더 큰 이웃 국가에 위탁하는 경우가 많다. 이런 현실을 고려하면 이들이 인도네시아 같은 나라와 동일한 수준의 주권을 가진다고 볼 수 있는지 의문을 제기할 수도 있다.

소국은 과거에는 훨씬 더 흔했다. 근대 국가 체제가 형성되기 이전에 존재했던 독립 도시국가, 카운티, 공국들은 오늘날의 기준으로 보면 모두 소국에 해당한다고 할 수 있다.

오늘날 지구상의 대부분은 고대인들에게는 제국처럼 보였을 만한 규모의 영토로 이루어져 있으며 남아 있는 소국 대부분은 섬나라로, 이는 분명히 별개의 사례로 취급해야 한다. 그렇다면 설명이 필요한 유럽 대륙의 소국은 다섯 개뿐이다.

2021년 모나코에 기반을 둔 한 투자 회사 대표는 기고문에서 소국들이 오랜 세월에 걸쳐 스스로를 재창조할 수 있었던 능력을 생존의 이유로 꼽았다. 물론 700년을 존속한 국가라면 몇 차례 자가 혁신을 거쳤을 것이라는 점에서 이 말이 맞을 수도 있다. 하지만 동등하게 창의적인 방식으로 변화했음에도 나폴레옹이 등장하자마자 사라진 소국들도 분명히 많았을 것이다. 같은 논리로 안도라가 13세기에 우르겔 주교들과 프랑스 내 우르겔 백작 후손들 간의 분쟁을 이용해 '공동 영토'라는 지위를 확보한 정치적 수완도 인정할 만하다. 이로 인해 안도라는 두 나라의 공동 통치를 받으면서도 독립성을 유지하는 기묘한 상태를 지속할 수 있었다. 모나코 역시 같은 방식으로 주기적으로 에스파냐의 위협을 이용해 프랑스에 병합되는 것을 막아왔다. 그러나 강대국들을 서로 견제하게 만드는 외교 전략은 외교의 역사만큼이나 오래된 방식이며, 이를 시도한 국가 중 대다수는 결국 강대국에 흡수되는 운명을 피하지 못했다. 결국 정치적 판단만큼이나 '운'도 중요한 요소였다고 볼 수 있다.

좀 더 간과하기 어려운 설명은 지리적 요인이다. 유럽의 다섯 개 소국 중 상당수는 산악 지대에 위치해 있다. 이러한 지역들은 특정 계절에는 이동이 어렵거나 거의 불가능할 정도로 고립되기 쉬우며 이는 지역 고유의 문화를 발달시키는 한편, 외부의 침입을 막는 요소로 작용했다. 역사적으로도 이들 지역은 대개 가난했다. 산악 지역은 농업이나 산업 모두에 적합하지 않기 때문이다. 따라서 이들은 단순히 정복할 가치가 없었기 때문에 생존한 측면도 있다.

또 하나의 요인은 단순히 '오랜 역사'의 힘이다. 나폴레옹 전쟁 기간 동안 모나코가 프랑스에 병합되었을 때조차도, 이들 지역은 오랜 역사와 신화적인 건국 서사를 갖추고 있었다. 이들은 마치 원래부터 존재해야만 하는 국가처럼 보이도록 만드는 요소였다. 또한, 이들 지역의 부유한 통치자들은 외교적 회합, 예를 들면 빈 회의 같은 자리에서 영향력 있는 지지자들을 동원해 자신들의 국가를 돌려받을 수 있도록 했다. 하지만 다시 말해 이러한 요소들을 가졌음에도 결국 더 큰 국가에 병합된 다른 산악 지역이나 오래된 공국들도 존재했다.

왜 일부 소국은 살아남고 다른 소국들은 사라졌는지에 대한 단 하나의 포괄적인 설명을 찾기란 어렵다. 단순히 생존 편향의 결과일 수도 있다. 우리가 보고 있는 소국들은 단순히 살아남았기 때문에 존재하는 것이다. 그들이 살아남을 수 있었던 이유는 부분적으로 그들의 존재가 허용됐기 때문이며, 부분적으로는 단순히 정복할 만큼의 가치가 없었기 때문이다. 그러나 또 한 가지 중요한 요소는 아마도, '운'이었을 것이다.

그러나 지금까지 소국들이 살아남았다는 사실이 앞으로도 항상 그렇게 될 것임을 보장하지는 않는다. 이들 국가는 어느 정도까지는 더 큰 국가들의 묵인 아래 존재하고 있다. 명백한 이유로, 이들 중 어느 국가도 군사력을 보유하지 않으며, 대신 군사력을 보유한 국가들과의 조약에 의존한다(유럽 밖의 예를 들자면, 팔라우와 미크로네시아 같은 태평양 섬나라들은 자유 연합 협정을 통해 미국에 국방을 위탁하고 있다).

이것이 소국들이 직면한 명백한 취약점 중 하나다. 유럽의 소국들은 그보다 덜 명확하지만 또 다른 취약점을 가지고 있을지도 모른다. 일반적으로 이들 경제는 네 가지 요소에 기반을 둔다. 관광(사람들은 이곳에 다녀왔다는 말을 좋아한다), 은행 비밀 유지, 낮은 세율, 그리고 면세 무역이다. 다소 의심스러운 금융 거래에 대한 의존 덕분에 이들 국가는 매우 부유해졌지만, 동시에 원거리 수도에서 오는 정치적 압력에 취약하다. 조세 회피나 밀수 문제를 해결하라는 요구를 받을 수 있으며, 이로 인해 값비싼 조사나 규제 변화에 휘둘릴 위험이 있다. 또한 유럽의 모든 소국이 외국 통화를 사용한다는 점도 또 다른 약점이 될 수 있다(리히텐슈타인은 스위스 프랑을, 나머지는 유로화를 사용한다). 유동성 위기가 발생했을 때, 해당 중앙은행은 이들 국가를 법적으로 구제할 책임이 없기 때문이다. 국가가 은행 위기로 인해 파멸할 수 있다는 생각은 다소 비현실적으로 보일 수도 있지만, 공정하게 말하자면 그런 일이 벌어진다면 꽤 우스꽝스러운 일이 될 것이다.

이러한 일반적인 형식에 맞지 않는 몇몇 초소형 국가들은 언급할 가치가 있다. 우선 세심한 독자들은 내가 유럽의 소국이 다섯 개라고 했으면서도 네 개만 언급했다는 사실을 눈치챘을 것이다. 다섯 번째 국가는 흔히 바티칸으로 알려진 교황청으로, 이는 산악 지대에 위치하지도 않으며 기본적으로 조세 피난처도 아니다. 이 국가의 특별한 지위는 분명히 교황의 개인 영토였다는 점에서 기인한다. 교황청은 과거 교황의 후신과도 같은데 한때 이탈리아 중부의 주요 강국이었다. 그러나 1870년 로마 시민들은 새롭게 통일된 국가에 편입되는 길을 선택했다. 이에 교황들은 이후 59년 동안 바티칸을 떠나기 거부하며 반발했고, 결국 베니토 무솔리니 정부가 교황청에 작은 주권 국가를 부여하는 대신 파시즘에 대한 지지를 약속받으면서 오늘날의 바티칸 시국이 탄생했다.

그다음으로는 유럽연합에서 가장 작은 국가인 몰타가 있다. 그러나 1950년대만 해도 몰타는 완전히 다른 연합체의 일부가 되기를 희망하고 있었다. 당시 국민투표에서 몰타인들은 영국과의 합병을 압도적으로 찬성했다(찬성 77퍼센트, 반대 23퍼센트). 그러나 실제로 이를 실행하려 할 때, 몰타 당국은 요구된 재정 개혁에 부담을 느꼈고, 마침 제국 해체 작업을 진행 중이던 영국은 지중해 해군 기지의 전략적 가치에 대한 관심을 잃고 있었다. 또한 영국은 과거 식민지들이 본국에 통합되는 선례를 만들기를 원하지 않았다. 결국 합병은 이루어지지 않았다.

마지막으로 싱가포르가 있다. 이 나라는 면적(약 730제곱킬로미터)으로 보면 소국이지만, 인구 면에서는 그렇지 않다(현재 600만 명에 근접하고 있다). 싱가포르의 독특한 점은 원래는 말레이시아 일부로 2년간 존속했다는 것이다. 영국의 아시아 식민지들이 독립하면서 말레이시아 연방에 합류했지만, 경제적 문제, 문화적 차이, 그리고 인종적 갈등 등의 문제로 결국 말레이시아에서 추방됐고 어쩔 수 없이 독립국가가 되었다.

오늘날 싱가포르는 세계에서 가장 부유한 국가 중 하나로 꼽히며, 그 위치는 모나코, 리히텐슈타인, 룩셈부르크와 나란히 평가된다. 따라서 싱가포르의 독립이 잘못된 결정이었다고 보기는 어렵다. 더욱이 현대 민주주의 국가들 전반에서 대도시의 자유주의적 성향과 보수적인 지방 간 문화적 차이가 점점 정치적 갈등의 주요 특징이 되어가고 있다는 점을 고려할 때 싱가포르 같은 도시국가 모델이 앞으로 더 주목받을 가능성이 크다. ○

32
도시의 경계

어디에 그을 것인가, 그것이 문제로다

에식스주의 작은 마을 수워드스톤은 세계에서 가장 유명하거나 중요한 도시 중 하나의 전초 기지처럼 보이지는 않는다. 정원 센터, 승마 센터, 공원 등이 흩어져 있는 이곳은 도심보다는 시골에 가까우며, 적어도 변변한 교외 지역 수준의 도시화도 이루어지지 않은 곳이다. 그러나 영국 우체국에 따르면, 이곳은 런던 E4 지역으로, 공식적인 시 경계를 벗어난 유일한 런던 우편번호 지역이다.

반면 정치적 또는 공식적인 모든 기준에 따르면 분명히 런던에 속하지만, 사람들이 런던이라고 인식하지 않는 광대한 교외 지역들이 존재한다. 이들 지역은 반세기 동안 벽돌로 지어진 반단독 주택들이 끝없이 이어지는 곳으로, 여러 조사에서 주민들이 이곳을 런던이라고 생각하지 않는 것으로 나타났다. 이는 해당 지역이 런던 우편번호를 갖고 있지 않거나 도심과 멀리 떨어진 느낌을 주며, 원래 속해 있던 역사적 카운티와 더 쉽게 연결되기 때문일 수도 있다. 혹은 부모 세대가 돈을 들여 런던의 더러운 거리에서 벗어나 서리주로 이주했으므로, 이제 와서 자신이 여전히 런던에 살고 있다고 인정할 수 없기 때문일 수도 있다.

여기서 중요한 점은 런던이 매우 명확한 경계를 가진 도시라는 것이다. 그 경계선 안에 살면 런던 시민으로 간주되며, 런던 시장 선거에서 투표할 수 있고, 런던 교통 보조금을 받을 수 있다. 그러나 그 경계를 벗어나면 더 이상 런던 시민이 아니며 이러한 혜택을 받을 수 없다. 도시가 끝나는 지점과 다른 무언가가 시작되는 지점은 공식적으로 명확히 정의돼 있다. 다만 그 경계가 실제로 경계를 넘나드는 사람들의 인식과는 거의 관련이 없다는 점이 흥미로울 뿐이다(이 모든 것은 020 런던 지역 전화 코드, 런던 순환 고속도로인 M25, 또는 지하철 노선도가 런던의 공간적 인식을 형성하는 역할을 했다는 점을 논외로 두었을 때 이야기다. 특히 지하철 노선도는 오랫동안 런던 시민들의 도시 개념을 결정해왔으며, 북쪽과 서쪽으로는 훨씬 더 멀리 확장돼 있는 반면, 동쪽과 남쪽으로는 상대적으로 짧다. 게다가 대다수 사람이 영국 수도라고 생각하는 장소들 대부분을 포함하지 않는 '시티 오브 런던'이라는 곳이 따로 존재한다는 점은 차라리 언급하지 않는 것이 나을지도 모른다. 결국 런던에는 여러 가지 개념상의 경계가 존재한다고 말할 수밖에 없다).

이와 같은 사례는 런던뿐만이 아니다. 많은 사람이 특정 도시의 일부라고 당연하게 여기는 곳들이 실제로는 그 도시에 속해 있지 않은 경우가 많다. 공식적으로 올드 트래퍼드는 맨체스터에 속하지 않으며, 라데팡스의 개선문은 파리에 속하지 않는다. 대서양을 건너 미국에서도 라스베이거스 스트립은 라스베이거스에 속하지 않으며, 마이애미비치는 마이애미의 일부가 아니다. 우리가 도시를 상상하는 방식과 도시의 실제 법적 경계는 놀라울 정도로 일치하지 않는 경우가 많다.

비행기, 기차, 자동차가 등장하기 전까지는 도시와 비도시 지역을 구분하는 것이 비교적 간단했다. 성벽 밖에 교외가 존재할 수는 있었겠지만 대규모 건물이 밀집한 곳이라면 그곳은 도시였고, 들판만 있다면 그곳은 도시가 아니었다.

그러나 고대에도 이런 구분은 지나치게 단순한 것이었을 가능성이 크다. '도시'와 '문명'이라는 단어가 같은 어원을 공유하는 데에는 이유가 있다. 문명이란 본질적으로 정치적 조직, 경제적 잉여, 계획 등이 결합된 개념이며, 이 모든 것은 대개 도시적 삶과 밀접한 관련이 있다. 초기 도시가 등장한 이후부터, 도시 거주민들은 언제나 도시 밖에서 일어나는 일에 의존해왔다. 특히 식량을 공급하는 광활한 농경지가 필요했다. 사실 초기 제국들, 아카드, 바빌로니아, 아시리아 등은 기본적으로 수도가 필요한 자원을 얻기 위해 충분한 배후지를 확보하려는 시도였다고도 볼 수 있다.

그러나 오늘날 문제는 단순히 도시가 외부 세계에 의존한다는 것이 아니라, '도시란 무엇인가' 자체가 불분명하다는 점이다. 도시처럼 보이는 지역, 도시로서 행정적으로 운영되는 지역, 그리고 도시가 실제로 기능하는 공간적 범위가 일치하지 않는 경우가 많다.

예를 들어보자. 파리는 갈리아 시대 정착지였으며, 이후 갈로로만 도시인 루테티아로 발전했다. 초기 정착지는 오늘날 노트르담대성당이 위치한 시테섬 또는 그 맞은편 왼쪽 강변에 있었을 가능성이 크다. 이후 1,500년 동안 파리는 적어도 다섯 차례 방어벽을 확장하며 성장했다. 가장 최근이자 가장 광대한 성벽은 1840년 당시 총리였던 아돌프 티에르가 제안한 티에르 성벽이었다. 이 성벽은 후임 정부에서 건설을 완료했으며, 노트르담에서 약 5킬로미터 떨어진 지점에서 도시를 둘러싸고 있었다.

이 성벽은 1920년대에 철거됐는데 이는 파리가 마지막으로 침략당한 지 반세기가 지나서였으며 성벽이 군사적 방어 수단으로서 의미를 잃은 지는 훨씬 더 오래된 시점이었다. 그러나 티에르 성벽은 여전히 파리에 대한 인식에 영향을 미친다. 성벽이 있던 자리에는 현재 파리 순환 고속도로인 불바르 페리페리크가 놓여 있으며, 내부에는 좀 더 친근한 분위기의 불바르 데 마레쇼가 위치해 있다. 그러나 무엇보다 중요한 점은 불로뉴 숲과 뱅센 숲이라는 두 개의 대형 공원을 제외하면, 티에르 성벽이 여전히 파리의 공식적인 경계를 결정한다는 사실이다.

오늘날 파리의 인구를 검색해보면 약 200만 명으로 나오는데, 이는 런던 인구의 4분의 1에도 미치지 못하는 수치다. 그 이유는 단순하다. 이 수치는 티에르 성벽 안쪽, 즉 공식적인 파리 경계 안에 거주하는 사람들의 수이기 때문이다.

이는 물론 터무니없는 일이다. 파리는 런던의 4분의 1 크기가 아니며 사실상 두 도시는 거의 동일한 규모를 가지고 있다. 유일한 차이는 영국 당국이 런던 대부분의 교외 지역을 시의 일부로 간주하는 반면, 프랑스 당국은 그렇게 하지 않는다는 점이다. 유럽의 밤을 찍은 위성사진을 보면 파리는 하나의 밝은 빛 덩어리로 나타난다. 그러나 그 내부에 사는 사람들의 인식에 따르면 그 빛의 상당 부분은 파리가 아니다.

뉴욕시도 비슷한 문제를 안고 있다. 뉴욕은 원래 맨해튼 남단, 현재 금융 지구가 자리한 곳에 네덜란드 식민지 뉴암스테르담으로 시작됐으며 점차 북쪽으로 확장됐다. 19세기 초 도시가 빠르게 성장하면서 공공하수 문제와 공중보건 위기가 불가피하게 발생하자 시의회와 주 정부는 도시의 미래 개발을 계획하는 데 협력했다. 이것이 바로 로어 맨해튼의 복잡한 도로망이 14번가 북쪽에서는 질서 정연한 격자형 도로 체계로 변하는 이유다.

그러나 19세기 말이 되자 도시는 맨해튼을 넘어 점점 확장됐다. 먼저 서부 브롱크스의 절반이 '병합 지구'라는 명칭으로 편입됐고 이후 동부 브롱크스까지 포함됐다. 하지만 가장 큰 변화는 1898년에 일어났다. 일련의 주민투표 이후 뉴욕은 스태튼아일랜드의 황야, 준농촌 지역이었던 퀸스 카운티, 그리고 무엇보다 미국에서 세 번째로 큰 도시였던 브루클린까지 포함하는 대확장을 단행했다. 그 결과 오늘날 우리가 알고 있는 다섯 개 보로boroughs 체제가 형성됐고, 뉴욕시는 전체 도시권을 아우르면서도 추가 성장 여력을 확보하게 되었다.

그러나 얼마 지나지 않아 뉴욕은 더 이상 전체 도시권을 포괄하지 못하는 상태가 되었다. 불과 몇십 년 만에 도시권이 이 경계를 넘어 확장됐으며, 롱아일랜드 동쪽과 웨스트체스터 카운티 북쪽까지 도시가 퍼져나갔다. 더 나아가 뉴암스테르담이 있었던 원래의 맨해튼에서 불과 2~3킬로미터 서쪽에 위치한 저지시티와 호보컨 같은 곳은 뉴욕시에 포함된 적이 없으며 포함될 수도 없었다. 왜냐하면 이 지역들은 뉴욕주가 아니라 뉴저지주에 속하기 때문이다. 그러나 그렇다고 해서 이들이 뉴욕시의 교외가 아니라는 것은 아니다.

다시 말해 도시의 공식적인 경계가 실제 성장 속도를 따라잡지 못하고 있다. 따라서 뉴욕의 공식 인구는 약 840만 명으로 런던과 비슷하지만 상식적인 방식, 즉 '이 커다란 도시권에 실제로 사는 사람 수를 계산하는 방법'에 따르면 뉴욕은 런던보다 적어도 두 배는 크다.

이 모든 이야기는 흥미롭다. 하지만 이것이 정말 중요한 문제인가? 우리는 여러 차례 국경과 그것이 만들어내는 정체성이 갈등과 참극을 초래할 수 있음을 목격해왔다. 그러나 도시의 크기가 약간 다르게 설정된다고 해서 그런 일이 벌어지지는 않는다. 런던 시민들이 수워드스톤을 병합하겠다고 전쟁을 벌일 리는 없기 때문이다.

그럼에도 이러한 이상한 경계 설정은 분명 영향을 미친다. 뉴욕시에서는 이 책의 앞부분에서도 언급했듯이, 지하철 시스템이 도시 경계에서 갑자기 멈춘다. 교통 서비스의 질은 인구 밀도나 물리적 지형이 아니라 임의적인 정치적 경계에 의해 결정된다. 마찬가지로 파리의 지하철은 대체로 페리페리크 내부에서 멈추거나 그 바로 너머까지만 이어진다. 그 바깥의 교외 지역은 급성장하는 도시와의 연결이 부족한 채 살아남아야 했으며 그 결과 고립, 빈곤, 범죄 문제에 시달리게 되었다. 2016년 프랑스 정부는 시 경계를 넘어서는 문제를 다루기 위해 21개의 광역 행정기관 중 하나로 그랑 파리 광역권을 설립했다. 그 최우선 과제는 교통과 도시 계획이었다.

이러한 새로운 행정 구조와 영국에서 등장하고 있는 '통합 행정기관' 같은 사례들은 많은 현대 도시들이 우리가 상상하는 깔끔한 경계에 더 이상 맞춰질 수 없음을 보여준다. 현대 교통과 통근의 증가 덕분에, 도시의 경제적 영향력은 그 물리적 범위와 전혀 다른 형태를 띠는 경우가 많다. 우리는 지금까지 도시를 정의하는 두 가지 방법, 즉 행정적 경계와 도시 지역에 대해 논의했지만 많은 도시 이론가들은 세 번째 개념, 즉 광역권에 더 주목한다. 이는 본질적으로 통근권과 같은 개념이다. 결국 대도시에 직접 연결된 교외 지역과, 조금 떨어져 있지만 양호한 교통 연결망을 갖춘 통근 도시 사이에는 실질적인 차이가 크지 않다. 따라서 광역권은 일반적으로 다른 도시 경계 정의보다 훨씬 넓은 범위를 포함하며, 일부 기준에 따르면 런던 광역권은 잉글랜드 남동부 대부분을 포함할 정도다.

이러한 개념은 도시 지역의 주택 공급이나 기반 시설 계획을 수립하는 데 있어 매우 유용하지만, 이것이 의미 있는 경계로 간주될 수 있는지는 명확하지 않다. 우선 새로운 교통망이 개통되거나 주택 가격이 비현실적으로 상승하면서 사람들이 점점 더 먼 곳에서 통근하게 됨에 따라 이 경계는 끊임없이 변화한다. 또한 이 방식으로 정의된 결과물은 때때로 '도시'라는 개념 자체를 무의미하게 만들 수도 있다. 몇 년마다 서구 언론에서는 '영국보다 더 큰 메가시티, 1억 명이 거주하는 중국의 초대형 도시 계획'과 같은 기사가 등장하곤 한다. 그러나 이를 자세히 살펴보면 실제로 이것은 단일한 도시가 아니라 고속철도와 고속도로로 연결된 하나의 광역권이다. 이 개념은 런던, 파리, 뉴욕 같은 도시보다는 보스턴에서 워싱턴까지 이어지는 미국 동부 해안선의 메갈로폴리스, 네덜란드의 주요 도시들을 포함하는 란트스타트, 혹은 독일의 라인루르 지역과 더 유사하다. 이는 하나의 도시가 아니라 단순히 여러 도시를 묶어놓은 것이다.

그리고 뉴욕시가 뉴욕주의 경계에 의해 제한되지 않는 것처럼, 다른 도시들 역시 국가 경계를 초월하는 경향을 보인다. 벨기에 여성 노동자가 릴에서 일하거나 프랑스인이 제네바로 통근하는 것은 간단한 일이지만, 샌디에이고-티후아나 광역권의 남쪽 끝에 사는 멕시코인은 불과 몇 킬로미터 북쪽에 위치한 수많은 경제적 기회를 누리기 위해 물리적인 국경 장벽을 넘어야 한다. 그렇다면 위성사진으로 보면 하나의 도시처럼 보이는 이 지역은 실제로 하나의 도시인가, 아니면 그곳에서 살아가고 일하는 사람들의 경험에 따라 두 개의 도시인가? 어느 것이 더 중요한가, 물리적 현실인가 정치적 현실인가?

남부 플로리다 도시권, 즉 광의의 마이애미는 북쪽에서 남쪽까지 160킬로미터에 이른다. 단순히 도시 형태가 끊이지 않는다고 해서 이 지역을 하나의 도시로 간주할 수 있는가? 이 거리를 매일 통근하는 사람은 없을 텐데도 말이다. 만약 그렇지 않다면 어디에서 선을 그어야 하는가?

제국이나 국가의 경계는 때때로 정의하기 어려울 수 있다. 하지만 어쩌면 도시의 경계는 애초에 정의하는 것이 불가능할지도 모른다. ○

33
디트로이트의 저주

잘못 그려진 경계는 어떻게 도시를 죽이는가

미시간주의 디트로이트는 위대한 미국 대도시 중 하나로 평가받아야 마땅하다. 미국 도시화의 황금기에 번영한 도시 중 하나로, 도심에는 장엄한 초고층 건물들이 가득하며 이곳은 포드와 제너럴모터스, 모타운과 에미넴을 세계에 선사했다. 그러나 안타깝게도 '디트로이트'라는 이름을 들었을 때는 마천루나 소울 음악, 심지어 에미넴조차 떠올리지 않을 가능성이 크다. 오히려 그 이름이 떠오른다면 형편없는 행정, 쇠퇴, 그리고 도시 황폐화의 대명사로 기억될지도 모른다.

완전히 부당한 이야기는 아니다. 1950년까지 100년 동안 디트로이트의 인구는 실로 경이로운 8,800퍼센트 증가를 기록하며 2만 1,000명에서 약 185만 명으로 늘어났다. 하지만 이후 부유한 국가의 도시에서는 보기 드문 방식으로 인구가 감소하기 시작했다. 10년마다 평균 10퍼센트 이상 감소하더니, 2000년이 되자 1950년 인구의 절반을 조금 넘는 수준으로 줄어들었다. 그다음 10년 동안 추가로 4분의 1이 줄어들면서, 2010년에는 인구 71만 4,000명 미만으로 떨어졌고, 이는 시 정부가 유지 가능한 세수 기반을 위해 필요하다고 했던 75만 명 선보다도 낮은 수치였다.

오늘날 디트로이트의 넓은 지역은 거의 텅 비어 있으며, 주택 열 채 중 한 채 정도만 사람이 살고 있다. 일부 지역은 완전히 공터로 남아 있다. 2011년 《애틀랜틱》지는 "디트로이트에는 샌프란시스코 전체를 수용할 수 있을 만큼의 공터가 존재한다."라며 경악을 금치 못했다. 또한 디트로이트의 주요 경기장인 폰티악 실버돔이 "맨해튼의 소형 원룸 아파트 한 채 가격"에 팔렸으며, "5만 마리의 떠돌이 개들이 거리를 배회한다."라고 보도했다. 그리고 2년 후 도시는 파산을 선언했다.

한때 미국에서 네 번째로 큰 도시였던 디트로이트가 쇠퇴한 데에는 여러 요인이 작용했다. 그중 하나는 이 도시의 번영을 뒷받침했던 미국 자동차 산업의 축소였다. 자동차 산업은 디트로이트의 음악사에 '모터 타운'이라는 이름을 부여했을 정도로 중요한 요소였으나, 산업의 축소는 도시 전체를 흔들었다. 또 다른 요인은 인종차별이다. 1940년 디트로이트의 흑인 인구 비율은 10퍼센트 미만이었다. 그러나 반세기가 지나면서 이 수치는 75퍼센트로 치솟았고, 부유한 백인들이 교외로 떠나면서 '백인 탈출' 현상의 대표적 사례가 되었다. 그들이 떠나면서 세금 수입도 함께 빠져나갔다.

그러나 디트로이트의 몰락에는 또 다른 요인이 있었다.

디트로이트는 1701년, '뉴프랑스'의 한가운데에 무역 거점으로 세워졌다. 뉴프랑스는 루이지애나에서 허드슨만에 이르는 광대한 프랑스 영토였다. 디트로이트라는 이름은 프랑스어로 '해협'을 의미하며, 이는 이 도시가 자리한 지리적 특성을 반영한다. 이곳은 이리호와 세인트클레어호를 잇는 좁은 수로를 따라 위치해 있으며, 세인트클레어호는 강을 통해 거대한 휴런호와 연결된다. 초기의 디트로이트는 1760년 영국군에 점령됐고, 이후 1796년 영국이 미국에 양도했다. 19세기 동안 디트로이트는 한적한 변방 도시였지만 이는 미국이 서부로 팽창하던 시기였다. 당시 미국의 태도는 '이 땅을 원주민이 쓰고 있는 것도 아니잖아'라는 식이었으며, 도시들은 매우 빠르게 성장할 수 있었다.

예를 들어 1840년 시카고에서 태어난 아이는 평범한 수명을 누리는 동안, 5,000명 남짓이던 작은 마을이 1920년대 중반에는 300만 명의 대도시로 변모하는 것을 목격할 수 있었다. 디트로이트의 번영은 조금 더 늦게 찾아왔지만, 20세기 첫 20년 동안 규모가 세 배 이상 증가했다.

그 이유는 자동차의 등장, 혹은 더 정확히 말하면 자동차의 대량 생산 방식을 확립한 한 인물 때문이었다. 헨리 포드는 1896년 디트로이트 거리에서 자신의 첫 자동차를 시험 운전했다. 1913년 제조업의 혁명을 가져올 첫 이동 조립 라인이 디트로이트 교외인 하이랜드파크의 포드 공장에 설치됐다. 이 시점까지 이미 디트로이트에는 자동차 회사들이 빼곡하게 들어섰다. 더 많은 공장이 들어서면서 일자리가 증가했고, 이는 더 많은 인구 유입과 주택 건설 붐을 불러왔다.

그 결과 디트로이트에서는 사상 최대 규모의 부동산 투기 붐이 일어났다. 디트로이트 도시 연구 블로그를 운영하는 폴 세윅의 표현을 빌리자면, 이는 "비정상적인 수준의 건설 붐으로, 뉴욕과 시카고를 제외하면 그 어느 도시에서도 찾아볼 수 없는 규모였다." 뉴욕과 시카고가 디트로이트보다 훨씬 큰 도시였다는 점을 감안하면 이는 더욱 주목할 만한 현상이었다.

디트로이트의 번영은 또한 그 시대치고는 유난히 교외 중심적이었다. 개발업자들은 도시 외곽의 넓은 땅을 매입한 뒤, 오크파크나 플레전트리지 같은 목가적인 이름을 붙이고 이를 개별 필지로 나누었다. 일부 필지에는 직접 주택을 지었고, 나머지는 스스로 집을 짓고자 하는 가정에 매각했다. 판매를 촉진하기 위해 신문 광고를 내기도 했는데, 광고 제목은 "수익! 당신의 부동산 가치가 빠르게 상승할 것이라는 절대적인 확신"과 같은 식이었다. 돌이켜 보면 이는 위험 신호로 보일 법하다.

일반적으로 개발업자들이 교외 확장 사업에 뛰어드는 것을 막았던 요인은 기본적인 생활 필수 요소를 보장하는 것이 어려웠기 때문이었다. 집을 짓는 것은 한 가지 일이지만 거기에 전기, 배관, 전차 서비스를 제공하는 것은 전혀 다른 문제였다. 더욱이 도시는 법적으로 일정 수준 이상의 서비스를 시 경계 내 거주민들에게 제공해야 했지만, 디트로이트에서 이루어진 초기 개발의 상당 부분은 도시 경계를 벗어난 지역에서 이루어졌다.

이러한 교외화가 가능했던 유일한 이유는 디트로이트가 자신의 경계를 통제하는 능력을 상실했기 때문이다. 1909년 미시간주 정부는 '자치도시법'을 통과시켜 도시가 주변 토지를 흡수하는 과정을 간소화했다. 지역 주민들이 올바른 절차, 즉 청원과 주민 투표를 따르기만 하면, 어떤 정부 관료도 병합을 막을 수 없었다. 세윅은 이를 "도시 경계에 대한 권한을 정치인이 아닌 지역 시민의 손에 넘기려는 시도"라고 설명한다. 그러나 실제로 이 법이 한 일은 부동산 산업에 권한을 넘겨주는 것이었다. 부동산 업자들은 자신들이 소유한 토지의 가치를 높이기 위해 적극적으로 병합을 추진하며 선전했다.

그 결과 1905년부터 1917년까지 디트로이트의 물리적 면적은 세 배로 증가했다. 이는 시 정부가 새로운 광범위한 지역에 필수적인 공공 서비스를 제공해야 한다는 뜻이었고, 결국 막대한 지출로 이어졌다. 상황을 더욱 악화시킨 것은 시의회가 이전에 법적으로 통합되지 않았던 공동체들을 받아들여야 할 때마다 그들의 부채까지 떠안아야 했다는 점이었다. 도시 지도자들은 디트로이트에 공연장이나 지하철 같은 현대적 대도시에 걸맞은 기반 시설을 제공하겠다고 공언했다. 그러나 점점 더 실제로 시 예산이 쓰인 곳은 투기적 부동산 개발을 위한 포장도로와 하수도, 그리고 학생이 거의 없는 학교를 지은 통합되지 않은 공동체의 채무 상환이었다.

한동안 이 모든 것은 디트로이트가 수억 달러 규모의 시 채권을 발행함으로써 감당할 수 있었다. 실제로 도시가 커질수록 더 많은 돈을 빌릴 수 있었으며, 신문 광고들은 이러한 상황이 영원히 지속될 것처럼 사람들을 안심시켰다. 그러나 1923년 시의 최고 재무 책임자인 윌리엄 J. 네이겔 감사관이 디트로이트가 발행할 수 있는 채권 한도에 도달했으며, 사실상 파산 상태라고 발표하자 충격이 몰아쳤다. 그는 시 정부에 더 이상의 토지 병합을 결정하기 전에 매우 신중히 고려할 것을 권고했다.

하지만 이 제안에는 단 하나의 문제가 있었다. 바로 자치도시법 때문에 도시가 이를 막을 권한이 없었다는 점이다. 시 관리들은 디트로이트와 그 기반 시설이 현재 인구의 두 배를 수용할 만큼 이미 충분히 확장돼 있다고 주장했다. 한 관리는 "디트로이트가 더 넓은 면적을 필요로 하는 것은, 마치 평균적인 가정이 침실을 12개 더 추가해야 하는 것과 같다."라고 말하기도 했다. 그러나 그럼에도 시민들은 계속해서 병합에 찬성표를 던졌다. 1925년 10월 6일 하루 동안 유권자들은 도시 면적을 88제곱킬로미터 추가하는 데 찬성했다. 이는 불과 20년 전 디트로이트 전체보다 더 넓은 면적이었다. 인류 역사 전반에서 반복되는 유혹을 떠올려 보면, 하나의 공동체에 속한 사람들이 단순히 자신의 공동체가 더 커지는 것을 좋아한다는 점에서 그리 놀랄 일도 아닐 것이다.

확장은 결국 1926년 11월 또 한 차례 병합 시도가 부결되면서 멈춰섰다. 그러나 그때는 이미 늦었다. 디트로이트는 보유한 인구에 비해 지나치게 커져 있었고, 그들에게 필수적인 공공 서비스를 제공하는 데 어려움을 겪고 있었다. 더 나쁜 것은 경제가 곧 급변할 상황에 임박했다는 점이었다. 시장이 포화 상태에 이르렀다고 판단한 헨리 포드는 1927년 자신의 공장에서 자동차 생산을 중단했다. 2년 후 주식 시장이 붕괴하면서 대공황이 시작됐다.

도시 전체의 인구는 이후 20년 동안 더 증가했지만, 도심의 광범위한 지역은 이미 쇠퇴하고 있었다. 세윅은 다음과 같이 서술한다. "놀라울 것도 없이, 사람들은 디트로이트 내에서 투자 철회가 이루어진 지역을 떠났다. 그리고 이는 도시의 인구가 실제로 정점에 달했던

1955년보다 훨씬 이전부터 시작됐다." 설상가상으로 연방 정부의 경제 회복 정책은 빈민가 철거를 장려했지만 실제 재개발을 위한 자금 지원은 교외 지역에 한정됐다. 도시는 기존 건물을 철거할 돈은 받을 수 있었지만 그 자리에 새로운 것을 세울 돈은 받을 수 없었다. 이는 더욱 심각한 도시 쇠퇴를 초래했고 재정적으로 좀 더 안정적인 도시 경계 밖 교외 지역으로의 이탈은 가속화됐다. 그리고 디트로이트가 쇠락할수록 교외로 이동하는 것이 더욱 매력적인 선택이 되었다.

그러나 모든 사람에게 해당되는 이야기는 아니었다. 많은 신흥 교외 지역에서는 거주자에 대한 인종 제한이 적용됐으며, 이는 법적으로 시행 가능한 인종차별의 형태로 아프리카계 미국인의 입주를 금지하는 조치였다. 사실 이는 점점 침체되는 도심에서 교외로 이주하는 백인 가정에 제공된 핵심적인 판매 전략이기도 했다. "이곳으로 이사 오면 주변 사람들이 모두 당신과 같은 모습일 것입니다." 그러나 새로운 지역으로 이주하려 했던 흑인 가정은 분노한 백인 군중들에게 맞닥뜨리기도 했으며, 그들은 노골적으로 흑인들이 환영받지 못한다는 사실을 알렸다.

20세기 후반 미국 자동차 산업의 쇠퇴는 이러한 모든 문제를 더욱 악화시켰다. 1973년의 석유 위기 이후 미국인들은 처음으로 '연료 소비'라는 개념에 대해 우려하기 시작했다. 디트로이트가 특화된 기름을 많이 먹는 자동차들은 점차 연비가 더 좋은 외국산 자동차에 밀려났다. 그러나 디트로이트가 자체적으로 재정을 충당하지 못한 문제와 부유한 주민들이 도시를 떠나 백인 탈출 현상이 심화된 것은 그보다 훨씬 전부터 시작된 일이었다. 그리고 이 문제들은 도시가 자신의 경계를 설정해야 했던 방식에서 부분적으로 기인했다. 잘못된 도시 경계가 디트로이트의 문제를 초래한 원인 중 하나라면, 올바른 경계 설정은 문제 해결에 기여할 수도 있을 것이다.

2013년 디트로이트가 파산을 맞았을 당시 시장이었던 데이브 빙은 좀 더 작은 규모의 디트로이트를 주장하며, 점유율이 10~15퍼센트에 불과한 지역의 가로등을 꺼 마지막 남은 주민들이 떠나도록 유도하는 방안을 제안했다. 반면 다른 이들은 좀 더 큰 디트로이트를 주장하며, 부유하고 백인이 다수를 차지하는 교외 지역을 도시 경계에 포함시켜 이들의 세금이 다시 도심 지역을 지원할 수 있도록 해야 한다고 주장했다. 어느 쪽이든 도시는 그 경계를 정확히 잘못된 곳에 설정했다는 데에는 대체로 일치된 의견을 보였다.

1805년 아직 작은 마을에 불과했던 이 도시는 한 차례 불타버렸다. '대화재'라고 알려진 이 사건은 거의 모든 것을 소멸시켰다. 이는 분명 절망적인 일이었지만, 동시에 이 도시의 다소 의미심장한 표어를 설명해준다. "우리는 더 나은 것을 희망한다. 그(도시)는 잿더미 속에서 다시 일어날 것이다." 그리고 200년이 지난 지금, 이 말이 다시금 현실이 될지도 모른다. ○

34
워싱턴을 둘러싼 정사각형

왜 저렇게 우스꽝스러운 모양인가?

워싱턴 D.C.에는 여러 가지 이상한 점이 있다. 그중 하나는 거리 이름이 반복된다는 것이다. 알파벳이 붙은 거리는 중심부에서 북쪽과 남쪽으로, 숫자가 붙은 거리들은 동쪽과 서쪽으로 각각 뻗어 있다. 이는 누군가가 어떤 장소가 '3rd와 D' 혹은 '7th와 G'에 있다고 말할 경우 해당하는 지점이 네 곳이나 될 수 있음을 의미하며, 따라서 'NE'와 같은 지리적 좌표를 함께 확인하는 것이 중요하다.

다음으로는 워싱턴 D.C.의 기묘하고도 애매한 정치적 지위가 있다. 미국이 세계에서 가장 위대한 민주주의 국가라고 자부하고 있음에도 이 나라의 수도에 거주하는 시민들은 의회에 투표할 수 없다. 의회가 바로 그들의 도시 안에 있음에도 말이다. 대통령 선거에서 투표할 수 있게 된 것조차 비교적 최근의 일이다.

그러나 워싱턴 D.C.에 살거나 방문하지 않고 단순히 지도에서 바라볼 뿐이라면, 가장 이상하게 보이는 점은 그 모양일 것이다. 컬럼비아 특별구, 즉 한때 워싱턴이라는 도시가 있었고 지금은 도시 확장으로 사실상 그 일부가 되어버린 이 구역은 세 면이 거의 완벽하게 직선으로 이루어진 경계를 가지고 있다. 이는 과거 식민지였던 지역에서 나 볼 수 있는 직선적 국경선의 특징이다. 그러나 남서쪽 경계는 매우 유기적으로 보이며 포토맥강의 흐름을 따라 형성돼 있다. 마치 워싱턴 D.C.가 원래 한 변이 약 16킬로미터 정도 되는 거대한 정사각형으로 계획됐으나, 누군가가 한쪽을 덜어낸 것 같은 모습이다.

실제로 누군가 그렇게 했고, 그 주체는 버지니아주였다. 이에 대한 이유 중 하나는 미국 초기 역사에서 놀랄 만큼 자주 등장하는 요소인데, 그것은 바로 일부 시민들의 노예제에 대한 열정이었다. 그러나 또 다른 이유, 즉 이 이야기가 다시 반복될 가능성이 아무리 낮더라도 존재하는 이유이자 오늘날에도 여전히 관련성을 가지는 이유는 앞서

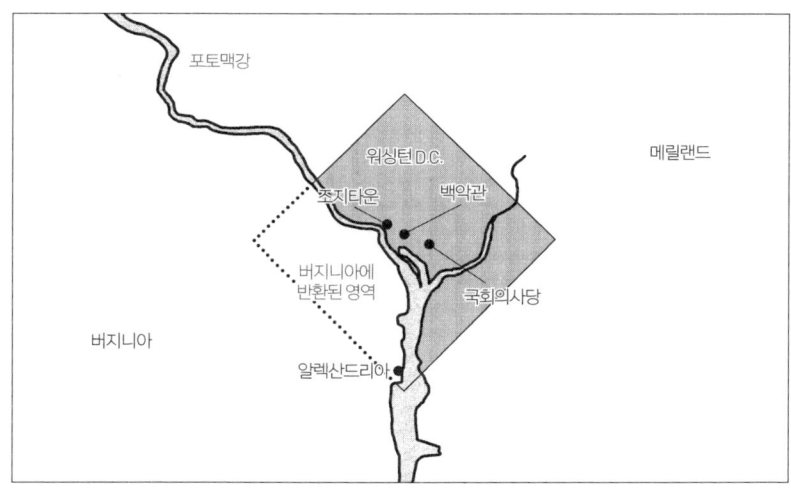

과거와 현재의 컬럼비아 특별구. 포토맥강 서쪽의 알렉산드리아 카운티는 1847년 버지니아에 반환되었다. 메릴랜드 강둑의 워싱턴 카운티는 현재 미국의 수도다.

언급한 민주주의의 결핍 문제에 있다.

    이 모든 것을 이해하려면 컬럼비아 특별구가 왜 존재하는지를 아는 것이 도움이 된다. 독립혁명 이전부터 뉴욕과 보스턴은 이미 위대한 도시로 성장하고 있었으며 필라델피아 또한 마찬가지였다. 필라델피아에서는 미국의 초기 정치사가 상당 부분 이루어졌으며 헌법 초안 작성 또한 이곳에서 이루어졌다. 그러나 신생 독립국은 이들 기존 도시 중 어느 곳도 수도로 삼지 않고, 완전히 새로운 도시를 처음부터 건설하기로 결정했다.

    이 결정의 배경에는 분노한 군중이 미국 정부를 포위하며 의원들이 목숨을 위협받았던 사건이 있다. 그러나 이들이 분노한 이유는 자신들이 부정선거라고 믿었던 결과나 특정 취임식을 막기 위해서가 아니었다. 그들의 불만은 단순했다. 그들은 돈을 받지 못했다!

    1783년 6월 독립 전쟁은 거의 끝났으나 완전히 끝나지는 않은 상태였다. 실제 전투는 약 20개월 전에 끝났지만 평화 협상이 지연되고 있었으며, 영국은 협상이 완료될 때까지 뉴욕을 떠나는 것을 완강히 거부하고 있었다. 이에 따라 새롭게 떠오르는 이 국가의 정부는 필라델피아의 펜실베이니아주 의사당에서 회의를 열고 독립 이전에는 완전히 독립적이었던 13개 지역을 하나의 국가로 통합하는 방안을 논의했지만 독립을 쟁취한 군대는 아직 해산되지 않은 상태였다.

    이 군대는 또한 상당한 규모의 미지급 급여를 받지 못한 상황이었다. 역사를 통해 정부들이 종종 뼈저리게 깨달아온 바와 같이 무장한 군인들에게 임금을 지급하지 않는 것은 매우 좋지 않은 상황이다.

    6월 17일 당시 공식적으로는 '미합중국 연합회의'로 불렸던 의회는 군인들에게 급여 지급을 요구하는 서한을 받았다. 이들은 요구가 받아들여지지 않을 경우 행동에 나설 것이라고 위협했다. 의회는 이를 무시했고 이는 상황을 더 악화시켰다. 이틀 후 랭커스터에서 온 약 80명의 군인들이 필라델피아로 들어왔고, 몇백 명의 현지 민병대와 합류하여 정부를 포위하는 사태가 벌어졌다.

알렉산더 해밀턴이 이끄는 대표단 일행(그는 뮤지컬 〈해밀턴〉에서 묘사된 것만큼이나 신뢰할 만한 사람이었다)은 폭도들을 설득하여 의회가 회의를 열고 그들의 우려를 해결할 수 있도록 풀어주게 했다. 해밀턴은 그날 저녁 회의를 열었으나, 그 회의의 최우선 의제는 배고픈 군인들의 미지급 급여가 아니었다. 대신 그는 펜실베이니아 주 정부에 분노에 찬 서한을 보내어, 폭력배들에게서 자신들을 보호하기 위해 주 군을 동원하라고 요구했다. 만약 이를 이행하지 않는다면 의회는 더 안전한 곳으로 이전하고, 국가 수도를 유치하는 영예도 함께 가져가겠다고 위협했다. 펜실베이니아 주지사가 군인들의 대의명분에 공감했기 때문인지, 아니면 단순히 자신의 군대가 반란에 가담할 것이라 믿지 않았기 때문인지, 주 정부는 도움을 거부했다. 결국 이제 막 태동한 미국 정부는 자리를 떠나기로 했다. 이후 몇 년 동안 의회는 프린스턴, 아나폴리스, 트렌턴을 전전하며 떠돌아다녔다. 1787년 국가 정치인들이 헌법을 기초하기 위해 다시 필라델피아에 모였을 때도 의회는 여전히 뉴욕에 머물러 있었다. 그들의 의제 중 하나는 펜실베이니아 반란 사태가 다시는 발생하지 않도록 하는 것이었다. 그러나 그 방법이 군인들에게 임금을 지급하는 것이 아니었다(그런 기대는 어리석은 일이었다). 대신 정부가 어떤 주의 선의에 의존하지 않아도 되는 연방 특별구를 만드는 것이었다.

1789년까지 새로운 특별구 후보지로 두 곳이 고려됐다. 하나는 필라델피아와 매우 가까워 현재는 그 일부가 된 저먼타운이었고, 다른 곳은 역설적이게도 반란이 시작된 장소인 랭커스터였다. 그러나 새롭게 선출된 초대 대통령 조지 워싱턴과 의회를 장악하고 있던 버지니아 대표단은 다른 지역을 선호했다. 그들은 필라델피아에서 남쪽으로 약 160킬로미터 떨어진 지역을 선택했다. 메릴랜드와 버지니아 사이를 가르는 포토맥 강변에 새로운 수도를 두면 대서양과 내륙을 모두 접근할 수 있었기 때문이다. 게다가 이곳은 버지니아에 노예 농장을 소유한 정부 관료들에게도 훨씬 편리한 위치였다.

이 교착 상태를 해결한 인물이 바로 알렉산더 해밀턴이었다. 그가 이루어낸 타협이 바로 1790년의 타협이다. 남부 상원 의원들은 각 주의 전쟁 부채를 국가가 떠안도록 하자는 해밀턴의 제안을 가로막고 있었다. 그들은 전쟁 부채 문제는 주로 북부의 문제라고 주장했다(빚을 빨리 갚고 싶다면, 다른 인간을 감금하고 강제로 노동을 시키는 경제 구조를 유지하는 것이 도움이 된다). 하지만 해밀턴은 비공개 회의에서 두 명의 버지니아 출신 정치인 토머스 제퍼슨과 제임스 매디슨과 협상했고, 그들이 제안한 새로운 수도 후보지를 지지하는 대신 그들이 그의 연방 정부 부채 상환 계획을 지지하도록 합의했다.

그리하여 새로운 수도의 위치가 확정됐다. 한 변이 16킬로미터인 정사각형 형태로 포토맥 강변에 위치하며, 두 개의 남부 주에서 기부한 땅 위에 세워지게 되었다. 새로운 연방 특별구의 약 170제곱킬로미터는 메릴랜드에서, 나머지 80제곱킬로미터는 버지니아에서 할

양받았다. 아메리카 대륙을 발견했다고 일반적으로 인정받는 인물을 기려 이 새로운 특별구는 '컬럼비아'라 명명했으며, 혁명 전쟁의 영웅이자 대통령을 기리기 위해 정부의 새로운 중심지는 '워싱턴'이라 명명했다. 연합에서 가장 강력하고 인구가 많은 주인 버지니아 대표들이 승리를 거둔 셈이었다.

그러나 모든 버지니아 주민들이 승리한 것은 아니었다. 새롭게 컬럼비아 특별구에 포함된 버지니아 주민들은 곧 이 결정이 자신들에게 불리하다는 사실을 깨닫고 후회하기 시작했다. 이들의 지역이 후순위로 밀려나게 된 것이 명백해졌기 때문이다. 단순히 연방 정부가 포토맥강의 반대편, 즉 메릴랜드 측에 위치하면서 모든 비즈니스 기회가 거기로 집중된 것뿐만이 아니었다. 1791년 연방 정부는 워싱턴 D.C.를 설립한 거주법을 개정하여 새로운 공공건물이 오직 메릴랜드 측 강둑에만 건설될 수 있도록 했다. 즉, 의회는 구성원들이 강 남쪽으로 내려가지 않아도 되게 법을 통과시킨 것이다.

그 결과 특별구 내에 있던 메릴랜드의 기존 도시인 조지타운은 새로운 수도와의 인접성 덕분에 번성한 반면, 버지니아의 기존 도시였던 알렉산드리아는 철저히 배제됐다. 더 나쁜 것은 알렉산드리아의 경제 활동 대부분이 노예무역에 의존하고 있었다는 점이었다. 미국이 남북전쟁을 향해 서서히 나아가면서 알렉산드리아 주민들은 연방 정부가 특별구 내에서 노예제를 완전히 금지할 수도 있다는 두려움에 휩싸였다. 만약 그렇게 된다면 그들의 생계는 송두리째 파괴될 것이었다. 게다가 D.C.는 주가 아니라 단순한 특별구였기 때문에 의회에서 자신들의 이익을 대변할 투표권조차 없었다.

결국 10년에 걸친 격렬한 캠페인 끝에 1847년, 모든 관련 당사자들은 포토맥강 남쪽에 속한 D.C.의 3분의 1을 버지니아로 반환하는 데 동의했다. 이 사건은 '복귀'라는 그럴듯한 이름으로 불리게 되었다. 다시 말해 오늘날 컬럼비아 특별구의 기형적인 경계, 다시 말해 북서 사분면은 거대하고 남서 사분면이 작은 이유, 그리고 사람들이 워싱턴 D.C.와 연관 지어 생각하는 알링턴국립묘지, 이오지마 기념관, 펜타곤 같은 장소들이 정작 워싱턴 D.C.에 속해 있지 않은 이유는 단순히 포토맥강 남쪽에 살던 일부 유력자들이 다른 인간들을 계속 노예로 부릴 수 있기를 강력히 원했기 때문이다. 역사는 참 유쾌한 것이 아닌가?

이 모든 결과 중 하나는 워싱턴 D.C.의 버지니아 측에 속해 있던 주민들이 민주적 권리를 되찾았다는 점이다. 그러나 메릴랜드 측에 남은 주민들은 그렇지 못했고 오늘날까지도 여전히 그렇다. 그들은 수십 년에 걸쳐 선출된 시장과 자체 의회를 갖게 되었다. 1961년 헌법 제23차 수정안이 통과된 이후, 그들은 대통령을 선출하는 선거인단 투표권도 부여받았다. 다만 도시의 인구가 아무리 증가해도 가장 인구가 적은 주보다 더 많은 대표를 선거인단에서 가질 권리는 주어지지 않는다는 점은 주목할 만하다. 그러나 오늘날까지도 워싱턴 D.C. 주민들은 여전히 의회에서 투표권을 행사할 수 없다. 그들이 70만 명이 넘는다는 점을 고려할 때, 이를 문제라고 생각하는 사람들도 있다.

이에 대한 몇 가지 해결책이 제안됐다. 하나는 또 다른 '복귀'를 통해, 남쪽이 버지니아로 반환됐듯이 북쪽 지역을 다시 메릴랜드에 통합하는 방안이다. 이 경우 '컬럼비아 특별구'는 그대로 유지되지만 연방 정부가 실제로 차지하고 있는 지역으로만 제한된다. 또 다른 방안은 단순히 워싱턴 D.C.를 미국의 51번째 주로 승격시키는 것이다.

그러나 두 가지 계획 모두 당파적 정치의 장벽에 부딪힌다. 과거에는 워싱턴 D.C.에 완전한 투표권을 부여하는 것이 노예제를 지지하는 남부에 더 많은 투표권을 넘겨주는 것이라고 우려한 북부 주들과 충돌했을 것이다. 이제는 공화당이 민주당에 상원의원 두 명과 하원의원 한두 명을 추가로 넘겨주는 것을 걱정하거나, 민주당 성향이지만 가끔 공화당과 경합을 벌이는 메릴랜드를 너무 확실한 민주당 지지 주로 만들어버리는 것을 우려하며 이를 저지하고 있다.

따라서 적어도 이 글이 작성되는 시점에서 볼 때, 세계에서 가장 자랑스러워하는 민주주의 국가의 수도에 살고 있는 대다수 아프리카계 미국인들이 여전히 자신들의 국가 입법자를 직접 선출할 기회를 가질 가능성은 거의 없어 보인다. 신이시여, 미국을 축복하소서! ○

35
땅속의 경계

호주 지도에 있는 이상할 정도로 곧은 선은 무엇일까?

만약 평행우주의 지도를 보고 싶다면 데이비드 R. 호턴이 만든 호주 원주민 지도를 보는 것도 나쁘지 않을 것이다. 우리는 일반적으로 호주(세계에서 여섯 번째로 넓은 면적을 차지하며, 하나의 대륙을 이루는 나라)를 하나의 단일한 땅덩어리로 인식하지, 개별적인 국가들로 나누어 보지는 않는다. 하지만 1996년 '호주 원주민 및 토레스 해협 섬 주민 연구소AIATSIS'가 제작한 이 지도에서는 그 땅이 수백 개의 '원주민 거주지'로 나뉘어 있음을 보여준다. 이는 현재의 국가 경계가 필연적인 것이 아니었음을 알려준다.

이 지도에서 나타나는 원주민들의 영역과 경계는 본질적으로 불확실하며, 이러한 점은 지도 디자인에서도 반영돼 경계선이 희미하게 표현됐다. 그러나 한눈에 보더라도 대륙의 일부 지역, 일반적으로 사막이나 산악 지역은 비교적 적은 수의 구획으로 나뉘어 있음을 알 수 있다. 반면 동부 및 북부 해안의 좀 더 비옥하고 거주에 적합한 지역은 수십 개의 작은 구역들로 세분화돼 있다. 시드니는 에오라족과 쿠닝가이족의 경계를 가로지르고 있으며, 멜버른은 워이워룽족과 분워룽족의 영역에 걸쳐 있다. 호주에서 가장 작은 주인 태즈메이니아는 아일랜드보다 약간 작은 면적을 가졌음에도 무려 여덟 개의 서로 다른 부족이 존재한다.

오늘날의 행정적인 호주 지도는 훨씬 더 단순하다. 본토는 다섯 개 주와 노던 테리토리를 포함한 여섯 개의 거대한 구역으로 나누어져 있으며, 그 외에도 몇 개의 더 작은 내부 자치구역이 존재한다. 이들 지역의 평균 면적은 약 130만 제곱킬로미터로, 이는 대략 텍사스주의 두 배 크기이거나 프랑스의 두 배 반에 해당하는 크기다. 가장 큰 주인 서호주는 260만 제곱킬로미터가 넘으며, 만약 독립 국가라면 세계에서 여덟 번째로 큰 나라가 될 정도다. 무엇보다도 주 경계선은 대부분 길고 곧은 직선들로 이루어져 있으며, 이는 정밀한 측량 결과라기보다는 식민지 시절의 강제적인 구획 설정을 암시한다.

그렇다면 이러한 주들은 어떻게 형성된 것일까? 그리고 미국 본토(평균 주 크기 16만 8,000제곱킬로미터, 우루과이보다 약간 작은 크기)와 비교했을 때, 왜 호주의 주들은 이렇게 거대한 것일까?

호주의 현대적인 국경은 AIATSIS에서 "세계에서 가장 오랜 역사를 가진 살아 있는 문화"라고 묘사하는 원주민들의 영토 주장과는 본질적으로 무관하다. 오히려 그 기원은 영국인이 건너오면서부터 시작된다. 1770년 제임스 쿡 선장이 처음 호주에 도착했을 때, 그는 오직 영국 국왕 조지 3세를 위해 호주의 동해안 전체를 '점유'하거나 '소유권을 주장'했다. 다만 당시의 점유는 다소 이론적인 개념에 불과했다. 처음에 그는 이 지역을 '뉴웨일스'라고 명명했으나, 그 이름은 당시 캐나다 온타리오 북부의 혹한 지역에 붙여진 상태였기 때문에 곧 '뉴사우스웨일스'로 수정됐다. 쿡 선장이 이를 '뉴사우스웨일스'(즉, 누군가에게 카디프만을 떠올리게 하는 새로운 땅)라는 의미로 지었는지, 아니면 '새로운, 더 남쪽에 위치한 웨일스'라는 의미로 지었는지는 명확하지 않다.

쿡이 주장한 영토는 대륙의 최북단인 케이프 요크에서 남쪽으로 뻗어나가며 인접한 섬들까지 포함했지만 그는 영토의 서쪽이나 남쪽 경계를 명확히 정의하지 않았다. 당시 네덜란드는 대륙의 서쪽 절반과 태즈메이니아의 일부(반 디멘스 랜드Van Diemen's Land라는 이름으로 알려진 미확인 지역)를 '뉴홀랜드'라는 이름으로 주장하고 있었기 때문에 두 영토 주장 간의 경계선이 정확히 어디에 위치해야 하는지는 누구도 확신하지 못했다. 이는 즉각적인 문제는 아니었는데 대륙이 3,000킬로미터 이상 펼쳐져 있었기 때문이다. 그러나 영국이 778명의 죄수를 데리고 뉴사우스웨일스를 유배 식민지로 만들려는 계획으로 도착했을 때, 영토 경계를 명확히 하는 것이 점점 더 중요한 문제로 떠올랐다.

구세계에서는 국경이 일반적으로 산맥이나 강과 같은 자연 지형을 따라 결정됐지만, 이 새로운 땅에서 영국의 영향력을 규정해야 했던 사람들은 강이나 산이 어디에 위치하는지 전혀 알지 못했다. 결국 그들은 기존 유럽 국가들의 영토 주장과 개념적인 지리적 경계를 혼합하여 설정하는 방식을 택했다. 아서 필립 선장에게 새로운 식민지를 건설할 권한을 부여한 왕실 위임장은 영토의 서쪽 경계를 동경

135도로 규정했는데, 이는 대륙의 약 3분의 1 지점에 해당한다. 퀸즐랜드대학교의 제라드 카니 박사와 같은 연구자들은 이 결정이 토르데시야스조약(9장 참고)과 관련이 있다고 본다. 동경 135도는 서경 45도의 반대 자오선이었으며, 이 두 선은 에스파냐 영토를 한정했던 경계선이었다. 17세기 네덜란드의 식민지 개척 노력은 대체로 포르투갈의 영향권을 존중하는 방향으로 이루어졌는데, 이는 에스파냐와의 수십 년간의 전쟁에서 또 다른 전선을 열지 않기 위해서였다. 18세기의 영국인들은 토르데시야스조약 자체에는 큰 관심이 없었지만 네덜란드와의 관계는 신경 썼으며, 그들을 동맹으로 유지하기를 원했다.

그러나 몇십 년 후, 실질적인 상황이 이러한 개념적인 경계를 무의미하게 만들었고, 1825년 영국은 뉴사우스웨일스의 서쪽 경계를 동경 129도로 확장했다. 이는 포르투갈 측 해석에 따른 토르데시야스조약과 그 변형된 해석을 반영한 결정이었을 가능성이 있지만, 동시에 1829년 영국이 대륙의 서쪽 끝, 즉 확실히 뉴홀랜드였던 지역에 스완강 식민지를 개척하기 시작하면서 더 이상 기존 조약에 구애받을 필요가 없다고 여겼을 가능성도 충분하다.

이 정착지는 현재의 퍼스다. 퍼스는 뉴사우스웨일스에서 분리되지 않고 유일하게 독립적으로 형성된 서호주의 핵심이 되었다. 한편 태즈메이니아는 1825년 뉴사우스웨일스에서 분리됐고, 1829년에는 남호주가 독립적인 식민지로 설립됐다. 이로 인해 남호주는 호주의 여섯 개 주 중에서 유배 식민지가 아니었던 유일한 주라는 자부심을 가지게 되었다.

이후 설정된 서호주 경계에는 두 가지 이상한 점이 있다. 첫째, 서쪽 경계가 원래 동경 132도로 설정됐기 때문에, 서호주와의 사이에 사람이 살지 않는 '무인지대'가 형성됐다. 이는 당시에도 서호주가 여전히 뉴사우스웨일스의 일부로 간주되고 있었기 때문이다. 이 경계가 이렇게 설정된 이유에 대해서는 몇 가지 가설이 있는데, 새로운 식민지와 서호주의 유배민들 사이에 완충 지대를 두려는 의도가 있었을 가능성도 있지만, 거리와 환경을 고려할 때 이 지역이 사실상 거주 불가능했기 때문일 가능성이 더 크다.

둘째, 서호주는 약 반세기 동안 대륙을 남북으로 가로지르는 형태를 유지하면서 북쪽 해안까지 포함하고 있었으며 이는 때때로 '대중앙주'라고 불렸다. 하지만 이렇게 광대한, 인구가 거의 없는 지역을 개발하고 방어하는 것은 경제적으로 부담이 컸고, 결국 1911년 서호주 정부는 북쪽 절반을 당시 이미 형성된 호주연방에 반환했다. 이 지역은 이후 노던 테리토리가 되었으며, 자체적인 자치 정부를 가지지 못하고 호주 중앙정부의 직접적인 통치를 받았다. 이로 인해 '서호주'라는 이름이 더 이상 그렇게 모순적으로 들리지 않게 되었다는 부수적인 효과도 있었다.

이 시점에서 호주는 점차 현대적인 형태를 갖추기 시작했다. 1851년 빅토리아는 뉴사우스웨일스에서 분리돼 '포트 필립 지구'라는 이름으로 독립적인 식민지가 되었다. 퀸즐랜드 또한 1846년 '북호주'라는 이름으로 잠시 분리됐지만, 이때의 분리는 노던 테리토리를 포함하는 형태였다. 그러나 당시에는 정보 전달이 느렸기 때문에 새로운 유배 식민지인 글래드스톤 주민들은 자신들이 뉴사우스웨일스에서 완전히 독립했다는 소식을 듣기까지 몇 달이 걸렸다. 그동안 시드니의 반발과 런던의 정권 교체로 인해 독립 허가가 철회됐다. 결국 퀸즐랜드는 다른 경계선을 설정하여 1859년에 다시 분리됐으며, 이번에는 영구적인 독립이 되었다.

그렇게 해서 세어보든 말든 식민지는 여섯 개가 되었다. 1901년 이들은 연방을 이루어 호주연방을 형성했다. 이후 몇 가지 비교적 사소한 변경이 있었지만, 전반적으로 새 국가의 행정적 경계는 이미 확정된 것이나 다름없었다.

이 경계들 중 자연적 지형에 의해 결정된 것은 상대적으로 적었다. 뉴사우스웨일스와 그 남쪽의 빅토리아, 북쪽의 퀸즐랜드 사이의 일부 경계는 강을 따라 정해졌지만, 이러한 경우에도 경계선을 강의 한쪽 둑을 따를 것인지 중앙을 따를 것인지 섬들을 어떻게 처리할 것인지 특정 강의 발원지가 실제로 본류인지 아니면 지류의 발원지인지 등을 둘러싸고 불가피한 논쟁이 벌어졌다. 뉴사우스웨일스와 퀸즐랜드 사이의 경계 중 일부는 예외적으로 분수계에 의해 결정됐는데, 이는 어느 강이 바다로 흐르는 방향에 따라 해당 지역이 어느 주에 속하는지가 결정되는 방식이었다. 그러나 대부분 호주의 경계는 한 논평자가 "천문학적으로 정의된 경계"라고 묘사한 대로, 위도와 경도에 의해 설정됐다.

그러나 이러한 경계에 의존하는 데에는 몇 가지 문제가 있었다. 위도나 경도에 따라 국경을 설정하는 것은 런던이나 시드니의 안락한 사무실에서 결정하기에 매우 쉬운 일이었다. 하지만 GPS가 없던 시대에 현장에서 사람들이 자신의 위도와 경도를 정확히 알기란 거의 불가능했으며, 이를 확인하려면 광범위한 측량 작업이 필요했다.

설령 측량이 이루어졌다고 해도 오류가 없지는 않았다. 예를 들어 퀸즐랜드와 노던 테리토리 사이의 경계는 1880년대 중반에 측량되었으며, 동경 138도를 따라야 한다고 규정돼 있었다. 그러나 실제로는 완벽하게 일치하지 않았으며, 경계선이 바다에 도달할 무렵에는 원래 위치보다 서쪽으로 600미터 정도 어긋나 있었다. 이로 인해 퀸즐랜드 입장에서는 뜻밖의 이익을 얻은 셈이 되었다.

이러한 문제들은 단순한 이론적 논쟁이 아니었다. 영국 식민지 개척 초기에는 자신이 정확히 어느 식민지에 속하는지조차 불분명한 경우가 많았다. 1846년 남호주 토지위원장은 식민지 장관에게 다음과 같은 불만을 담은 서한을 보냈다. "경계선 근처에 있는 정착민이 최소 열두 명에서 열네 명 정도 되는데, 이들이 내 관할권 내에 있는지 확신할 수 없습니다 (…) 따라서 그들에게 개입하는 것을 피했습니다." 이러한 불확실성은 세금 징수를 어렵게 하고 법 집행을 방해하는 원인이 되었다.

결국 임시 경계선이 설정됐지만, 예상대로 이는 정확하지 않았다. 실제 경계보다 약 3킬로미터 정도 잘못 설정됐기 때문에 호주 정부는 경계를 수정하려 했다. 그 결과 오랜 법적 공방이 벌어졌으며, 일부 판사들은 "지역 총독들이 자연적으로 형성된 자오선을 무시하고 경계를 조정해서는 안 된다."라고 주장했다. 반면 다른 판사들은 "측량 기술이 발전할 때마다 국경을 이동해야 한다는 논리는 비합리적"이라며 반박했다. 결국 몇 년간의 논쟁 끝에 실용적인 타협이 이루어졌다. 오늘날 호주 법원들은 19세기 측량 기술의 불완전함이 국경을 계속해서 변경해야 할 이유가 될 수 없으며, 실제 거주자들의 권리를 존중해야 한다는 입장을 취하고 있다.

다만 이러한 '실제 거주자들'이란 백인 정착민들만을 의미했다는 점이 중요하다. 이 과정에서 약 500여 개의 원주민 부족들에 대한 언급은 전혀 이루어지지 않았다.

다른 주제로 넘어가기 전에 몇 가지 특이한 사례를 더 살펴볼 필요가 있다. 먼저 앞서 언급했던 '다른, 더 작은 내부 자치령들'이다. 그중 가장 중요한 것은 호주 수도 특별구ACT로, 여기는 룩셈부르크 정도 크기의 땅이며 수도 캔버라가 위치해 있다. ACT는 1911년 뉴사우스웨일스에서 분리됐으며, 이는 워싱턴 D.C.가 메릴랜드와 버지니아에서 분리된 이유와 유사했다. 즉, 특정 주가 연방의 수도를 보유함으로써 불공정한 이점을 얻지 못하도록 하고, 수도가 연방 정부의 직접 통치받도록 하기 위한 조치였다.

2022년 ACT는 인근 뉴사우스웨일스주와 협상을 시작했는데, 이는 '파크우드'라는 이름의 약 3제곱킬로미터 규모의 농지를 인수하기 위한 것이었다. 이 지역은 지리적으로 ACT 내에 있었지만 행정적으로는 여전히 뉴사우스웨일스에 속해 있었다. ACT는 이곳에 주거 단지를 건설할 계획이었으며, 만약 이 변경이 이루어진다면 이는 1915년 이후 호주 내부 경계가 조정된 첫 사례가 될 것이다. 1915년에는 이보다 더 작은 자치령이 뉴사우스웨일스에서 분리됐다.

그곳은 저비스 베이 자치령으로, 종종 ACT의 일부로 오인받곤 하지만, 이는 같은 과정에서 형성됐기 때문이다. 신생 연방이 자체적인 수도를 통제할 필요가 있다고 여겨졌던 것처럼, 자체적인 항구도 필요할 것이라는 의견이 있다. 그러나 문제는 새 수도로 고려된 모든 후보 지역이 해안에서 터무니없이 멀리 떨어져 있었고, 뉴사우스웨일스 주 정부가 많은 영토를 내어주려 하지 않았다는 점이었다. 결국 뉴사우스웨일스주는 내륙에서 약 150킬로미터 떨어진 ACT의 영토와 함께, 시드니에서 남쪽으로 약 160킬로미터 떨어진 호주 남동부 해안의 일부 지역을 연방 정부에 양도했다. 이 지역에는 수백 명 정도의 주민이 거주하고 있었다. 저비스 베이에서는 ACT의 법률이 적용되지만 여전히 별도의 자치령으로 남아 있으며, 1989년 ACT가 자치권을 부여받은 이후로는 연방 정부의 다양한 부서들이 직접 통치하고 있다.

마지막으로 호주 영토는 아니지만, 그럴 수도 있었던 광대한 지역에 대한 이야기가 남아 있다. 영국의 식민 개척 초기, 호주 동쪽 이웃인 뉴질랜드는 공식적으로 뉴사우스웨일스의 일부로 간주됐으며, 실질적으로 그 관할 아래 있었다. 이는 뉴질랜드와 뉴사우스웨일스 사이의 엄청난 거리임에도 이루어졌다. 1788년에 확립된 원래의 식민지 경계에는 대륙의 동해안 전체와 '태평양에 인접한 모든 섬'이 포함됐기 때문이다. 그러나 이 시스템에는 문제가 있었다. 뉴질랜드는 유럽계 용병들이 마음대로 활동할 수 있는 무법 지대로 변했고, 선교사들은 절망에 빠졌으며, 멀리 있는 시드니 당국은 이를 제재할 능력이 없었다(대표적인 사례로 브리그 엘리자베스호의 선장 존 스튜어트는 마오리족의 한 집단이 다른 집단을 학살하는 것을 도운 대가로 아마를 받은 일이 있다. 그러나 그들은 살인 혐의로 기소되지 않았다. 어느 관할권에서 다룰 문제인지조차 명확하지 않았기 때문이다). 결국 영국 정부는 뉴질랜드를 공식적인 식민지로 결정했으며, 그 과정에서 1840년 뉴질랜드를 공식적으로 뉴사우스웨일스 일부로 편입한 뒤 이듬해 별도의 식민지로 독립시켰다.

60년 후 호주 식민지들이 연방을 이루기로 결정했을 때, 뉴질랜드도 초대됐다. 그러나 여러 요인이 연방 가입을 가로막았다. 뉴질랜드 지도자들은 독립 국가를 유지하는 것을 선호했다. 또한 뉴질랜드 국민은 자신들의 섬이 유배 식민지로 사용된 역사가 없다는 점에서 호주 사람들보다 우월하다고 여겼다. 그러나 가장 결정적인 이유는 두 나라 사이에 약 1,900킬로미터의 광활한 바다가 가로놓여 있었기 때문이다. 이는 런던과 알바니아 사이의 거리와 비슷하다.

그럼에도 호주 헌법의 독특한 제6조는 뉴질랜드가 연방에 가입할 권리를 명시적으로 보장하고 있다. 두 나라가 하나로 통합될 가능성은 희박하지만, 법적으로는 아직 기회가 열려 있는 셈이다. ○

36
리히텐슈타인의 우발적인 침공

왜 스위스는 계속 리히텐슈타인을 괴롭히는가?

유럽의 소국들을 둘러보는 과정에서(31장 참고) 나는 리히텐슈타인공국을 다소 간과했다. 이는 안타까운 일인데, 왜냐하면 리히텐슈타인은 유럽에서 가장 기묘하게도 흥미로운 나라 중 하나이기 때문이다. 이곳은 조세 피난처이자 겨울 스포츠의 명소로, 인구는 겨우 4만 명에 불과하며 국토 면적은 160제곱킬로미터를 조금 넘는다. 리히텐슈타인은 신성로마제국의 일부였다가 독일연방에 속했고, 이후 오스트리아 제국과 연결됐다. 그러나 20세기 중반에는 어떻게 된 일인지 독일과도, 오스트리아와도 연결되지 않은 채 오롯이 독립국으로 남아 있었다.

또한 대부분의 소국과 마찬가지로 리히텐슈타인은 자체 군대를 유지하지 않는 몇 안 되는 국가 중 하나다. 과거에는 군대를 보유한 적도 있었다. 마지막으로 전쟁에 참전한 것은 1866년의 오스트리아-프로이센 전쟁이었다. 당시 공국은 80명의 병사를 파병했으며 전쟁이 끝난 후 81명이 돌아왔다. 이는 리히텐슈타인 전쟁 기계가 적들에게 얼마나 큰 공포를 안겨주었는지를 보여주는 증거라 할 수 있다. 하지만 그로부터 얼마 지나지 않아 공국 의회는 군대 유지에 더 이상 자금을 지원하고 싶지 않다고 결정했고, 결국 군은 해산됐다. 그 이후로 리히텐슈타인의 영토 방위는 강대국들과 긴밀히 협력하는 방식으로 이루어졌다. 공국 내 네 개의 기차역은 오스트리아 연방 철도망에 속해 있으며, 버스, 관세 동맹, 통화, 특허 시스템 모두 스위스와 통합돼 있다. 따라서 수십 년 동안 리히텐슈타인 외교 정책의 핵심 목표 중 하나는 주변국들과의 우호적인 관계를 유지하는 것이었다.

그러나 이러한 접근법은 한 가지 문제를 불러오기도 했다. 주변국 중 한 곳이 계속해서 리히텐슈타인을 침공하거나 폭격하고 있기 때문이다. 이 문제에 대해 스위스를 변호하자면(바로 내가 언급하고 있는 이 무시무시한 군사 정권이 스위스다) 이 사건들은 우발적인 사고로 보인다. 다만 그러한 사고가 빈번하게 발생하는 정도가 리히텐슈타인의 친구들로 하여금 개입을 고려하게 할 만큼 심각한 수준이라는 점이 문제다. 혹시라도 리히텐슈타인이 집 안에서 정말 괜찮은 상황인지 확인할 필요가 있는 것은 아닌지 의심될 정도다.

이러한 사건 중 최초의 사례(혹은 적어도 영미권 언론에 보도된 첫 사례로, 이것이 실제 첫 사례와 동일한지는 확실하지 않다)는 1968년 10월에 발생한 것으로 보인다. 당시 스위스 병사들은 사격 훈련을 하던 중 실수로 국경 너머 약 3킬로미터 떨어진 지점에 박격포탄 다섯 발을 날렸다. 포탄은 그림 같은 스키 리조트 마을인 말분에 떨어졌다. 다행히 인명 피해는 없었으나, 어느 레스토랑 정원에 있던 의자들은 그 주가 그리 순탄하지 않았을 것이다.

그 후 거의 8년 동안 알프스 전선은 조용한 상태를 유지했다. 그러나 1976년 8월 어느 날 밤, 자정을 앞둔 시각에 스위스 군대가 대거 등장했다. 철제 헬멧을 쓴 병사 75명이 50마리의 말과 함께 이라두그라는 작은 마을로 행군해 들어왔다. 이번 사건의 원인은 도로에서 약 400미터 떨어진 교차로에서 길을 잘못 든 것이었다. 이에 리히텐슈타인 주민들은 그들을 환대하며 음료를 권했으나 병사들은 상급 장교들과 스위스 국방부의 반응을 두려워했는지 신속하게 후퇴했다.

그리고 이러한 사건들은 계속해서 이어졌다. 1985년 12월 스위스군은 거센 겨울 폭풍에도 미사일 기반 훈련을 강행하기로 결정했다. 당시에도 인명 피해는 발생하지 않았지만, 짧은 포격 이후 리히텐슈타인의 숲 일부에서 화재가 발생하여 현지 야생동물에 상당한 피해를 주었다. 이 사건은 오랜 외교적 분쟁으로 이어졌으며, 스위스의 무능이 아니라 불량 미사일 탓일 가능성이 있다는 불만 섞인 논쟁 끝에 결국 보상금이 지급됐다. 이후 1992년 10월 스위스 장교들은 일부 훈련병들에게 트리젠베르크라는 지역에 감시초소를 설치하라고 명령했다. 그러나 그들은 트리젠베르크가 주권을 가진 외국 영토라는 사실을, 따라서 감시초소를 설치해서는 안 되는 장소라는 걸 잊고 있었다.

그러나 병력 규모로만 본다면 가장 큰 침공은 외교적 여파와 무관하게 가장 최근에 발생한 사건이었다. 2007년 3월 또다시 악천후 속에서 훈련을 지휘하던 한 사령관이 171명의 병력을 이끌고 2킬로미터 넘게 리히텐슈타인 영토로 진입했다가 이내 실수를 깨닫고 철수했다. 리히텐슈타인 사람들은 침입자 측에서 사과한 후에야 이 사건을 알게 되었으며 이에 대해 놀랄 정도로 무덤덤한 반응을 보였다. 한 사람은 "공격 헬리콥터를 몰고 온 것도 아니지 않은가."라고 말했다. 지금까지 집계해보면 두 차례의 공중 폭격과 세 차례의 지상 침공이 발생한 셈이다.

이렇게 반복되는 이유는 무엇일까? 그 이유 중 하나는 아마도 대부분의 사건이 훈련 중 발생했다는 점에서 힌트를 얻을 수 있을 것이다. 스위스 군대는 징병제로 운영하고 있어 매년 십 대 청년들이 알프스를 어설프게 돌아다니는 일이 반복되며, 이들은 자신이 정확히 무엇을 하고 있는지조차 모르는 경우가 많다. 따라서 이들은 실수로 두 번째 이유, 즉 스위스와 리히텐슈타인 사이를 40킬로미터 넘게 가로지르는 완전히 개방된 국경선을 넘어가는 경우가 있다. 물론 대부분의 구간에서는 스위스를 벗어났다는 사실이 명확하게 드러난다. 예를 들면 더 이상 산 위에 있지 않거나 라인강에 빠졌다면 국경을 넘었음을 알 수 있을 것이다. 하지만 교각과 더불어 몇 킬로미터에 걸친 국경선에는 이렇다 할 지형적 구분이 존재하지 않기에 진취적인 스위스 훈련병들이 실수로 침공을 감행할 기회는 여전히 충분하다.

내 자연스러운 문학적 본능은 "이것이야말로 예외적인 사건이라고 생각할 수도 있겠지만…"이라는 식으로 이 단락을 시작하는 것이다. 그러나 이 책을 여기까지 읽어온 독자라면 결코 그런 생각을 하지 않을 것이다. 오히려 '국제 관계에서 이런 실수가 엄청나게 많겠지'라고 생각할 것이며, 그 예상이 정확하다.

이러한 사례 중 일부는 앞서 다룬 스위스 군대 사건들과 유사하다. 즉, 우호적인 국가가 실수로 국경을 넘어 불편한 사과가 오가고 별다른 피해 없이 끝나는 경우다. 예를 들어 2002년 영국은 유럽의 가까운 동맹국을 실수로 침공한 적이 있었다. 당시 30명의 왕립해병대가 훈련 도중에 스페인 라리네아 해변을 급습했는데, 이들은 그곳을 영국령이자 스페인과의 영유권 분쟁 지역인 지브롤터로 착각했다. 현지 주민들은 당황해하며 《가디언》과의 인터뷰에서 "진짜 지브롤터는 쉽게 알아볼 수 있다. 거기엔 약 426미터 높이의 바위가 솟아 있으니까."라고 말했다. 그럼에도 스페인은 지난 300년 동안 영국이 해당 바위를 반환하도록 요구해왔지만, 기본적으로 영국과 스페인은 동맹국이기에 이 사건은 크게 불거지지 않았다.

이와 유사한 다른 사건들은 그리 유쾌한 반응을 얻지 못했다. 호주 해군이 인도네시아 영해를 반복적으로 침범하는 경향이 있다는 내부 조사 결과가 발표되었을 때, 인도네시아의 반응은 예상할 수 있는 그대로였다. 즉, 외국 군대가 지속적으로 자국을 침범하고 있다는 보고가 나오면 보통 그렇듯이 분노와 불만이 터져 나왔다(인도네시아 정부 대변인은 "이번 사건이 의도하지 않은 일이었다거나 무지로 인한 실수였다고 주장하는 것은 터무니없는 일이다."라고 단호하게 반박했다).

2017년에는 남아메리카 지역의 강이 폭우로 흐름이 바뀌는 바람에, 베네수엘라 군대가 정기 순찰 도중 우연히 확립된 국제 경계를 넘어 콜롬비아 영토 내의 한 바나나 농장에서 야영하게 된 일이 있었다. 이 사건은 '허위 주장'과 '음모론'이라는 표현이 오가는 외교적 공방으로 이어졌으며, 국경이 움직일 수 있는 강을 기준으로 정의되는지 아니면 변하지 않는 역사적 경계를 따라 정의되는지에 대한 논란을 불러일으켰다. 또한 이 모든 논쟁 와중에 바나나 농장주가 느꼈을 불안은 말로 표현할 수 없을 것이다.

또한 2010년에는 영국 경찰 조직인 북아일랜드 경찰청 소속 장교 두 명이 국경을 수십 미터 넘어서 아일랜드 공화국 영토로 들어가 검문소를 설치하고 차량을 단속하는 사건이 발생했다. 이는 영국과 아일랜드 간 가장 민감한 국경 문제를 해결하기 위해 체결된 1998년 성금요일 협정 이후 10년이 넘게 지난 시점에 일어난 일이었다. 이 협정은 국경 검문소와 같은 시설을 없애는 것을 주요 내용으로 삼고 있었기 때문에, 과거와 같은 대혼란을 초래하지는 않았다. 하지만 이 사건은 신페인 정치인들이 국경 양쪽에서 영국 정부의 강압적 태도를 비판할 수 있는 빌미를 제공했다.

흥미롭게도 이웃 국가 영토를 침범해 건설을 시작하는 일이 놀라울 정도로 자주 발생한다는 점도 주목할 만하다. 퀘벡과 버몬트 사이의 국경에서 45도 위도가 사람들이 생각했던 위치와 다르게 설정되어 있었다는 문제를 기억하는가? 1816년, 미영전쟁(1812년 전쟁)과 백악관 방화 사건이 여전히 생생했던 시기에 미국 군대는 대규모 방어 요새를 건설하기 시작했는데, 알고 보니 그 부지는 영국령 캐나다 땅이었다. 이들은 실수를 깨닫고 공사를 중단했으며 이 요새는 결국 '포트 블런더'라는 별명을 얻게 되었다. 그러나 1842년 모든 당사국이 국경선을 변경하는 데 합의하면서 요새는 결국 완공됐다. 그때쯤이면 영국-캐나다 연합군의 침략 가능성은 이미 상당히 낮아졌지만 말이다.

2017년에는 중국이 비슷한 방식을 시도했다. 중국군은 히말라야 산맥에 위치한 작은 왕국 부탄이 자신들의 영토라고 확신하고 있는 지역에 도로를 건설하기 시작했다. 그런데 이 문제를 해결하기 위해 부탄뿐만 아니라 인도군과도 충돌이 벌어졌다는 점을 보면 이 사건이 단순한 '우발적 침공'이 아닐 가능성이 높다.

참고로 이 사건에서 중국군과 인도군의 대치는 '밀치기'라는 방식으로 진행됐다. 즉, 상대를 뒤로 밀어내기 위해 가슴을 맞대며 몸싸움을 벌이는 방식이었다. 세계에서 가장 인구가 많은 두 국가의 군대가 첨단 무기가 아닌, 마치 자연 다큐멘터리에서나 볼 법한 원시적인 방법으로 국경 앞에서 대치하는 모습은 다소 우스꽝스럽게 보일 수도 있다. 하지만 이 상황이 웃기지 않게 되는 순간은 다음과 같다.

ⓐ 국경을 맞대고 있는 양측 모두가 무장 경비병들에게 총기를 지급하지 않기로 한 것은 매우 의도적인 선택이었다.
ⓑ 국경 충돌이 총기를 동반할 경우, 사태가 걷잡을 수 없이 악화할 가능성이 높기 때문이다.
ⓒ 그리고 이런 충돌이 격화되는 것은, 그 국가들이
　① 초강대국이며
　② 핵무장을 하고 있다는 점에서 절대로 피해야 할 일이기 때문이다.

이러한 점을 고려하면 '밀치기'가 단순한 장난처럼 보이지 않는다. 리히텐슈타인 사람들은 스위스가 아직까지 핵무기를 보유하고 있지 않다는 사실에 감사해야 할지도 모른다. ○

37
구글 지도 전쟁

누구의 잘못도 아닌 침공도 있다

기묘하게도 역사상 가장 악명 높은 '우발적 침공'은 사실 우발적이지 않았을 수도 있다. 이 사건에서 니카라과는 코스타리카의 외딴 지역을 침공하여 두 중미 소국을 전쟁 직전까지 몰고 갔다. 전 세계 언론은 이를 '구글 지도 전쟁'이라고 불렀다. 그러나 이는 몹시 부당한 명칭이다. 왜냐하면 이 사건에서 구글 지도가 실제로는 거의 아무런 관련이 없었을 수도 있기 때문이다.

2010년 10월 니카라과 정부는 코스타리카 국경과 대서양 연안 근처에 있는 자국의 외딴 지역으로 50명의 군인을 파견하여 산후안강의 33킬로미터 구간을 준설하도록 했다. 이는 일반적인 상황에서는 침공이라 보기 어려운 일이었겠지만, 문제는 해당 지역이 정말로 니카라과의 외딴 지역인지에 대해 논쟁이 있었다는 점이었다. 코스타리카 측은 그 지역이 자국 영토이며, 따라서 니카라과가 침공을 감행한 것이라고 주장했다. 반면 니카라과 측은 이 주장에 동의하지 않았으며 오히려 코스타리카가 자신들의 영토를 침범했다고 반박했다. 니카라과의 부통령 하이메 모랄레스 카라소는 "우리는 우리 자신의 영토를 침공할 수 없다."라고 말했는데 이는 사실이었지만 문제의 본질을 완전히 간과한 발언이었다.

코스타리카는 이 같은 주장에 전혀 동의하지 않았으며, 경찰 70명을 해당 지역에 파견했다. 코스타리카는 군대를 보유하고 있지 않은데, 이는 군사 쿠데타를 방지하기 위해서였다. 또한 코스타리카 정부는 미주기구OAS에 개입을 요청했다. 코스타리카의 당시 대통령 라우라 친치야는 "이것은 국경 문제가 아니라 한 국가가 다른 국가를 침공한 것"이라고 강조했다.

OAS의 35개 회원국 중 대다수는 두 나라가 11월 말까지 회담을 열고 무장 병력 추가 배치 금지를 촉구하는 결의안을 지지했다. 거리와 시간의 관점에서 볼 때 이는 충분히 합리적인 접근처럼 보인다. 사고는 언제든 발생할 수 있으며 무장 군인을 개입시키는 것은 대개 상황을 악화시키는 요소일 뿐이다. 따라서 OAS는 지역 중재자로서 적절한 역할을 수행하는 듯했다.

그러나 이에 동의하지 않은 한 사람이 있었으니, 바로 니카라과 대통령 다니엘 오르테가였다. 그는 OAS가 "대화의 가능성을 완전히 차단했다."라고 비난했다. 이는 다소 이상한 반응이었다. 왜냐하면 OAS가 한 일이라고는 그저 대화를 요청한 것뿐이었기 때문이다. 오르테가는 군대 철수를 거부했고, OAS의 결의안을 무시했다. 그는 OAS가 이 문제에 대한 관할권이 없다고 주장하며 동시에 "우리 아버지가 너희 아버지보다 더 강하다."라는 식으로 국제사법재판소ICJ에

소송을 제기하겠다고 발표했다.

이 갈등은 이후 몇 년 동안 계속됐으며, 니카라과가 자유롭게 항해하기를 원했던 산후안강의 변덕스러운 유로만큼이나 많은 우여곡절을 겪었다. 그러나 궁극적으로 거의 아무것도 바뀌지 않았다. 다행히 전쟁은 발생하지 않았으며, 결국 ICJ는 해당 지역이 코스타리카의 실질적인 관리하에 있었던 만큼 코스타리카의 영토라고 판결했다. 보상금으로 니카라과는 37만 8,890.59달러를 코스타리카에 지급하라고 명령했다. 이 유난히 구체적인 금액은 그리 크지 않은 액수이기도 하다. 이는 결국 이 사건이 그다지 중요한 문제는 아니었음을 시사한다.

이 사건이 그렇게까지 큰 주목을 받은 유일한 이유는 현장에서 지휘를 맡았던 니카라과 사령관 에덴 파스토라가 자신의 행동에 대해 내놓은 설명 때문이었다. 그는 특정한 온라인 지도 앱에 표시된 국제 국경선을 기준으로 병사들에게 준설 작업을 지시했다고 밝혔다. 이것만으로도 모든 것이 충분했다. 《가디언》지는 "구글의 니카라과 지도 오류가 지역 분쟁으로 확산될 위기에 처하다."라고 강하게 보도했고, 〈와이어드〉는 "구글 지도의 당혹스러운 오류가 니카라과의 코스타리카 오인 침공의 원인으로 지목되다."라고 전했다.

이러한 헤드라인이 사실이 아니었던 것은 아니다. 그런 일들이 실제로 벌어졌으며, 구글 역시 오류를 인정했고, 많은 말을 덧붙이지 않은 채 어느 주권 국가도 자사의 데이터를 국경 설정의 기준으로 삼는 것은 완전히 터무니없는 일이라고 밝혔다. 그러나 이것이 사건의 전부는 아니었다. 사실 파스토라의 발언조차도 일부만 전해진 것이었다. 그는 또한 1858년 체결된 국경 조약, 그로부터 30년 후 미국 대통령 그로버 클리블랜드에 의해 이루어진 중재 과정, 그리고 9년 뒤 추가적으로 이루어진 명확화 작업에 대해서도 언급했다. 〈뉴욕타임스〉 칼럼니스트 프랭크 제이컵스는 이 사건에 대해 "구글 지도의 부정확성이 오랜 국경 분쟁을 다시 불러일으켰다. 몇 차례 오판이 더해졌다면 실제 전쟁으로 이어질 수도 있었다."라고 분석했다.

이 국경 분쟁의 기원은 19세기 초로 거슬러 올라가며, 이는 구글이 등장하기 훨씬 이전의 일이다. 심지어 구글이라는 이름의 유래가 된 그 거대한 숫자가 존재하기도 전의 일이었다. 이 지역은 1821년 에스파냐에서 독립한 후, 1823년에는 단명한 멕시코 1제국에서 다시 독립했다. 이후 니카라과와 코스타리카는 중미연방공화국의 일부로 편입됐다. 새로운 국가가 형성될 때 일정 정도의 국경 조정이 동반되기 마련인데, 1820년대 중반에는 니카라과 국경 지역에 속해 있던 세 개의 마을이 남쪽의 코스타리카로 편입하는 것을 투표로 결정했으며, 이와 함께 약 2만 8,500제곱킬로미터에 달하는 영토가 코스타리카로 넘어갔다.

문제는 당시 이 마을들의 경계가 법적으로 명확하게 규정되지 않았다는 점이었다. 그리고 20년이 지나자 코스타리카와 니카라과는 더 이상 하나의 연방 안에 이웃한 주가 아닌 독립된 주권 국가가 되었다. 이에 따라 양국의 경계가 어디에서 끝나고 시작하는지가 갑자기 중요한 문제가 되었다. 이를 해결하기 위해 수차례 조약이 체결됐지만, 어느 것도 양국에 의해 비준되지 않았고, 국경이 최종적으로 확정되는 데까지 수십 년이 걸렸다. 1858년 카냐스헤레스 조약이 체결되면서 공식적인 국경이 설정됐지만, 이후에도 긴장은 지속됐으며 반복적인 국제 중재가 필요했다.

이를 더욱 복잡하게 만든 요소 중 하나는 국경의 일부가 공식적으로 산후안강의 우안을 따라 형성됐다는 점이다. 이는 사실상 강을 니카라과에 귀속시키는 것이지만, 코스타리카는 그 강을 항해할 수 있는 권리를 갖고 있다. 이는 마치 모든 당사자가 조금씩 불만족스럽게 만드는 절충안처럼 보인다. 또 하나의 문제는 이 강이 지속적으로 경로를 바꾼다는 점이다. 산후안강은 점진적으로 북쪽으로 이동하는 경향이 있으며, 이는 국경 분쟁을 더욱 복잡하게 만드는 요소로 작용해왔다.

그렇다면 '올바른' 국경은 무엇인가? 오늘날의 강인가? 이는 니카라과 영토의 일부가 코스타리카로 편입됐기 때문에 코스타리카가 선호하는 경계다. 아니면 19세기의 강인가? 이는 니카라과가 선호하는 경계로, 그들의 입장에서도 충분히 이해할 만하다. 구글은 미국 국무부 데이터를 기반으로 후자를 선택했다. 그것만으로도 오르테가 정부가 파스토라 부대를 파견하여 퇴적물로 막힌 수로를 준설하도록 지시하는 명분이 되었다. 이는 결국 우리가 처음 이야기한 사건으로 이어진다.

즉, 문제는 구글이 보편적으로 인정되는 국경선을 잘못 표시했다는 것이 아니었다. 애초에 그 국경선 자체가 보편적으로 인정되지 않았던 것이 문제였다. 구글이 실수한 것은 맞지만, 단순히 올바른 국경이 명확하게 존재하는데도 틀린 국경을 표시한 것이 아니었다. 정답이 없는 상황에서 구글이 저지른 실수는 존재하지 않는 확실성을 암시했다는 점이었다.

그렇다면 왜 구글이 비난을 받았을까? 한 가지 이유는 단순히 구글 지도에 오류가 있었기 때문이다. 구글도 해당 오류를 인정했다. 하지만 또 다른 이유는 '구글 지도 때문에 국경 분쟁이 발생했다'는 이야기가 인터넷 시대에 클릭을 유도할 만큼 흥미로운 기사 제목이었기 때문이다. 반면 '당신이 아마도 별 관심도 없는 두 소국이 수 세기 동안 모래를 두고 다투는 이야기'는 그렇게 흥미롭지 않다.

게다가 오늘날 국경 분쟁의 최전선에 있는 것은 실제로 구글 지도와 그 경쟁사들이기도 하다. ○

38
지도 제작자의 딜레마

온라인 지도 제작자, 난관에 봉착하다

2014년 2월 말, 러시아는 우크라이나의 크림주를 침공했다. 몇 주 후 러시아는 해당 지역이 이제 "러시아 연방의 자치 공화국"이라고 발표했다. 이 책을 쓴 시점에서 그 침공의 후속 사태인 2022년 우크라이나 침공은 여전히 진행 중이며, 이 작은 나라의 많은 지역이 여전히 '분쟁 지역'이라는 완곡한 표현으로 불리고 있다. 따라서 이 책이 출간될 때쯤 그 국경이, 아니면 그 외의 무엇이든, 어떤 모습을 하고 있을지에 대해 섣불리 단정하고 싶지 않다. 대신 이러한 분쟁 지역이 세계의 온라인 지도 제작자들에게 어떤 문제를 제기하는지 살펴보자.

2014년 첫 번째 침공 이후 《가디언》의 기술 담당 기자 알렉스 헌은 구글이 각기 다른 지역에서 지도 서비스를 이용하는 사람들에게 서로 다른 방식으로 해당 지역과 그 경계를 보여주기 시작했다고 언급했다. 우크라이나판 구글 웹사이트를 통해 지도를 보는 사람들은 크림반도와 그 북쪽에 위치한 우크라이나의 헤르손주 사이에 점선이 표시된 것을 보게 되었다. 이는 단일 국가 내의 행정 경계를 나타내는 것이었다. 반면 러시아판 구글 웹사이트에서 같은 지역을 확인하는 사람들은 해당 경계가 실선으로 표시된 것을 보게 되었다. 이는 국제 국경을 의미하며, 크림반도가 우크라이나의 일부가 아니라는 암시를 주었다. 그렇다면 다른 국가의 사용자들에게는 어떻게 보였을까? 점선과 실선의 중간 형태인 파선이 표시됐다. 세계의 약 192개국에 속한 사람들에게, 그리고 물론 전쟁 당사국이 아닌 이들에게 구글은 이 경계가 논쟁의 대상임을 인정하는 태도를 보였다.

여기서 무슨 일이 벌어지고 있었을까? 지역 사용자들에게 아첨하려는 비겁한 태도였을까? 러시아의 침략을 두려워한 기업의 나약함이었을까? 아마도 자본주의의 특성을 감안할 때, 두 가지 모두 해당될 것이다. 하지만 또 다른 요인이 작용했을 가능성도 있다. 2014년 당시, 구글은 러시아와 우크라이나 양국에 사무소를 운영하고 있었다. 이는 해당 지역의 직원들이 존재한다는 뜻이고, 이들은 정확한 국경에 대해 나름의 견해를 가지고 있었을 것이다. 더 중요한 것은 실리콘밸리에 있는 회사 경영진과 달리, 법적 또는 정치적 후폭풍을 직접 감당해야 할 수도 있었다. 이러한 상황에서 다국적 기업이 무엇을 할 수 있었을까? 특정 국가의 국경 인식을 반영하는 것은 단순한 지역적 예의를 차리는 문제가 아니었다. 그렇게 하지 않으면 현지 법률을 위반할 위험이 있었고, 기업 운영이 위협받을 수도 있었으며, 심지어 직원들의 안전까지 위태로워질 수 있었다.

이런 상황이 러시아에만 해당하는 것은 아니다. 세계에는 자국의 국경과 세계관을 매우 엄격하게 규정하는 나라가 많다. 2016년 인도 정부는 파키스탄 및 중국과의 분쟁 지역에 대해 "잘못되거나 허위의 지형 정보를 게시한 자"에게 최대 10억 루피의 벌금을 부과하는 법안을 발의했다. 법안은 결국 통과되지 않았지만, 인도판 구글 지도는 여전히 인도 사용자들에게 정부가 승인한 국경선만을 보여주고 있다.

이 문제가 특정 지역에만 국한된 것은 아니지만, 특정한 시대에만 해당하는 문제이기는 하다. 즉, 역사상 처음으로 모든 사람이 같은 지도를 바라보면서 그것이 자신의 세계관을 반영할 것이라 기대하는 시대다. 과거에는 지도 제작이 비교적 지역적인 작업이었으며 특정한 장소에서 특정한 시장을 위해 제작됐다. 지도는 국가 형성과 식민주의에 있어서 중요한 역할을 했으며, 또한 지도 제작을 위한 연구는 비용이 많이 들고 자원을 집중적으로 투입해야 하기 때문에, 지도 제작은 대개 정부의 영역이었다. 세계에서 가장 오래된 국가 지도 제작 기관인 영국 오든스 서베이는 1747년 군사적 목적으로 설립됐으며, 스코틀랜드 고지대를 지도화하여 반란에 대비하는 목적을 가지고 있었다. 20세기에 들어서 민간 부문의 역할이 커지긴 했지만, 여전히 특정 시장을 겨냥하여 특정 지역에서 제작된 지도를 접하는 것이 일반적이었다. 예를 들어 지도만 펼쳐봐도 그것이 미국의 시각에서 제작된 것인지 독일 시각에서 제작된 것인지 구별할 수 있었다.

그러나 2000년대 이후 모든 것이 변했다. 이제 세계는 압도적으로 기술 대기업들이 제작한 온라인 지도에 의존하고 있다. 코드의 미세한 조정만으로도 특정 도로로 교통을 유도하거나 선호하는 상점·바·카페를 홍보하는 한편, 경쟁 업체들을 소외시키는 것이 가능해졌다. 현대 시대의 많은 다른 요소들과 마찬가지로 지도 제작에 대한 이러한 지배력은 이러한 기업들에, 적어도 시장을 지배하는 구글과 일정 부분 시장을 차지하고 있는 애플과 같은 회사에 과거에는 상상조차 할 수 없었던 수준의 권력을 부여한다. 하지만 동시에 그들에게는 또 하나의 문제가 생겼다. 그것은 바로 세계지도가 실제로 어떻게 생겼는지에 대한 합의가 존재하지 않는다는 점이다.

이란과 사우디아라비아를 가르는 바다를 사이에 두고, 한쪽에서는 그것을 '페르시아만'이라고 부른다. 반면 다른 한쪽에서는 그것을 '아라비아만'이라 부른다. 모로코 사람들은 '서사하라'로 알려진 지역을 바라보면서 그곳을 인구가 희박한 모로코의 일부라고 본다. 하지만 그곳에 실제로 거주하는 많은 사람은 그 지역을 '사하라위 아랍 민주공화국'이라고 인식한다. 이처럼 수많은 경우에서, 합의는 존재하지 않으며, 오직 상반되는 견해만이 있을 뿐이다. 그럼에도 특정한 견해를 선택하는 기업에 대해 법적 또는 재정적 압력을 행사하려는 정부들은 여전히 존재한다.

에드 파슨스는 2014년 〈인디펜던트〉 인터뷰에서 "어쩌면 순진했을 수도 있겠지만, 우리는 모든 사람이 사용할 수 있는 단일한 국제 지도를 만들 수 있을 것이라고 희망했습니다. 하지만 일부 국가에서는 법적으로 특정한 방식으로 국경을 표시해야 할 의무가 있습니다."라고 말했다. 같은 인터뷰에서 구글 지도 분쟁 해결팀이 유엔과 직통 연락망을 갖추고 있다는 점도 언급됐다.

온라인 지도의 등장으로 인해 지도 제작자들에게 새로운 문제를 야기한 것과 더불어, 우리가 지도에 대해 기대하는 바도 변화했다. 지도 제작이라는 작업은 본래 아날로그적인 느낌이 있었다. 아틀라스는 무거운 가죽 제본으로 묶인 책으로, 많아야 일 년에 한 번 정도 업데이트했다. 출판 전에 혼란이 가라앉고 합의가 형성될 시간이 있었으며, 지도를 보는 사람들 또한 자신이 과거의 세계관을 반영한 지도를 보고 있다는 사실을 인식하고 있었다.

그러나 오늘날 구글과 애플 지도는 지속적으로 업데이트하며, 변화는 언제든 반영할 수 있다. 지도는 여전히 '공식적'이고 '최종적인' 것으로 여겨지지만, 이제 우리는 그것이 2~3년 전이 아닌 바로 지금의 세계를 반영하기를 기대한다. 그러나 2014년 크림반도에서 일어난 상황처럼 국경이 갑자기 변하면 구글과 같은 기업들은 난처한 선택을 해야 한다. 현실을 그대로 반영하면 도덕적으로 정당성을 부여할 수 없는 지정학적 변화를 인정하는 듯한 인상을 주게 되고, 그렇다고 지도를 변경하지 않으면 부정확하거나 심지어 잘못된 정보를 제공할 위험이 있다. 적어도 인쇄된 지도에는 범례와 색인이 포함돼 있어, 분쟁이 진행 중인 지역에 대한 설명을 추가할 명확한 공간이 있었다. 반면 이론적으로는 세계의 모든 정보를 담을 수 있음에도 단순한 디자인을 특징으로 하는 디지털 지도에는 그러한 설명을 덧붙일 공간이 없다.

2022년 러시아의 국경을 확장하려는 전쟁이 한창인 가운데, 모스크바에 본사를 둔 기업 얀덱스는 자사의 지도 앱에서 국경선을 아예 제거하는 뜻밖의 조치를 취했다. 이에 대해 대변인들은 정치적인 결정이 아니라고 주장했지만 그 말을 믿는 사람은 없다. 결국 국경이 이동할 수 있고, 잘못된 국경을 표시하는 것이 감옥에 가는 결과를 초래할 수도 있다면, 당신은 국경을 계속 표시하겠는가? ○

외부
효과

- ✓ 시간의 경계
- ✓ 해상의 경계
- ✓ 공중의 경계

Part 3

39
본초자오선의 간략한 역사

시간이 시작되다

2021년 여론조사 기관 유고브는 조 바이든 이전에 미국 대통령직을 맡았던 45명의 인물이 현재 얼마나 유명한지를 알아보는 설문조사를 실시했다. 미국 21대 대통령이었던 체스터 아서는 44위를 차지했는데, 1881년 9월 제임스 가필드가 충격적인 암살을 당한 후 대통령직을 승계한 그는 1885년 3월까지 약 4년간 재임했다. 2021년 조사에서 그는 재커리 테일러(12대), 벤저민 해리슨(23대), 밀러드 필모어(13대) 등 빅토리아시대의 잘 알려져 있지 않은 대통령들보다도 덜 유명한 것으로 드러났다. 체스터 아서보다 '덜' 유명한 대통령은 45위 프랭클린 피어스뿐이다. 그가 누구냐고? 모르는 게 당연하다.

안타까운 일이다. 체스터 아서는 망각 속으로 사라진 그 어떤 전직 대통령들보다 훨씬 더 많이, 그리고 더 직접적으로 현대 세계를 형성하는 데 기여했기 때문이다. 1884년 가을 그의 행정부는 미국과 외교 관계를 맺고 있는 모든 국가의 대표들을 워싱턴으로 초청했다. 목적은 '전 세계적으로 공통된 경도의 시작점과 표준 시간의 기준이 될 적절한 자오선을 정하는 것'이었다. 즉, 체스터 아서는 본초자오선과 그에서 비롯되는 모든 것을 만들어내는 데 기여한 인물이었다. 밀러드 필모어가 그런 일을 했을까? 아니, 그렇지 않다.

'본초자오선'에 대한 합의는 1884년에야 공식적으로 이루어졌지만, 그 '개념' 자체는 훨씬 더 오래전부터 존재해왔다. 이 이야기는 기원전 3세기 이집트에서 시작되며, 고대 세계에서도 유독 눈에 띄는 엄청나게 박식했던 한 학자에게서 시작된다. 리비아 키레네 출신의 에라토스테네스는 80여 년 생애 동안 많은 업적을 남겼다. 그는 당대 최고의 시인이자 알렉산드리아 도서관 관장이었으며, 연대학이라는 과학 분야를 개척해 과거 사건의 연대 추정을 가능하게 했다. 또한 소수素數를 찾는 체계를 개발했으며 태양의 지름을 계산했고, 음악의 수학적 기초를 연구했다. 마치 미국 래퍼 켄드릭 라마가 옥스퍼드대학교의 부총장이 된 다음 영국 배우 브라이언 콕스로 변신하는 수준이랄까. 그가 이룬 업적의 규모를 고려하면 두 명의 브라이언 콕스가 합쳐진 것일 수도 있다. 이쯤 되면 진정한 학구열보다는 단순한 과시가 아닐까 싶다.

여기서 강조하고 싶은 점은 에라토스테네스가 경도와 위도로 이루어진 격자 시스템을 고안함으로써 사실상 지리학이라는 학문을 창시했다는 것이다. 그가 창안한 시스템을 통해 좀 더 정확한 지도 제작이 가능해졌고, 먼 지역들이 서로 어떤 위치 관계에 있는지를 파악할 수 있게 되었다. 또한, 같은 경도에 있는 두 지역에서 정오의 그림자를 비교하고 삼각법을 활용하는 방식으로 지구 크기를 매우 정확하게 계산할 수 있게 되었다. 당시 세계지도에서 그가 실제로 알고 있던 세계의 범위를 고려하면 그의 성취는 더 대단해 보인다(당시 아프리카의 형태는 지금과는 너무 다르다).

에라토스테네스의 업적이 대단한 이유는 이 격자 시스템의 두 부분이 지구의 형태 때문에 미묘하게 다른 방식으로 작동해야 했기 때문이다. 위선(위도의 선)들은 서로 평행하지만, 경선(경도의 선)들은 그렇게 보일 뿐이다. 경선을 끝까지 따라가다 보면, 모든 선이 극점에서 수렴하게 된다. 이러한 이유로 위도의 선들은 '평행선'이라고 불리는 반면, 경도의 선들은 '자오선'이라 불린다. 이는 라틴어로 '정오'를 의미하는 단어에서 유래한 명칭으로, 특정 경도상의 모든 장소에서 태양이 같은 순간에 가장 높이 떠오른다는 원리에 기반한다.

또한 위도에는 적도라는 명확한 기준점이 존재한다. 적도는 지구가 가장 넓은 부분을 이루는 행성의 중간선이며, 다른 모든 위선은 이를 기준으로 정의될 수 있다. 예를 들어 한 지점이 북위 30도에 위치한다는 것은, 그 지점이 적도에서 30도 각도로 북쪽을 향해 지구 표면을 가로지르는 선상에 있다는 의미다. 반면 경도에는 이와 같은 객관적 기준이 존재하지 않는다. 동반구와 서반구를 나누는 자연적인 선이 없기에, 동서 방향의 위치를 측정할 수 있는 객관적인 기준도 없다.

에라토스테네스는 이러한 문제를 해결하는 방법을 고안했고 이후 많은 사람이 따라했다. 자신에게 편리한 지점을 선택하여 거기를 본초자오선, 즉 모든 동서 위치를 측정하는 기준점으로 정하는 방식이다. 그는 알렉산드리아를 지나는 선을 선택했는데, 그곳이 당시 세계에서 가장 크고 중요한 도시 중 하나였기 때문이기도 하지만, 솔직히 말하자면 그가 사는 곳이었기 때문이다. 몇 세기 후, 역시 알렉산드리아 출신이었던 클라우디우스 프톨레마이오스는 자신의 본초자오선을 당시 알려진 가장 서쪽의 땅이었던 '행운의 섬(아마도 현재의 카나리아제도)'으로 설정했는데, 이는 음수를 다루는 번거로움을 최소화하기 위한 목적이었던 듯하다. 일반적으로, 아랍, 인도, 중국, 일본 등의 지리학자들은 에라토스테네스와 마찬가지로 본초자오선을 자신들에게 편리한 지역을 기준으로 설정했으며, 그 결과 지구상에는 아라비아, 인도, 중국, 일본 등을 지나는 수많은 본초자오선이 존재하게 되었다.

국제적으로 통일된 기준이 없다는 것이 오랜 기간 큰 문제는 아니었다. 이는 비교적 소수의 배들이 다른 지역에서 설정된 본초자오선을 바탕으로 제작된 지도를 가지고 운항했기 때문인데, 지도가 정확하지 않다고 해서 항해에 큰 지장을 주지는 않았다. 또한 좀 복잡하긴 해도 위도는 정오의 태양과 관련된 수학적 계산이 가능했고, 천문관측 기구인 아스트롤라베로 측정할 수도 있었다. 하지만 경도를 계산하려면 정밀한 시간 측정이 필요했는데, 인류 역사의 대부분 동안 정확한 시간 측정 기구는 없었다. 또한 본초자오선을 어디로 정해야 하는지에 대한 합의는 다른 중요한 문제에 비해 시급한 일도 아니었다.

19세기 말로 접어들면서 시간 측정 문제가 해결되었고, 첫 번째 대규모 세계화의 시대가 열렸다. 점점 더 많은 선원이 대양을 건너게 되었으며, 그 과정에서 길을 잃거나 암초에 부딪혀 익사하는 사고를 피하고자 했다. 동시에 철도와 전신 등 새로운 기술이 나와 먼 지역들을 더 가깝게 연결하면서 세계적으로 통일된 표준 시간에 대한 필요성이 높아지게 되었다(이 문제는 다시 언급하게 될 것이다). 이러한 두 가지 문제를 해결하려면 어떤 장소가 동서로 얼마나 떨어져 있는지를 알기 위한 공통의 방법과 기준이 필요했다. 적도가 지구의 남북을 나누는 것처럼 동서를 나누는 공통된 기준선이 없다면 인류가 새로 만들어야 했다.

이러한 문제 상황을 타개하기 위해 세계지리학계는 1870년대부터 회의를 개최해왔다. 1884년 10월, 미국 대통령 체스터 아서의 초청으로 워싱턴 D.C.에서 열린 국제회의는 그러한 노력의 정점이었다. 이 회의에는 26개국에서 외교와 과학 분야에서 명망이 높은 대표자 41명이 참석했다. 회의를 주재한 미국해군 소장 C. R. P. 로저스는 회의의 목표를 다음과 같이 설명했다. "세계에서 공통으로 사용할 경도를 측정하는 기준선과 표준 시간 체계를 확립해 각국이 새로운 합의를 이루도록 하는 것이 목표다. 각 국가의 선호와 이해관계를 내려놓고 인류 전체의 공익을 위해 모든 국가가 받아들일 수 있는 본초자오선을 확정하고, 과학과 상업에 최소한의 불편만을 초래하는 방식으로 합의에 도달한다면 기쁠 것이다." 그는 자신의 선언이 후세에 기억될 것이라는 자신감 넘치는 태도를 보였는데, 실제로 그의 발언은 거의 150년이 지난 지금 이 책에서 인용되고 있다.

지금 시점에서 보면 이는 결코 쉬운 목표가 아니었다. 1884년 당시 유럽 제국들은 아프리카 대륙의 마지막 미개척지를 분할하기 위해 경쟁하는 '아프리카 쟁탈전'을 앞두고 있었다. 불과 몇 년 전 독일군이 파리를 점령했으며, 향후 1차 세계대전으로 이어질 긴장감이 이미 고조되고 있었다. 유럽의 주요 강대국들과 미국, 일본, 그리고 라틴아메리카 국가 대표들이 어떤 사안에 대해서든 합의하는 것은 불가능해 보였다. 임의로 전 세계적으로 통용될 기준선을 정하는 일은 국가적 자존심과 직결된 문제이기에 국가간 합의를 이끌어내는 것은 그만큼 더 어렵고 실현 불가능한 일이었다.

그러나 그들은 이 일을 완수했고, 이들 국가 중 한 나라의 수도만을 통과하는 선이 선택됐다. 그것도 수도의 중심부가 아니라, 그리니치, 즉 런던 중심에서 남동쪽으로 약 8킬로미터 떨어진 교외 지역을 통과하는 선이었다. 프랑스 대표단은 "본초자오선은 절대적으로 중립적인 성격을 가져야 하며, 어떠한 대륙도 관통해서는 안 된다."라는 결의안, 즉 대서양에 자오선을 설정하여 구세계와 신세계를 나누자고 제안했는데, 단 두 개 국가, 즉 브라질과 산도밍고(현재의 도미니카공화국)만 지지했다. 반면 그리니치를 본초자오선으로 하자는 안건은 압도적 지지를 받았다.

왜 베네수엘라에서 오스만제국에 이르는 여러 국가가 '우중충한 런던 변두리'를 통과하는 선을 지지했을까? 그 이유는 1880년대 당시 위치 측정이 여전히 천문학의 일부로 간주되었기 때문이다. 시간 측정의 정확성을 보장하기 위해, 국제 과학공동체는 새로운 본초자오선이 '1급 천문대'를 지나야 한다는 점에 이미 합의한 상태였다. 이 조건을 충족하는 후보지는 사실상 네 곳으로 좁혀졌는데, 파리, 베를린, 워싱턴 D.C., 그리고 그리니치였다. 그중에서도 '우중충한 런던 교외'가 경쟁자들을 제치고 최종적으로 선택된 주요한 이유는 그리니치가 이미 국제적 기준점으로 널리 사용되고 있었기 때문이다. 미국에서 확립된 표준 시간대 시스템(이 내용은 다음 장에서 다룰 것이다)과 세계 무역의 거의 4분의 3이 사용하는 해도에서 그리니치는 이미 기준점으로 자리 잡고 있었다. 그리니치가 이렇게 널리 사용되고 있었던 이유는 다음과 같다.

ⓐ 당시 세계 역사상 가장 강력한 해군을 보유하고 있던 영국이 운영하는 주요 천문대에서 엄청난 양의 천문 데이터를 생산해 내고 있었다.

ⓑ 이미 존재하는 수많은 지도에서 그리니치를 본초자오선으로 사용하고 있었다는 점 때문이었다. 이는 기존 제도나 관행을 쉽게 바꾸지 못하는 현상, 다시 말해 '경로 의존성'의 결과였다. 1884년 당시 대영제국이 세계에서 가장 크고 강력한 초강대국이었기 때문에 본초자오선을 그리니치로 정했다는 주장이 완전히 사실은 아니지만, 그렇다고 완전히 거짓이라고도 할 수 없다.

하지만 모든 국가가 이에 만족했던 것은 아니었다. 프랑스 역시 국제과학계에서 점점 더 중요성이 커지고 있던 '우중충한 변두리 교외 지역'을 보유하고 있었는데, 1875년부터 국제도량형국이 자리 잡고 있던 생클루였다. 프랑스 대표단은 파리 자오선이 배제된 것에 대해 크게 반발했으며, 1911년까지도 그리니치 표준시GMT를 보편적 시간 기준으로 인정하길 거부했다. 그리고 마침내 국제사회가 그리니치 표준시를 인정했을 때조차, 즉 1978년까지도 '파리 표준시, 9분 21

초 느림'이라고 표기하는 방식을 고수했다(그 이후에는 '협정 세계시'로 불리는 중이다). 그러나 1884년 이후로 대부분의 세계는 그리니치 천문대를 경도의 인위적인 '적도'이자 보편적 시간의 기준으로 받아들이게 되었다.

오늘날 그리니치는 더 이상 '우중충한 런던 교외'가 아니다. 현재 이곳은 100만 파운드에 달하는 주택들이 즐비한 고급 주거 단지가 되었다. 또한 여러 박물관과 시장 덕분에 관광 코스에도 포함돼 있으며, 이 관광 루트에서 반드시 들러야 할 명소 중 하나가 바로 천문대다. 천문대는 그리니치 공원 언덕 위에 자리 잡고 있으며, 북쪽으로 템스강을 내려다보고 있다. 이곳에는 전 세계에 본초자오선을 제공한 것을 기념하는 황동 선이 지면에 새겨져 있다. 천문대박물관 웹사이트와 소셜미디어에서는 방문객들에게 이 황동 선을 중심으로 한쪽 발씩 걸쳐 놓고 셀카를 찍은 뒤, 'PrimeMeridian'이라는 해시태그를 달아 공유할 것을 권장하고 있다. 또한, 밤이 되면 유명한 본초자오선의 경로를 표시하기 위해 템스강을 향해 녹색 레이저가 발사된다.

그러나 이 모든 것은 완벽한 거짓말이다. 실제 본초자오선은 이곳에 있지 않으며, 스마트폰만 있다면 이를 직접 확인할 수 있다. 천문대 밖 황동 선 위에 서서 지도 앱을 확인해보면, 당신은 본초자오선이 아니라 서경 0.0015도 지점, 즉 실제 자오선보다 약 102미터 서쪽에 위치해 있음을 알게 될 것이다. 진짜 본초자오선, 즉 경도 0도를 찾으려면 조금 동쪽으로 움직여야 한다. 본초자오선에 도달했다고 알려주는 황동 선이나 레이저 조명 같은 것은 없고, 가장 가까이에 있는 표식은 휴지통뿐이다. 이는 방문자들이 갖고 온 반려견의 배설물을 버리기 좋은 장소라는 점도 암시한다.

애초에 본초자오선을 설정한 그리니치 천문대가 어떻게 잘못된 위치에 기념비를 설치하게 되었는지 궁금하다면 좋은 소식이 있다. 처음부터 잘못된 장소가 아니었다. 나쁜 소식은 본초자오선이 이동했다는 것이다.

애초에 본초자오선이 그리니치에 설정된 이유는 시간 측정과 지도 제작이 일류 천문대가 제공하는 별에 대한 지식에 의존했기 때문이다. 특정한 '시계 별'의 이동 거리를 측정하면 정확히 얼마나 많은 시간이 경과했는지 알 수 있었다. 그러나 완벽하게 정확한 측정을 위해서는 무엇이 '수직'인지에 대한 완벽한 개념이 필요하며, 이는 생각보다 훨씬 어려운 문제였다.

그리니치 천문대의 천문학자들은 먼저 수은을 채운 용기를 사용해 완벽한 수평면을 만들었다. 이를 기준으로 완벽한 수직면을 찾고, 그에 맞춰 측정 장비를 보정하는 방식이었다. 그러나 문제는 지구가 완벽한 구형이 아니라는 것이었다. 지구는 적도를 따라 부풀어 있으며, 산과 언덕과 같은 지형적 요인으로 질량이 균등하게 분포되어 있지 않다. 따라서 진정한 수직선은 지구의 중심을 통과해야 하지만, 수은 용기를 이용해 계산한 수직선은 그렇지 않았다. 그 결과 측정값은 오차를 내포하게 되었으며, 이는 전 세계의 시간 측정 및 지리학적 기준점이 기능해야 하는 시스템상에서는 심각한 문제였다.

이런 문제들은 1970년대부터 분명해졌다. 위성 기반 글로벌 포지셔닝 시스템GPS 기술이 도입되면서 지역 중력의 미세한 변동으로 인해 발생하는 오류를 배제할 수 있는 측정치를 내놓기 시작한 것이다.

이제 과학계는 두 가지 선택지를 마주하게 되었다. 전 세계 경도 시스템을 고쳐 한 세기 동안의 측정치를 무효화하거나 자오선을 재정의하는 두 가지 방안 중에서 과학계는 후자를 선택했다. 그리니치 자오선은 여전히 역사의 산물이자 땅속에 묻혀 있는 황동 선으로 존재하지만, 경도는 국제 지구자전·기준시스템 서비스IERS라는 간결한 이름의 기관이 관리하는 수백 개의 지상국과 인공위성 네트워크에서 얻은 측정값을 사용해 계산된 가상의 선, IERS 기준자오선을 통해 측정된다. 그렇다면 천문대는 왜 새로운 자오선을 표시하지 않았을까? 아마도 그것이 다소 난처한 일이기 때문일 것이다. 만약 천문대가 새로운 자오선을 설치한다면 이는 천문대 건물을 통과하지 않는다는 점이 명백해지고 관광객을 유치하는 데에도 부정적인 영향을 미칠 수 있다. 그러나 더 설득력 있는 이유는 지각판 이동 때문이다. 우리가 발을 딛고 있는 땅은 지속적으로 움직이고 있으며, 그리니치 역시 대부분의 유라시아 대륙과 마찬가지로 매년 서남서 방향으로 몇 센티미터씩 이동하고 있다. 따라서 어떤 물리적 표식이든 수십 년이 지나면 시대에 뒤떨어진 것이 될 것이기 때문이다.

한편 위성 내비게이션 시스템에서 사용되는 좌표는 '지구 중심 기준 좌표계'를 기반으로 하며, 이는 1984년 국제시간국BIH에 의해 도입됐다. 이 기관의 약어가 ITB가 아니라 BIH인 이유는 공식 명칭이 프랑스어이며 이 기관이 파리 천문대에 기반을 두고 있기 때문이다.

국가적 자존심 때문에 수십 년 동안 그리니치 자오선을 인정하지 않던 프랑스 천문학자들은 결국 마지막에 웃게 되었다. ○

40
시간대에 관한 몇 가지 단상

시간의 경계를 넘어서다

억압적인 국가에 저항하는 방법은 여러 가지다. 정부를 비판할 수도 있고 법을 어길 수도 있으며 정부의 재산에 공격을 가할 수도 있다.

중국 서부에 사는 무슬림 위구르족이라면 시계를 중국 정부가 공식 승인한 베이징 시간대가 아닌 비공식적인 현지 시간대를 기준으로 시계를 맞춤으로써 정부에 저항할 수 있다.

중국은 동서로 3,210킬로미터 이상 뻗어 있어 이론적으로는 다섯 개의 시간대가 필요할 만큼 광대한 나라다. 그러나 1949년 마오쩌둥은 국가 통합을 강화하기 위해 중국 전역에 단 하나의 시간대만 사용하도록 명령했다. 이에 따라 중국 전역의 시계는 베이징 시간(UTC+8)으로 설정됐다. 중국 전체가 동부 지역의 전통적 중심지에 맞추어진 시간대를 적용하게 되면서 서부 지역에서는 한겨울에 오전 10시나 되어서야 해가 뜨는 일이 발생했다. 또한 신장(프랑스의 세 배 크기)의 한족들은 베이징 시간을 따르는 반면, 상당수의 위구르족과 기타 소수민족들은 베이징 시간보다 두 시간 느린(UTC+6) 비공식적인 신장 혹은 우루무치 시간을 따르고 있다.

이러한 시간대 차이는 여러 공동체가 만나는 지역사회 회의 일정을 잡을 때 혼란을 초래할 뿐만 아니라 더 심각한 문제도 불러일으키기도 한다. 2018년 국제인권감시단 보고서에 따르면 신장 지역 주민들이 '직업 교육 및 취업 훈련센터 재교육 캠프'라고 불리는 수용소에 수감된 이유는 다양한데(100만 명이 넘는 위구르족이 수용되어 있는 것으로 추정), 어떤 사람들은 '부적절한' 옷을 입었다거나 '문제적인' 수염을 기른 것 때문에, 어떤 사람들은 술과 담배가 허용되지 않는 '이슬람' 식당을 운영했다는 이유로 수용소에 억류됐다. 한 증언에 따르면 자신의 시계를 우루무치 시간에 맞추었다는 이유만으로 테러 용의자로 몰려 수용된 경우도 있다. 인터뷰 대상자는 "그들은 그가 테러활동을 할 가능성이 있다고 의심했다. 그들은 많은 것에서 '잘못된' 사상을 가졌다는 증거를 찾아낸다."라고 말했다.

이 책에서 논의하는 경계선들은 모두 어느 정도 정치적 성격을 띠고 있다. 따라서 시간대가 정치적인 영향을 받지 않을 것이라는 기대 자체가 순진했던 것일지도 모른다.

출장이나 여행하면서 이동하는 사람들은 시간대라는 보이지 않는 경계를 넘는 경험을 하게 된다. 일부 국가(아프가니스탄, 네팔, 프랑스령 폴리네시아 마르키즈제도)는 지리적으로나 시간대의 측면에서나 고립되어 있어 다른 곳으로 이동하려면 필연적으로 시계를 조정해야 한다. 반면 국토가 광대해서 국내를 여행할 때도 여러 시간대를 거치는 나라들(미국, 캐나다, 호주, 러시아)도 있다. 그러나 중국은 특이하게도 시간대 이동을 따르지 않고 있다. 일출과 일몰시를 기준으로 보거나 논리적으로 생각하면 시간대를 조정하는 것이 당연해 보이지만 중국 당국의 생각은 전혀 다르다.

이 모든 것은 비교적 현대적인 현상이다. 과거에는 먼 거리를 두고 떨어져 있는 지역 간의 소통 속도가 매우 느렸기 때문에 각 지역이 서로 다른 시간대를 적용한다고 해도 문제가 되지 않았다. 더 나아가 인류 역사 대부분에서 시간은 상당히 모호한 개념이었다. 태양의 이동을 기준으로 시간을 측정하는 해시계가 있었고, 일정한 속도로 물을 방출하거나 채워넣는 방식으로 시간을 재는 물시계도 존재했다. 하지만 이러한 도구들이 보편적으로 사용되지는 않았고, 설령 존재하더라도 한계가 많았다. 따라서 고대인들의 시간 개념은 현대와는 매우 달랐다. 예를 들어 로마인들은 낮을 12개의 동일한 시간으로 나누었는데, 낮의 길이에 따라 각 시간의 길이가 달라졌다. 겨울에는 한 시간이 45분에 불과했지만 여름이면 75분까지 늘어났다. 만일 당시 로마인들이 '분'이라는 개념을 가지고 있었다면 말이다.

하지만 몇 세기 전부터 이러한 상황이 변하기 시작했다. 17세기에는 진자시계가 등장했고, 18세기에는 항해 때 사용하는 더욱 정밀한 시계인 크로노미터가 개발되면서 정확한 시간을 파악할 수 있게 되었다. 그럼에도 여전히 각 공동체마다 서로 다른 시간대를 사용하고 있었다. 각 마을과 도시가 태양이 정점에 도달하는 시점을 기준으로 자체적인 지역 시간을 유지하고 있었기 때문이다. 하지만 19세기에 들어서면서 세계를 훨씬 더 좁게 만든 두 가지 발명이 등장했다.

첫 번째는 전신電信이었다. 전신은 사람들이 직접 이동할 수 있는 속도를 훨씬 뛰어넘어 먼 거리로 신속하게 메시지를 보낼 수 있게 했다. 두 번째는 철도였다. 하지만 표준시가 존재하지 않는 상황에서 철도 시간표를 관리하는 것은 악몽과도 같은 일이다. 뉴욕에서 약 640킬로미터 떨어진 버펄로로 가는 기차를 타려고 할 때, 기차 시간표가 뉴욕 시간을 기준으로 작성된 것인지, 버펄로 시간을 기준으로 한 것인지, 아니면 각 정거장별 시간을 따르는 것인지 분명히 알아야 했다. 그러나 수백 개의 지역 시간대가 혼재하는 미국에서는 기차를 운행하는 측에서도 이러한 문제를 명확히 해결하기가 쉽지 않았다. 또, 지역 시간을 기준으로 하면 기차가 서쪽에서 동쪽으로 이동할 때 동쪽에서 서쪽으로 이동할 때보다 시간이 더 오래 걸리는 것처럼 보였다는 점이다. 무엇보다 급행열차가 정확히 언제 역을 통과하는지에 대한 혼란은 심각한 사고를 초래할 수도 있었다. 그리고 실제로 그런 사고가 가끔 발생하기도 했다.

이러한 문제를 해결하기 위해 가장 먼저 표준시 도입을 주도한 것은 철도 회사들이었다. 1840년 런던에서 서쪽으로 약 160킬로미터 떨어진 브리스틀 항구를 연결하는 영국의 그레이트 웨스턴 철도는 '철도 시간'을 도입했다. 이는 그리니치 왕립천문대의 시간을 기반으로 한 통합된 시간제였다. 이후 10여 년에 걸쳐 다른 철도 회사들도 이를 받아들였으나(이 부분이 익숙하게 들릴지도 모르겠다), 지방 도시들은 동쪽에 위치한 런던이 설정한 표준시를 쉽게 받아들이려 하지 않았다. 몇십 년 동안 많은 도시는 공공 시계에 지역 시간과 국가 표준시를 나란히 표시하는 방식을 유지했다. 영국 정부가 공식적으로 그리니치 시를 국가 표준시로 법제화한 것은 1880년에 이르러서였다.

다른 나라들도 점차 표준시를 도입하기 시작했다. 프랑스는 1891년에 국가 표준시를 채택했고, 독일은 1893년에 도입했다. 이탈리아는 비교적 앞서 있었는데, 1860년대부터 이미 많은 도시가 로마 시간을 따르기 시작했다. 미국과 캐나다는 영토가 너무 광대해 단일한 시간대를 적용할 수 없었지만, 1883년 10월, 두 나라의 철도 회사들은 '일반 시간 협정'에 합의하여 북아메리카를 다섯 개의 시간대로 나누었다. 이 다섯 개의 시간대는 오늘날 사용되는 시간대의 이름과 대체로 일치하지만, 경계선은 다소 다르다.

시간대 통일에 큰 역할을 한 것은 스코틀랜드 출신의 이민자로 1883년에는 캐나다 최고의 철도 기술자로 자리 잡은 샌포드 플레밍이었다. 플레밍은 1870년대 대부분을 밴쿠버에서 몬트리올까지 대륙을 횡단하는 캐나다 태평양 철도의 수석 기술자로 일했다. 이미 그 자체만으로도 대단한 업적이었지만, 그는 전혀 다른 이유로 더 널리 기억된다. 그는 현대적인 시계를 발명한 인물이었다.

전해지는 이야기에 따르면 어느 날 플레밍은 아일랜드에서 열차를 놓쳤는데, 그 이유는 기차 시간표에 시간이 오전$_{am}$대신 오후$_{pm}$로 잘못 기재되어 있었기 때문이었다. 이에 크게 분개한 그는 이후 몇 년에 걸쳐 24시간제를 발명했고, 이어서 '세계 표준 시간' '범세계 시간' '우주 시간' 등 여러 명칭을 고민하며 현대적인 시간 개념을 정립해나갔다.

나는 이러한 이야기에 다소 의구심을 갖고 있다. 여기저기서 이야기를 인용하는 과정에서 기존 기록을 그대로 복사해 쓴 것처럼 보이기도 한다. 대부분의 이야기에서 그가 놓친 기차가 어디에 있었는지, 그가 예상했던 출발 시간이 언제였는지 등 세부 사항에 대한 설명이 거의 또는 전혀 없다. 몇몇 기록에서는 주인공의 이름을 '스탬퍼드' 플레밍으로 잘못 표기하기도 했다. 하지만 분명한 것은 그가 세계를 24개의 시간대로 나누는 개념을 최초로 제안한 인물은 아니었다는 점이다. 1858년 《미란다Miranda》라는 멋진 제목의 책에서 볼로냐 출신의 수학자 퀴리코 필로판티가 이미 동일한 계획을 구체적으로 설명한 바 있다(물론 당시에는 거의 주목받지 못했다). 그러나 확실한 것은, 플레밍이 1876년 그의 저서 《지구 시간Terrestrial Time》에서 자신의 구상을 상세히 기술했으며, 이후 이 개념을 사람들에게 설득하려고 끊임없이 노력했다는 점이다.[1]

그의 시도는 부분적으로만 성공했다. 그는 국제자오선회의에서 "편의상 사용할 수 있는 모든 목적을 위해 보편적인 하루를 채택할 필요성"을 대표단에게 설득하는 데 성공했다. 또한 그는 '표준 시간의 아버지'라는 타이틀을 얻었고 그의 탄생 190주년이 되는 날에 구글은 특별한 두들 로고로 그를 기렸다. 하지만 다른 대표단들은 지도상으로는 깔끔하지만 정치적으로는 실현 가능성이 낮은 그의 시간대 구획안을 끝까지 받아들이지 않았다. 엄격한 지리적 기준에 따라 시간대를 배정하는 그의 계획은 아베 시에예스가 프랑스를 행정구역으로 나눈 방식과 비슷했다. 결국 세계는 그리니치시를 표준시로 채택했고,

---

[1] 부수적으로, 이 제안들에는 각 시간대에 A에서 Y 사이의 문자를 할당하는 것이 포함돼 있다(I와의 혼동을 피하기 위해 J는 제외됐다). 군에서 시간대를 나타내기 위해 널리 사용되는 알파벳 표시 시스템에 이 방식의 흔적이 남아 있다. 줄루Zulu 시간은 UTC를, 알파Alpha에서 마이크Mike는, UTC+1에서 UTC+12를, 노벰버November에서 양키Yankee는 UTC-1에서 UTC-12를 뜻한다. 여기에서 마이크 시간과 양키 시간은 같지만 하루의 차이가 있다.

이후 지리적 논란을 줄이기 위해 이를 협정 세계시UTC라는 명칭으로 변경했다. 그러나 세계 각국이 자신들의 시계를 설정하는 방식은 전적으로 그 나라에 맡겨졌다.

이것이 바로 현대 세계가 24개 시간대로 깔끔하게 나뉘지 않은 이유다. 시간대가 UTC의 한 시간 단위로 구분되지 않는 지역(이란 (+3½), 인도(+5½), 네팔(+5¾) 등) 때문에 실제 시간대의 수는 37개에 가깝다. 여기에 일광절약시간summer time 도입 여부가 문제를 더욱 복잡하게 만든다. 예를 들어 호주는 여름에는 다섯 개의 시간대를 사용하지만, 겨울에는 세 개의 시간대만 적용된다. 이는 남부 주들은 일광절약시간을 도입하는 반면, 북부 주들은 이를 시행하지 않기 때문이다.

시간의 문제가 신장에서처럼 극도로 정치적인 사안이 되는 경우는 드물지만, 그럼에도 불가피하게 논쟁을 초래한다. 최근 몇 년 동안 여러 나라에서 일광절약시간 폐지를 고려하고 있다. 이 제도가 연간 두 차례 사람들의 일상을 혼란스럽게 만드는 불필요한 요소라는 이유에서였다. 그러나 이러한 시도들은 대체로 실패로 돌아갔다. 이러한 변화가 어떤 이들에게는 이익을 주겠지만, 반대로 불이익을 받는 사람들도 존재하며, 후자의 경우(대부분의 농업인들이 해당된다) 더욱 강하게 반발하는 경향이 있기 때문이다.

한편 특정한 정치적 메시지를 전달하기 위해 시간대를 변경한 국가들도 있다. 2007년 우고 차베스는 베네수엘라의 시계를 30분 늦추었다. 공식적인 이유는 어린이들이 해가 뜬 상태에서 등교할 수 있도록 하기 위해서였지만, 이 조치는 베네수엘라가 이제 독자적인 길을 가겠다는 선언으로 해석됐다. 2015년 북한 정부 역시 비슷한 조치를 단행하여 북한 주민들이 남쪽의 자본주의 공화국과 동일한 시간대를 공유하는 굴욕을 더 이상 겪지 않도록 했다. 그러나 이 두 조치는 모두 철회됐으며, 북한의 경우 이 변화가 지속된 기간은 불과 3년이 채 되지 않았다.

2019년 볼티모어에 위치한 존스홉킨스대학교의 스티브 행크와 딕 헨리는 시계를 단순화하고 정치적 논란을 없애는 방안을 제안했다. 시간대를 아예 없애자는 것이었다. 이 방안에 따르면, 런던에서 15:00시면 뉴욕과 홍콩에서도 15:00시가 되는 것이다. 이 계획이 실현된다면 시카고 사무실에 전화를 걸 때 적절한 시간을 고민하는 혼란이 사라질 뿐만 아니라 사람들과 기관들이 자연스럽게 지역에 적합한 시간대에 맞춰 활동하게 될 것이며, 먼 곳의 권위적인 당국이 정한 시각이 아니라 지역의 태양이 알려주는 시간에 맞춰 기상하고 잠들게 될 것이다. 즉, 현재의 시간대 시스템보다 지역의 필요에 맞게 더 유연하게 시간을 사용할 수 있게 되는 것이다.

그러나 이 방안에는 큰 문제가 있다. 런던과 비슷한 경도에 살지 않는 모든 사람이 '오후 5시' 같은 개념을 근본적으로 재정의해야 한다는 점인데, 이는 현실적으로 실현 가능성이 낮아 보인다. 나아가 이러한 방안이 여행을 더 편리하게 만들지도 않는다. 여전히 다른 지역으로 이동할 때 시간대를 고려해야 하며, 그 차이를 개인의 시계나 휴대전화, 공공 시계에만 맡길 게 아니라, 항상 자신의 머릿속에서 계산해야 하기 때문이다. 예를 들어 "현재 이곳에서 오전 11시지만, 내가 익숙한 시간대로는 오후 7시"와 같은 계산을 지속해야 한다. 게다가 항공사나 금융 거래자들처럼 UTC(협정 세계시)가 필요한 사람들은 이미 이를 적용하고 있기 때문에, 이를 전 세계 모든 사람에게 강제할 경우 얻게 될 실질적 이점은 명확하지 않다. 국제자오선회의 대표들이 이해했던 것처럼, 현대 중국 당국이 고심하고 있을지도 모르는 것처럼, 시간은 언제나 지역적인 요소를 포함할 수밖에 없다.

그러나 국제자오선회의 대표단이 해낸 한 가지 중요한 결정은 바로 세계 어디에서 하루가 끝나고 새로운 하루가 시작해야 하는지에 대한 기준을 설정한 것이었다. 이는 우리가 이후 다룰 다음 경계선으로 이어진다. ○

41
국제날짜변경선의 짤막한 역사

오늘과 내일 사이에도 시간은 흐른다

그것은 길고 고된 여정이었다. 배 다섯 척과 약 270명의 선원으로 이루어진 함대는 1519년 9월 안달루시아를 떠났다. 포르투갈 출신 탐험가 페르디난드 마젤란의 지휘 아래 대부분 에스파냐 출신이었던 선원들은 말루쿠제도, 즉 '향신료 제도'라 불리는 이국적인 향신료로 유명한 섬들에 서쪽으로 향하는 항로를 찾고자 했다. 함대는 대서양을 건너 남아메리카 동해안을 따라 항해했다. 그러던 중 마젤란은 이 대륙의 본토와 그 남쪽에 위치한 티에라델푸에고 군도 사이에 있는 한 해협을 발견했다. 그는 겸손하게도 '모든 성인의 해협'이란 이름을 붙였지만, 결국 후세에는 그의 이름을 따 '마젤란해협'으로 불리게 되었다.

그 후 함대는 태평양을 건너 필리핀에 도착했고, 마젤란은 그곳에서 기독교 신앙을 전하며 현지 족장들에게 세례를 주었다. 한 부족이 저항하자 그는 공격을 개시했지만 전투에서 패하고 목숨까지 잃었다.

함대는 크게 약화되고 사기가 꺾인 상태로 1521년 11월 마침내 말루쿠제도에 도착했다. 그러나 생존자들에게는 여전히 험난한 여정이 남아 있었다. 그들은 몇 달 동안 극심한 악천후와 형편없는 식사를 견뎌야 했고, 함대에서 마지막 남은 배 한 척만이 '유럽'이라고 할 만한 곳으로 오랜 시간에 걸쳐 겨우 돌아올 수 있었다.

1522년 7월 9일 일요일, 빅토리아호는 마침내 포르투갈의 식민지였던 카보베르데에 도착했다. 상황은 극도로 절망적이었다. 지난 두 달만 해도 약 20명의 선원이 굶어 죽었을 정도였다. 하지만 이제 그들은 드디어 기독교 신자가 다스리는 곳에 도착했고, 알아들을 수 있는 언어를 사용하는 사람들과 마주하게 되었다.

그런데 뜻밖의 일이 벌어졌다. 현지 관리들은 계속해서 그날이 7월 10일 월요일이라고 주장했던 것이다. 선원들은 거의 3년 동안 그들의 임무를 방해하는 갖가지 일, 기아, 폭풍을 견뎠다. 그들은 그 모든 것을 인내하면서 하루하루의 경험을 빠짐없이 기록해왔다. 그런데 이제 포르투갈 사람들은 이들이 하루를 잃어버렸다고 주장하는 게 아닌가! 극심한 굶주림에 반쯤 정신이 나간 생존자들에게 이러한 주장은 당혹스럽고 화나는 일이었을 것이다. 마치 긴 여행을 마치고 돌아왔는데, 갑자기 모든 친구가 하늘이 파란색이 아니라 녹색이라고 믿는 것과 비슷하지 않았을까?

그러나 그들이 실제로 하루를 잃어버린 것이 아니었고, 그들의 기록 또한 정확했다. 서쪽으로 세계를 한 바퀴 돌면, 경도 15도마다 한 시간을 잃는 효과가 발생한다. 즉, 지구를 한 바퀴 돌면 하루를 잃게 되는 것이다. 이를 수년에 걸쳐 진행할 경우 하루하루는 아주 미세하게 짧아지는 형태로 체감될 것이고 결국 출발했던 곳으로 돌아오면 달력이 잘못되었다는 것을 발견하게 된다. 즉, 본국에 남아 있던 사람들보다 하루를 덜 살게 된 셈이다.

천둥을 설명하기 위해 토르 신의 존재를 가정할 필요가 없는 것처럼 이러한 현상을 설명하는데 초자연적인 이유가 필요하지는 않다. 마젤란 함대의 선원들과는 달리 우리는 지리와 시간이 어떻게 연결되는지 쉽게 이해하고 있는 세상에서 성장했다. 충격적이지만 얼마든지 과학적으로 설명 가능한 이 현상은 빅토리아시대의 형편없는 시부터 그저 그런 소설의 단골 소재였으며, 심지어 한 고전소설의 마지막 반전 요소로도 사용된 바 있다(이것이 어떤 소설인지는 스포일러가 될 수도 있으므로 언급하지 않겠다. 단, 에드거 앨런 포, 브렛 하트의 작품이라는 힌트만 남긴다).

사실 마젤란 일행이 출항했을 당시에도 이른바 '세계 일주자의 역설'은 이미 수 세기 전부터 알려져 있었다. 1321년 아랍 지리학자 아부 알피다는 그의 걸작 《국가 개요 *Taqwim al-buldan*》를 썼다. 그는 이 책에서 지구를 서쪽으로 일주하는 여행자는 태양과 같은 방향으로 움직이기 때문에 가만히 있는 사람보다 하루를 적게 계산할 것이고, 마찬가지로 동쪽으로 가는 여행자는 하루를 더 계산할 것이라는 점을 기록했다.[2] 이 문제는 인류 역사상 오랜 시간 동안 이론적인 것이었고

---

2   콜럼버스가 대서양을 횡단하기 전까지 모든 사람이 지구가 평평하다고 믿었다는 일반적인 상식은 잘못 알려진 것이다. 지구가 구라는 사실은 기원이 시작되기 수 세기 전부터 알려져 있었다.

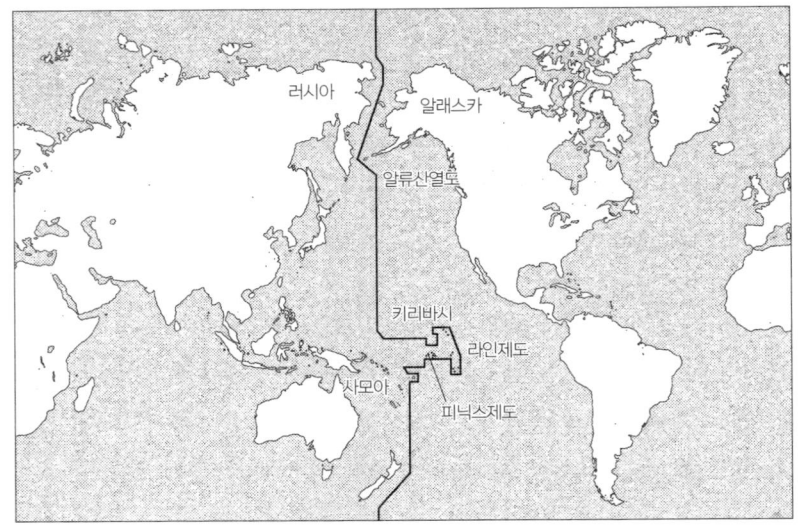

국제날짜변경선의 구부러진 경로.

단순한 지적 호기심의 대상일 뿐이었다. 하지만 16세기에 들어서면서 정기적인 대양 횡단 항해와 대륙간 제국이 등장하면서 비로소 사람들이 이 문제를 실제로 겪게 된 것이다.

    그 후에도 인류는 수 세기 동안 정확히 어디에서 날짜를 바꾸어야 하는지 결정하는 시스템 없이 살아왔다. 사실 오늘날까지도 '공식적인' 시스템은 없다. 대부분의 사람이 날짜 변경이 필요한 여행을 하지 않으며 그런 여행을 하는 사람들도 아마 큰 문제 없이 잘 대처할 수 있을 것이다. 카보베르데에서 발생한 날짜에 대한 혼란도 마젤란 함대의 생존자들에게는 큰 문제가 아니었다. 그들에게 더 심각한 문제는 동료 승무원의 90퍼센트를 잃었고, 이제 포르투갈인들이 향신료를 가지고 도착했다는 이유만으로 그들을 체포하려 한다는 점이었다.

그러나 교통수단이 점점 더 빨라지고 편리해지면서 또한 기술이 발전하여 완전히 서로 다른 대륙에 있는 사람들끼리 쉽게 대화하고 무역을 할 수 있게 되면서 이러한 문제를 체계적으로 정리할 필요성이 점점 더 커졌다.

그 결과 세계의 시간대가 그려진 지도를 본 적이 있는 사람이라면 누구나 익숙할 선이 하나 탄생했다. 네덜란드 위트레흐트대학교의 천문학자이자 과학사 연구자인 로버트 판 겐트에 따르면, 국제날짜변경선IDL은 "'오늘'과 '내일'의 경계를 나타내는 선"이다.

하지만 이상한 점은 그 선이 정확히 어디를 지나야 하는지에 대한 공식적인 합의가 한 번도 이루어진 적이 없었다는 것이다. 국제자오선회의에 참석한 대표들은 '날짜의 불연속점'(두 날짜가 만나는 지점)을 '경도 계산의 불연속점'(서경 180도가 동경 180도로 바뀌는 지점)과 일치시키는 것이 합리적이라는 결론을 내렸다. 실제로 그리니치를 본초자오선으로 삼는 것이 열렬한 지지를 받는 이유 중 하나는 그 반대쪽 자오선이 거의 대부분 태평양을 가로지르기 때문이다. 하지만 이러한 결정은 단순한 제안에 불과할 뿐 강제력은 없었다.

그리고 실제로 우리가 얻은 국제날짜변경선은 이러한 제안을 엄격하게 따르는 것도 아니다. 지도를 보면 국제날짜변경선이 180도 경도선을 따라 깔끔하게 이어지지 않는다는 사실을 알 수 있다. 이 선은 동쪽으로 꺾여 러시아 동부를 피하고, 서쪽으로 방향을 틀어 알래스카의 알류샨열도의 가장 바깥쪽 섬들을 우회한다. 적도 부근에서는 망치 혹은 선반 위에 티라노사우루스처럼 보이는 이상하게 생긴 돌출부가 나타나기도 한다. 이 부분은 3,000킬로미터 이상 동쪽으로 튀어나와 태평양의 여러 섬의 날짜가 어제가 아니라 오늘이 되도록 한다. 국제날짜변경선은 전체 2만 킬로미터 중 절반이 조금 넘는 거리에서만 반대쪽 자오선을 따른다.

사실 국제날짜변경선은 그 이름과는 달리 국제적 합의를 거쳐 결정된 본초자오선과 다른 방식으로 도출됐다. 즉, 국제적 합의의 결과물이라기보다는 개별 국가와 상업적 이해관계를 가진 기관들이 따로따로 내린 결정들로 형성된 선에 불과하다. 19세기 말 미국 지리학자 조지 데이비슨의 표현을 빌리자면, "국제날짜변경선은 존재하지 않는다. 실제로 사용되는 선은 주요 해양국들의 상업용 증기선 간 합의의 결과일 뿐이다." 이 선과 접하는 국가들은 어떤 날짜를 선택할지 자유롭게 결정할 수 있다.

몇몇 나라들의 사례를 살펴보자. 1994년까지 32개의 환초와 외딴 산호섬 바나바로 이루어진 태평양의 공화국 키리바시는 국제날짜변경선에 의해 동서로 나뉘어져 있었다. 이로 인해 키라바시의 동쪽 섬들은 항상 나머지 지역보다 하루 앞선 날짜를 유지해야 하는 불편을 겪었다. 나라의 절반만이 주말이 되는 상황이 얼마나 짜증 날지 상상해보라. 결국 키리바시 정부는 일부 섬들의 시계를 하루 앞당기기로 결정했다. 피닉스제도는 이전의 UTC-11 시간대에서 UTC+13으로, 라인제도는 UTC-10에서 UTC+14로 조정됐다. 이 과정에서 두 군도는 모두 1995년 새해 첫날을 맞이하지 못했고, 12월 31일에서 곧바로 1월 2일로 넘어갔다. 이것이 키리바시 쪽 날짜변경선이 지도에서 공룡처럼 보이는 이유다.

2011년 12월 사모아와 뉴질랜드령 토켈라우도 비슷한 결정을 내렸다. 두 지역에서는 호주, 뉴질랜드와의 무역을 좀 더 편리하게 하기 위해 하루를 앞당긴 것이다(UTC-11에서 UTC+13으로 변경). 특히 사모아의 경우 1892년에 미국과의 관계를 강조하기 위해 7월 4일 독립기념일을 두 번이나 축하한 적이 있었는데, 1892년 이루어진 시간대 변경을 되돌린 셈이다.

또한 알래스카의 사례도 있다. 1867년 미국은 러시아에서 알래스카를 720만 달러에 매입했는데, 이로 인해 알래스카는 국제날짜변경선을 공식적으로 결정하기도 전에 이미 이를 넘어서는 상황에 처했다. 그러나 예상과는 달리 알래스카가 하루를 되돌려 같은 날짜를 반복하지는 않았다. 19세기 러시아는 그레고리력 대신 율리우스력을 사용하고 있었기에 서양보다 13일이 뒤처져 있었다. 알래스카는 시간대와 달력을 동시에 변경했기에 1867년 10월 6일 다음 날이 1867년 10월 7일이 아니라 10월 18일이 되었다. 지금도 10월 18일은 여전히 알래스카의 공식 기념일로 남아 있다.

마지막으로 필리핀 사례가 있다. 필리핀은 근세의 상당 기간 에스파냐의 식민지였을 뿐만 아니라 누에바 에스파냐의 일부로도 속해 있었다. 누에바 에스파냐는(14장에서 언급한 영토로) 멕시코, 중앙아메리카 및 태평양 건너편에 위치한 여러 영토를 포함하는 지역까지 포함했다. 그러나 19세기 중반에 이르러 누에바 에스파냐의 대부분이 독립했고, 멕시코보다 아시아와의 무역이 더 중요해지기 시작했다. 이러한 상황에서 필리핀이 남중국해 건너편에 있는 가까운 지역이 아닌 수천 킬로 떨어진 멕시코의 시간대와 맞춰야 하는 일이 점점 더 불합리하게 보이기 시작했다. 이러한 문제 상황을 해결하기 위해 당시 필리핀의 총독이었던 나르시소 클라베리아는 1844년 12월 30일 다음 날이 12월 31일이 아니라 1845년 1월 1일이 되도록 조정할 것을 발표했다. 그러나 당시 국제날짜변경선이 확립되지 않았고, 필리핀에 대한 국제사회의 관심도 낮았기에 유럽인들은 이러한 변화를 수십 년이 지나서야 인식했다. 1890년대까지도 지도에는 날짜변경선이 태평양을 가로질러 서쪽으로 이상하게 휘어져 필리핀을 아메리카 시간대에 속하게 하는 형태로 남아 있었다.

    이러한 변화와 국제날짜변경선의 지그재그 형태로 인해 발생한 기묘한 결과 중 하나는 지구상에서 매일 짧은 시간 동안에도 세 개의 서로 다른 날짜가 동시에 존재한다는 점이다. 예를 들어 그리니치 표준시UTC 기준으로 5월 1일 오전 10시 30분일 때 미국령 사모아(UTC-11)는 4월 30일 23시 30분, 크리스마스섬으로 알려진 키리바시공화국의 키리티마티(UTC+14)는 5월 2일 00시 30분이 된다. 오늘날 여행자들은 하루를 잃어버리는 일에 더 이상 놀라지는 않겠지만, 그렇다고 해서 우리의 시간대 시스템이 덜 혼란스러운 것은 아니다. ○

42
해양의 경계와 해양법

바다에는 바다만의 거리가 있다

일본 오사카에서 남쪽으로 1,609킬로미터, 대만에서 동쪽으로 1,609킬로미터. 필리핀해라고 알려진 서태평양 망망대해에 환초가 하나 있다. 항공 사진으로 볼 때는 아름답다. 진한 푸른색 대양 가운데 있는 배 모양의 옥색 석호를 산호초들이 에워싸고 있고 산호에 부딪힌 파도가 하얀 포말을 만든다. 하지만 나는 굳이 그곳을 방문하고 싶지는 않다. 그곳에는 말 그대로 거의 아무것도 없기 때문이다. 산호초의 길이가 거의 4.8킬로미터에 달해 꽤 큰 규모의 국제공항이 들어서도 될 만큼 넓지만, 단단한 땅은 다 합쳐도 몇 제곱미터인 세 개의 작은 섬에 불과하며 수상 가대 위에 지어진 연구 기지가 있을 뿐이다.

이 섬에는 아무도 살지 않으며, 사실상 사람이 거주할 수 있는 환경도 아니다. 그럼에도 공식적으로 이 지역은 일본 도쿄 교외 지역으로 분류되며 오가사와라촌에 속한다. 이곳의 지명은 오키노토리시마이며, '외딴 새의 섬'이라는 뜻이다. 한편 이 섬은 일본이 서태평양의 광대한 해역에 대한 영유권을 주장하는 근거가 되고 있다.

앞서 특히 중국의 주변국 통제 시도(26장 참조)에서 해양 경계, 즉 국가의 주권 영토가 육지뿐만 아니라 바다를 포함할 수 있다는 개념을 여러 차례 언급했다. 이제는 이러한 규칙이 어떻게 만들어졌는지 설명할 때가 된 것 같다. 이 규칙들은 비교적 최근에 정립됐다.

국가들은 항상 바다에 대한 통제를 시도해왔다. 로마인들은 '마레 노스트룸(우리 바다)'이라는 표현을 거리낌 없이 사용해왔는데, 처음에는 이탈리아 주변 해역만을 의미했지만 제국이 충분히 성장하자 지중해 전체를 아우르는 영역이라는 의미로 확장됐다. 대영제국도 해군력을 바탕으로 형성됐는데, 이와 같은 통제의 형태는 권리가 아니라 힘, 규칙 체계가 아니라 해군력을 기반으로 한 사례가 많다. 1700년경 처음으로 영해 개념을 성문화하려는 초기 시도가 이루어졌는데, 당시 설정된 영해의 범위가 3해리로 제한되었던 것은 우연이 아니었다. 이는 대략 해안에서 대포가 발사됐을 때 도달할 수 있는 거리였기 때문이다.

하지만 20세기 중반이 되면서 두 가지 중요한 변화가 일어났다. 첫째, 해저 시추 기술이 발달하면서 인근 해저를 통제하는 것이 한 국가의 경제적 운명에 실질적인 영향을 끼치게 되었다. 석유가 어업보다 훨씬 더 수익성이 높은 자원이라는 점은 두말할 필요도 없다. 둘째, 모든 국가가 최소한 명목상으로라도 주권을 인정해야 한다는 공감대가 형성됐다. 아무리 강대국이라도 단순히 힘을 앞세워 약소국을 괴롭히거나 강압적으로 대하는 것이 용납되지 않는 분위기가 조성된 것이다. 이에 따라 각 국가는 유엔의 주도하에 누가 무엇을 소유하는지 명확히 결정하고 판단해야 할 필요성을 인식하게 되었다.

그러나 항상 그렇듯이 규칙을 표준화하는 것은 단순히 결정을 내리고 모두가 동의하는 것보다 훨씬 더 복잡한 일이었다. 유엔은 1958년 1차 해양법회의를 개최했다(재미있게도 이 회의가 열린 제네바는 바다에서 322킬로미터 이상 떨어져 있는 내륙 산악 지대다). 유엔해양법협약UNCLOS I은 주권 국가가 자국 영해에 대해 가지는 주권의 범위를 정의하는 데는 성공했지만, 영해의 폭을 어떻게 설정할 것인가에 대해서는 합의에 이르지 못했다. 당시 각국이 주장하는 영해의 범위는 표준적인 3해리에서 12해리를 훌쩍 넘는 범위까지 다양한 주장이 제시됐고, 이를 조정하는 문제는 '너무 어렵다'는 이유로 지연됐다.

이 문제는 결국 3차 유엔해양법회의UNCLOS III에서 해결됐다. UNCLOS III는 1973년에 시작되어 1982년에야 마무리됐는데, 60번째 비준국인 가이아나가 이를 승인한 후 일 년이 지난 1994년에 비로소 발효됐다. 즉, 세계가 해양 경계를 체계적으로 정의하는 시스템을 갖추게 된 건 불과 한 세대 전의 일이다.

만약 당신이 작은 연안국을 소유하게 된다면, 바다의 어디까지가 당신 몫인지는 어떻게 계산해야 할까? 가장 먼저 해야 할 일은 기선baseline을 정하는 것이다. 기선은 해안을 따라 형성되는 일종의 경계선으로 정확히 어디까지가 자국의 영토인지 결정한다. 일반적으로 기선은 저조선, 즉 조수가 가장 멀리 나간 썰물 때의 해안선을 따른다. 일부 지역에서는 만과 하구와 같은 지형적 요소를 개방된 바다와 구분하기 위해 수면 위에 직선을 설정하기도 한다(기선에 대해서는 1차 유엔해양법협약에 엄청나게 길게 설명하고 있지만, 이 책에서는 이 정도 설명이

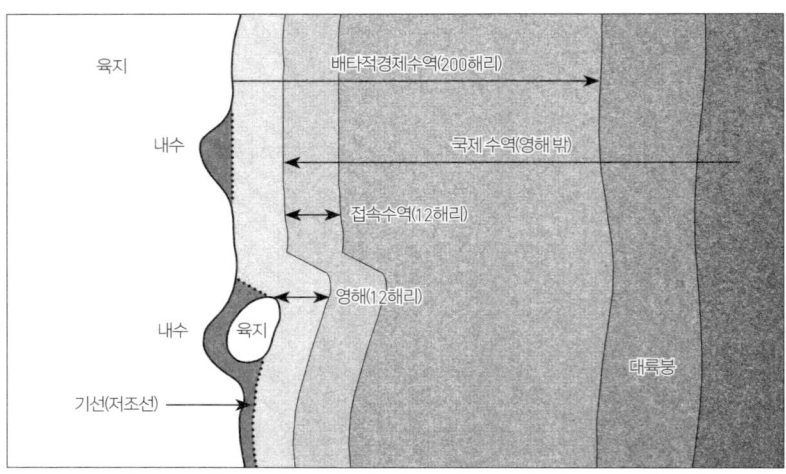

국제법이 규정하는 다양한 범주의 영해.

면 충분할 것이다). 기선 안쪽은 내수로 간주되며, 이곳에서 연안국은 육지와 동일한 수준의 완전한 주권 행사가 가능하다. 단지 습기가 많다는 점만이 육지와 다를 뿐이다.

그 기선 너머로는 일련의 동심원 형태의 해양 구역이 형성되며, 이들 구역에 대해 국가가 행사하는 주권은 점차 약화된다. 먼저 기선에서 첫 12해리(약 22.2킬로미터)까지는 연안국의 영해로 설정된다. 연안국은 이 수역의 해수면, 그 위의 영공, 그리고 그 아래의 해저에 대한 완전한 주권을 갖는다. 다만 무해 통항권이 적용되는데, 이는 다른 국가 선박이 수상한 짓(예를 들어 스파이 활동, 무력 공격, 불법 어업 등)을 하지 않는 한 자유로운 항행을 보장하는 개념이다.

그다음 12해리는 접속수역으로 영해의 바깥쪽에서 24해리 범위에 속한다. 이 구역은 엄밀히 말해 연안국의 영해가 아니기에 주권이 자동적으로 행사되지는 않고 영역에 대한 주권을 주장해야만 행사가 가능한 구역이다. 하지만 이곳에서 연안국은 세관법이나 기타 국내법에 위반하는 행위를 막기 위한 조치를 취하는 것은 가능하다. 예를 들어 해상 범죄자들이 해안에서 불과 12.5해리 떨어진 곳에서 밀수나 환경오염 등의 불법 행위를 저지르면서 법을 회피하는 경우는 방지할 수 있는 것이다.

마지막으로 가장 중요한 해양 구역 중 하나는 바로 배타적경제수역EEZ이다. 1982년 체결된 해양법협약에서 형성된 이 개념은 본래 어업권에서 비롯됐으며 연안국이 해안에서 최대 200해리까지의 해역에서 경제적 권리를 행사할 수 있도록 규정하고 있다. 이 구역에서는 석유, 천연가스 및 기타 유용한 광물 자원을 채굴할 수 있으며, 풍력 발전소나 석유 시추 장비를 설치할 권리를 가지며, 당연히 어업에 대한 완전한 권리도 보유한다.

배타적경제수역은 국가에 허용된 마지막 형태의 해양 주권이다. 만약 지질학적 조건이 좋다면 국가의 영토와 물리적으로 연결된 대륙붕에 대한 권리를 추가로 주장할 수도 있겠지만, 그 주장이 국제적으로 인정을 받아야만 권리 행사가 가능하다. 한편 그 위의 해수면은 공해로 간주되어 국제법의 적용을 받는 인류 공동의 유산이기에 연안국이 다른 국가보다 더 큰 권리를 주장할 수는 없다.

그러나 만약 전략적으로 유리한 위치에 있는 섬을 보유하고 있다면, 이 모든 해양의 권리 주장을 다시 시작할 수 있다. 군사적 전략 거점으로써 뿐만 아니라 국가의 해양 주권을 확보하는데 있어 좋은 위치의 섬이 갖는 유용성은 현대 지정학에 대해 많은 것을 설명해준다.

예를 들어 중국이 남중국해에 새로운 인공섬을 건설하는 이유, 아르헨티나가 남대서양에 있는 작은 군도, 포클랜드말비나스 제도를 장악하려는 이유도 여기에 있다. 포클랜드제도의 주민들은 영국과의 연계를 유지하고 싶어 하지만, 아르헨티나는 영유권을 강력하게 주장하고 있다.

일본이 오키노토리시마라는 작은 암초에 대한 권리에 그렇게 매달리는 것도 이 때문이다. 2016년 《가디언》 보도에 따르면 일본은 1980년대 후반부터 이 암초가 유실되지 않도록 철재 방파제, 콘크리트 수방 시설, 티타늄 그물망을 설치하는 데 약 6억 달러를 지출해왔다. 사실상 사람이 서 있기조차 어려운 이 작은 바위에 일본 정부가 막대한 예산을 쓴 이유는 광대한 배타적경제수역을 주장할 근거가 될 수도 있기 때문이다.

하지만 오키노토리시마는 국제법의 법적 요건을 충족시키지 못할 수도 있다. 유엔해양법협약은 "인간이 거주하거나 경제생활을 영위할 수 없는 암석은 배타적경제수역을 가질 수 없다."라고 명시하고 있다. 이에 대해 일부 일본 정치인들은 이 조약이 기술적으로 '암석'이라는 개념을 명확히 정의하지 않고 있다는 점을 지적하며 낙관적인 태도를 보였다. 중국, 대만, 한국은 모두 일본의 주장에 이의를 제기했다. 하와이대학교의 법학 교수 존 반 다이크는 이러한 상황을 로칼 (스코틀랜드에서 서쪽으로 약 322킬로미터 떨어진 대서양의 황량한 화강암 덩어리) 주변에 배타적경제수역을 주장하려다 실패했던 영국의 경우와 비교했다. 그는 오키노토리시마가 "킹사이즈 침대보다 크지 않은 침식 돌출부 두 개로 구성되어 있다 (…) 따라서 200해리 배타적경제수역을 설정할 권리가 없다."라고 단언했다.

그러나 일본이 오키노토리시마 주변 해역을 주장하는 이유가 군침 도는 배타적경제수역의 유혹만은 아닐 가능성도 있는데, 실제로 오키노토리시마는 대만과 해군기지를 갖춘 미국령 괌의 중간쯤이라는 전략적으로 중요한 위치에 있다. 중국이 이 환초 주변의 바다를 순찰하고 싶어 하는 것은 당연한 일이며, 마찬가지로 미국의 동맹국들은 이를 허용하고 싶지 않을 것이다.

다음 내용으로 넘어가기 전에 몇 가지 짚고 넘어가야 할 문제가 있다. 첫째, 한 국가가 '전부' 섬으로 이루어져 있다면, 즉 인구 밀집 지역들 사이의 공간 대부분이 바다라면 어떨까? 유엔해양법협약에 있는 규정과 '군도수역' 개념을 적용할 수 있겠다. 이 개념에 따라 국가의 '내수' 경계를 전체 군도를 둘러싸는 형태로 설정할 수 있지만, 이를 무분별하게 적용하는 것을 방지하기 위해 해양과 육지의 비율에 관한 제한이 있다. 예를 들어 영국이 본토와 포클랜드제도 사이의 바다를 군도수역으로 주장하는 것은 불가능하다. 그럼에도 현재까지 약 22개국이 이러한 지위를 채택했다.

또 다른 문제는 현실적으로 세계 많은 지역에서 불가피하게 일어나고 있는 해양 경계 분쟁을 어떻게 해결하느냐다. 유럽 주변의 바다 일부는 여러 나라에서 12해리 이내에 있고, 거의 전부가 여러 나라에서 200해리 이내에 있다. 그렇다면 경계는 어디가 되어야 할까?

이론적으로 두 개의 원칙으로 대부분의 상황이 해결된다. 첫 번째 원칙은 두 국가의 해안선이 맞닿아 있는 경우, 해당 국가의 해양 경계는 해안선에서 수직으로 연장된다는 것이다. 두 번째 원칙은 '등거리 원칙'으로 두 국가가 바다를 사이에 두고 마주 보고 있을 경우 경계선은 그 사이의 중간 지점에 설정되어야 한다는 것이다.

그러나 이러한 원칙을 적용하는 것이 말처럼 쉬운 일은 아니다. 해안선이 직선이 아닐 경우 '수직'이 어떤 방향을 의미하는지가 논란이 될 수도 있고, 이러한 원칙을 문자 그대로 적용할 경우 공정하지 않은 결과가 나오기도 한다. 예를 들어 이 원칙을 엄격하게 적용하면 북해에서 극히 작은 해역만을 당시 서독에 배정할 수 있다. 이 지역은 한때 '독일해'로 불렸을 정도로 독일과 밀접한 연관이 있었지만, 단순히 불리한 해안선 형태로 인해 광대한 해양권을 잃게 된 셈이다. 이후 해저에서 석유가 발견되면서 들쭉날쭉한 해안선의 결과로 만들어진 경계들이 단순한 학술적 논쟁을 넘어 경제적 이해관계를 둘러싼 심각한 분쟁으로 격화되었다. 결국 이 문제는 국제사법재판소에 넘겨져 기존 경계를 수정하는 조정이 대대적으로 이루어졌다.

판결이나 조약을 통해 경계를 정하는 것은 선택지 가운데 하나일 뿐이다. 한 국가가 자국의 배타적경제수역을 포기하는 대신 다른 국가에서 더 유용한 무언가를 얻는 거래를 막을 방법은 없다. 하지만 조약 자체가 새로운 문제를 초래할 수도 있다. 현재도 계속 진행 중인 분쟁 중 하나는 알래스카와 유콘 준주 북쪽에 있는 보퍼트해를 둘러싼 미국과 캐나다 사이의 해양 경계에 관한 것이다. 이 경계는 1825년 영국과 러시아 사이의 상트페테르부르크 조약에 의해 결정됐으며 "결빙된 바다까지 141도 자오선을 따른다."라고 명시돼 있다. 그러나 결빙된 바다가 북극해 해역 전체를 의미하는지, 아니면 단순히 얼어붙기 시작하는 지점을 의미하는지에 대한 논쟁은 지난 200년 동안 외교관들을 바쁘게 만들었고, 여전히 합의에 이를 기미조차 보이지 않는다. 향후 (기후 온난화로 겨울에도) 북극해가 전혀 얼지 않게 되면 이 문제가 어떻게 될지는 상상하는 것조차 두렵다.

한편 중재라는 것은 양국이 중재자의 권위를 인정하고자 하는 의지가 있을 때만 효력이 발생한다. 튀르키예는 "섬은 기본적인 영해 외에는 해양 관련한 어떤 권리를 가질 수 없다."라는 논거를 제시하며 키프로스의 배타적경제수역의 일부를 튀르키예 영해라는 주장을 펼치고 있다. 이러한 근거는 일반적으로 인정받는 해석이 아닐뿐더러 영국이나 일본 같은 섬나라가 긍정적으로 생각할 리가 없다. 유엔해양법협약에 서명하지 않고 버티는 튀르키예에 대해 다른 국가들이 비판하고 제재 위협을 가하기도 하지만 별도리가 없다. 실제로 튀르키예가 국제적으로 승인받지 않은 채 해저 시추 작업을 했다고 해서 나토 회원국을 상대로 전쟁을 선포할 나라는 없을 것이기 때문이다. 국제법이 어떤 지침을 제공하기는 하지만, 실제적인 행동의 변화는 무력을 사용할 의지에 좌우되는 경우가 대부분이다.

마지막으로 이번 논의 전반에서 사용된 '해리'라는 용어가 우리에게 익숙한 킬로미터와 어떤 차이가 있는지 설명해보려 한다. 1해리는 약 1,852미터로, 육지의 킬로미터보다 약 15퍼센트 더 길다. 이런 차이가 생기는 이유는 해리가 위도 1분에 해당하는 거리이기 때문이다. 즉 북쪽이나 남쪽으로 60해리를 이동하면 정확히 위도 1도를 이동한 것이 된다. 선박 조종사뿐 아니라 항공기나 로켓 조종사들이 해리를 선호하는 이유는 계산이 훨씬 더 쉽기 때문이다. 비록 경계와는 관련이 적지만 흥미로운 내용 같아서 재미 삼아 이야기해보았다. ○

43
내륙국에 관한 몇 가지 이야기

볼리비아 해군은 다 계획이 있다

세계 여러 나라에 관한 특이한 사실 중 하나는 남아메리카 대륙에 두 개의 내륙국이 존재하며 이들 국가가 모두 해군을 유지하고 있다는 점이다.

알다시피 내륙국이란 해안선이 없는 나라다. 따라서 내륙국의 주민들이 해군 함대를 출항시키거나 해변에 가려면 반드시 다른 나라의 영토를 통과해야 한다. 레소토나 산마리노 같은 국가는 한 국가에 의해 둘러싸인 '포위국'으로 지정학적 관점에서는 악몽이라 할 만하다. 하지만 대부분의 내륙국은 여러 개의 이웃 국가를 두고 있으며 단지 내륙 깊숙이 위치했을 뿐이다.

최근 몇 년 동안 내륙국 수는 다소 빠르게 증가했다. 1990년에는 30개였지만, 유고슬라비아, 체코슬로바키아, 소련의 해체와 에리트레아와 남수단의 탄생으로 현재는 44개에 이른다. 내륙국 중 일부, 예를 들어 산마리노, 안도라, 바티칸 같은 유럽의 소국들은 아주 적다.

반면 유럽연합 전체 면적의 거의 3분의 2에 달할 정도로 거대한 카자흐스탄 같은 내륙국도 있다. 또한 44개 내륙국 중에서 우즈베키스탄과 리히텐슈타인, 이 두 나라는 이중 내륙국으로 바닷가에 발을 담그고 싶은 국민은 최소 두 개의 국경을 넘어야 한다. 현재까지 3중 내륙국은 없지만 이론적으로는 가능하다. 예를 들어 리히텐슈타인의 수도인 파두츠가 독립을 선언하고 새로운 국가를 만든다면, 3중 내륙국이라는 기묘한 형태의 국가가 탄생할 수도 있을 것이다.

흥미로운 사실들이 흔히 그렇듯 '세계에는 44개의 내륙국이 있다'는 주장에도 논란의 여지가 있다. 우선 첫째로 국가의 개념을 명확히 규정하는 것 자체가 생각보다 까다로운 문제다. 현재 보편적으로 국제사회의 인정을 받는 국가는 194개지만, 실질적으로 독립을 유지하고 있다고 강하게 주장할 수 있는 지역이 몇 개 더 있다. 이들 중 네 개 지역, 즉 코소보, 남오세티아, 트란스니스트리아, 아르차흐는 해안선이 없다. 둘째로 '바다에 대한 접근'의 개념을 어떻게 정의할 것인가 하는 문제도 있다. 부분적으로만 국제적 인정받는 국가인 팔레스타인의 경우 가자 지구에는 해안선이 있지만, 실제로 팔레스타인 인구의 대부분이 거주하는 서안 지구에는 해안선이 없다. 현재 두 지역 간 자유로운 이동이 불가능한 상황에서 팔레스타인을 내륙국으로 간주해야 할까?

그런가 하면 일부 내륙국은 믿기 어렵겠지만 해안선이 있는 것처럼 보이기도 한다. 카자흐스탄은 실제로 카스피해와 접해 있고, 투르크메니스탄과 아제르바이잔도 마찬가지다. 그러나 카스피해라는 이름과 달리 실제로는 바다가 아니라 내륙 유역일 뿐이다. 이곳으로 흘러든 물은 바다로 이어지지 않고 대기 중으로 증발한다. 카스피해는 거대한 호수에 불과하지만, 전 세계 모든 호수를 합한 전체 수량의 40퍼센트 이상을 차지할 정도로 거대하다.[3] 어쨌든 카스피에서 실제 바다로 가는 유일한 방법은 볼가돈운하를 거쳐 흑해로 가는 길뿐인데, 이 운하는 대양을 항해하는 선박이 통과하기에는 지나치게 협소하다. 그리고 내륙국이 아닌 나라의 가장 중요한 이점이 '비상시 대형 선박을 이용해 사람과 물자를 이동시킬 수 있다'는 점이라면, 이러한 조건은 내륙국의 한계를 극복하는 데 별 도움이 안 된다.

그럼에도 여러 내륙국은 여전히 자체적인 해군을 두고 있다. 일부는 방어 기능을 수행하고, 일부는 단순히 물류 역할을 담당한다. 어떤 해군은 육군의 일부로 편성돼 있지만, 어떤 해군은 온전히 독립적인 군대다. 스위스에는 다양한 내륙 수역을 순찰하고 수색과 구조 기능을 수행하는 '호수 함대'와 함께 라인강을 통해 세계로 수출하고 수입되는 화물을 운송하는 상선 함대도 있다. 에티오피아는 1991년 에리트레아의 독립으로 해안선을 잃은 후 해군을 없앴지만, 해상의 이익을 지키기 위해 최근 해군을 다시 만들었다(안타깝게도 에티오피아가 타나호에 여전히 배 한 척을 갖고 있다는 좀비처럼 떠도는 소문이 사실인지 아직 확인하지 못했다). 위키피디아의 헝가리 항목에 따르면(헝가리 정부가 직접 편집했을 것 같다는 합리적 의심이 든다), 헝가리는 '동부·중부 유럽에서 중장비를 잘 갖추고 수준 높은 훈련을 받은 전투함 대대를 보

---

3 일부 국가, 특히 이란과 투르크메니스탄은 카스피해도 바다로 간주해야 한다고 주장해 왔다. 카스피해가 바다로 인정받는다면 유엔해양법협약에 따라 그들이 카스피해의 석유와 가스전에 대한 권리를 주장할 수 있기 때문이다.

유 중'이다.

파라과이는 의외로 규모가 큰 해군을 보유하고 있는데 이들은 파라과이강과 파라나강을 순찰한다. 파라과이의 해군은 필요할 경우 이 두 강을 통해 대서양으로 나갈 수도 있다. 다만 파라과이 해군이 아르헨티나를 상대로 전쟁을 벌이게 된다면 사정은 다소 복잡해질 것이다. 더 재미있는 사례는 볼리비아다. 파라과이와 달리 볼리비아는 원래 해안선을 보유한 국가였다. 16년간의 전쟁 끝에 1825년 에스파냐 제국에서 독립한 이 나라는 지금보다 훨씬 더 큰 영토를 가지고 있었다. 하지만 이후 100년 넘게 좀 더 크고 부유하며 군사적으로 강한 이웃 국가들과 충돌했고, 그 과정에서 브라질, 아르헨티나, 파라과이에 변방 지역을 넘겨주게 되었다.

이 책 주제와 관련해서 가장 중요한 영토 상실은 볼리비아가 태평양에 접근할 수 있게 해주었던 아타카마사막의 분쟁 지역 리토랄주의 상실이다. 칠레는 1866년에 리토랄을 볼리비아의 영토로 인정했음에도 1879년 이곳에 침공했고, 이로써 태평양전쟁(전투가 주로 벌어진 지역의 이름을 따서), 질산칼륨 전쟁(싸움의 원인이 된 광물의 이름을 따서), 10센트 전쟁(전쟁을 촉발한 세금 제도의 이름을 따서) 등으로 알려진 충돌이 시작됐다. 상황이 진정된 후 볼리비아와 페루는 영토를 잃었고, 볼리비아는 결국 내륙국이 되었다. 칠레가 산악 지대 뿐 아니라 아주 긴 해안선을 보유한 국가임에도 볼리비아의 바다 접근권까지 앗아갔다는 점은 다소 불공정해 보이기도 한다. 하지만 원래 전쟁은 공정한 법이 없다.

한 세기가 넘는 시간이 흐른 후 아르헨티나 출신 포스트모더니즘

소설가 호르헤 루이스 보르헤스는 영국과 아르헨티나 간 포클랜드제도의 영유권 분쟁을 해결하기 위한 독창적인 해결책을 제안했다고 전해진다. 볼리비아가 해안을 상실한 것에 대한 보상으로 이 제도를 볼리비아에 넘겨주자는 것이다. 어쩌면 이러한 이유로 인해 볼리비아가 지금까지 해군을 유지하고 있는지도 모른다. 약 5,000명의 병력으로 구성된 볼리비아 해군은 안데스산맥 고지대에 있는 티티카카호 주변을 순찰하며 매년 3월 23일에는 '바다의 날'을 기념하는 행렬에 참가한다. 내륙국 볼리비아의 해군은 지금도 여전한 국가적 자긍심과 외교 정책 목표를 상징하며, 언젠가 다시 바다에 닿을 수 있으리라는 희망을 담고 있다. ○

44
남극의 영유권 분쟁

펭귄도 주민이다

남극의 인구는 대략 4,000만 명 정도다. 물론 펭귄이 대부분이다. 펭귄이 아닌 인간의 관점에서 서면 남극 인구는 매우 적다. 해안에서 측정하면 섭씨 0도인 온화한 여름에는 최대 5,000명, 남극점의 평균 기온이 영하 49도까지 떨어지는 겨울에는 1,000명 정도만 남는다. 남극은 말 그대로 상상하기 어려울 만큼 춥다. 나는 그것이 어떤 느낌일지 전혀 알지 못하며 앞으로도 절대 경험할 생각이 없다.

주로 과학자들인 몇 천 명의 인구가 캐나다 면적의 3분의 1에 해당하는 지역에 있는 수십 개의 고립된 연구 기지에서 살아간다. 사실상 남극에 아무도 거주하지 않는다는 사실이 지구 반대편에 있는 국가들의 영유권을 주장과 땅을 점유하고 분할하려는 시도를 막지는 못했다. 이런 이야기를 한 번쯤은 할 만한 이유는 지도에 선을 긋고자 하는 인류의 욕망이 얼마나 극단적으로 발현될 수 있는지를 보여주는 사례일 뿐만 아니라, 어쩌면 그 욕망에도 한계가 있을 수 있는 가능성을 암시하기 때문이다.

남극은 광대하다. 호주나 유럽, 러시아를 제외한 세계 어느 나라보다 크고, 러시아 면적의 6분의 5에 달한다. 남극의 존재는 오랫동안 추정으로만 알려져 왔다. 서기 2세기 그리스 지리학자였던 티레의 마리누스가 북극과 반대편에 있는 지역을 가리켜 남극이라고 이름 붙였다. 수 세기 동안 유럽의 사상가들은 북쪽에 대륙이 존재하는 것처럼 남쪽에도 이에 상응하는 미지의 대륙이 있어야 균형을 맞출 수 있을 거라 가정했다(그들의 논리는 틀렸지만, 결론은 어느 정도 맞았다).

그럼에도 1840년대까지도 누군가 남극대륙을 실제로 목격했는지는 확실치 않다. 남극은 지구상에서 인간이 거주하기에 가장 적대적인 환경을 가진 지역 중 하나로 '얼어붙는다'는 표현이 오히려 따뜻하게 느껴질 정도다. '영하'가 견딜 만한 정도일 정도로 혹독하게 춥고, 일 년 중 몇 달 동안은 캄캄하다. 대륙의 부분은 평균 1.6킬로미터 두께의 빙상으로 덮여 있다. 이런 환경 속에서 남극을 최초로 방문한 사람들은 아마도 바다표범 사냥꾼들이었을 거라는 점은 놀랍지 않다(바다표범 사냥이 경쟁이 치열한 사업이라 어디서 물개를 잡았는지 공개적으로 밝히지 않는 경향이 있었기에 정확한 기록이 남아 있지는 않다). 오늘날 남극을 방문하는 이들은 대개 과학자들로, 지구물리학에서 천체물리학(높은 고도와 안정된 대기 조건은 물리학 연구에 유리한 환경이다), 앞서 언급한 펭귄까지 온갖 분야의 다양한 연구를 수행하고 있다.

1897년부터 1922년까지, 이른바 남극 탐험의 '영웅 시대Heroic Age'가 도래했다. 이 시기 동안 탐험가들은 서로 경쟁하며 이전까지 한 번도 탐험되지 않은 남극대륙지역을 개척하거나 대륙을 처음으로 횡단

하면서 육체적 한계에 도전하는 위대한 업적을 달성하고자 했다. 이러한 탐험을 수행해야 할 실질적 이유는 없었고, 단지 영광을 향한 욕망만이 탐험의 동력이었다. 그리고 모든 탐험가가 무사히 귀환하지도 못했다. 로버트 팰콘 스콧은 남극점에 최초로 도달하려 도전했으나, 그의 팀이 도착했을 때는 이미 아문센이 이끄는 라이벌 탐험대가 33일 먼저 도착한 상황이었다. 결국 스콧 탐험대원 다섯 명은 귀환 도중 전원 사망했다. 신빙성이 없는 이야기지만, 어니스트 섀클턴이 제국의 남극 횡단 탐험을 위해 인듀어런스호 승무원을 모집하고자 했던 신문 광고는 당시 사회적 분위기를 잘 보여준다. "위험한 여정에 함께 할 남성 모집! 보수 적음. 혹독한 추위. 극심한 어둠 속에서의 긴 노동 시간. 무사 귀환 불확실. 성공하면 명예와 인정."[4]

그러나 남극을 찾는 모든 탐험가가 개인적 영광만을 좇는 것은 아니었다. 1840년 프랑스 탐험가인 쥘 세바스티앙 세자르 뒤몽 두르빌은 거대한 빙하 지대를 발견하고 이를 프랑스 영토로 선언한 후 자신의 아내 이름을 따 '아델리'라고 명명했다. 이듬해 1월 영국 해군함장 제임스 클라크 로스는 또 다른 얼음과 눈으로 뒤덮인 지역을 발견하고, 이를 영국령이라 선포한 후 빅토리아 여왕의 이름을 붙였다. 당시 이러한 영유권 주장은 상당히 이론적인 개념에 불과해 별다른 관심을 받지 못했다. 하지만 영웅시대가 열리고 제국주의 열강들이 남극 탐

---

[4] 이 이야기는 수십 년간 이어졌지만, 실제로 그런 광고가 있었는지는 확실하지 않다. 2000년 웹사이트 앤트아틱 서클이 광고의 출처를 찾는 사람에게 100달러의 상금을 제안했지만, 주인은 나타나지 않은 것 같다. 이 광고가 진짜였다면, 정확한 예측이었다. 엔듀런스호는 바다 위를 떠다니는 얼음이 모여서 된 거대한 덩어리인 총빙에 갇힌 뒤 침몰했다. 놀랍게도 승무원 전원이 생존했다.

험을 좀 더 산업적인 관점에서 접근하기 시작하면서, 남극에 대한 영유권 주장은 점점 현실적인 문제로 부상하기 시작했다.

이러한 움직임에 위기감을 느낀 미국의 국무장관 샤를 에번스 휴스는 1924년 "문명화되지 않은 지역을 발견하고 공식적으로 점유한다고 해서 해당 지역에 대한 주권을 주장할 수 있는 것은 아니며, 주권을 주장하려면 실제 정착해야 한다."라는 원칙을 내세웠다. 즉, 미국은 남극 대륙에 대한 어떠한 영유권 주장도 인정하지 않겠다는 입장을 분명히 한 셈이다. 그러나 이와 같은 선언은 오히려 그러한 원칙이 점점 더 흔들리고 있음을 알리는 반증이기도 했다. 1924년까지 남극에 대한 영유권 주장 사례가 계속 쌓여가고 있었다.

우선 영국은 그들의 대척점(반대편) 영토가 남극과 가장 가까운 거주지역이라는 논리에 근거해 더 많은 영토를 주장했다. 로스가 발견한 지역인 '로스 속령'은 1923년 뉴질랜드에 귀속됐고, 이를 둘러싼 두 개의 광대한 지역(남극대륙의 거의 절반에 해당하는)은 10년 후 호주로 이관됐다. 적어도 이러한 주장은 지리적으로 어느 정도 타당성을 갖추고 있었다. 1930년대가 되자 노르웨이도 영유권 경쟁에 뛰어들었다. 비록 최초로 남극점에 도달한 탐험대가 노르웨이 출신이긴 하지만, 남극에서 영유권 주장과 지리적 연관성이 가장 적은 국가를 꼽으라면 노르웨이가 단연 첫손에 꼽힐 것이다.

마지막으로 아르헨티나(1932년)와 칠레(1940년)도 지리적 근거와 탐험을 통해 남극에 대한 영유권 주장을 펼쳤다. 특히 칠레의 경우 1494년 토르데시야스조약을 근거로 삼기도 했는데, 이 조약은 에스파냐 제국이 서반구 대부분을 차지한다고 선언하는 내용이다. 어이

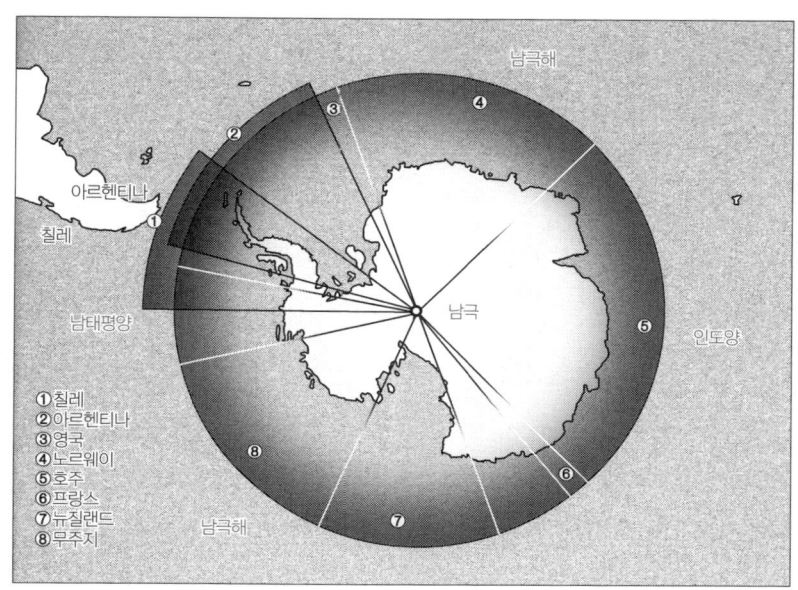

파이처럼 조각 난 영토에 대한 주장이 중첩되고 있다. 왼쪽 아래의 마리 버드 랜드만이 무주지로 남아 있다.

없어 보이겠지만, 이런 상황이라면 당신도 그런 근거를 이용할 것이다. 1948년 아르헨티나와 칠레는 서로의 영유권 주장을 공식적으로 인정했다.

이 모든 상황을 종합하면, 현재까지 공식적인 영유권 주장을 제기한 국가는 총 7개국이다. 이들이 주장하는 경계선은 경도를 따라 설정돼 있으며, 남극대륙을 마치 파이를 나누듯이 분할하고 있다. 다만 실제 파이와 달리 일부 지역에서는 서로의 경계가 겹치기도 한다. 이 목록에는 공식적으로 철회된 주장들, 예를 들어 나치 독일이 한때 퀸 모드랜드의 일부를 '노이 슈바벤란트'라고 주장하며 금속 만자를 곳곳에 뿌렸던 시도 등은 포함되지 않는다. 또한 공식적으로 인정받지 못한 주장들, 예를 들어 1929년 남극점 상공을 최초로 비행한 미국해군 조종사 리처드 버드가 단순히 미국 국기를 떨어뜨림으로써 대규모 영토를 미국 땅으로 선포하려 했던 시도 역시 포함되지 않는다(이 시도는 그 외 조국, 미국 정부의 정책과 상충했기 때문에 성공하지 못했다. 하지만 이로 인해 세계에서 가장 넓은 미지정 영토, 즉 무주지가 그의 아내 마리의 이름을 따 '마리 버드 랜드'로 명명되는 성과를 거두었다).

이 시기의 혼란을 실감할 수 있도록 한 가지 사실과 한 가지 이야기를 소개하겠다. 먼저 사실을 보자면, 서남극에서 남아메리카를 향해 뻗어 있는 가느다란 반도[5]는 무려 다섯 개의 다른 이름으로 불렸다. 아르헨티나는 이 지역을 티에라델푸에고, 남극 및 남대서양 제도 주의 일부로 간주해 '산마르틴랜드'라고 불렀다. 칠레는 자국 최남단에 있는 주인 '안타르티카 칠레나'의 일부로 간주하고, '오히긴스랜드'라고 명명했다(베르나르도 오히긴스는 칠레 독립운동의 지도자로 아일랜드 귀족의 후손이었다는 사실은 일반적인 인식과는 다르며, 놀라움을 자아낸 뒤 무지에 대한 죄책감까지 갖게 한다). 한편 영국(영국도 이 땅에 대한 영유권을 주장했다)은 '그레이엄랜드'라 불렀고, 미국은 '팔머 랜드'라고 명명했다. 오늘날에는 혼란을 줄이기 위해 보통 남극반도라고 부른다.

---

5   남극에는 북쪽과 남쪽이 없다. 극 쪽이 남쪽이고 해안 쪽이 북쪽이다. 남북은 지리적 식별의 측면에서 별로 유용하지 않다(내측과 외측이 더 쉽게 파악된다). 하지만 동쪽과 서쪽은 반구로 나뉜다. 대체로 동남극은 인도양을 마주하는 부분이고, 서남극은 남아메리카를 마주하고 반도를 아우르는 부분이다. 그러나 사실은 거의 모두가 반도다. 남극대륙의 둥근 겉모습은 거대한 론네와 로스 빙붕이 땅덩어리들 사이의 두 간극을 채우고 있는 데 기인한다. 두 지역 중 동남극이 몇 배 더 크지만, 서남극에는 식물이 자라는 땅이 있다. 반도 끝에서는 한여름에 바위에서 지의류를 발견할 수 있다. 둘 사이의 경계는 남극 횡단 산맥에 있다.

이 시기의 혼란을 짐작하게 하는 '이야기'는 남대서양에서의 영국과 아르헨티나의 경쟁 구도와 전쟁에 관한 것이다. 나치 독일 공군이 퀸모드랜드섬에 작은 금속 만자를 뿌리고 있을 무렵, 영국은 극지방에서의 군사 및 안보 활동을 강화할 필요가 있다는 판단을 내렸다. 1943년, 디셉션이라는 근사한 이름의 섬을 찾은 영국 탐사대는 우연히 아르헨티나의 영유권 주장을 명시한 황동 실린더를 발견했다. 이에 격분한 영국 탐사대는 아르헨티나의 존재를 나타내는 모든 흔적을 제거하고, 유니언 잭을 게양한 후 영국의 영유권을 선포하는 문서를 남겼다. 그리고 황동 실린더를 다시 아르헨티나로 돌려보냈다.

이 사건으로 형식적으로라도 중립을 지켰던 아르헨티나는 나치 독일에 우호적인 제스처를 보냈다. 아르헨티나가 대서양과 태평양 사이의 운항을 통제할 수도 있다는 가능성이 제기되자 런던은 우려하고 동요했다. 결국 영국 정부는 이 섬에 좀 더 영구적인 기지를 건설할 계획을 세우고 기지를 건설할 팀을 파견했다. 하지만 그들이 도착 후 발견한 장면은 영국이 남겨둔 영유권 주장 문서가 사라지고 유니언 잭이 찢겨진 채 아르헨티나 국기가 휘날리고 있는 모습이었다.

실제 전쟁은 끝났지만 남극 영유권을 둘러싼 공방은 계속됐다. 1952년에는 실제로 무력 충돌이 발생하기도 했다. 당시 아르헨티나 해군은 분쟁 지역인 호프 베이에 상륙한 영국 기상 탐사대를 향해 발포했다(아르헨티나는 나중에 사과했다). 이후에도 유사한 사건 사고가 계속됐다. 노르웨이는 퀸모드랜드에 대한 자국의 영유권 주장을 뒷받침하기 위해 영국 및 스웨덴과 공동 탐사를 진행했다. 호주와 프랑스는 기지를 세웠고, 남아프리카공화국은 인근 섬에 자국 국기를 게양했다. 미국은 자국 기지를 운영하면서도 어느 국가의 영유권 주장도 인정하지 않는 입장을 유지했다. 처음에는 무관심한 듯 행동하던 소련도 결국 "모두가 우리에게 허가를 요청하지 않는 한 우리는 누구의 주장도 인정하지 않을 것"이라는 입장을 분명히 했다. 1950년대 초반이 되자 이러한 혼란을 정리할 조약이 필요하다는 사실이 명백해졌다.

그러나 궁극적으로 난맥상을 깔끔하게 해결한 것은 정치가 아닌 과학이었다. 1957~1958년 태양흑점 활동이 최대치를 기록할 것이 예상되면서, 과학계는 이를 '국제 지구물리의 해'로 지정하고, 고도가 높고 빛 공해가 없어 태양흑점 관측에 이상적인 남극대륙에서의 연구 계획을 수립하기 시작했다. 과학적 탐사의 성공을 위해 각 국의 정치 지도자들은 영유권 주장을 유예하는 데 동의했다. 전 세계에서 파견된 연구팀이 인류 전체에 도움이 될 연구에 동참했고, 각국 정부가 과학적 연구를 방해하지 않기 위해 한 걸음씩 물러나면서 모든 일이 갑자기 조화롭게 돌아가기 시작했다.

1957년 가을 미국 국무부는 남극 대륙에서 활동 중인 다른 11개 정부에 현 유예 상황을 영구화할 의향이 있는지 확인하기 시작했다. 결국 수개월의 협상과 수많은 회의 끝에, 그들은 유예에서 한발 더 나아간 결정을 내렸다. 1959년 12월 1일 체결된 남극조약에 따라 남극 대륙 전체에서 평화적이고 과학적인 사용만을 허용하고, 준수 여부를 확인하기 위해 각국이 서로의 기지를 자유롭게 조사하는 데 합의했다. 1961년 조약이 발효된 이후 남극에 매장되어 있는 광물 자원을 개발할 여지를 만들기 위해 남극조약을 개정하려는 시도가 있었지만 모두 실패했다. 남극대륙은 공식적으로 '평화와 과학만을 위한 자연 보호 구역'으로 남았다.

이러한 모든 노력에도 상충되는 주장들이 여전히 존재한다. 남극 조약 제4조는 조약에 대한 서명이 영유권의 포기를 의미하지는 않는다고 명시하고 있다. 게다가 때때로 영유권 주장을 강화하려는 시도가 이루어지고 있다. 1977년 아르헨티나는 임산부를 에스페란자 기지로 보내 그곳에서 출산하게 했다. 주둔지에서 아르헨티나인이 태어났다는 점을 들어 그들의 주장을 강화하려는 속셈이 깔려 있었다. 에밀리오 팔마는 1978년 1월 7일 이 얼어붙은 대륙에서 태어난 최초의 인간이 되었다. 1996년 영국은 이 지역에 있는 기지 중 하나를 '펭귄 우체국'으로 개조함으로써 직접적인 힘이 아닌 비강압적 수단을 통해 자국의 영향력을 강화하려는 시도를 했다. 펭귄 우체국은 세계 최남단의 우체국으로, 네 명의 상주 직원이 근무하는 영국체신부의 진짜 우편물 분류 사무소이며 기념품 매장까지 갖추고 있다.

과학계가 남극을 둘러싼 분쟁을 더 지연시킬 수 있을지에 대해서도 낙관할 수 없을 것 같다. 1980년대 초부터 약 24개국이 남극 해양 생물 자원 보존을 위한 위원회에 가입했다. 이 위원회의 목표는 남극 조약이 육지뿐 아니라 주변 바다에서도 적용되도록 하는 것이다. 남 오크니제도 근해의 좁은 지역과 로스해의 훨씬 더 넓은 지역은 이 조약의 보호를 받게 되었지만 나머지 계획들은 관련국의 만장일치를 얻어내지 못해 실패했다. 2016년 위원회는 독일 면적의 5배에 달하는 남극의 해안 지역을 거대한 자연 보호구역으로 지정하여 어업과 사냥을 금지시키고 펭귄, 바다표범, 고래를 보호하자고 제안했다. 그러나

2018년 러시아, 노르웨이, 중국(원래 남극조약에 동의했던 국가가 아닌)이 지지를 거부하면서 이 계획은 좌초됐다. 과학의 목표는 원대하지만 국가의 이익은 늘 과학에 우선한다.

    남극조약이 시행된 지 60년이 넘었지만 긴 역사 속에서 보면 아무것도 아닌 짧은 시간이다. 남극조약은 2048년에 재검토를 앞두고 있다. 수백만 년 전, 이 얼어붙은 대륙은 열대 우림으로 덮여 있었다. 얼음 밑에는 석유나 다른 광물이 잔뜩 있을지도 모른다. 인간의 창의력으로 자원들이 개발된다면, 남극을 둘러싼 긴장이 완화될 수 있을까? ○

45
다르면서 더 크고, 더 음악적인 유럽

콘테스트 참가 자격으로 유럽을 느끼다

1974년, 아바는 워털루에서 패배했고, 그 결과 스웨덴은 승리를 거두었다. 32년 뒤 몬스터로 분장한 헤비메탈밴드 로르디가 우승을 차지하며 핀란드가 왕관을 거머쥐었다. 2003년과 2021년, 영국은 두 차례에 걸쳐 최종 합계 '0점'이라는 처참한 점수를 기록했다. 음악과 정치, 그리고 이웃 국가에 부끄러움 없이 투표하는 나라들, 또 어떤 나라는 20세기 어느 시점에서 다른 나라에 당한 끔찍한 사건을 주제로 정치적 메시지가 담긴 노래를 출품해 외교적 논란을 촉발하기도 하는 유로비전 송 콘테스트는 무척 재미있는 행사다.

하지만 동시에 꽤 혼란스러울 수도 있다. 전통 의상을 입고 강렬한 조명 아래에서 빠른 템포의 팝 음악에 맞춰 춤추는 사람들, 또는 거대한 손 모양 소품을 장착한 사례[6]까지 등장하면 상황은 더 복잡해진다. 이 모든 혼란의 핵심은, 이름 그대로 '유로비전'이라는 타이틀에도 참가국 중 일부가 유럽에 속하지 않는다는 점에 있다. 우선 코카서스 지역의 세 나라 중 두 나라, 조지아와 아제르바이잔은 산맥의 한쪽이 유럽에 살짝 닿아 있지만 세 번째 나라인 아르메니아는 확실히 아시아 쪽에 있다. 중동에 있는 것이 분명한 이스라엘은 1973년 이후로 거의 매년 참가해 네 차례나 우승했다. 1980년에는 모로코가 참가했고, 레바논과 튀니지는 참가를 약속했지만 이후 취소했다. 가장 황당한 사례는 호주인데 2015년부터 참가했다.

여하튼 유럽에 속하지 않으면서 유로비전 송 콘테스트에 참가한 국가는 최소 네 개국이고, 두 개 나라가 거의 참가할 뻔했다. 이처럼 유럽 외 국가들의 참가가 허용된 이유는 유로비전 송 콘테스트 참가 자격이 지리적으로 '유럽'이라 불리는 지역인지 아닌지 여부와 거의 상관이 없기 때문이다.

유로비전이 1950년대 창설된 배경은 유럽석탄철강공동체ECSC를 탄생시킨 것과 동일한 충동에서 비롯되었다. 즉 유럽 국가 간의 국경을 초월한 협력이 또 다른 유럽 대륙 전역을 휩쓰는 전쟁을 막을 최선의 방법이라는 믿음에서 기원했다. 로마조약으로 이어져 결국 유럽연합이 탄생한 과정이 정치적 방식으로 실현되었다면, 서유럽 전역의 공영 방송사의 연합체인 유럽방송연맹은 이를 엔터테인먼트를 통해 달성하고자 했다. 이를 위해 유럽방송연맹은 유로비전(TV 부문)과 유로라디오를 설립해 유럽 대륙 전역의 회원국에 생방송으로 송출할

---

6   엔드릭 지그바르트가 부른 독일의 2021년 참가곡 〈I Don't Feel Hate〉. 손 모양 소품은 노래 가사에서 언급된 것처럼 가운뎃손가락을 의미한다. 유로비전 콘테스트의 규칙은 무대에서 그런 충격적인 의상을 착용하는 것을 금지하지만, '두' 손가락을 들어 올린 의상은 평화 기호로 간주되기 때문에 허용된 듯하다. 다만 무용수인 소피아 유스키르헨이 한 팔만 내리면 평화의 상징을 가운뎃손가락으로 바꿀 수 있다.

수 있게 되었다. 유럽방송연맹 초창기에 방송된 프로그램으로는 엘리자베스 2세 여왕의 대관식, 몽트뢰의 수선화 축제, 교황 비오 12세의 강복이 포함된 바티칸 투어 등이 있다.

그러나 1955년 무렵, 유럽방송연맹이 좀 더 참신한 기획을 고민하면서 라이브 스포츠에서 얻을 수 있는 긴장감과 경쟁력을 갖춘 기발하고 새로운 프로그램을 찾고 있었다(대관식이 어떻게 진행되든, 결국 누가 왕관을 쓸지는 확실하지 않은가!). 이에 따라 그해 1월 새로 결성된 '프로그램 위원회'는 모나코 몬테카를로에서 회의를 열고 두 가지 기획안을 승인했다. 하나는 원시적 형태의 '유럽 갓 탤런트' 버전이라고 할만한 아마추어 연예인 경연 대회였지만 곧 폐지됐다(아마도 언어 장벽이 큰 문제였을 듯하다). 그러나 다른 기획안은 흥행할 잠재력이 있어 보였다. 이탈리아 방송국 RAI의 세르지오 푸글리에세는 유럽 각국을 대표하는 가수들의 노래 경연을 제안했는데, 1951년부터 매년 몬테카를로에서 몇 킬로 떨어진 산레모 해안에서 개최되던 이탈리아 국내 노래 경연에서 착안한 기획이었다.

제1회 그랑프리 유로비전 그랑프리는 1956년 5월 스위스 루가노에서 열렸다. 당시 참가국은 단 7개국(흥미롭게도 ECSC 유럽 석탄 철강 공동체 여섯 개 회원국과 스위스였다)이었는데, 각 참가국은 두 곡(두 곡을 부른 경우는 이 때가 처음이자 마지막이었다)씩 불렀다. 1시간 40분이라는 짧은 방송 끝에 스위스가 우승을 차지했다.

참가국의 수가 급격히 증가하며 이후 모든 대회에서 참가곡이 참가국당 한 곡으로 제한됐다. 1961년에는 참가국이 두 배로 늘었고, 1978년에는 20개국에 달했다. 21세기에 접어 들며 참가국 수는 자주

40개국을 넘었고, 그 결과 아무도 유로팝과 지정학에 관한 예닐곱 시간 길이의 방송을 원하는 사람이 없자, 유로비전은 준결승제를 도입했다. 개최국과 유럽방송연합 예산에 큰 기여를 하는 빅 5국가(프랑스, 독일, 이탈리아, 스페인, 영국)만이 본선에 직행하고 나머지 국가들은 예선을 거쳐야만 결승에서 겨룰 수 있었다.

지금까지 총 52개국이 유로비전에 참가했는데, 그중 51개국은 지금도 존재한다. 유럽 지역 주권 국가 수는 1990년대 소련과 유고슬라비아의 해체로 급증했지만, 유럽에 51개국이 다 있는 건 아니다. 유럽 대륙의 극히 일부분이라도 포함하는 모든 주권 국가를 인정하는 방식으로 가장 광범위한 정의를 적용할 경우에나 51개국이 된다.

이런 불일치가 나타나는 원인은 참가국 중에 분명히 유럽이 아닌 여러 나라가 있기 때문이다. 그리고 좀 더 근본적인 이유는 유럽방송연맹이 자체적으로 정의하는 '유럽'의 개념이 지리적 구분을 넘기 때문이다. 한 국가가 유럽방송연맹에 가입하고 유로비전 출전권을 얻는 조건은 국제전기통신연합ITU이 규정하는 유럽 지역에 속하는지 여부에 의해 결정되는데 유엔 산하 기관인 ITU의 회원국 정의는 다음과 같다.

유럽 방송권EBA은 서쪽으로 1구역의 서쪽 경계, 동쪽으로는 그리니치 자오선 기준 동경 40도, 남쪽으로는 북위 30도 선에 의해 경계가 설정되며, 이는 사우디아라비아 북부와 이 경계 내에 위치한 지중해 연안국의 일부를 포함한다. 또한 아르메니아, 아제르바이잔, 조지아 및 이라크, 요르단, 시리아, 튀르키예, 우크라이나 영토

중에서 위 경계선 밖에 있는 일부 지역도 유럽 방송권에 포함된다.

이해가 되는가? 다행이다.[7]

이러한 유럽의 정의는 실제로 유럽 방송권이 대서양에서 모스크바와 소치를 약간 동쪽으로 지난 선, 그리고 카이로 남쪽을 약간 지나는 또 다른 선까지의 모든 지역을 포함한다(참고로 카이로 남쪽의 이 경계는 수천 년 전 상·하 이집트의 경계이기도 했다). 이후 유럽 동부와 중동의 특정 국가들이 더해지며 범위가 확장됐고 2007년에는 코카서스 3국까지 아우르게 되었다. 이후 유럽 방송권은 전 세계적으로 주권국이라 인정받는 60개 국가(유럽의 49개국, 비유럽지역 국가인 모로코, 알제리, 튀니지, 리비아, 이집트, 이스라엘, 요르단, 사우디아라비아, 이라크, 시리아, 레바논 등 11개국)를 포함하게 되었다.

그렇다면 60개국이 참가하는 유로비전 송 콘테스트를 언제나 볼 수 있을까? 아마 불가능할 것이다. 시리아, 사우디아라비아, 이라크 등 국가는 이론적으로는 참가 자격이 있지만 유럽방송연맹 회원국이 아니다. 설사 회원국이 된다 해도 유로비전에 참여하기를 원치 않을 것 같다. 실제로 모로코는 1980년에 참가하여 사미라 벤사이드의 〈비타캇 후브Bitaqat Hub〉를 출전시켰는데, 이는 북아프리카 국가의 유일한 출품곡이자 유일한 아랍어 노래였다. 하지만 모로코는 꼴찌에서 두

---

[7] 사실 가독성을 위해 엄청나게 간단히 요약한 것이다. 전체 내용은 더 끔찍하다. 지역 1의 서쪽 경계는 어떻게 정의될까? 'B선'에 의해 정의된다. B선은 '북극에서 그리니치 기준 서경 10도 선을 따라 내려가 북위 72도와 교차하는 선, 거기서부터 대원호로 서경 50도와 북위 40도 교차점까지, 거기에서 대원호로 서경 20도와 남위 10도 교차점까지, 거기에서 서경 20도를 따라 남극까지'다. 다른 말로 표현하자면 '대서양'일 수도 있지만, 이 책에서 우리가 배웠듯이 바로 그런 모호함이 모든 문제를 일으킨다.

번째라는 초라한 성적을 받았는데, 이에 격분한 모로코 당국은 다시는 이 대회에 참가하지 않겠다고 선언했다.

그리고 이스라엘 문제도 있다. 튀니지는 1977년 유로비전에 참가하려 했지만, 마지막 순간에 신청을 철회했다. 공식적인 이유는 불분명하지만, 보통 튀니지 정부가 유대 국가와 같이 경쟁에 참여하기를 원치 않았기 때문이라고 해석된다. 이듬해 요르단 당국은 이스라엘의 참가곡을 방송하지 않기로 결정하고 꽃 사진을 대신 방송에 내보냈다. 이스라엘의 우승이 확실해지자 요르단은 아예 방송을 중단하고 독자적으로 당시 2위였던 벨기에의 우승을 선언해버렸다.

2005년까지 레바논의 국영방송국 텔레리반도 같은 수법을 썼다. 즉 이스라엘 콘텐츠를 방송해서는 안 된다는 자국 법을 피하기 위해 이스라엘 팀 출연분을 잘라 내 그들이 존재하지 않는 것처럼 꾸미는 꼼수를 쓸 계획이었다. 하지만 유로비전은 이를 용납할 수 없다고 경고했고, 결국 레바논은 대회에서 철수했다. 2018년 대회에서 우승한 이스라엘이 2019년 대회 개최권까지 획득하자 이스라엘 통신부 장관 줄리앙 바룰은 직접 개인 트위터를 통해 다음 대회 때 중동의 여러 국가를 초청하겠다고 발표했다. 그러나 그가 언급한 국가 중 일부는 유럽방송권 범위를 훨씬 벗어나 있는, 회원 자격이 없는 명백한 비유럽 국가들이었기에 이에 대한 후속 조치는 없었다.

최근 유로비전 참가국 수와 대회 규모는 점점 줄어들고 있다. 2021년 벨라루스는 언론 자유에 대한 우려로 유럽방송연맹에서 제명되었고, 다음 해 러시아는 우크라이나 침공으로 퇴출당했다. 유럽방송연맹은 자유주의적 기본 가치를 고수하려는 확고한 입장이기에 유럽 내 극히 일부 영토가 있긴 하지만 유럽 방송권에 속하지 않는 카자흐스탄이 가까운 시일 내에 초청될 가능성은 극도로 낮다. 같은 맥락에서, 만약 사우디아라비아가 어떤 이유에서든 참가 의사를 밝힌다 해도 그 자격이 인정될지는 의문이다.

유럽 내에 있지만 지금까지 유로비전에 단 한 번도 참가하지 않은 국가도 있다. 리히텐슈타인은 1970년대에 유로비전 참가를 고려한 적이 딱 한 번 있었지만, 유럽방송연맹 회원국이 아니었기에 사전 실격 처리되었다. 또한 바티칸시국 역시 단 한 번도 참가한 적이 없는데, 바티칸의 화려한 의상 연출 전통을 고려한다면 매우 아쉽기도 하다. 결국 60개국이 참가하는 성대한 유로비전 대회(아마 몇 주에 걸쳐 진행될 것이다)의 꿈은 그저 꿈으로만 남을 것 같다.

한편 단순히 유로비전 송 콘테스트의 팬이 많다는 이유로 참가가 허용된 호주의 경우는 놀라운 사건이다. 그렇다면 앞으로 수십 년 뒤 유로비전 주최 측이 유럽의 경계를 어디까지 확장해 정의할지는 누구도 알 수 없는 일 아닐까? ○

46
공중의 경계

항공 산업은 세계를 어떻게 분할하는가?

1903년 12월 어느 목요일 아침 10시 35분경, 오빌 라이트는 인류 역사상 최초로 비행기를 조종하여 하늘을 나는 데 성공했다. 물론 여기서 '성공'이라는 표현은 다소 관대한 해석일 수 있다. 노스캐롤라이나주 키티호크에서의 첫 비행은 단 12초였고, 비행거리는 고작 36미터에 불과했지만 이는 역사적인 순간이었다. 이를 통해 인간은 공기보다 무거운 기계를 이용해 지구의 속박을 벗어날 수 있는 새로운 시대의 개막을 알렸다.

항공 추적 서비스인 플라이트어웨어의 2017년 데이터에 따르면 전 세계적으로 어느 순간이든 약 100만 명의 사람들이 하늘을 날고 있다. 약 5,000년 전, 최초의 파라오들이 이집트를 통일하던 당시에는 지구 전체 인구가 5,000만 명보다 훨씬 적었을 것으로 추정된다. 그런데 오늘날 100만 명이 하늘 위를 떠다닌다는 사실, 그리고 이것이 더 이상 특별한 성취가 아니라 단지 일상적인 현실일 뿐이라는 점은 매우 경이로운 일이다.

　우리 머리 위의 하늘은 지상에서 인간이 국경을 설정하게 만든 바다, 산맥, 자원과 같은 물리적 제약이 존재하지 않는다. 하지만 그럼에도 우리는 하늘조차도 인위적인 경계선으로 나누어놓았다.

　어떠한 정부도 자국 영공의 통제권을 완전히 포기할 리는 없다. 그러나 만약 모든 국가가 이웃 국가들과의 조율 없이 자국 영공을 철저히 통제하려 한다면, 이는 항공 시스템의 극적인 붕괴를 초래할 위험이 있다. 따라서 공중에서 갑작스레 폭탄이 떨어지거나 불타는 항공기 파편이 우박처럼 쏟아지는 일이 없도록 보장하는 방안을 찾으려는 시도는 사실상 항공의 역사만큼이나 오래되었다. 이미 1919년 파리평화회담에 참석한 대표들은 1차 세계대전 동안 겪었던 대규모 공중전을 고려할 때, 이제 항공 교통을 규제해야 할 적절한 시점이라는 데 동의했다.

　이러한 논의의 결과로 탄생한 여러 조약들 하나가 바로 '항공항행규제협약'이었다. 이 협약으로 영공 주권 원칙이 확립됐고, 항공 부문을 규제할 최초의 국제기구인 국제항공항행위원회가 창설됐다. 오늘날에도 영공 주권 이론과 이를 실질적으로 운영하기 위한 국제기관의 필요성은 여전히 유지되고 있지만, 그 구체적인 사항은 계속 변해왔다. 현재 이 역할은 1944년 시카고협약에 의해 설립된 유엔 산하 국제민간항공기구ICAO가 맡고 있다.

　국제민간항공기구의 주요 임무 중 하나는 지상의 국가 경계보다 더 합리적인 형태와 규모로 하늘을 구획하는 것이었다. 우선 ICAO는 대륙 크기의 광역 항공구역을 설정했다. 이는 각 지역 내에서 항공교통관제ATC 기관들이 긴밀히 협력할 수 있도록 하기 위한 것이었다. 예를 들어 호주나 미국과 같은 국가는 독립적으로 항공관제를 운영할 수 있을지 모르지만, 벨기에의 경우 네덜란드와 프랑스에서 무슨 일이 벌어지고 있는지도 함께 고려해야 한다. 처음에는 전 세계를 열 개의 항공구역으로 나누었으나, 이후 몇 차례의 조정을 거쳐 현재는 아홉 개로 축소됐으며, 지상에서의 대륙 경계와는 완전히 일치하지 않는다. 예를 들어 유럽 지역은 로마제국과 유로비전 송 콘테스트처럼 북아프리카와 레반트 지역을 포함하고 있으며, 카리브해 지역에는 멕시코와 남아메리카 북부가 포함돼 있다. 북대서양과 태평양은 각각 독립적인 항공구역으로 설정돼 있다.

그다음 단계에서는 '비행정보구역FIR'이 설정됐다. FIR은 특정 지역의 항공관제를 담당하는 기관(일반적으로 각국의 항공청, 예를 들어 영국 민간항공청CAA이나 미국연방항공청FAA)이 어디까지 책임을 지는지를 정의하는 구역이다. 〈파이낸셜타임스〉 칼럼니스트이자 조종사인 마크 반후에나커는 비행정보구역을 '하늘 위의 국가들'이라고 표현한 바 있다. 그러나 FIR의 경계 역시 우리가 익숙한 세계지도의 국경과 정확히 일치하지는 않는다.

그 이유 중 하나는 FIR이 해상을 포함해야 하기 때문이다. 바다 위에서 항공기 충돌이 발생하는 것을 막기 위해 해안선 근처의 해역은 일반적으로 인접한 국가의 FIR에 포함되며, 공해 위의 FIR은 가장 가까운 국가가 관할을 맡는다. 예를 들어 북동대서양의 넓은 해역은 '샨윅 해양 FIR'으로 지정돼 있다. 이는 존재하지 않는 지명을 조합한 것으로, 관할 기관이 위치한 아일랜드의 섀넌과 영국의 프레스트윅의 합성어다.

지상에 있는 국가들의 크기가 매우 다르다는 문제도 고려해야 한다. 이를 합리적으로 해결하기 위해 일부 국가는 여러 개의 비행정보구역을 운영한다. 프랑스는 다섯 개, 미국은 20개의 비행정보구역을 운영하며, 각각의 비행 정보 구역에는 자체적인 항공교통관제센터가 있다. 반면 규모가 작은 국가들은 이웃 국가와 함께 묶여 있다. 예를 들어 룩셈부르크처럼 작은 국가는 자체 비행정보구역을 운영하는 대신 인접국(벨기에 브뤼셀)의 통제를 받기도 한다. 별로도 관리하는 방식이 합리적이거나 효율적이지 않기 때문이다.

일부 국가는 항공교통관제를 공동 기관에 위임하기도 한다. 예를 들어 1959년부터 서아프리카 지역과 남동쪽으로 수천 킬로미터 떨어진 마다가스카르섬을 관할해온 아프리카항공안전국 ASECNA, 1960년부터 중앙아메리카 6개국을 담당해온 중미항공항행서비스 COCESNA가 대표적이다. 이들 중에는 역사적으로 전쟁을 치른 국가들도 있기에 이러한 협력은 신뢰 구축이라는 측면에서 인상적인 모범 사례라 할 수 있다.[8]

유럽은 평균적으로 가장 작은 국가들이 모여 있는 대륙이기 때문에, 가장 복잡한 항공 경계를 갖게 되었다. 이를 단순화하려는 시도가 이어졌으며, 유럽연합의 집행 기관인 유럽연합집행위원회는 '단일

---

[8] 이 싸움은 아니지만, 민간 우주 경쟁에 참여한 또 다른 기업으로 일론 머스크의 스페이스X가 있다. 이들이 막대한 재산을 형성한 후 바로 우주여행에 눈을 돌렸다는 것은 무척 놀랍기도 하고 또 애석한 일이기도 하다. 우주여행 대신 의료 분야에 관심을 가졌더라면, 혹은 개발도상국에 학교와 도로를 만드는 일을 집중했다면, 혹은 직원들의 월급을 올려줬다면 세상이 얼마나 더 나아졌을지 상상해보라.

유럽 하늘' 계획 도입을 추진해왔다. 이 계획은 기존의 국가별 항공 경계를 기능적 공역 블록으로 재편하여 효율성을 높이고, 탄소 배출량을 줄이며, 항공 교통 관제사의 수를 최적화하는 것을 목표로 한다. 그러나 국가별로 높은 연봉을 받는 관제사들의 일자리를 줄이는 문제와 자국 영공의 통제권을 초국가적 기구에 넘기는 것에 대한 각국 정부의 반발로 이 계획은 여전히 난항을 겪고 있다. 유럽연합 국가들 대부분은 국방 정책을 직접 관리하는 것을 선호하기에 유럽의 하늘은 여전히 수십 개의 조각으로 나누어져 있다.

 2014년 유럽 대륙에서는 더 까다로운 문제가 발생했다. 러시아가 크림반도를 침공하며 현지 항공교통관제 주파수를 장악한 것이다. 국제민간항공기구ICAO는 이 지역이 여전히 우크라이나 영공이라는 입장을 내놓았고, 이로 인해 동일한 영공에서 서로 다른 두 국가의 항공 당국이 같은 항공기에 상충되는 지시를 내릴 가능성이 제기됐다. 명백한 재앙을 초래할 수도 있는 상황이 되자 유럽 각국 정부는 해당 영공을 비행하지 말 것을 권고했다. 이에 따라 서방 항공사들은 일부 항공편을 취소하거나 우회 경로를 선택했으며, 그 결과 역설적으로 러시아 국영 항공사인 아에로플로트가 텅 빈 크림반도의 항공 시장을 독점하게 되었다.

 일부 지역에서는 때때로 두 개 이상의 항공교통관제 기관이 동일한 영공을 주장하는 일이 발생하지만, 특정 지역들은 의도적으로 어느 기관에도 배정되지 않은 경우도 있다. 그중 하나는 태평양의 한 구역으로, 멕시코 남쪽과 페루 서쪽에 위치해 있다. 이는 인간의 활동을 제한하여 갈라파고스제도의 풍부한 생태계를 보호하려는 시도로 보인다. 국제 협약에 따라 이곳으로 향하는 모든 항공편은 인근 에콰도르에서 출발해야 한다.

또 다른 항공교통관제 미배정 지역은 바렌츠해 북쪽에 위치한 좁은 육지 구역으로, 노르웨이와 러시아 간의 수십 년간 지속된 국경 분쟁으로 인해 공식적인 관할권이 설정되지 못한 곳이다(이 문제는 2010년 외교적 타협을 통해 해결됐지만, 항공교통관제 체계가 변화를 반영해 업데이트되는 속도는 매우 더디다). 이 방치된 지역은 폭이 불과 몇 킬로미터에 불과하며, 통과하는 데도 오랜 시간이 걸리지 않는다. 그러나 반호네커는 앞서 언급한 2021년 12월의 칼럼에서 이렇게 썼다. "일 년 중 가장 특별한 밤에, 크리스마스를 사랑하는 모든 아이는 이곳에 비밀이 숨겨져 있다고 상상해볼 수도 있지 않을까."

아마 그럴 수도 있을 것이다. 그러나 이 지역을 통과하여 하늘을 나는 산타의 썰매는 항공기를 조심해야 한다. 아무도 감시하거나 통제하고 있지 않기 때문이다. ○

47
최후의 개척지

우주는 어디에서 시작되고 누구의 소유인가?

2021년 여름, 인류는 새로운 우주 경쟁에 돌입했다. 1950년대부터 세계를 사로잡았던 첫 번째 우주 경쟁은 미국과 소련, 서양과 동양, 자본주의와 공산주의, 자유주의와 전체주의 간의 실존적 대결의 일환이었다. 그러나 이번 경쟁은 다소 다른 성격을 띠었다. 두 명의 중년 억만장자들이 과도하게 축적한 부를 과시하기 위한 경쟁처럼 보인다.

홍 코너의 선수는 영국의 리처드 브랜슨이다. 그는 버진모바일, 버진머니, 버진액티브, 버진애틀랜틱 등을 소유한 억만장자 창립자다. 그의 우주탐사 기업 버진갤럭틱은 2003년부터 우주로 물체를 발사해왔다(결과는 성공에서 실패까지 다양하다). 청 코너 선수는 아마존 창립자로 당시 세계에서 가장 부유한 인물로 평가받던 제프 베이조스다. 그의 기업 블루오리진 역시 2005년부터 버진 갤럭틱과 유사한 방식으로 우주 개발을 진행해왔다. 두 사람 모두 대중이 감당할 만한 가격(국가 예산과 맞먹을 수준이 아닌, 주택담보대출 정도 수준)의 우주여행

상품을 제공하는 최초의 기업이 되기를 원했다. 비록 그들은 공식적으로 인정하지 않았지만, 상대방이 먼저 성공할까 봐 걱정해왔을 것이다.[9]

결국 금메달은 버진갤럭틱에 돌아갔다. '발사 일정을 조금 앞당기는' 교활한 전략으로 승리를 거두었다. 브랜슨은 2021년 7월 11일 SNS에 지구 상공 86킬로미터에서 VSS 유니티 기내에서 무중력 상태에 있는 자신의 모습을 담은 영상을 올렸다. 그러나 지구상의 대부분의 사람은 이 동영상에 별 관심을 두지 않았다. 버진갤럭틱이 UEFA 유럽축구선수권대회 결승전과 일정이 겹치도록 비행을 계획했기 때문이다(해당 경기에서 잉글랜드는 연장전 끝에 1대 1로 이탈리아와 비긴 후, 승부차기에서 2대 3으로 패배했다).

하지만 블루오리진은 낙심한 것 같지 않았다. 이틀 전, 블루오리진은 자사의 성과를 버진갤럭틱과 비교하는 그래픽을 SNS에 게시했다. 이 자료에는 비행 횟수, '탈출 시스템'의 존재, 그리고 '우주에서 가장 큰 창문' 등의 요소가 포함돼 있었다. 무엇보다 가장 중요한 주장은 다음과 같다. "세계 인구의 96퍼센트가 국제적으로 인정하는 '카르만 라인'을 기준으로 우주의 시작을 100킬로미터로 본다. 블루오리진의 우주선 뉴셰퍼드는 카르만 라인을 넘어 비행하도록 설계됐기 때문에 블루오리진의 우주비행사들은 이름 옆에 '별표'를 달 필요가 없으며 비행 기록에 어떤 논란도 없다."라는 점을 강조한다. 달리 말하면 베이조스의 회사는 브랜슨의 우주 비행이 '진정한 우주여행'

---

9   이 인용문은 〈프로스펙트〉의 기사에서 발췌한 것이지만, 이 항목의 이 지점부터 마샬의 2021년 저서 《지리의 힘》이 상당한 영향을 미쳤음을 밝힌다.

이 아닐 수 있고, 결국 버진갤럭틱의 우주여행 상품을 구매하는 사람들은 실제로 우주에 도달했다고 인정받지 못할 수도 있다는 점을 암시하고 있는 셈이다. 게다가 버진갤럭틱의 창밖으로 볼 수 있는 풍경이 별로 없다는 약점도 추가한다.

결국 이 새로운 우주 경쟁에서 누가 진정한 승자가 될지는 경계에 대한 질문으로 귀결된다. 지구의 대기는 어디에서 끝나고 우주 공간(외기권)이 시작되는 지점은 어디인가?

이 질문에 대한 가장 잘 알려진 해답은 1957년 한 헝가리계 미국인 물리학자이자 항공우주공학자인 테오도어 폰 카르만이 제시했다. 항공학(대기권 내의 비행에 관한 과학)과 우주항행학(대기권 밖의 비행에 관한 과학) 두 분야를 연구한 테오도르 폰 카르만은 특정 지점에서는 항공학이 아닌 우주항행학으로 전환돼야 한다는 이론을 제시했다. 대기권에서 공기가 너무 희박해져서 공기역학적 양력을 발생시키지 못하는 지점이 그가 설정한 경계였다. 항공 스포츠를 관장하는 국제항공연맹FAI은 이후 이 현상이 발생하는 고도를 100킬로미터(의심이 들 정도로 딱 떨어지는 숫자!)로 설정했다. 그 정의에 따르면 리처드 브랜슨이 우주에 간 적이 없다는 블루오리진 소셜미디어팀의 주장은 일견 타당해 보인다.

그러나 카르만이 설정한 기준은 엄밀한 과학적 정의가 아니라 항공기가 비행할 수 없는 지점을 찾기 위한 것이었다. 더욱이 그의 실제 계산 결과는 약 84킬로미터로 나타났으며, 이후 누군가가 이를 '반올림'하여 100킬로미터로 설정했다. 브랜슨의 VSS 유니티는 이 84킬로미터 기준을 넘어섰으므로 우주에 도달했다고 주장할 수도 있는 것이다. 숫자가 이렇게 모호한 이유는 무엇일까? 과학자들은 카르만 라인에 대해 많은 논의를 해왔다. 그 수치는 이런 종류의 일을 중요하게 생각하는 대단히 똑똑한 사람들이 회의에서 만나 진행한 토론에서 나온 것이고, 카르만은 그의 사후에 발표된 자서전《바람 그리고 그 너머 Wind and Beyond》에서 이 문제를 다루었다. 하지만 실제로 카르만 라인이 동료 심사를 거친 논문에 공식적으로 발표된 적이 없다. 천체 물리학자이자 우주 역사학자인 조너선 맥다월은 이를 "민간 전승 정리"라고 표현했는데, 과학적으로 확립된 이론이라기보다 널리 통용되는 개념일 뿐이라는 설명이다. 따라서 버진갤러틱은 카르만 라인을 넘었을 수도 있지만, 그 선 자체가 그렇게 큰 의미를 갖지는 않을 수도 있다.

경쟁자의 성과를 깎아내리려는 블루오리진의 시도는 이미 상당히 불안해 보인다. 우주의 시작점에 대한 정의가 '국제적으로 인정'되었다는 주장도 상당히 의심스럽다. 물론 유럽연합이 이를 받아들이고 있기는 하지만, 우주 경쟁과 관련이 깊은 다른 많은 기관은 다른 선들을 인정해왔다. 2014년 미국 국방분석연구소의 연구원들은 〈우주는 어디인가? 왜 중요한가? Where is Space? And Why Does That Matter?〉라는 제목의 논문에서 당시 흔히 사용되고 있는 고도가 다섯 개 이상이라고 밝혔다. 고도의 범위는 80킬로미터(공기역학적 제어 표면이 더 이상 유용하지 않은 대략적 지점)에서 129~150킬로미터(미국 육군훈련교육 자료에서 궤도를 도는 것이 가능한 최저점으로 인용되어 있다)에 이른다. 미군과 NASA 모두 때마다 각기 다른 이유로 다른 정의를 사용해왔다. NASA는 국제항공연맹의 정의를 따랐지만, 2005년에는 좀 더 낮은 미군의 정의(80킬로미터가 조금 넘는다)로 변경했다. 이는 같이 비행을 했는데도 일부 조종사는 우주비행사로 간주되고, 일부는 그렇지 못한 상황을 피하기 위해서인 것으로 보인다.

다시 말해서 블루오리진 소셜미디어팀이 우리가 어떻게 생각하길 바라든, 합의는 이루어지지 않았다. 그러나 제프 베이조스는 의구심을 불러일으키는 것만으로도 충분하다고 생각했을 것이다. 잠재적인 우주여행 고객이 우주로 가는 목적은 자랑할 일을 만드는 것이다. 친구들이 진짜 우주에 간 것이 아니라고 말하는 위험을 감수할 필요가 있을까? 만약을 대비한다면 버진갤러틱보다 블루오리진이 나은 선택이다.

지금까지는 이런 논쟁이 그다지 중요치 않았다. 맥다월은 2021년 〈애틀랜틱〉에 이렇게 말했다. "지난 60년의 우주여행 역사 동안, 대부분의 물체는 이 임계 영역에 오래 머물지 않았다." 하지만 여기에 변화가 있을 수 있다. 결국, 우주가 시작되는 지점은 국가의 영공이 끝나는 지점이기도 하다.

카르만은 자서전에서 "이 선 아래에서는 영공이 각 국가에 속하지만, 이 선 위에서는 자유 공간이다."라고 말했다.

예를 들어 지구 상공 90킬로미터에 인공위성을 배치했다고 가정하자. 만약 우주의 경계를 80킬로미터로 설정한다면, 이 위성은 수천 개의 다른 위성과 마찬가지로 궤도를 도는 정상적인 인공위성에 불과하다. 그러나 100킬로미터를 기준으로 삼는다면 해당 위성은 여전히 한 국가의 영공을 통과하는 것이며, 이에 따라 적대국은 이를 격추할 권리를 주장할 수도 있다.

다시 말해 우주의 시작점은 부자들과 그들의 장난감에 대한 문제가 아니다. 우리가 논의한 다른 많은 경계와 마찬가지로 국가 안보의 문제다. 이것이 바로 미국이 공식적으로 우주의 시작 고도를 정의하는 데 주저해온 이유일지도 모른다. 만약 미국이 80킬로미터를 경계선으로 명확히 규정한다면, 이는 중국이나 러시아가 81킬로미터에 인공위성을 배치하는 것을 허용하는 동시에, 자국의 위성을 다른 국가의 상공 79킬로미터에 배치하는 것을 불가능하게 만들 것이다. 반드시 그럴 필요가 없는데 굳이 스스로의 손을 묶을 이유가 있을까? 그러나 설령 이 경계가 공식적으로 확정되지 않는다 해도, 저궤도는 여전히 국제 분쟁의 도화선이 될 가능성이 있다. 지리학 작가 팀 마셜은 이 지점이 미래의 우주선들이 장거리 비행을 위해 연료를 재보급할 수 있는 위치가 될 수 있다고 지적한 바 있다. 이는 지구상의 전략적 지정학적 요충지, 예컨대 호르무즈해협이나 수에즈운하와 기능적으로 유사한 역할을 할 수도 있다는 것이다.

주권을 둘러싼 논쟁은 바다의 경계에서 멈추지 않을 수도 있다. 1967년 세계 대다수 국가가 서명한 우주조약은 우주 탐사를 '모든 국가의 이익을 위해 이루어져야 하며 인류 전체의 영역'으로 규정했다. 이 조약은 "우주는 주권 주장, 사용, 점유 등의 수단을 통해 한 국가가 전용할 수 있는 대상이 아니다. 달과 기타 천체는 평화적 목적을 위해서만 사용되어야 한다."라고 명시하고 있다. 참 좋은 말이다. 하지만 이 조약은 평화적 목적이 무엇을 의미하는지 정확한 정의를 제시하지 않았기에 그 가치가 제한적이다(전쟁에 사용될 가능성이 있는 자원의 채굴은 평화적 목적에 해당될까? 방어만을 목적으로 하는 무기라면 어떨까?).

이러한 미비점을 보완하기 위해 1979년 달 조약이 추가적으로 체결되었으나, 이 조약은 단 18개국만이 비준했으며, 중국, 러시아, 미국은 이에 포함되지 않았다.

실제로 영토를 둘러싼 분쟁을 연상시키는 움직임이 감지되기 시작했다. 2020년 미국과 일곱 개 동맹국은 새로운 우주 탐사 협력 체계를 구축하기로 합의했다. 아르테미스협정은 우주 조약의 기본 원칙을 재확인하며, 우주는 평화적 목적으로 사용돼야 한다는 점을 명시하고 있다. 또한 남극조약의 조항을 연상시키는 조치를 통해 협정 서명국들은 달이나 기타 천체에서의 활동을 서로에게 통보할 의무를 지닌다. 또한 달에 서명국들이 존중해야 하며 영향력을 행사할 수 없는 '안전지대'의 설정을 허용하며, 협정 서명국들은 이 안전지대를 존중하고 침범하지 않아야 한다는 조항을 담고 있다. 그러나 최근의 국제 관계 악화로 인해, 달에서 자원 채굴이나 거점 구축 가능성이 높은 주요 국가인 러시아와 중국은 이 협정에서 제외됐다. 당연히 이는 예측 가능한 부정적 반응을 불러일으켰다.

중국 군사 평론가 송중핑은 〈글로벌타임스〉와의 인터뷰에서 이렇게 말했다. "미국은 달의 식민지화와 영유권 주장을 위해 우주 버전의 '인클로저 운동Enclosure Movement'을 벌이고 있다."[10] 만약 협정에 서명하지 않은 국가가 안전지대를 무시하고 자체적인 우주선을 해당 구역에 착륙시킨다면 어떻게 될까? 잠재적인 적대국이 달에서의 활

10 인클로저 운동은 16세기부터 19세기 초까지 영국에서 일어난 토지 사유화 과정이다. 이로써 지역사회가 공유했던 공유지가 사유화되었다. 부유한 토지 소유자가 공유지를 울타리로 막고 사유 재산으로 전환해 소농들을 몰아내고 대중의 접근을 차단했다(옮긴이).

동에 너무 가까이 접근하는 것은 용납하기 어려워 보이지만, 잘못된 대응은 자칫 송중핑의 주장을 뒷받침하는 꼴이 될 수 있다.

1980년 미국 사업가 데니스 호프는 우주 조약의 허점을 발견했다고 주장했다. 1967년 협정은 "천체는 국가의 주권 주장에 의해 점유될 수 없다."라고 명시하고 있었다. 그러나 호프는 국가가 아니라 개인이었다. 그래서 그는 유엔에 편지를 보내 자신이 달을 소유하고 있으며 이를 분할하여 판매하겠다는 편지를 보냈다. 답장이 없자 그는 이를 묵시적 허가로 받아들이고 달의 토지를 4,000제곱미터당 20달러에 판매하기 시작했다. 달에는 엄청난 면적의 땅이 있고 호프는 이를 통해 수백만 달러를 벌어들였다.

이것이 터무니없는 주장이라는 것은 명백하다. 호프가 발견했다고 주장하는 법적 허점은 존재하지 않으며, 그가 발행한 소유권 증서는 법적으로 효력이 없는 기념품일 뿐이다. 구매한 사람들 역시 그것이 실질적인 소유권을 의미하지 않는다는 점을 알았을 것이다.

그러나 이 사례가 터무니없다고 해서 달이나 천체의 영유권 개념 자체가 이론적으로 불가능한 것은 아니다. 오히려 이는 충분히 현실적인 문제다. 팀 마셜은 "이러한 전략적 우주 거점을 관리할 최신 법적 체계가 마련되지 않는다면, 우리는 지구상의 영토를 둘러싼 경쟁에서 그랬던 것처럼 우주에서도 같은 방식으로 경쟁하게 될 것이다."라고 지적했다. 결국 인류가 별을 향해 나아가는 여정에서도 우리의 결점과 허영심은 여전히 함께할 것이다. ○

> **맺음말** 2023년 이후의 무수한 국경 위기

2021년 7월 12일, 블라디미르 푸틴 러시아 대통령은 〈러시아인과 우크라이나인의 역사적 통합On the Historical Unity of Russians and Ukraine〉이라는 불길한 제목의 논문을 발표했다. 이 논문에서 그는 7,000자에 달하는 방대한 분량에 걸쳐 러시아, 벨라루스, 우크라이나 국민이 단일한 민족임을 주장했다. 이 개념은 '범汎러시아 민족' 혹은 '삼위일체 러시아 민족'이라는 용어로도 알려져 있다. 그는 세 나라 모두 9세기 키예프 루스라는 나라에서 기원하며, 공통된 언어, 종교, 문화적 유산을 공유한다고 강조했다.

푸틴의 주장에 따르면, 벨리코로씨야(대러시아)와 말로로씨야(소러시아) 즉, 우크라이나가 분리된 이유는 근세 리투아니아인과 폴란드인의 개입, 가톨릭교회의 영향, 그리고 현대 서방 국가들의 책략 때문이었다. 그러나 그는 러시아 내부의 실책도 지적했다. 볼셰비키 시대의 공산당이 우크라이나의 국경을 새롭게 설정하며 본래 러시아에 속해야 할 영토를 넘겨주었고, 후계자들이 우크라이나의 독립을 허용한 것도 실수라고 평가했다.

이 모든 것이 러시아 "민족 공통의 엄청난 비극"이라고 규정한 푸틴은 더 이상 이러한 비극을 용인할 의사가 없음을 분명히 했다. 따라서 이듬해인 2022년 2월 21일, 그는 연설을 통해 우크라이나가 "실질적인 국가로서 안정적인 전통을 가진 적이 없다."라고 주장하며, 우크라이나 동부에 있는 두 개의 분리주의 지역을 '독립국'으로 승인했다. 그리고 사흘 후, 러시아군은 우크라이나를 침공했다.

내가 이 사건을 언급하는 이유는 이 책의 마지막 부분에서 푸틴의 주장에 대한 진위를 평가하고자 해서가 아니다. 사실 역사적·문화적 관점에서 우크라이나와 러시아 사이에는 수많은 연관성이 존재한다. 하지만 같은 논리를 적용하면 오스트리아와 독일, 아일랜드와 영국 사이에도 유사한 관계를 발견할 수 있다. 그런 관계보다는 그 나라의 국민이 실제로 다른 나라와 하나가 되길 원하는지가 훨씬 중요하다는 것이 내 생각이다(아마도 이것이 내가 집단 학살도 마다하지 않는 독재자가 아닌 온건한 자유주의 작가인 이유일 것이다). 내가 이 문제를 언급하는 이유는 우크라이나 전쟁이 이 글을 쓰는 현재 세계에서 가장 중요한 뉴스 중 하나이며 지정학적 역학 관계뿐 아니라 에너지 시장과 경제에도 광범위한 영향을 미치고 있기 때문이다. 이것은 수십 년 만에 유럽에서 일어난 가장 큰 전쟁이다. 그리고 근본적으로 두 민족 사이에 경계가 있어야 하는지, 그렇다면 어디에 있어야 하는지에 관한 이야기다.

'우크라이나'라는 이름 자체도 슬라브어에서 '변경'을 의미하는 단어에서 유래했으며, 이는 중세 유럽에서 군사적 방어 지역을 뜻하는 '변경지대'와 유사한 개념이다. 따라서 우크라이나 정부가 자국을 'The Ukraine'라고 관사를 붙이길 꺼리는 이유 중 하나는 이러한 표현이 우크라이나가 독립적인 국가가 아닌 "도대체 어느 나라의 변경인가?"라는 불필요한 질문을 야기하기 때문이다.[11]

우크라이나 전쟁은 경계를 둘러싼 전쟁이다. 이 전쟁이 현재 가장 규모가 크고 위험한 국경 분쟁일지라도, 이 글을 쓰고 있는 시점(2023년 봄)에서 경계가 뉴스의 머리말을 장식하는 유일한 사례는 아니다. 2023년 봄 영국의 한 뉴스에서는 정부가 "해협을 건너는 보트들을 막겠다."라고 발표한 내용을 확인할 수 있다. 이는 매달 수천 명의 난민이 프랑스에서 작은 고무보트를 타고 영국으로 밀입국하여 망명을 신청하는 이른바 '해협 위기'에 관한 문제다. 이는 미국-멕시코 국경 장벽 문제(14장 참고)처럼 물리적 국경에 대한 논의이기도 하지만, 그보다 덜 논의되는 또 다른 차원의 국경 문제이기도 하다. 불과 몇 년 전까지만 해도 유럽연합 법에 따라 난민들은 유럽에서 처음 입국한 국가로 송환됐기 때문에 영국으로의 위험한 밀입국 시도는 비교적 적었다. 그러나 브렉시트 이후 영국은 더 이상 유럽연합 법의 적용을 받지 않게 되었으며 결과적으로 지중해 난민 위기가 영국 해협 문제로 변모했다.

한편 북아일랜드 의정서와 관련된 복잡한 논쟁이 다시금 뉴스의 머리말을 장식하고 있으며, 스코틀랜드 국민당SNP 정부는 스코틀랜

---

11   연방국가가 아닌 국가의 경우 정관사를 붙이지 않는다(옮긴이).

드가 영국에서 완전히 독립할 것인지에 대한 국민투표를 요구하고 있다(이 요구는 사실 몇 년 전부터 지속되고 있다). 또한 아르헨티나 국방부 장관은 "포클랜드제도를 아르헨티나로 반환해야 한다."라고 주장하고 있다.

영국 국경은 역사적으로 매우 안정적인 편이었으며, 그와 대조적으로 영국이 세계 곳곳에서 초래한 국경 변화는 엄청났다. 스코틀랜드 국민당의 엄청난 노력에도 영국의 국경은 변하지 않았다.[12] 국경 문제를 둘러싼 논쟁에서 벗어날 수 있는 국가가 있다면, 그곳은 분명 영국일 것이다.

그럼에도 우리는 여전히 국경을 논한다. 어디에서 한 영역이 끝나고 다른 영역이 시작하는가, 즉 선을 어디에 그릴 것인가 하는 문제는 여전히 영국 정치에서 강력한 영향력을 행사하고 있다. 심지어 현재 영국의 취약한 경제 상태조차도 영국과 이웃 나라 사이의 새로운 무역 장벽과 그에 따른 투자 감소로 발생한 것으로, 결국 '우리' 영국인들이 그들과 다르다는 생각을 드러낸 국민 투표(브렉시트)에 책임이 있다.

이 책에서 다룬 모든 내용을 고려할 때, 경계가 우리에게 도움이 되고 좋은 것이라는 확신을 갖기는 어려울 것이다. 나는 이 책의 이야기들이 독자를 재미있게, 웃음 짓게 만들었기를 바란다. 어떤 이야기도 '정말 긍정적이고 멋진 국경이군!'이라는 생각이 들게 한 이야기

---

[12] 나는 우리 영국인들이 그보다 훨씬 더 오래된 일인 것처럼 행동하는 듯하다는 느낌을 받는다. 영국인들은 아일랜드의 대부분이 독립전쟁으로 영국의 지배에서 벗어난 사실을 무시하고, 아일랜드가 애초에 영국의 일부가 아니었던 것처럼 행동하는 잔꾀를 쓴다. 하지만 그것은 또 다른 이야기다.

는 없었을 것이다. 그러나 동시에 우리가 국경을 완전히 없앨 수 있을지도 불분명하다.

긴 역사를 통해 인류는 도시, 국가, 제국이라는 공동체를 형성하고 확장하며 경계를 만들고 방어해왔다. 그리고 거기에는 상호 관련된 다양한 원인이 작용했다. 자신의 힘을 드러내고 영역을 표시하고 그 관리를 돕기 위해서. 외부의 위협에서 자신들을 방어하고 그런 위협이 권력의 중심에서 더 멀어지도록 하기 위해서. 책임의 한계를 표시하고, '우리'와 '그들'을 구분하고, 이후 그들이 그 가상의 선을 넘어오지 못하게 하기 위한 행위였다. 이런 세부적인 동기와 그 결과로 만들어진 선은 변하겠지만 선 자체는 영원할 듯하다.

경계 없는 세상, 돈처럼 사람들이 자유롭게 이동할 수 있는 세상이라는 아이디어는 매력적이지만, 그런 세상을 만들겠다고 생각한 몇 안 되는 사람 가운데 하나였던 존 레넌에게 어떤 일이 일어났는지 생각해보라.

이 책의 앞부분에서 나는 포털에서 세계지도를 검색하면, 당신이 선택한 검색 엔진이 경계가 잔뜩 그려진 지도를 제시할 것이라고 말했다. 100년 후에 같은 일을 한다면, 지도에 표시되는 경계들은 변해 있을 것이다. 그렇다면 그 선들이 폐지되거나 중요치 않게 여겨지면서 다 사라지는 상황을 상상해보았는가? 누군가 어딘가에서 지도에 그려넣은 선 관련된 이야기가 뉴스거리가 되지 않는 세상을 상상할 수 있는가?

특정 경계는 바뀔 수 있고 불확정적일 수 있지만 경계라는 근본적인 '개념'은 탐욕이나 욕망만큼이나 강력하고 그 힘은 영원할 것이다.

인류는 지도를 발명하기 훨씬 전부터 '우리'와 '그들' 사이에 선을 그어왔다. 그리고 우리는 앞으로도 그 일을 멈추지 않을 것이다.

옮긴이의 말 경계가 있어도 역사는 흐른다

"전쟁은 최고의 지리 교사"라는 서양 속담이 있다(동서고금을 막론하고 선조들의 지혜가 담긴 속담은 언제나 옳다). 실제로 경계는 모든 전쟁의 원인이자 결과이기도 하다. 조금 더 깊게 생각해보면 지도가 없는 시대에는 전쟁도 없지 않았을까? 우크라이나와 가자 지구에서 발발한 전쟁이 장기화되면서 지리학자를 찾는 곳이 부쩍 늘었다. 최근 트럼프 미국 대통령이 전 세계를 상대로 벌인 관세전쟁까지 더해지면서 신문과 미디어 등에서 더 자주 지도를 볼 수 있게 되었다. 세계사를 전쟁이나 사건을 통해서가 아니라 공간의 관점에서 접근했다는 점에서 이 책은 혁신적이다. 이집트문명을 나일강, 피라미드로만 설명하는 뻔한 역사적 접근을 과감히 탈피해 나일강 상류와 하류에서 번성했던 두 왕국의 경계를 없애고 통일 왕조시대를 연 파라오의 이야기로 시작한다.

하지만 경계가 전쟁만 일으키는 건 아니다. 경계는 우리의 정체성을 형성하고 평화와 안정감을 주는 울타리이기도 하다. "선을 넘지 마세요."라는 말로 우리는 자신의 영역을 방어하고 타인의 무례한 개입을 막는다. 하지만 경계에 지나치게 집착하면 화를 부른다. 경계를 만들어 남과 섞이지 않고 끼리끼리 살고 싶은 본능은 인간의 이성을 마비시킨다(초등학교 시절 짝과 책상에 선을 긋고 유치한 감정싸움을 하던 시절을 떠올려보라). 지리 강국인 영국도 예외는 아니다. 경제적으로는 자해행위에 해당하는 브렉시트 투표 결과는 유럽 대륙에서 온 이민자들로 정체성이 위협받고 있다고 느낀 평범한 영국인의 불안감이 초래한 참사라는 평가다.

이미 세계사에 관한 책이 수만 권, 논문도 수십만 편이 나왔을 영국에서 주목받는 세계사 책을 쓰기란 불가능한 게 아닐까? 인류의 역사를 47개의 경계로 풀어낸 존 엘리지는 지금 영국에서 가장 촉망받는 베스트셀러 작가다. 단순히 책만 많이 팔리는 것이 아니다. 칼럼니스트로서도 명성이 높은 그는 '제2의 빌 브라이슨'으로 불린다. 세계사를 꿰뚫는 그의 지리적 통찰은 믿을 수 없을 만큼 날카롭다. 전통적인 지도 제작의 중심지답게 정확하고 깔끔한 지도들도 책을 더 빛나게 한다.

존 엘리지는 한국어판이 나오면 한국 독자들을 만나고 싶고, 이번 책에도 소개된 비무장지대도 꼭 방문해보고 싶다고 했다. 또한 이 책에서도 반복적으로 언급하지만, "자신은 영국인이고 비서구지역에 대한 식견이 부족해 유럽의 관점에서만 세계사를 다룰 수밖에 없었다."라며 자신의 한계를 겸손하게 인정했다.

세계지리, 세계사가 국가 교육과정에서 사라지고 세계에 대해 배울 기회가 거의 없는 한국에서 이 책은 더 특별한 의미를 갖는다. 학교에서 제대로 배우지 못한 지정학과 인류사를 단번에 만회할 수 있기 때문이다. 세계사, 특히 유럽사에 대한 기본 지식이 있어야 이해가 쉬운 1부보다는 3부 외부효과부터 읽어보는 것도 한 방법이다. 사회과부도나 지도책, 지구본을 옆에 두고 이 책을 읽는다면 세상을 보는 안목이 획기적으로 높아질 것이다.

    존 엘리지가 제시하는 47개의 경계는 과거에 갇혀 있지 않다. 육지에서 시작해 바다, 하늘, 우주로 확장된다. 그러니 이 책은 세계를 읽는 새로운 방법이기도 하다. 책의 마지막 장을 덮는 순간, 이 책을 접한 독자들의 세계가 한층 넓어지길 바란다.

2025년 7월

공역자 김이재

KI신서 13699

47개의 경계로 본 세계사

국경선은 어떻게 삶과 운명, 정치와 경제를 결정짓는가

1판 1쇄 인쇄 2025년 7월 17일
1판 1쇄 발행 2025년 7월 30일

지은이 존 엘리지
옮긴이 이영래, 김이재
펴낸이 김영곤
펴낸곳 ㈜북이십일 21세기북스

인문기획팀장 양으녕 **책임편집** 이정미 **마케팅** 김주현
본문 디자인 페이퍼컷 장상호
표지 디자인 디스커버
영업팀 정지은 한충희 장철용 강경남 황성진 김도연 이민재
제작팀 이영민 권경민

출판등록 2000년 5월 6일 제406-2003-061호
주소 (10881) 경기도 파주시 회동길 201(문발동)
대표전화 031-955-2100 **팩스** 031-955-2151 **이메일** book21@book21.co.kr

(주)북이십일 경계를 허무는 콘텐츠 리더

21세기북스 채널에서 도서 정보와 다양한 영상자료, 이벤트를 만나세요!
페이스북 facebook.com/jiinpill21   포스트 post.naver.com/21c_editors
인스타그램 instagram.com/jiinpill21   홈페이지 www.book21.com
유튜브 youtube.com/book21pub

당신의 일상을 빛내줄 탐나는 탐구 생활 〈탐탐〉
21세기북스 채널에서 취미생활자들을 위한 유익한 정보를 만나보세요!

ⓒ 존 엘리지, 2025
ISBN 979-11-7357-409-2 03300

- 책값은 뒤표지에 있습니다.
- 이 책 내용의 일부 또는 전부를 재사용하려면 반드시 ㈜북이십일의 동의를 얻어야 합니다.
- 잘못 만들어진 책은 구입하신 서점에서 교환해드립니다.

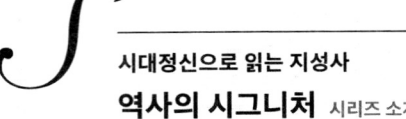

시대정신으로 읽는 지성사
역사의 시그니처 시리즈 소개

'역사의 시그니처'는 기원전부터 현대까지 각 세기의 대표적 시대정신을 소개하는 인문 교양 시리즈입니다. 한 시대를 이끈 상징적인 인물들을 엄선해 그들이 남긴 말과 글을 소개하고 인류의 사상이 어떤 갈래로 이어져 왔는지 살펴봅니다. 인간과 사회를 바라보는 시선들이 시대별로 어떻게 충돌하고 융합되어 오늘의 21세기를 만들었는지 '역사의 시그니처' 시리즈를 통해 만나보세요.

01 《혁명과 배신의 시대》 정태헌 지음
격동의 20세기, 한·중·일의 빛과 그림자

02 《사유의 충돌과 융합》 최광식 지음
동아시아를 만든 세 가지 생각

03 《신 앞에 선 인간》 박승찬 지음
중세의 위대한 유산, 철학과 종교의 첫 만남

04 《인식의 대전환》 김혜숙 지음
칸트의 코페르니쿠스적 전회

05 《변혁의 물결》 정지호 지음
근대화를 향한 동아시아의 도전